M1A1"艾布拉姆斯"主战坦克

M2"布莱德雷"步兵战斗车

M1120"斯特赖克"步兵战斗车

M-ATV"奥施科什"防地雷反伏击车

T-90 主战坦克

T-14 "阿玛塔" 主战坦克

"豹"2主战坦克

"挑战者"2主战坦克

"梅卡瓦"MK4主战坦克

GTK"拳击师"步兵战斗车

"美洲狮"步兵战斗车

MCV-80"勇士"步兵战斗车

AAV 两栖攻击车

M113 装甲人员输送车

TPz–1 轮式装甲人员输送车

M1117 装甲安全车

"猎狐犬"巡逻车

T-72B3 主战坦克

BMP-2 步兵战斗车

BMP-3 步兵战斗车

BTR-60 装甲输送车

BTR-80 装甲输送车

"库尔干人"-25 步兵战斗车

AAV 两栖攻击车(冲上海滩状态)

MQ-1"捕食者"无人机

MQ-1C"灰鹰"无人机

RQ-7"影子"无人机

RQ-7"影子"无人机的发射

RQ-11"乌鸦"无人机

RQ-20"美洲狮"无人机

伞兵发射可包装的无人机

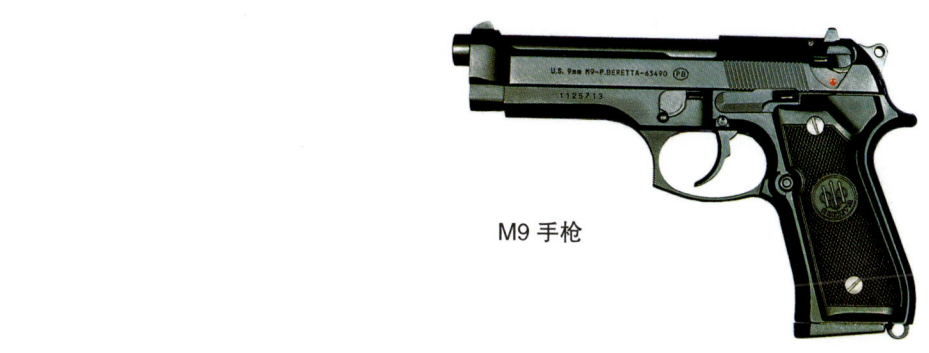

M9 手枪

M4 卡宾枪

M240B 机枪

M249 班用机枪

M27 自动步枪

AK103 突击步枪

AK-74M 突击步枪

AN94 突击步枪

M82 狙击步枪

M107 狙击步枪

M110 狙击步枪

M2010 狙击步枪

SV-98 狙击步枪

PKP "佩切涅格" 机枪

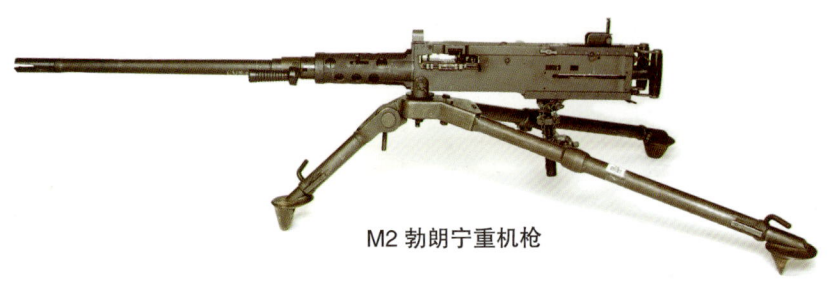
M2 勃朗宁重机枪

"科德" 重机枪

9K37"山毛榉"防空导弹

S-300V 地空导弹系统

thaad 萨德反导系统（发射状态）

thaad 萨德反导系统（运载状态）

AH-64D "阿帕奇"武装直升机

CH-47 "支奴干"直升机

米–24 攻击直升机

米–26 运输直升机

米–28 攻击直升机

卡-27攻击直升机

卡-31攻击直升机

UH-60"黑鹰"直升机（正在吊运榴弹炮）

M109 自行火炮

M777 榴弹炮

MIM-104 "爱国者" 防空导弹

AS90 自行火炮

M198 榴弹炮

M270 多管火箭炮

L16-81毫米迫击炮

M142"海马斯"火箭炮

2S1"康乃馨"自行榴弹炮

2S3"百合花"自行榴弹炮

2S19"姆斯塔"-S自行榴弹炮

9A52"龙卷风"多管火箭炮

BM-21"冰雹"多管火箭炮

9K58 "龙卷风" 多管火箭炮

TOS-1 "布拉提诺" 多管火箭炮

美国陆军参谋长马克·A. 米利上将

美国陆军第一副参谋长丹尼尔·B. 阿林上将

美国陆军部队司令部司令罗伯特·B. 艾布拉姆斯上将

美国陆军训练与条令司令部司令戴维·G. 珀金斯上将

美国陆军器材司令部司令丹尼斯·L. 维亚上将

美国中央司令部司令约瑟夫·L. 沃特尔（第三）上将

美国特种作战司令部司令雷蒙德·A. 托马斯（第三）上将

美国欧洲司令部司令兼北约欧洲盟军司令部最高司令柯蒂斯·M. 斯卡帕罗蒂上将

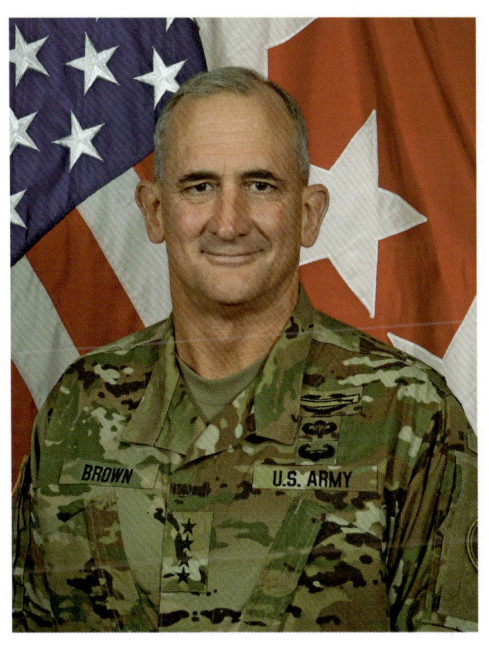

美国太平洋陆军司令部司令罗伯特·B. 布朗上将

"联合国军"司令部司令、韩美联合部队司令部司令、驻韩美军司令部司令文森特·K. 布鲁克斯上将

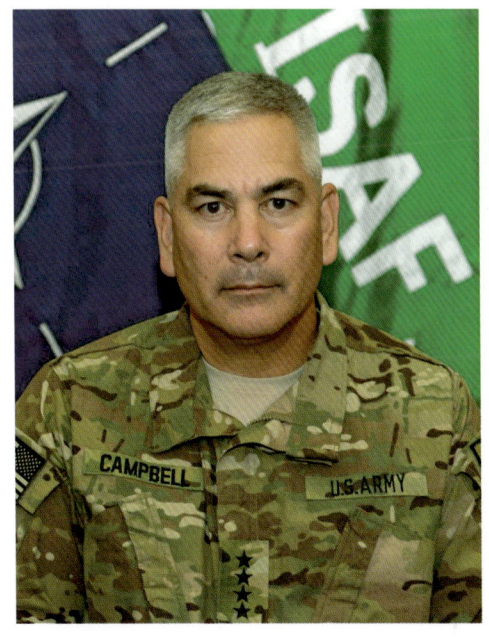

北约阿富汗"绝对支持任务"部队司令、驻阿富汗美军司令部司令兼约翰·F. 坎贝尔上将

北约阿富汗"绝对支持使命"部队司令兼驻阿富汗美军司令部司令小约翰·R. 尼科尔森上将

俄罗斯联邦国防部第一副部长兼武装力量总参谋长瓦列里·瓦西里耶维奇·格拉西莫夫大将

俄罗斯陆军总司令奥列格·列昂尼多维奇·萨柳科夫上将

俄罗斯中央军区司令弗拉基米尔·鲍里索维奇·扎鲁德尼茨基上将

俄罗斯东部军区司令谢尔盖·弗拉基米罗维奇·苏罗维金上将

俄罗斯西部军区司令安德烈·瓦列里耶维奇·卡尔塔波洛夫上将

俄罗斯南部军区司令亚历山大·维克托罗维奇·加尔金上将

驻叙利亚俄军司令亚历山大·弗拉基米罗维奇·德沃尔尼科夫上将

埃及国防部长兼武装部队总司令西德基·苏卜希上将

巴基斯坦参谋长联合委员会主席拉沙德·马哈茂德上将

巴基斯坦陆军参谋长拉希勒·谢里夫上将

德国国防军总监察长沃尔克·威克尔上将

法国国防参谋长（法国三军参谋长）皮埃尔·德维利耶上将

法国陆军参谋长让—皮埃尔·博瑟上将

韩国参谋长联席会议主席李淳镇上将

韩国陆军参谋长金曜焕上将

韩国陆军参谋长张骏圭上将

葡萄牙武装部队总参谋长阿图尔·内维斯·蒙特罗上将

葡萄牙陆军参谋长卡洛斯·安东尼奥·科巴尔·赫南德斯·热罗尼莫上将

日本陆上自卫队参谋长岩田清文上将

日本陆上自卫队参谋长冈部俊哉上将

土耳其武装部队总参谋长胡卢西·阿卡尔上将

土耳其陆军司令部司令萨利赫·泽基·索拉克上将

意大利国防参谋长克劳迪奥·格拉齐亚诺上将

印度陆军参谋长达尔比尔·辛格·苏哈格上将

印度尼西亚国民军总司令慕耳托科上将

英国国防参谋长尼古拉斯·R. 霍顿（爵士）上将

英国陆军参谋长尼古拉斯·P. 卡特（爵士）上将

北约组织军事委员会主席彼得·帕维尔上将

北约欧洲盟军司令部副司令阿德里安·J. 布拉德肖上将

北约布林瑟姆盟军联合部队司令部司令萨尔瓦多·法里纳上将

美国第1集团军司令迈克尔·S. 塔克中将

美国第2集团军司令兼美国陆军网络司令部司令爱德华·C. 卡顿中将

美国第3集团军司令兼美国中央陆军司令部司令詹姆斯·L. 特里中将

美国第5集团军司令兼美国北方陆军司令部司令佩里·L. 威金斯中将

美国第6集团军司令兼美国南方陆军司令部司令约瑟夫·P. 迪萨尔沃少将

美国欧洲陆军暨第7集团军司令部司令弗雷德里克·B. 霍奇斯中将

美国第8集团军司令伯纳德·S.尚普中将

美国第9集团军司令兼美国非洲陆军司令部司令兼美国陆军南欧特遣部队司令帕特里克·J.多纳休（第二）少将

美国第1军军长斯蒂文·R.兰扎中将

美国第3军军长肖恩·B.麦克法兰中将

美国第 18 空降军军长约瑟夫·J. 安德森中将

美国第 1（机械化）步兵师师长保罗·E. 丰克（第二）少将

美国第 1 骑兵师师长迈克尔·A. 比尔斯少将

美国第 1 装甲师师长斯蒂芬·M. 特威蒂少将

美国第2步兵师师长托马斯·S.万达尔少将

美国第3（机械化）步兵师师长约翰·M.默里少将

美国第4（机械化）步兵师师长保罗·J.拉卡迈拉少将

美国第10山地师师长斯蒂芬·J.汤森少将

美国第25步兵师师长查尔斯·A.弗林少将

美国第82空降师师长理查德·D.克拉克少将

美国第101（空中突击）空降师师长詹姆斯·C.麦康维尔少将

Annual Report on the Development of Foreign Army
2016—2017

外国陆军建设年度报告

曾东 肖石忠 主编
程刚 王成祥 王玉丽 副主编

上海科学技术文献出版社
Shanghai Scientific and Technological Literature Press

图书在版编目（CIP）数据

外国陆军建设年度报告 / 曾东，肖石忠主编 . —上海：上海科学技术文献出版社，2019
ISBN 978-7-5439-7822-5

Ⅰ. ① 外… Ⅱ. ① 曾… ② 肖… Ⅲ. ① 陆军—军队建设—研究报告—国外 Ⅳ. ① E151

中国版本图书馆 CIP 数据核字（2019）第 009031 号

选题策划：张　树
责任编辑：苏密娅
封面设计：严克勤

外国陆军建设年度报告
WAIGUO LUJUN JIANSHE NIANDU BAOGAO

曾　东　肖石忠　主编　程　刚　王成祥　王玉丽　副主编
出版发行　上海科学技术文献出版社
地　　址　上海市长乐路 746 号
邮政编码　200040
经　　销　全国新华书店
印　　刷　昆山市亭林印刷有限责任公司
开　　本　720×1000　1/16
印　　张　27
插　　页　24
字　　数　484 000
版　　次　2019 年 2 月第 1 版　2019 年 2 月第 1 次印刷
书　　号　ISBN 978-7-5439-7822-5
定　　价　118.00 元
http://www.sstlp.com

出 版 说 明

《外国陆军建设年度报告》(2016—2017年版)是一部逐年编纂出版,以记述年度内外国陆军军事理论、体制编制、部队训练、院校教育、武器装备和后勤保障等新情况、新进展为主要内容的信息密集型学术性、资料性工具书,主要服务对象是军队各级机关、部队、军事科研机构和军事院校,以及对世界军事发展变化感兴趣的广大军内外读者。

本报告收录资料的时限,一般为2015年1月至2016年12月,少数截至2017年3月;为了给读者以比较全面系统的信息,某些专题资料收载了2015年以前的少量背景资料。

年度报告分别有三个部分,第一部分"世界主要国家(地区)陆军建设",分别对美国、俄罗斯等国家和地区陆军建设进行综合分析和研究;第二部分"美国陆军兵种建设",分别从装甲兵、野战炮兵、防空炮兵、工程兵和防化兵等多个兵种讨论其年度陆军建设情况;第三部分"外国陆军武器装备建设",从武器装备总体发展状况、压制火炮和防空反导装备等方面分析外国陆军武器装备建设现状和发展趋势。附录包括部分外国陆军高级将领传略和若干美国陆军官方文件。

《外国陆军建设年度报告》(2016—2017年版)涉及外国陆军建设的方方面面,由于作者和编者掌握资料和编纂水平有限,缺点、疏漏和失误在所难免,欢迎专家学者和广大读者批评指正。

目 录
contents

2015年度外国陆军建设报告

第一部分　2015年度世界主要国家（地区）陆军建设述评 ·········· 003
　美国陆军建设述评 ·· 005
　美国太平洋陆军建设述评 ·· 012
　俄罗斯陆军建设述评 ·· 016
　日本陆上自卫队建设述评 ·· 020
　印度陆军建设述评 ··· 036
　韩国陆军建设述评 ··· 042
　法国陆军建设述评 ··· 052
　德国陆军建设述评 ··· 061
　中亚国家陆军建设述评 ··· 069
　越南陆军建设述评 ··· 075
　泰国陆军建设述评 ··· 081
　柬埔寨陆军建设述评 ·· 086
　老挝陆军建设述评 ··· 092

第二部分　2015年度美国陆军兵种建设 ···························· 097
　美国陆军装甲兵建设述评 ·· 099
　美国陆军野战炮兵建设述评 ··· 105
　美国陆军防空炮兵建设述评 ··· 111
　美国陆军化学兵建设述评 ·· 117
　美国陆军工程兵建设述评 ·· 127

第三部分　2015 年度外国陆军武器装备建设 ………… 133
外国陆军武器装备发展动向分析 ……………………… 135
外军压制火炮系统发展综述 …………………………… 153
外军陆军防空反导装备发展综述 ……………………… 163
外国陆军炮兵防空兵武器装备发展综述 ……………… 171

2016 年度外国陆军建设报告

第一部分　2016 年度世界主要国家（地区）陆军建设述评 ………… 179
美国陆军建设述评 ……………………………………… 181
俄罗斯陆军建设述评 …………………………………… 186
日本陆上自卫队建设述评 ……………………………… 192
韩国陆军建设述评 ……………………………………… 202
德国陆军建设述评 ……………………………………… 209
法国陆军建设述评 ……………………………………… 214
中亚国家陆军建设述评 ………………………………… 219
越南陆军建设述评 ……………………………………… 225
菲律宾陆军建设述评 …………………………………… 230
老挝陆军建设述评 ……………………………………… 235

第二部分　2016 年度美国陆军兵种建设 ………… 243
美国陆军野战炮兵建设发展述评 ……………………… 245
美国陆军防空炮兵建设述评 …………………………… 252
美国陆军航空兵发展述评 ……………………………… 258
美国陆军化学兵建设述评 ……………………………… 264
美国陆军特种作战建设述评 …………………………… 272
美国陆军工程兵力量建设述评 ………………………… 278

第三部分　2016 年度外国陆军武器装备建设 ………… 281
外国陆军装备发展动向分析 …………………………… 283
外国陆军火炮装备发展概况 …………………………… 290

附录1　2015—2016年度外国陆军部分现役上将 ………………… 297
附录2　2015—2016年度美国陆军集团军司令和军长 …………… 327
附录3　2015—2016年度美国陆军现役师师长 …………………… 336
附录4　美国陆军人维度战略 ………………………………………… 344
附录5　美国陆军训练策略
　　　　——在经费紧张、不确定性和复杂性加剧的过渡期训练 ………… 358
附录6　美国陆军领导者培养战略 …………………………………… 374
附录7　美国陆军构想：在复杂世界中的战略优势 ………………… 384
附录8　美国陆军火力职能概念 ……………………………………… 394

2015 年度外国陆军建设报告

第一部分
2015年度世界主要国家（地区）陆军建设述评

美国陆军建设述评

潘蔚娟　李京桁

2015年度,美国陆军建设是在2014年发布的《四年防务评估报告》的指导下,在陆军部长和陆军参谋长"全球反应、地区参与的战略性地面力量"的思想指导下进行的。美国陆军建设在《陆军态势报告》的基础上,为完成《2015—2025年陆军构想:在复杂世界中的战略优势》所设定的目标稳步推进。本文主要从建设重点、作战理论体系、部队结构规模、部队训练与院校改革以及武器装备系统等5个方面考察2015年度美国陆军的建设情况。

一、明确战略发展任务,贯彻落实作战概念

2014年3月,美国国防部发布了《四年防务评估报告》,指出美国"需要一支具备全球参与能力、训练有素、战备有序的现代化陆军(globally-engaged, modern, trained and ready Army)"。2015年,美国陆军在2014年颁布的《陆军战略规划指南》的指导下,继续稳步推进部队建设,主要内容有以下几个方面。

一是做好满足多样化、宽领域需求的准备。国际安全环境日趋复杂多变,美国陆军需要做好迎接多样化挑战的准备,做好满足宽领域需求的准备。为了满足上述需要,美国陆军需要采取多种措施:招募更多满足未来作战需求的人才;重点培养、训练军官和领导者,保持他们的思辨能力和创新意识;建设现代化的专业队伍,满足全球多样化挑战的需要。

二是在陆军规模缩减的同时保持现有的安全边界。美国陆军受到财政预算的庞大压力,不得不进一步缩减员额,但是其所面对的安全环境却愈发复杂与严峻。因此,美国陆军提出目前的志愿兵役制需要更多的轮换时间,并需要在部队结构、现代化和战备之间取得平衡,以此来减小预算缩减带来的冲击。

三是进一步贯彻落实《美国陆军作战概念》。深入贯彻这一作战概念的基础在于遂行陆军联合训练能力的培养,这需要尽力建设一支能够配合不同盟友、应对不同对手,同时能够给予指挥官足够选择和反馈的成熟陆军队伍。建设核心是建成一支"可远征、可裁剪、可扩展、已就绪(expeditionary, tailorable, scalable，prepared)"的现代化作战力量。

四是保持陆军的现代化程度,保持其全球参与和地区介入的能力。为了达到这一目标,美国陆军需要重新调整体制编制,以适应新形势的需要;保持对友好国家的领导与配合;提前部署兵力并进一步提高部队的可调动性;进一步建设网络安全能力。

二、进一步明确战略发展目标,提出 2025 规划构想

2014 年 10 月 31 日,美国陆军训练与条令司令部发布了《美国陆军作战概念:在复杂世界中赢得战争》,详细阐述了美国陆军的作战方式、能力需求和具体举措。2015 年,美国陆军又发布了《2015—2025 年陆军构想:在复杂世界中的战略优势》,介绍了美国陆军在 2015 年的基本情况,强调了美国陆军的独特地位,分析了复杂世界的混乱局面,并提出了在 2025 年及以后美国陆军应该达到的发展水平。

美国陆军将自己在 2015 年的状态定义为 3 个词:过渡中、行动中和准备中。美国陆军正从长达近 15 年的阿富汗和伊拉克战争中逐渐回归和恢复;同时又在全球范围内维持着行动,从中东到中亚、从北非到欧洲再到太平洋,帮助盟友提高其军队的专业化和战斗力,并努力防范和应对网络攻击;最后,时刻准备着在复杂环境下应对突发事件和可能的威胁。

确保地面作战的胜利是美国陆军不变的追求,在面对对手时,美国陆军要确保其边界的安全。美国陆军将解决俄罗斯、朝鲜、伊斯兰国组织和激进的暴力极端组织带来的安全挑战视作自己的任务,这就要求部队时刻保持战备状态,建设目标是确保陆军总数的 60%～70%处于可以随时参战的水平。美国陆军强调建设与保持部队的一体化水平,力争在联合作战中做到如同一支军队,时刻保持强大的补给和投送能力。

在陆军士官培养目标方面,"美国陆军将为未来的联合作战提供多样化的选择,将不同的伙伴整合,在不同的地域执行任务,让敌人和对手防不胜防"。在过去的十年中,美国陆军士官在阿富汗和伊拉克的战场上快速成长,在战术策略、战场适应能力和创新能力方面都有了大幅提高,并已经具备了很好的培养新战士的能力。但美国陆军军士长并没有因此而自满,反而提出士官们需要更多的实兵训练,以确保足够的危机处理能力。并且高级士官在训练中要给予其下属足够的挫折与失败,来培养他们在逆境中快速成长。另外,从 2015 年秋季开始,美国军士长学院专门开设奖学金课程,来培养高级士官的教育能力,以确保他们能妥善训练、教育和指导下一代士官,重点培养陆军士兵的体能素质和相互

信任。

美国陆军有着独特的地位,因而决定了其同时带有重要的使命任务:保卫战略成果;整合作战行动;保障持续作战;在人群中执行作战任务。长久以来,美国陆军一直在扮演着以上角色,这也使其成为世界上适应力最强的作战力量之一。在今后更加复杂的安全环境中,美国陆军的角色不会改变,但是作战行动的实施路径将会不断变化,以便更有效率地应对未来的国家安全需要。

美国陆军认为,未来十年所面临的形势将愈发复杂与难以预测,主要表现在以下几个方面:非国家行为体的崛起;"混合威胁"的增长;主权国家对国际秩序的挑战;城市和城市化的进一步扩展。上述情况对陆军的建设和训练提出了更高的要求,需要部队在行动中具有更加特殊的技能和能力,以便解决错综复杂又难以预测的安全挑战。为应对上述问题,美国陆军提出需要培养八大核心特征,以确保胜利,这八大特征分别是:灵活性、专业性、创新性、互操作性、远征能力、扩展性、通用性、平衡性。这些特征为美国陆军的2025年及以后的规划构想提供了清晰的战略目标框架。

三、部队总体结构稳定,陆军规模进一步缩减

美国陆军总部由陆军部(由文职陆军部长领导,现任部长约翰·M.麦克休)和陆军参谋部(由陆军参谋长领导,现任陆军参谋长马克·A.米利上将)组成,负责部队的行政管理、军事训练、拟定作战和动员计划、制定装备发展计划和各种条令条例,向各联合司令部提供作战部队。

截至2015年12月,美国陆军部队结构主要组成为:3个陆军司令部,即陆军部队司令部(驻北卡罗来纳州布拉格堡,司令罗伯特·B.艾布拉姆斯上将)、陆军训练与条令司令部(驻弗吉尼亚州兰利-尤斯蒂斯联合基地,司令戴维·G.珀金斯上将)和陆军器材司令部(驻亚拉巴马州红石兵工厂,司令丹尼斯·L.维亚上将);9个陆军军种组成司令部,即非洲陆军司令部(暨第9集团军,驻意大利维琴察,司令达利尔·A.威廉斯少将)、中央陆军司令部(暨第3集团军,驻南卡罗来纳州肖空军基地,司令詹姆斯·L.特里中将)、北方陆军司令部(暨第5集团军,驻得克萨斯州圣安东尼奥联合基地,司令佩里·L.维金斯中将)、南方陆军司令部(暨第6集团军,驻得克萨斯州圣安东尼奥联合基地,司令约瑟夫·P.迪萨尔沃少将)、欧洲陆军司令部(暨第7集团军,驻德国威斯巴登,司令弗雷德里克·B.霍奇斯中将)、太平洋陆军司令部(驻夏威夷州沙夫特堡,司令文森特·K.布鲁克斯上将)、陆军特种作战司令部(驻北卡罗来纳州布雷格堡,司令查尔斯·T.克利夫兰中将)、陆军防空与导弹防御司令部/陆军战略司令部(驻亚拉巴

马州红石兵工厂，司令戴维·M.曼中将)；11个陆军直属单位，即陆军实验与评估司令部(驻弗吉尼亚州亚历山德里亚，司令彼得·D.厄特里少将)、陆军情报与保密司令部(驻弗吉尼亚州贝尔沃堡，司令斯蒂文·G.福格蒂少将)、陆军工程兵司令部(驻华盛顿特区，司令托马斯·P.博斯迪克中将)、陆军医疗司令部(驻地得克萨斯州圣安东尼奥联合基地，司令帕特里夏·D.霍罗霍中将)、陆军华盛顿军区(驻华盛顿特区，司令杰夫里·S.布坎南少将)、陆军刑事犯罪调查司令部(驻弗吉尼亚州匡迪克，司令马克·S.英奇少将)、陆军设施管理司令部(驻得克萨斯州圣安东尼奥联合基地，司令戴维·D.哈尔弗森中将)、陆军后备队司令部(驻北卡罗来纳州布拉格堡，司令杰夫里·W.塔利中将)、美国军事学院(即西点军校，驻纽约州西点，院长小罗伯特·L.卡斯伦中将)、陆军网络司令部(暨第2集团军，驻弗吉尼亚州贝尔沃堡，司令爱德华·C.卡顿中将)、陆军采办支援中心(驻弗吉尼亚州贝尔沃堡，主任克雷格·斯皮萨克)。

美国现役陆军编有8个集团军司令部(第1集团军司令部、第2集团军司令部、第3集团军司令部、第5集团军司令部、第6集团军司令部、第7集团军司令部、第8集团军司令部和第9集团军司令部)；3个军，即第1军(驻华盛顿州刘易斯-麦科德联合基地，军长斯蒂文·R.兰扎中将)、第3军(驻得克萨斯州胡德堡，军长肖恩·B.麦克法兰中将)和第18空降军(驻北卡罗来纳州布拉格堡，军长约瑟夫·J.安德森中将)；10个师，即第1机械化步兵师(驻得克萨斯州赖利堡，师长保罗·E.丰克少将)、第1骑兵师(驻得克萨斯州胡德堡，师长安东尼·R.耶拉迪尔少将)、第1装甲师(驻得克萨斯州布利斯堡，师长斯蒂芬·M.特威蒂)、第2步兵师(驻韩国，师长西奥多·D.马丁少将)、第3机械化步兵师(驻佐治亚州斯图尔特堡，师长约翰·M.莫里少将)、第4机械化步兵师(驻科罗拉多州卡森堡，师长保罗·J.拉卡迈拉少将)、第10山地师(驻纽约州德拉姆堡，师长斯蒂芬·J.汤森少将)、第25步兵师(驻夏威夷州斯科菲尔德兵营，师长查尔斯·A.福林少将)、第82空降师(驻北卡罗来纳州布拉格堡，师长理查德·D.克拉克少将)和第101空降师(驻肯塔基州坎贝尔堡，师长加里·J.沃尔斯基少将)；33个作战旅。

四、加强战备训练提升作战能力，创办陆军大学改进陆军军事教育体系结构

为保持高作战节奏，应对不确定的战场环境，2015年，美国陆军通过不断加强战备训练工作力度，提升快速响应和决定性作战能力。全年，累计部署和保障1个军司令部、9个师司令部、17个旅战斗队、16功能旅和多功能旅级梯队，以及大量营级任务部队开展演训。其中，第1装甲师继续与约旦武装力量合作，支援

人道主义行动。在支援美国非洲司令部方面,第 101 空降师(空中突击)司令部部署了 2 500 人到东非,参与抗击埃博拉病毒。在阿富汗地区,美国陆军第 1 骑兵师、第 3 步兵师和第 7 步兵师指挥近 8 000 人部队,支援"坚定支持"行动。在支援太平洋司令部方面,向韩国派驻 1 支装甲旅战斗队,加强关岛高空导弹防御能力。在支援欧洲司令部方面,派驻 1 支陆军国民警卫队旅。在支援中央司令部方面,向科威特派遣 1 支装甲旅战斗队。此外,美国陆军还积极在全球各战略要地加强中低空防空能力。

为加强陆军作战能力,美国陆军积极开展战斗中心训练,用来检验各军、师、旅战备训练水平。2015 年累计组织实施了 19 场联合地面作战决定性行动轮训,其中 15 场由现役旅战斗队实施,2 场由陆军国民警卫队组织实施,还有 2 场赋能训练分别为任务式指挥/火力控制演习,以及化学、生物、放射性和核防御应急部队演习。2015 年 8 月,陆军在欧文堡国家训练中心组织了近 10 年来最复杂的联合训练演习。参演部队包括第 18 空降军、第 18 航空队、第 82 空降师、第 11 装甲骑兵团(假想敌部队)、第 75 别动团(假想敌部队),以及第 10 特种作战大队(空降)3 营。演练内容为陆军常规与特种作战行动的协同,重点是联合"强行进入"行动,包括诸军兵种联合部队进攻行动,压制和摧毁敌方防空系统,远程联合火力打击,陆航机降与空中突击行动,快速消灭时敏目标,非常规战,非战斗人员疏散行动和广域安全行动等。按照计划,2015 年任务式指挥演训共组织了 46 个司令部开展指挥所演习,包括 5 个陆军军种组成司令部、3 个军司令部、4 个师司令部、5 个旅战斗队司令部、4 个远征保障司令部、4 个保障旅司令部,以及 21 个功能旅及多功能旅司令部。

年内,持续实施战斗训练中心现代化项目,列装远程通信系统,提供真实作战环境,模拟和跟踪轮训部队、假想敌部队和角色扮演者的活动。此外,该系统还能够跟踪地面作战行动实况,交战情况以及部队表现,从而为事后评估提供完整的分析评估。

为满足 21 世纪日益复杂和不确定的安全环境所带来的挑战,面向 2025 年陆军部队需要,培养富有灵活性、适应性和创新性的领导者,2015 年 7 月美国陆军训练与条令司令部宣布成立陆军大学(Army University)。其目的是将陆军职业军事教育计划统合在一个集中高效的管理体系之内,将陆军现役、国民警卫队和后备队,以及军官、准尉、士官、文职人员的教育训练融合为一体,从而实现整体陆军院校系统之内的一体化陆军院校体系(One Army School System within the Total Army School System)。通过对陆军院校的集中管理,消除机构和职能冗余,拆除各类培训计划之间的壁垒,提高管理和资源利用的效益,促进联合教育向初级职业军事教育和士官、文职人员培训延展；此外还能够为各级各类职业军事教育制定更为严格的学术标准，争取更多的外部认证，促进军队与地方的交流合作。

五、继续推进武器装备现代化进程，确保技术优势地位

2015年3月，美国陆军发布了《陆军装备现代化战略》，在财政预算削减的背景下，继续推进其武器装备的现代化进程，缩减开支。为适应新形势的需要，美国陆军装备建设在单兵、指挥网络、情报、机动能力、航空器、间接火力部署和防空与导弹防御等领域都做了相应调整。

在单兵领域，装备建设投资重点集中在装备单个士兵，以保持在战场上打败敌人的杀伤能力、态势感知能力、防护能力和机动能力。在研发方向上，陆军将研发新一代的小口径武器，增强夜视设备性能，以更先进的降落伞系统替代现有装备，继续为士兵减轻负重，以改善单兵机动能力，确保单兵下车作战能力的进一步增强。

在指挥网络领域，美国陆军将进一步提升远征部队的信息保障水平，提高指挥系统的集成性，增强战场环境适应能力。重点投资内容包括四个功能领域：投送能力、常见操作环境应用程序、网络操作保障、推动者和支援项目，提升战场指挥效率，减少指挥网络运用中的消耗，以节省开支。

在情报领域，情报智能系统的关键组成部分是情报来源，美国陆军在情报来源方面主要有4个方面：地基、人力、空基和天基。在此情报领域投资的目的在于充分整合核心情报能力(包括信号情报收集、反间谍、人力情报审讯和地理空间情报)，建设安全情报通信体系结构，与军队的集成网络计划保持同步。

在机动能力领域，2015年度投资的核心目标是使旅战斗队的战斗车辆现代化，以达成战略调整的需要。在这方面最突出的代表，就是在旅战斗队列装用以取代M113战车家族的多功能装甲车，同时提高布拉德利战车、艾布拉姆斯坦克等装甲车的机动性和防护性。

在航空器领域，投资组合的重点是核心航空项目，包括公共设施，固定翼飞机的情报监视、侦察和攻击侦察，以及无人机系统和支援系统。完成上述投资计划由以下几个方面构成：航空重组计划；投资阿帕奇 AH-64E(Apache Block Ⅲ)计划；完成 CH-47F 的长期合同；完成 UH-60M 的长期合同。

在间接火力部署领域，间接火力是根据战场环境的不同而机动变化的，主要支援对象是在地理关键点上处于分散状态的陆军。间接火力可以增强部队的敏捷性、任务执行能力、可持续和扩展性，以实现及时、有效和高效解决复杂环境下

的作战行动。

在防空与导弹防御领域,美国陆军的防空和导弹防御职能是美国国家安全战略的重要环节。美国陆军的防空和导弹防御可以通过部队的联合作战、空中捕获和控制来保持主动、防止和制止冲突,击败多种威胁和应对各种突发事件。防空和导弹防御投资包含以下几个方面:任务指挥和打击巡航导弹的能力,有人和无人驾驶飞机,反火箭、火炮和迫击炮。

参考文献

[1] The White House. The President's FY 2016 Budget [M]. March, 2015.
[2] U.S. Department of the Army. The Army Vision 2015 – 2025: Strategic Advantage in a Complex World [M]. July, 2015.
[3] U.S. Department of the Army. 2015 Army Posture Statement [M]. 2015.
[4] U.S. Department of the Army. Army Equipment Program in support of President's Budget 2016 [M]. 2015.
[5] U.S. Department of the Army, Army Equipment Modernization Strategy [M]. 2015.
[6] U.S. Army Combined Arms Center. Army University White Paper [M]. 2015.
[7] U.S. Army Training and Doctrine Command. The U.S. Army Operating Concept: Win in a Complex World 2020 – 2040 [M]. 2014.
[8] The Association of the United States Army. Army (Green Book) [M]. 2015.
[9] Department of the Army Office of the Deputy Assistant Secretary of the Army (Financial Management and Comptroller). Fiscal Year 2015 United States Army Annual Financial Report [R]. 2015.

美国太平洋陆军建设述评

彭蓓 王威 王武

2015年,美军出台新版《国家军事战略》,重新将国家行为体的挑战列为关注重点,同时正式将"空海一体战"更名为"全球公域进入与机动联合概念",承认陆军在应对地区"反进入/区域拒止"威胁上的重要作用。美国太平洋陆军则在新的战略指导下,优化编制结构、调整兵力部署、深化与地区盟国的合作,进一步落实奥巴马政府的"亚太再平衡"战略。

一、深化战略调整,明确部队建设方向

一是从作战概念上进一步明确了美国陆军在未来联合作战中的作用。美国防部自2015年初正式提出"全球公域进入与机动联合概念"(JAM-GC),取代了过去提及多年的"空海一体战",这一调整也凸显了陆军在许多方面的不可替代性。美军认为,相比其他军种,陆军具备多种优势,例如基地防护与海峡封控等方面的优势,陆军负责的地面防空反导相比于"宙斯盾"舰反导系统性能更稳定、生存能力更强。此外,陆上力量战略投送和快速部署也是美军实施"联合介入"的重要一环。

二是进一步凸显亚太地区的重要性。2015年7月1日,美国参联会发布新版《国家军事战略》,这是该战略2011年以来首次更新。该战略重新将国家行为体的威胁列为关注重点,认为中国、俄罗斯、伊朗、朝鲜都是"严重的安全问题"。除了伊朗以外的所有国家均位于亚太地区,该战略从顶层设计角度进一步明确了美军的未来部署和行动重心。

三是进一步明确了陆军的建军思想。为顺应形势和任务要求,美国陆军提出了《2025年及之后的陆军发展构想》,明确陆军将从灵活、专业、创新、互通性、远征性、可变性、多面手、平衡8个方面入手建设陆军。受此思想影响,陆军在大幅度精简部队员额的同时,强化模块化旅的作战能力建设,进一步增加营级编制,包括提升部队防护能力和在复杂城市环境中的机动性,加强自下而上的情报搜集能力等,使每个旅战斗队都更加灵活、多能。

二、优化部队编制结构与运用模式

2015年7月9日,陆军宣布继续裁减4万名官兵,2018财年结束前,将现役部队规模由原来的49万精简至45万,作战旅由战时最高的45个减至30个。受此影响,太平洋战区所保留的部队员额也进行了削减,例如:将驻埃尔门多夫—理查森联合基地的第25步兵师第4步兵旅战斗队调整为一个空降步兵营特遣部队;将驻夏威夷斯科菲尔德陆军兵营的第25步兵师第2斯特赖克旅战斗队调整为一个包含2个机动营的步兵旅战斗队。目前,太平洋陆军仍保持着约10.6万人的兵力。尽管实施削减计划会对陆军产生一定影响,但通过兵力轮换、优化地区部署态势,太平洋陆军将保持甚至强化其在亚太地区的存在。

(一)与韩国共同组建美韩联合师

2015年6月3日,驻韩美军与韩国武装部队建立了美韩同盟的首个联合师。该师由美国第2步兵师和韩国第8机械化步兵旅组成,师长由美军第2步兵师师长担任,副师长由韩国人担任。平时,联合师将以联合参谋部(约300人,美韩各派一半)的形式运转,双方平时分驻合训。战时,联合师所属部队将开展联合作战行动。目前师部设在红云兵营,待平泽基地群建设完善后,南迁至平泽基地。该师的成立将提升美韩作出快速协调性战术响应的能力,有助于遏制来自朝鲜的常规威胁,向亚太地区展示美国保卫盟友的决心。

(二)持续进行兵力轮换更新

太平洋陆军采取轮换部署的方式,既保持兵力存在,又确保维持轮换部队的战备水平。由常驻改为轮换,有利于根据形势变化派遣模块化"任务定制部队",维持"地区定向部队"的战备水平,把驻韩部队纳入"全球机动部署"。2015年的主要轮换动向包括:一是正式撤编驻韩唯一重型部队第2步兵师第1装甲旅战斗队。由第1骑兵师第2装甲旅战斗队对其进行首次轮换。撤编前,第1装甲旅战斗队一直常驻韩国,部队不动,人员轮换,期限为1~2年。采取轮换方式后,换防周期为9个月一次。随着该旅撤编,驻韩陆军全部改为轮换部署;二是驻夏威夷斯科菲尔德兵营的第6骑兵团2中队于2015年1月底至10月中旬前往韩国汉弗莱斯兵营进行了为期9个月的轮换部署,替换第17骑兵团6中队;三是美军第20野战炮兵团2营下属的约300名官兵于2015年5月26日抵达乌山空军基地,前往韩国凯西兵营加入第210野战炮兵旅,执行为期9个月的轮换部署,该营抵达时已实现完全人力、训练和装备配备,并达到了最高的战备水平。

(三)强化陆上反导力量建设

一方面,继续补强关岛反导系统。太平洋陆军计划在关岛部署1个营级防空反导特遣队,目前营指挥机构和1个用于远程反导的末段高空区域防御系统导弹连已经部署到位,并实现了与海军"宙斯盾"系统和空军第613航空航天作战中心指控系统联网运行。1个用于中程反导的爱国者导弹连和1个用于近程反导的陆基先进中程空对空导弹连正在组建中,不久将构建起严密的多层防御配系。另一方面,积极推动在韩国部署"萨德"反导系统。2015年2月,美国表示已经结束在韩国部署"萨德"反导系统的可行性研究。此后美国开始积极推动在韩国部署该系统,而韩国并未作出积极回应。但近期随着朝鲜射星,在韩国部署"萨德"系统的呼声又起,在韩国部署反导系统只是时间和时机的问题。

三、瞄准现实挑战改变演训模式

（一）演习更具现实针对性

美国太平洋陆军在2015年参与的大规模演习约20场,与2014年规模基本持平,但更加务实,立足追求实战效果,不再贪大求全。在演习科目上,更加注重结合亚太地区的任务特点,例如在与马来西亚举行的"克里斯打击"演习中进一步强化了丛林作战等技能,包括陆军的丛林战术。另外,美蒙主导的"可汗探索"多国演习则突出了人道主义救援方面的内容。

（二）扩大与地区盟友的演习合作

美国的"亚太再平衡"战略将加强与地区盟国及伙伴国的关系作为一个重点。另外,考虑到"预算封存"的影响,美军也不得不更加依靠地区盟国和伙伴国的力量来帮助其维持领导力。太平洋陆军举行的演习更加强调多边性,逐渐向多边化拓展。如澳大利亚派兵参加了传统上由美国和菲律宾举行的"肩并肩"演习,日本和新西兰则参加了原本由美国和澳大利亚举行的"护身符/军刀"演习。合作的对象涉及日本陆上自卫队、澳大利亚国防军、新西兰武装部队、泰国皇家陆军等多个盟友及伙伴国。

（三）依托"太平洋通道"计划提升演训强度

为推动落实"亚太再平衡"战略,太平洋陆军于2014年开始实施"太平洋通道"计划。太平洋陆军的"通道"数量由2014年的1条增加至2015年的3条。通过该计划,陆军在太平洋地区确保维持至少3个旅级部队的部署,每个部队部署时间约为4个月。期间,每个旅都先后与多个国家开展联合演训。例如2015年参加"太平洋通道"部署的第25步兵师的3个旅战斗队中,第2旅战斗队赴泰国、韩国和菲律宾参加了"金色眼镜蛇""鹞鹰"和"肩并肩"演习;第3旅战斗队则赴澳大利亚、印度尼西亚和马来西亚参加"护身符/军刀""揭路荼·盾牌"和"克里斯打击"演习。第1旅战斗队部署到蒙古、日本和韩国参与了"可汗探索""东方盾牌"等演习。通过这种方式,既增加了陆军在亚太地区的"半永久"存在,也通过增强演训的密集度提升了部队的训练水平。

四、改进后装保障,提升全谱作战能力

随着战略的调整,美太平洋陆军不断推进基地建设,提升后勤支援能力。

(一)加紧开展基础设施建设

美国太平洋陆军继续扩建汉弗莱斯兵营。根据计划,第 2 步兵师师部将于 2016 财年从目前的议政府红云兵营迁往汉弗莱斯兵营。为此,美军从 2006 年就开始对汉弗莱斯兵营进行扩建。扩建项目耗资约 107 亿美元。新址将为 2.4 万名官兵提供新的车辆调配场、宿舍、司令部、住宅区、医疗和教育设施。2015 年是扩建的关键之年,主要项目包括师部建筑物、车辆维修设施、兵营、通信综合设施,以及为军人及家属修建的部队支援设施。另外,美国陆军还基本完成位于夏威夷的太平洋陆军司令部任务指挥大楼的建设,该大楼建成后可满足未来联合信息环境的需求,目前部分设施已开始运行。

(二)提升战场后勤补给能力

太平洋陆军司令部正积极推动通过部署高速运输船来提供跨战区物资投送,以满足多方面的后勤补给需求。太平洋陆军重新配置了其在亚太的预置物资,增加通用型装备,以更好地向联合部队和伙伴国军队提供支援。目前,美国陆军已开始在多国联合演习中演练向盟国分发预置物资。此外,为提高后勤效率,减少耗油量,太平洋陆军还以联合轻型战术车辆取代 M113 悍马,以帕拉丁一体化管理武器系统取代帕拉丁自行火炮,用模块化油料系统取代重型战术卡车的 M978 油料系统。

参考文献

[1] Joint Chiefs of Staff. The National Military Strategy of the United States of America 2015 [M]. 2015.
[2] David L. Goldfein. Joint Concept for Access and Maneuver in The Global Commons [M]. 2015.
[3] The National Interest. Air-Sea Battles Next Step:JAMGC on Deck [M]. 2015.
[4] U.S. Department of the Army. Republic of Korea Armies to Establish Combined Division [M]. 2015.
[5] U.S. Department of the Army. Pacific Partner Engagements Remain Increasingly Innovative,Effective [M]. 2015.
[6] The Association of the United States Army. Army (Green Book) [M]. 2015.

俄罗斯陆军建设述评

白 莹

2015年,俄罗斯陆军在总统普京强军思想的指导下,着眼安全形势变化,调整部队结构,推进装备建设,不断提升部队实战能力。

一、着眼安全形势变化,优化部队编制结构

(一) 强化西部及北部兵力部署

俄新版《军事学说》明确将北约定位为主要外部威胁,将对北极、太空等"新疆域"争夺列为武装力量优先任务。针对当前俄面临的安全形势,重点强化西部及北部兵力部署。西部战略方向,在莫斯科郊区重组第1近卫坦克集团军,编1个坦克师、1个摩步师、1个坦克旅、1个摩步旅等部队,使西部军区集团军数量增加到3个,俄罗斯陆军集团军数量达到11个;改编第20近卫集团军并从俄中部移防至西部地区,通过接收其他军区部队和组建新的旅级部队补充编制,部署地域包括沃罗涅日州、奥廖尔州、库尔斯克州、坦波夫州和利佩茨克州,军部前出部署至沃罗涅日。北极战略方向,在北方舰队联合战略司令部编成内,组建第80特种摩步旅,将第61海军陆战旅改编为北极摩步旅,完成驻北极科捷利内岛第99战术群、驻楚科奇无人机分队的组建工作。

(二) 继续适度调整前期改革偏差

将10个集团军所属的三防营扩编为新型三防团,辖核生化防护分队、特殊处理分队、气溶胶对抗分队和火焰喷射器分队。新型三防团可在不需要其他辅助兵力兵器的情况下独立完成所有核生化防护任务,将大幅提升集团军核生化防护作战能力。完成首支强击工兵营的组建工作,该营全部由合同兵组成,辖2个强击连和1个重型专业技术装备连。组建1个舟桥旅及2个工程工兵团;中部军区第41集团军组建第55独立摩步(山地)旅,强化山地作战能力。

(三) 推进境外军事基地建设

俄进一步加大对驻吉尔吉斯斯坦、塔吉克斯坦、亚美尼亚等国军事基地的投入,全面更新驻外军事基地的武器装备,加强营区等基础设施建设,实现驻军全

员合同制,继续加强俄驻南奥塞梯和阿布哈兹军事基地建设,实现与南奥塞梯国防与安全力量一体化;拟向驻杜尚别和库利亚布等地区部队增配 БТР-82АМ 型装甲运输车等。此外,在俄总统普京的呼吁和主导下,拟组建独联体联合部队,俄军将作为该部队的一部分直接部署至中亚国家。

二、加大装备和设施建设力度,推进部队职业化进程

(一)围绕装备现代化,加速推进新型武器装备列装

根据普京总统的指示,俄将"军队装备更新列为政府的首要任务之一"。尽管受美西方制裁影响,俄经济下行压力持续增大,2015 年俄国防预算为 570 亿美元,比原计划减少 5.3%,但仍较 2014 年高 25.6%,装备采购费达到 322 亿美元,占国防预算 56.4%。在俄军高层强力推动下,俄军武器装备现代化比例已超过 40%,超额完成十年规划中 30% 的中期目标。俄罗斯陆军年内共列装 2 500 余件(套)武器技术装备,现代化装备比例达到 35%,超额完成 30% 的预期目标。其中,列装 T-72Б3 型坦克、БМП-3 型步战车、БТР-82А 型装甲输送车等装甲车辆 400 余辆,2 个旅换装"伊斯坎德尔-М"战役战术导弹,列装新型电子战系统 80 余套。列装"战士"单兵作战系统 5 万余套,中部军区和东部军区特种任务旅已完成换装。在陆军装备建设中,西部军区是重点,该军区现代化通信设备比例已达 50%;首批"阿玛塔"坦克、T-72Б3 深度改进型坦克均优先列装西部军区。

(二)着眼保障模式专业化,持续推进基础设施建设

为完善驻地系统,俄罗斯陆军高度重视兵营和物资技术保障基地建设,年内共建造 100 余座兵营,建立 400 个新型弹药保管仓库。推进北极地区军事基地建设,完成北极地区新地岛、科捷内岛、弗兰格尔岛和施密特角等地的军事基础设施建设,其中,10 月完成科捷内岛大型军事基地建设,该基地"是苏联时期从未有过的大规模基地",可为俄军军事活动提供一切所需支持;启动择捉岛和国后岛兵营建设,未来 10 年拟投入 12 亿美元整建千岛群岛基础设施。

(三)立足部队职业化,着力提高兵源数质量

俄认为,俄幅员辽阔,需要一支规模小型化、作战机动化、人员常备化的职业化军队。近年来,实现职业化一直是俄军建设的优先方向,俄兵员结构正逐步向以合同兵役制为主、义务兵役制为辅的方向过渡。俄军计划,到 2020 年,合同兵超过 50 万,义务兵降至 20 万至 25 万,军官规模约 22 万。年内,俄军招募约 5 万名合同兵,合同兵数量达到 35 万,数量首次超过义务兵(30 万)。俄东部军区招收 2.6 万名合同兵。南部军区开始实行新的兵役政策,即达到服役年龄受

过高等教育的青年,可任选南部军区部队直接服合同兵役,并可根据所学专业安排服役岗位,提升了高等院校学生服役热情。目前,俄兵源质量已有较大提高,俄军义务兵受过高等教育的比例已达19%,远高于2000年的3%。

三、深化战法训法研练,提升部队实战能力

2015年内,俄罗斯陆军进行了38次旅级首长司令部演习,战斗训练强度较去年增加10%,实施7 000多次夜间训练,较去年增加2.5%,重点提升与其他军兵种联合作战能力,研练新战法新训法。

(一) 研练营战术群作战运用

2014年以来,俄罗斯陆军重点加强营战术群建设,各作战旅在集中优势兵力兵器的基础上分别组建营战术群,营战术群成为俄罗斯陆军建设新的着力点。今年,俄罗斯陆军通过频繁组织演习着重检验营战术群作战运用。在年初俄军战略首长司令部带部分实兵演习中,俄西部军区营战术集群遂行边境防御任务。"中部-2015"演习,俄军在清剿恐怖组织作战行动中,重点发挥营级战术集群作用,灵活机动运用配属的兵力兵器。俄军事训练年度检查考核,通过营战术演习检验营战术群训练情况。演习表明俄军营战术群能够独立遂行较为复杂的作战任务,显示俄军改革已取得积极成果。

(二) 深化远程机动跨区训练

为改变俄罗斯陆军"固定地域训练"模式,提升陆军快速、机动作战能力,年内俄罗斯陆军举行150多场战术演习,主要通过空中或铁路将部队投送至预定方向或在其他战区陌生地域进行跨区演练,重点完善陆军分队在陌生地域作战能力。俄东部军区夏训组织40多场大规模演习,其中超过三分之一演习在陌生地域展开。4月下旬,俄总参谋部对第2集团军实施战备突查,集团军依令通过铁路和公路远程机动至3 000千米之外的陌生地域,执行演训任务。5月底,太平洋舰队实施大规模演习,俄东部军区第64摩步旅通过铁运、海运和空运投送至萨哈林岛,遂行剿灭假想敌空降兵任务。在对中部军区战备突查中,受检部队完成了大规模、远距离重新部署,其中,第41集团军从新西伯利亚向奥伦堡州部署,第2集团军从萨马拉向阿斯特拉罕州部署,均"出色"完成机动部署展开任务。

(三) 突出与其他军兵种联合训练

"新面貌"改革以来,俄军特别强调联合作战,以军区为基础成立联合战略司令部,确立联合作战指挥体系;通过"军旅制"改革初步实现旅营级部队"模块化编组",为战术层级联合作战奠定基础。俄罗斯陆军近年注重加强与其他军兵种

的联合训练,特别是2015年俄罗斯陆军在大量列装新装备后,更加突出联合战术训练力度,重点检验和提升陆军合成旅、营与空天军陆航部队、前线航空兵部队、防空部队、海军陆战队、岸防部队间的联合作战能力。俄西部军区8月底举行由摩步旅、炮兵旅和陆航部队参加的陆空联合演习,旨在检验摩步、坦克、炮兵及陆航分队间协同行动能力。演习借助新列装的"海鹰-10"无人机对敌实施侦察,陆空实施联合火力打击,摩步分队在陆航"米-24"直升机的掩护下对敌实施进攻。俄东部军区4月底在萨哈林岛组织抗登陆演习,俄罗斯陆军摩步旅、炮兵旅和坦克旅参演,重点演练与海军协同抗击假想敌登陆,与空降兵协同防止假想敌空降。

(四)积极推进基地化训练

俄罗斯陆军大部分演习在综合训练基地实施,重点演练部队火力打击、陆空协同等科目。综合训练基地实现了指挥对抗和实兵对抗演练异地同步,加强了对抗难度、强度和精度。俄罗斯陆军还集中力量建设军区所属跨军兵种综合训练基地,规划将16个基础设施条件较好的合成训练基地整合为四大综合训练基地。2015年,俄西部军区穆里诺训练基地已投入使用,开始建设南部军区阿舒卢克训练基地,建成后可保障大规模跨军种训练,模拟战役方向真实战役战术环境,缩短分队及指挥机关战斗合练周期。俄东部军区楚戈尔训练基地将于2016年开始建设,将安装全套模拟训练系统,实现战场实战画面3D效果,非实弹射击条件下也可计算射击命中数量和精度。此外,俄罗斯陆军演训中还广泛应用新型指挥自动化系统,构建数字化野战局域网,突出高科技信息化装备的作战运用。

总体来看,俄罗斯陆军建设取得长足进展,部队战备水平、装备现代化程度均显著提升,但与其他军兵种相比现代建设仍较为滞后。打造一支立足本土防御、能有效应对各种威胁的常备、精干、机动、高效的新型陆军,仍将是俄武装力量今后一段时期的建设改革重点。

参考文献

[1] 俄陆军召开军事委员会扩大会[EB/OL].俄国防部网站,2015-12-11.
[2] "俄陆军总结2015年战备训练情况"[EB/OL].俄新社网站,2015-12-1.
[3] 俄总统普京主持召开国防工业会议[EB/OL].俄罗斯塔斯社网站,2015-05-12.
[4] 俄国防部长总结2015年军队训练情况[EB/OL].俄罗斯新闻社网站:http://www.ianu/economy/2015-10-13.

日本陆上自卫队建设述评

张人龙

2015年度,日本陆上自卫队(以下简称"陆自")继续贯彻2013年版《防卫计划大纲》精神,落实执行《2014—2018年度中期防卫力量发展计划》(以下分别简称"13大纲""14中防"),坚持以强化联合作战为指导,以打造快反、机动、多能的"强韧陆自"为目标,对内强化重点作战能力,对外拓展海外活动空间,积极推动军种建设取得新的进展。同时,在日美防卫"新指针"与日本"安保法案"相继通过的年度背景之下,陆自在日美(乃至多边)联军作战中的角色定位,也正在悄然酝酿"从后方到一线"的转身。

一、围绕西南岛链作战打造重点能力

2015年度,陆自军费预算17.684万亿日元,同比减少6亿日元,占总军费(47.338万亿日元)的37.4%;截至2015年度末,陆自定员将达15.8938万人,其中,现役15.0863万人,快反预备役8 075人,年均保持13.9906万人水平,另保持普通预备役4.6万人,候补预备役4 600人。

年内,陆自紧密围绕核心预算项目"抗击对岛屿地区的进攻",以西南岛链地区联合作战为牵引,积极打造各种相关战力。

表1 2015年度陆自重点能力建设概况

项 目		体 制	装 备	演 训
联合作战	指挥通信		野战通信系统加速列装(约600亿日元) "野战指挥通信系统一体化"(20亿日元) "岸舰导弹追加数据链"调研(0.4亿日元) 数据链人才赴美军委培(1亿日元)	13旅"旅通信训练" 4师"师无线通信训练" 4师"通信巡回教育"

(续表)

项　目		体　制	装　备	演　训
联合作战	联合防空		1套对空战斗指挥控制系统(28亿日元) 1套03式中程地空导弹(164亿日元) 1套11式短程地空导弹(29亿日元)	03(改)赴美试射 第1高炮旅联合防空实兵对抗演练 第2高炮旅协同防空作战演练 年度赴美实弹射击训练(14个连)
	联合制海		未采购,重点推进列装	12式赴美试射 第1炮兵旅协同反舰训练 年度赴美实弹射击训练(3个连)
战略机动		中央输送业务队增编第4、5移动支援队 2艘民营渡轮的"官有民营"改制(250亿日元)	5架MV-22(516亿日元) MV-22教育训练器材(95亿日元)	1次师级"协同机动演习" 7次团级"协同机动演习" "霍克"导弹上舰搭载训练
两栖作战		"水陆机动准备队"成立 新编"水陆机动旅"用地采办(179亿日元)	30辆AAV-7(203亿日元)	8师、15旅"水陆两栖特技检定" 4师"驻冲绳陆战队水陆两栖训练研修" 4师4次"年度师水路两栖集合训练" 西步团年度陆海水陆两栖作战训练 赴驻冲绳美陆战队研修水陆两栖作战训练 年度"西部集团军军士水陆研讨会" 第4次"水陆两栖研讨会" 首次参加美澳"塔里斯曼军刀"联合军演 赴美参加"黎明闪击战15"联合军演 赴美参加"铁拳2016"训练

（一）积极充实联合作战能力

首先,继续强化指通系统建设。一是改进陆自指通系统。年内,继续投入20亿日元推进"野战指挥通信系统一体化"项目,通过将指挥控制系统编成软件、追加至新列装的野战通信系统之上,实现直达一线部队的战斗数据共享,以确立三军联合的基础,并实现日美之间的加密数据交换;二是推进三军互联。为与海自、空自实现实时目标情报共享,将对陆自岸导部队引入数据链功能,年内投入相关调研经费 0.4 亿日元,并投入 1 亿日元的人才培养经费,用于赴美军相关机构接受委培教育;三是加速野战通信系统列装。综合 2014 年度补充预算与 2015 年度预算粗略统计,陆自约投入 500～600 亿日元用于继续采购野战通信系统,至此,该系统已基本完成通信节点装置采购预算的编列,下步即将进入宽带多功能话报机的全面列装阶段。与此相应,各接装部队正在积极开展相关教育训练,促进部队提升操作能力,加速新装备的战斗力形成。5 月中旬,中部集团军第 13 旅实施"旅通信训练";8 月即将接装的西部集团军第 4 师,先于 6 月初举行第 1 次"师无线通信训练",再于接装后的 10 月上旬,在各兵营实施"巡回教育",内容均是普及宽带多功能话报机操作。

其次,继续强化联合防空火力。在装备建设方面,年内陆自编列 221 亿日元预算,用于采购 1 套对空战斗指挥控制系统(28 亿日元)、1 套 03 式中程地空导弹(164 亿日元)、1 套 11 式短程地空导弹(29 亿日元)等防空武器装备;同时,积极推进新型中程地空导弹"03 式(改)"的开发,于 2015 年夏季赴美国白沙导弹试验场进行发射试验,对美制 GQM-163"郊狼"式高超声速靶弹(高空 M3.0—4.0、掠海 M2.5)等各种目标,取得 10 发 10 中的骄人成绩。陆自地导部队还积极实施各种联合防空作战演训。一是 9 月 28 日—10 月 9 日,北部集团军第 1 高炮旅在参加"2015 年度集团军兵种协同训练"期间,以实兵对抗方式组织实施联合防空演练。陆自高炮兵力接受空自北空防空指令所的全般控制,演练了陆空对空战斗指挥系统联网、联合情报共享、巡航导弹(以空自战机为假想目标)探测、陆空协同对空战斗以及军师(旅)两级高炮部队协同对空战斗等各项行动的要领,西部集团军第 2 高炮旅等全国高炮部队以及空自三泽基地共同参训。二是在年度三自卫队联合实兵演习"2015JX"(其陆战部分即西部集团军"镇西 2015"实兵演习)中,日本各地高炮群向九州、冲绳作战地域展开,在空自西南航空混成师的全般防空作战控制下,接受第 2 高炮旅的直接作战控制,与空自协同实施了防空作战演练。其中,03 式导弹部队系首次与空自协同训练。此外,10—12 月,陆自各高炮群及高射教导队共计派遣 14 个连,赴美新墨西哥州的马克雷格靶场,实施年度例行的赴美实弹射击训练。

第三,继续强化联合制海火力。装备建设方面,受预算限制,年内未继续采购新型 12 式岸舰导弹系统,而将重点置于列装,以加速形成战斗力。8 月的 2015 年度富士综合火力展示演习中,富士学校炮兵教导队第 6 连装备的 12 式以独立发射车形式首次参演。8—9 月,12 式在加利福尼亚州穆古角靶场举行首次试射,确认能够依照速度、角度、航线等预设诸元命中目标,全部项目评估结果良好。年内,陆自岸导部队积极参加各项联合制海作战演训。10 月 23 日—

11月13日,北部集团军第1炮兵旅下属3个岸导团远程机动至西部集团军防区主要岛屿参加2015JX,各团在西部集团军炮兵队的直接控制下,以抗登陆作战为想定,与海自实施了联合投送训练,与空自战机(接受航空总队控制)实施了协同反舰训练。此外,10月,陆自各岸舰导弹团选派3个连赴美加利福尼亚州穆古角靶场,实施了年度例行的赴美实弹射击训练。

第四,增加军种教育中的"联合"要素。为促进学员"从军种专家变身联合运用专家"(校长深津中将语),陆自军官学校从2014年度第69期"军官高级课程"(简称AGS)起,将课程设置区分为"陆上防卫战略"与"情报"两大系列;从2015年度的第69期"军官高级课程"(3月31日—10月6日)起,又进一步增设了"综合兵站"系列课程。

(二)重点强化战略机动能力

年内,陆自继续强化战略投送手段建设。其最大重点是编列516亿日元预算,用于采购5架MV-22"鱼鹰"型偏转翼运输机,同时投入95亿日元用于采购相关教育训练器材。陆自原计划将该型机部署在佐贺空港,建成与木更津兵营并列的一大陆航基地,但遭地方政府抵制尚无进展。在体制建设方面,陆自于3月底对中央输送业务队进行改编,增编第4和第5移动支援队,使跨区投送体制从本州岛向日本四岛全面铺开。根据"官有民营"思路,陆自在"15预算"中编列250亿日元,用于确保对2艘民营渡轮的长期稳定利用,据悉,其中"白鸥"号1年的租借费用为6.9亿日元。此外,根据"有效利用预备役"的思路,自卫队拟从2016年度起录用民间船员担任预备役,战时直接负责运输船舶的驾驶。但该计划甫一曝光即遭到海员工会等组织强烈反对,前景尚不明朗。

同时,陆自继续以例行的远程机动演习为主体,积极开展各类战略投送训练。年内主要实施了1次师级和7次团级"协同机动演习":一是6月下旬,中部集团军第13旅向北部集团军防区机动(师级);二是10月上中旬,中部集团军第14旅向东部集团军防区机动;三是10月上中旬,东部集团军第12旅向北部集团军防区机动;四是10月下旬—11月中旬,北部集团军第2师、第5旅以及第1炮兵旅,结合参加2015JX演习向西部集团军防区机动,重点演练了租用民营渡轮海运部队的课目。其中,第1炮兵旅所属3个岸舰导弹团是首次同时参演。通过上述演习以及在目的地实施的相关战术训练,有效提升了参演部队在远程机动作业中的控制和调整能力,以及对陌生战场环境的适应性。此外,陆自还在不断探索战术投送的新领域。6月2日,西部集团军第2高炮旅第3高炮群与海自第1输送队协同,在海自吴基地举行了"霍克"导弹系统的上舰搭载训练,演练主战装备在海上机动过程中与海自的配合要领。期间,实际使用对空战斗指挥控制装置、"霍克"导弹以及各型车辆约 30 台,向"国东"号登陆舰上搭载,演练主战装备海上机动中的陆海配合要领,确认了不同潮汐条件下的搭载要领和牵引车辆上舰时的注意事项。

(三) 扎实发展两栖作战能力

在体制建设方面,以 3 月 26 日"水陆机动准备队"(规模约 50 人)在相浦兵营编成为标志,陆自两栖作战部队建设工作正式启动。年内,陆自投入 179 亿日元用于新编"水陆机动旅"所需的用地采办等基础建设,并在西部集团军范围内全面展开相关训练和选拔,在兵源方面预做准备。例如,3 月中下旬针对第 8 师和第 15 旅举行"水陆两栖特技检定",为筹建中的水陆机动旅选拔苗子;再如,第 4 师于 4 月中下旬实施"驻冲绳陆战队水陆两栖训练研修",4—10 月连续举办 4 次"年度师水陆两栖集合训练",重点均置于单兵和班、排等小规模两栖作战所需知识、技能的习得,加速普及游泳、操舟、洋上生存等两栖作战基本技能。

在装备建设方面,年内,陆自投入 203 亿日元,用于批量采购 30 辆 AAV-7 型两栖突击车。该车已结束在陆自军械学校的湖上基本性能测试,于 5 月下旬转移至美军今泽兵营的海岸训练场,接受更为全面的运用试验,在海自登陆舰支援下,对其陆上/海面机动速度、浮波能力、续航距离、离舰着舰性能等采集各项数据,实施综合评估。陆自还在依托三菱重工研发新型两栖突击车辆,据悉水面时速可达 20 节(37 km/h),已经引发美陆战队高度关注。为保障未来 AAV-7 顺利上舰搭载,自卫队投入 6 亿日元用于"大隅"型登陆舰的结构改装。此外,日本军工企业正在利用"绿色激光"技术加紧研发"机载激光测深仪",未来计划搭载在直升机等平台之上,对预定登陆场的海岸线实施快速广域测量,以资锁定上陆地点,据悉在水雷战中也有应用前景。

在军事训练方面,陆自继续以西部集团军为主体,密集实施一系列教育训练:一是 2015 年度陆海水陆两栖作战训练。4 月中旬,由西步团与海自扫雷母舰、登陆舰协同,长崎县五岛列岛宇久岛水纳岛及周边海空域,进行了抢滩登陆、直升机舰上起降、陆海联合火力引导等两栖作战课目的演练。这是首次在长崎县内举行两栖训练,与上年 5 月在奄美群岛无人岛的训练类似,有继续寻找国内训练场地意图,未来此项训练可能成为例行活动。二是赴驻冲绳美陆战队研修水陆两栖作战训练。4 月中下旬,派遣约 40 人赴冲绳美陆战队汉森兵营,研修美军两栖训练中的动作要领等,提升参训人员单兵两栖作战能力的同时,搜集两栖作战的各种情报、教训,并强化日美一线部队间的关系。三是举办年度"西部集团军军士水陆研讨会"。4 月下旬,由集团军总军士长本村准尉在相浦兵营组织实施,集团军各部队总军士长等 40 人参加,并特邀陆自、海自佐世保地方队、空自西部航空方面队的总军士长出席，通过西步团情况介绍和两栖作战实地研究，听取与会人员为推进"水陆机动旅"的新编工作出谋献策。四是举办第4次"水陆两栖研讨会"。研讨会于6月下旬举行，集团军各部以及海自、空自、美国海军陆战队、美国陆军等250人参加。该研讨会始于2014年度，此前3次研讨已就两栖作战中的部队运用等事项进行了细致梳理；第4次研讨主要是设定各种具体运用场面，由与会人员展开实务级讨论，对此前成果进一步深化，以期推动迄今取得的两栖作战训练成果在集团军下属各部队加速普及。五是参加第6次美澳"塔里斯曼军刀"联合军演。7月中旬，派遣西步团等约40人赴澳，与美第31陆战远征队约2 000人的参演部队，共同演练海上机动、上陆、展开、占领地域等一系列行动，提升双方互操作性。该演习始于2005年，隔年举行，陆自是首次参演。虽然陆自强调仍系在"日美共同训练"框架内参演，但不能排除未来向美日澳三边框架发展的可能性。六是赴美参加"黎明闪击战15"联合演习。8月下旬—9月上旬，派遣以西步团为主力的约360人，协同海自、空自赴美，演练两栖作战中的指参活动以及海上机动、联合火力调整、立体登陆、上岸后转入攻击等一系列行动，提升三自卫队联合两栖作战能力，并增进与美陆战队等的相互关系。这是陆自第二次参加该演习，较之2013年首次参演，兵力增加44%，范围扩大至中央快反集团，内容也更为充实、深入。七是赴美参加"铁拳2016"训练。2016年1月下旬—3月上旬，派遣以西步团为基干的约310人赴美加利福尼亚州彭德尔顿兵营，参加第11次"铁拳"日美共同两栖作战训练。

陆自2015年度各项两栖作战演训中一个值得关注的动向是，显著增加了工程、卫勤等后勤课目的演练。4月的宇久岛训练中，工程、兵站、卫生等兵种首次参训，初步体验上陆训练；6月上旬，西部集团军第5工兵旅举办"工兵兵种水陆两栖研讨会"，由第303水际障碍连为主实施，邀请陆自工兵学校等各工兵部队以及海自、驻日美军约40人参加，通过兵种内部交流，共享两栖作战中水下障碍物的侦察、处置等工程支援知识，细化作业要领；8月的"黎明闪击战"中，西部集团军后勤保障队派出第301步兵直接支援队20人作为登着陆支援队参演，首次演练了"兵站/卫勤部队登着陆"和"兵站/卫勤设施上岸及尔后支援业务"，提升了实战运用能力，确认了与海自、美陆战队的配合要领；9月上旬，西部集团军卫生队在佐世保外海与海自"浦贺"号扫雷母舰举行协同训练，确认了野战手术系统展开上舰作业及舰上卫勤支援业务要领，取得较为丰富的成果，下步计划与海自就医疗分队编组、业务分工等进一步强化协作，充实联合作战中的洋上医疗体制；10月的2015JX中，北部集团军工兵队第302水际障碍连与西部集团军第5工兵旅协同，演练了使用便携式GPS对水际障碍的侦察、定位操作要领。通过上述训练,各勤务部(分)队既演练了两栖作战能力,又熟悉了西南离岛战场环境,有利于提高未来作战成效。

2015年度,陆自为强化联合作战、战力机动和两栖作战等急需能力,分别投入预算约840亿、960亿和400亿日元,作为第三重点的两栖能力建设,虽然投入较上年有大幅增长,但考虑其系以基础设施整建为主,故较之联合与机动这两大重点仍有逊色。根据"14中防"框架推算(表2),今后3年这一格局不会改变。另一方面,在外部受到海自空自挤压的情况下,陆自2015年度预算已经出现负增长;而内部受到"鱼鹰"等新型装备挤压的情况下,陆自其他装备已经受到影响,最为显著的是弹药采购,已从1990年峰值时的900亿日元,跌落至2015年度的612亿日元,2016年度预算在概算要求阶段更是剧减至500亿日元,据悉其一线部队的射击训练已经受到一定影响。陆自如何解决这个问题,值得关注。

表2 "14中防"期间陆自装备建设大项计划概况

	大盘总额(万亿)	海自份额(万亿)	空自份额(万亿)	陆自份额(万亿)	联合火力						战略机动				两栖	
					SSM-12		03式中SAM		11式短SAM		机动战斗车		MV-22		AAV-7	
					(连份)	(亿)	(连份)	(亿)	(连份)	(亿)	(辆)	(亿)	(架)	(亿)	(辆)	(亿)
14中防	≈23.92 (24.67)				9		5				99		17		52	
14预算	4.78	1.120	1.090	1.760	4	309	1	175	1	45	—	—	—	—	—	—
15预算	4.82	1.136	1.104	1.768	—		1.67	164	1	29		5	516	30	203	
16预算	4.86	1.195	1.120	1.749	1	120	0.33	189	1	40	36	252	4	447	11	78
中防余额	≈9.46				4	300	2	350			63	500	8	800	9	60
17概算	4.73															
18概算	4.73															
提示	①中防总额的≈23.92万亿,是从实际总额24.67万亿中扣除对美军东道国支援经费(按年均1 500亿计)后的概数。②中防余额的≈9.46是以23.92万亿为基准所得概数。③请注意最近3年三自卫队的预算增减情况。															

二、依据快反机动思路优化军事部署

年内,陆自紧密围绕"13大纲"中将北海道建成后方战力涵养基地的思路,着手梳理由北至南的兵力配置,呈现出向北巩固纵深基地、向南推展前沿部署的总体态势。

(一)筹备建设北部训练基地

依据"13 大纲"中将北海道建成后方战力涵养基地的思路,陆自提出了"北海道训练中心"(Hokkaido Training Center,HTC)的建设构想,依托北海道既有的良好训练环境,充实数字化的模拟、评估设施,建成可供全国部队轮训的实兵对抗演练和评估基地,探索部队实战化训练及演训设施运营实现全面量化管理之路。HTC 构想可大致区分为 3 个步骤:一是"训练评估支援中心"(Training Evaluation Support Center,TESC)式训练,即临时设置训练中心,使用 BATRA 2 型激光模拟交战训练装置等,进行实兵部队的近战对抗训练,判定战斗结果,据以评估分析部队作战能力;二是指挥所训练与 TESC 训练融合,通过实现指挥所训练导调支援系统(ICE)与 BATRA 装置的联网,沟通假想空间与实际战场;三是设置总体评估中心,对部队训练水平、训练导调水平、设施运营水平等训练全般情况进行综合量化评估。

该构想计划 2020 年度正式建成启用,已从 2014 年度起以北部集团军第 11 旅作为试点单位展开初期研究,进入 2015 年度,开始举行正式验证演练。6 月 26 日—7 月 9 日,以第 11 旅为主,在陆自富士学校部队训练评估队(又称富士训练中心,FTC)、各兵种学校以及北部集团军指挥所训练支援队(CTS)等部队的协作、支援之下,以总兵力 1 750 人,在北海道大演习场,举行了年度陆自参谋部课目指定演习"2015 HTC 事前检证"。其间,以第 11 旅下属部队配备 BATRA 装置,编成攻(步 10 团 1 个连加强 2 个坦克连)、防(步 18 团加强坦克连等)部队,展开实兵对抗;以北部集团军指挥所训练支援队为主编成"检证·研究科",演练沟通 BATRA 和 ICE 两大系统的导调支援要领;以部队训练评估队为主编成"模拟 HTC",演练评估支援要领,对参训部队的训练水平进行客观的量化评估。从专业角度检证,把握未来课题,得到众多教训。陆自对此次演习高度重视,7 月 6 日,陆参长岩田亲率各兵种学校校长等训练机构负责人及北部集团军下属各师、旅等部队长到参演各部进行研修;7 月 9 日演习结束之后,又在 11 旅真驹内兵营举行了"HTC 研究会"。计划 2018 年以后开始运用。

(二)不断推进前沿岛屿驻军

陆自在西南岛链地区的兵力部署,呈现出显著的滚动式前推。一是初步完成与那国岛驻军工作。4 月 2 日,在西部集团军情报队下成立"与那国准备队",下辖队本部及分驻那霸和与那国的 2 支派遣队;"15 预算"中投入 2 亿日元,用于沿岸监视队进驻与那国岛所需营房用地采办等;2016 年 3 月底,第 303 沿岸监视队正式编成。此外,5 月 19—21 日,第 15 旅在那霸兵营、八重濑分兵营、知念分兵营等地举行了"第 1 次旅沿岸监视训练",演练沿岸监视哨位的目标探测识别要领以及旅司令部情报所与情报搜集部队之间的前后方情报共享要领等内容,或有为与那国监视队准备兵员之意。二是继续推进奄美大岛驻军工作。"15预算"中编列约32亿日元,用于采办驻军所需用地等。奄美驻军一事,当地阻力较小,预计将如期推进。三是启动宫古岛驻军筹备工作。年内,陆自已基本选定该岛西侧中部的高尔夫球场"千代田乡村俱乐部"与东侧北部的"大福牧场"2处用地,计划截至2018年度末完成合计约600人的兵力配备,估计前者部署地空导弹,后者部署岸舰导弹。目前,相关设施整建已经进入"16预算"。四是着手研究石垣岛驻军事宜。经相关研讨,陆自现已形成初步构想,或是与奄美、宫古类似的实战兵力,或是陆航直升机兵力,计划在下期"中防"(2019—2023年度)期间完成。具体进程有待与地方政府的进一步磋商。此外,日本学界又在鼓吹新的西南诸岛驻军构想。福江商工会议所顾问才津为夫提议,未来将水陆机动旅的1个团部署在反对势力薄弱且海空交通基础良好的五岛列岛(例如福江岛);陆自退役将领福山隆则进一步提出"离岛屯田兵"制度,即招募具备预备役资格的志愿者,以特殊国家公务员身份在边境离岛配置,享受国家在定居、执业方面的优惠政策,平时从事正常生产和警戒监视,战时参战。

(三)注意提升部队快反态势

年内,从西南前线到东北纵深,陆自各部或以专项形式,或以结合形式,纷纷演练快反出动相关课目,强化快反态势。一是开展快反出动演练。年内,驻防冲绳的15旅多次实施快速出动准备的相关训练,提升快反态势。2月上旬(属2014年度),举行"旅弹药受领训练",检验和全旅初次携行弹药受领计划的实效性,具体检验受领作业耗时、装卸车(机)作业要领等;4月14日,举行2015年度第1次"旅快反态势检验"(Readiness Check),以实际受领弹药作业为重点,演练初期反应部队的出动准备作业,并查找了装备及其他携行物资器材的相关作业改善事项;8月6日,第2次"旅快反态势检验"中,演练了口粮装运、出动对处部队集合。与此相应,担负机动支援任务的本土师、旅也在开展相关演练。4月12日,第11旅举行"部队展开训练",以突发事件为想定,选在当天(周日)20:00时下达紧急召集令,确认全旅部队集结、旅指挥所开设、初期反应部队完成出动准备等等各项情况,演练相关作业要领;13—15日,第4特种武器防护队实施"出动准备训练",在2夜3日的想定状况下演练出动准备作业要领,第4师全体部队进行研修。二是强化机动支援部队综合战力。3月25日,西部集团军反舟艇反坦克队的平时隶属关系,从负责北九州防务的第4师改划至担负南九州防务及西南作战首批支援任务的第8师,以增强8师的抗登陆作战能力。在7月上旬的"第1次师训练检阅"中,该队即与第8高炮营一同配属至第42步兵团、编成第42战斗群,演练了岛屿作战想定下的指参活动及部队基本行动。3月26日,中央快反集团第1空降旅实施改编,在炮兵营增编第3重迫连,形成与既有3个步兵营相匹配的对口火力支援体制,同时相应强化后勤保障功能,使全旅综合战斗力得到增强。年内,该旅积极参与多项演训,检验改编成效。三是开展离岛作战专项演练。6月中旬,第8师第12步兵团举行"救护能力提升训练",演练战伤处置、伤员后送等要领,并特别设置"离岛特有有毒动植物及处置方法"专项教育,凸显该师作为西南作战首批增援部队的特色。11月三自卫联合演习中,北部集团军所属支援保障力量伴随战斗部队进驻西南离岛地区相关支援课目。北部集团军通信群在冲永良部岛演练了通信系统的开设、维持和运营;北部集团军工兵队下属第301、302坑道连与第1炮兵旅下属岸导团协同,在西南离岛实施预设阵地侦察、确认施工要领;北海道补给处演练了在岛上利用集装箱开设和运营补给点的要领;第2师和第5旅所属后勤部(分)队也在岛屿地带实施了后勤补给检证活动。四是着手改革野战口粮形制。陆自的单兵野战口粮,自1954年成立以来一直采用传统的罐头型,任务中原则上发放3日份(计9餐),存在携、运行负担较重且食用不便(须经配套野战炊具加热)的问题。2016年初,陆自决定全面换装真空包装式的软罐头型口粮,每袋为1个餐份,以水作为发热剂,携行更轻快,加热更便捷,且经实验确认能够承受空中投放。陆自计划进一步改进食材配比,与民营企业共同开发营养更均衡的新款口粮。

三、瞄准提升国际地位强化海外活动

(一) 大力拓展双边、多边军种交流

2015年度,陆自在东北亚—南海—东南亚—南亚的中国周边环形地带大力拓展双边/多边军种交流与合作,深层意图不言而喻。

1. 日澳交流全面深化

作为美国"亚太再平衡"战略布势中的"双锚",与澳大利亚陆军之间的对口交流与合作,仍然是陆自2015年防务交流的重中之重,双边军种关系全面深化,且日益凸显美日澳三边框架的特征。在继续邀请澳陆军参与"北方救援""山樱"(YS69)等重要演训的同时,陆自加大对澳方主办的各类活动的参与力度。一是5月上中旬,陆自富士学校步兵部担纲,参加澳陆军主办的2015年度国际陆军射击大赛(AASAM15)。二是5月下旬—6月中旬,以东部集团军第1师第32团1个排为基干,赴澳参加第3次年度日美澳共同训练"南部牛仔15"。2015年参训兵力从上年的班规模扩充至排规模(约50人),并吸纳美陆战队参训。三国四军种的参训部队,分别使用澳军城市战斗训练设施进行训练,相互进

行研修。三是6月19—25日,陆自参谋长岩田清文访澳,与美太平洋陆军司令、太平洋陆战队司令及澳大利亚陆军司令共同举行第3次"日美澳高级研讨会"(Trilateral Senior Level Seminar,TSLS),通过双边恳谈及指挥官会议等活动,围绕"日美澳三国合作及在本地区的作用",就未来进一步扩大和强化三国陆上军种间的协作互助达成共识。四是7月中旬,西部集团军直属步兵团(以下简称"西步团")派出约40人,参加在澳北部举行的美澳"塔里斯曼军刀15"(Talisman Sabre 15)联合军演。该演习旨在提升美澳两军的快反性及互操作性,从2005年起隔年举行,2015年为第6次,陆自是首次参演。虽然陆自参演规模较小,且强调仍属"日美训练"框架,但显然有向三边框架发展之势。

2. 东北亚方面有突破

日蒙军种关系保持推进,并有实质突破。7月19日—9月14日,陆自继续实施对蒙古国3年支援计划,派遣15名工兵队员赴蒙古,实施"道路施工管理教育"和"沙土路构筑实习",支援蒙军工兵部队养成工程作业能力。同时,继续积极参与美蒙"可汗探索"多边维和训练。6月下旬,派遣陆自参谋部6名军官、中央快反集团8名教官及中央快反团1个排25人参加"可汗探索15",演练了哨卡、巡逻、车队行动、路边炸弹处置、一线救护5个课目,内容更为充实,兵力远超往年,而且是首次以实兵战斗部队参训。

日韩军种关系也再有突破。3月25—28日,陆自总军士长访问韩国,与韩三大军种的总军士长会谈,就韩陆军的军士领导力、军士教育及指导要领等交换意见,以资陆自借鉴。6月的"可汗探索15"中,陆自与韩陆军共同实施了"一线救护"训练,另由具备PKO讲师资格的中央快反团所属军官,对韩陆军特种作战司令部的士兵进行指导。或因此次合作较之上年的"弹药提供"事件在政治敏感性上相差无几,因此在韩日几乎均未见诸报端。

3. 东南亚方面有提升

一是与泰国陆军保持良好关系,巩固在东南亚的传统支点。5月18日,泰国陆军训练司令部副司令通永(音)少将率64人的访问团,赴陆自参谋部教育训练部及陆自军官学校等部门参观访问,表达了继续利用日本先进军事技术实施共同训练的意愿。1970年至今,陆自军官学校已在指挥参谋课程(CGS)中接收泰军留学生25人,上年起还在技术高级课程(TAC)中首次接收1名。2016年2月中旬,陆自继续参加美泰"金色眼镜蛇"多边军演,其间首次投入陆自车辆,与海自舰艇协同实施了撤侨训练。二是与菲律宾陆军就增进交流达成高层共识。6月8日,作为对2014年9月陆自参谋长岩田首次访菲的回访,菲陆军司令伊里贝利中将访日,与岩田举行会谈。上年会谈中,双方就正式启动军种间防务合作与交流达成共识,此次则进一步敲定,在实务主管层级就具体合作、交流领域展开调整,并寻机开展高层交流。三是发挥自身特色开辟与缅甸陆军交流。8月20—24日,缅甸国防军副总司令兼陆军司令梭温上将访日,期间与岩田会谈,就推进双方军种间防务交流坦率交换意见。针对梭温对刺杀术表现出的浓厚兴趣,陆自在日本财团协助下,于年底赴缅举办了"刺杀用具供与仪式"。实则从2013年起,即开始通过该财团举行"日缅将官级交流计划",以图对还政用民后的缅军施加影响。

4. 南亚方面积极开拓

7月7日,孟加拉联合参谋学校校长霍克少将率领6名成员的访问团,作为孟军人员首次造访陆自干部学校,听取学校概况介绍。孟方对该校指挥参谋课程的考试等环节给予了高度关注,表示"未来将全面推进日孟两军及军事院校之间的防务交流"。11月中旬,陆自参谋部正式邀请印度陆军参谋长达尔比尔·辛格·苏哈格上将访日,并于19日安排辛格参访中部集团军司令部所在的伊丹兵营,与铃木司令会谈,双方就深化救灾、国际和平合作等方面的互信、友好达成一致。时值YS69开演之前,未来印军是否参与YS值得关注。

此外,陆自还在拉美方面打开了交往通道。2016年2月20—28日,应巴西陆军司令正式邀请,陆自参谋长岩田首次出访巴西,就加强双边军种间防务合作与交流达成原则共识。

(二) 积极组织和参与国际合作活动

一是参与联合国行动。6月1日,向美派遣陆自参谋部运用支援和情报部所属须田道夫上校,被日防卫省派驻纽约联合国总部PKO事务局,担任高级联络官,任期约2年。这是日本首次向该机构派遣课长级(上校)自卫官。9月7日—10月16日,陆自从工兵学校及五大集团军选派11名工兵队员担任教官,赴肯尼亚执行"联合国非洲工兵部队先期展开计划(试行训练)",对肯尼亚、乌干达、卢旺达、坦桑尼亚4国计10名工兵实施为期6周的重机操作教育。该计划是根据安倍2014年9月在联合国PKO高级别会议上做出的承诺,以"外务省出资+防卫省培训"形式实施,这种人力财力打包的形式,尚属联合国的首次尝试。2016年2月9日,日本内阁会议决定,配合联合国南苏丹维和任务的延长,将陆自的南苏丹维和活动延长8个月,至10月结束。二是参与国际合作。9月13—17日,陆自参谋长出席"第9次太平洋地区陆军参谋长会议",通过高端交流建立和提升军种关系,促进安全合作。6月23日—8月7日,作为对巴布亚新几内亚国防军的"能力构筑支援"事业,陆自中央音乐队接收巴新军乐队2名队员进行管乐培训。此项活动未来也将继续,目标是帮助巴新军乐队完成2018年

APEC峰会仪式上的演奏。此类支援活动，在自卫队历史上尚属首次，在世界范围也非常少见，足见陆自为经营大洋洲所费的心思。三是主办国际会议。9月初，陆自参谋部主办年度"亚太地区多边协作进程"（MCAP15），邀请亚太地区等21国军队及联合国、日外务省等机构代表，共同探讨人道支援与减灾（HA/DR）中的军民协作。11月下旬，陆自参谋部主办第19次多边"陆军兵站参谋会议"（MLST），邀请亚太地区19国的21名实务级兵站军官（上校、中校级），与日方指参人员等约50人共同与会，以"人道支援与减灾中的兵站合作"为题，就兵站协作框架、情报共享愿景等问题展开研讨，确认了多边合作及军民协作的重要性。四是加强自身宣传。2—6月，陆自参谋部连续组织实施5次"武官团Seminar"，陆自计划将该活动固定成为一项月度公关活动。对各国驻日武官、武官助理及使馆职员等人，通过热点问题简报等信息公开手段，促进各国对陆自的理解。

（三）为未来修宪海外用兵预做准备

2015年9月成立的"安保法案"，将自卫队的武力行使权限从"自卫"型放宽到了"任务"型，为未来开赴海外作战奠定了法理依据。鉴于此，陆自着手以海外撤侨行动为由头，进行开赴海外行使武力的预研性演练。11月初在东富士演习场（静冈县）、12月10—16日在相马原演习场（群马县），陆自由中央快反团实施了2次撤侨训练。首次训练中，以"海外陆路撤侨时遭遇民众阻住去路"为想定，重点演练了以步枪警告射击驱离拦路人群的武器使用方法，确认了对空中射击、对目标附近地面射击、对目标射击等选项的操作要领；二次训练中，以"驻在国治安恶化、使馆被民众包围"为想定，演练了使用武器"强行突入"使馆护侨救侨的要领。据悉此类训练未来还可能拓展到营救友方目标的"驰援警护"领域。不过，鉴于武力行使在政治上太过敏感，需要配套松绑的禁区太多，日本政府决定推迟实际应用，即便3月安保法案施行，也暂时不给南苏丹维和部队追加新的任务。

在现行法律进一步松绑的同时，陆自开始研究从装备入手、提高海外动武的实效性。一是着手引进防弹性能优良的澳制"大毒蛇"式输送防护车，以提高海外行动安全性；二是着手引进小型无人机，用于搜集战场情报，以提高海外行动的有效性；三是着手引进可随身佩戴的袖珍摄像头，用于保留能够证明队员行动"正当"的任务影像，以提高海外行动的合法性。这些装备在前述训练中，均已投入使用。

四、依托日美联军框架探索集体自卫

2015年，无疑是日美军事一体化急剧加速的一年。4月28日，新版"日美防务合作指针"出台,以条约形式将自卫队卷入美军作战行动;9月18日,"安保法案"在日参议院强行通过,意味着"集体自卫权"在法律层面正式解禁。正如美国务卿克里所言,日美防务合作关系迎来了"历史性的变化",自卫队已经拥有"在必要时保卫美国及其他伙伴的能力"。年内,陆自积极强化与美军的共同演训和防务交流,在多个方面又有新的突破,特别是在日美加速推进军事一体化的背景下,陆自的发展动向愈发透出一丝危险的气息。

(一)联军演训趋于频密

年内,陆自与美国陆军、陆战队之间的联军演训,继续按照传统的"2指参+6实兵"框架举行,即:2次"山樱"(YS)系列的集团军指挥所演习;"雷神""东方盾牌"及"北风"3次与美国陆军的实兵训练;2次"森林之光"及1次"铁拳",计3次与美陆战队的实兵训练。其中,12月上旬的YS-69演习与往年相比,又有不少创新之处:一是日美参演兵力总计6500人,兵力规模再次刷新历史纪录;二是日方参演单位增加了联合参谋部、情报本部以及海自、空自、地方防卫局等;三是接收澳军6名观察员参加,其中5人在导调部进行实地研修;四是继上年YS-67改由陆自参谋长担任总导演之后,进一步将原由集团军担任的导调部长改由陆自研究本部干事(少将级)担任,解决集团军既当选手又做裁判的弊端,保障集团军能够更加专注于演习。

在上述框架之外,日美还有"塔里斯曼军刀""黎明闪击战"和"北极光"(Arctic Aurora)3项共同演训。其中,"塔里斯曼军刀"可能向日美澳三边框架发展,"黎明闪击战"则是不定期演习,故在此仅重点介绍一下"北极光"共同训练的情况。7月27日—8月28日,陆自第1空降旅约50人开赴美阿拉斯加州埃尔门多夫·理查德森联合基地及多内利训练场,与美国陆军第4-25空降旅战斗群约500人,举行代号"北极光"的共同伞降突击训练,双方共同搭乘美空军横田基地所属C-130型运输机,共同实施了伞降训练。该训练是作为美、英、日、韩、泰、澳、新西兰7国空军联合军演"红旗·阿拉斯加"的一环2015年首次实施的,也是陆自首次在美国本土、乘坐美军运输机实施伞降训练。以上3项演训,能否变成固定节目,进而引发传统日美演训框架的变化,还有待观察。

(二)军种磋商全面展开

年内,日美陆上军种之间往来频密,在各个层次、各个领域展开全面交流,相互关系日益密切。

一是军种高层密集会晤。5月17—24日,陆自参谋长岩田应美国陆军参谋长正式邀请访美,与美国陆军参谋长等高官恳谈,参访美国陆军指挥与参谋学院,并对美国陆军中坚军官及各国留学生等发表讲话;6月下旬,岩田访澳参加第 3 次日美澳 TSLS，强化三国陆上军种间的相互关系；10 月 12—16 日，岩田赴美参加美国陆军协会（Association of the United States Army，AUSA）年度总会，与美国陆军参谋长、美国海军陆战队司令等高级将领交换意见；12 月 11—13 日，岩田在中 A 司令部所在的伊丹兵营，与美国太平洋陆军司令、太平洋陆战队司令举行了第 29 次日美陆上军种间"高级领导人研讨会"（Senior Leaders Seminar，SLS）。日美 SLS 系陆自、美太平洋陆军及太平洋陆战队三方实施战略性意见交换的平台，始于 2001 年 12 月，其后每年举办 2 次，在东京与夏威夷交替召开。从会晤时机看，日美 SLS 是在 YS69 演习直后、持续 3 天时间，日美澳 TSLS 同样选在"南部牛仔"演习直后召开、持续 1 周时间。这种类似绝非偶然，不排除日美澳陆上军种之间以高端会晤之名行实务级磋商的可能，其双边、三边关系的进展，可能早已超出表面所见。

二是召开 2 次年度"日美兵站参谋对话"（Bilateral Logistic Staff Talks，BLST）。BLST 始于 1991 年，每隔半年在东京与夏威夷交替举办一届，旨在通过会议、部队研修等活动，促进日美陆军间的兵站合作及陆自兵站建设。2011 年 3 月起，为强化日美兵站部门之间的协作，双方开始面向制订《关于国际紧急援助活动之日美兵站手册》展开持续磋商。进入 2015 年，对话陆续取得重大成果：3 月（属 2014 年度）的"BLST 东京"，手册更名为《日美兵站手册》，表明其内容已跳出人道支援及减灾（HA/DR）框架，瞄准适用于所有类型的作战和训练；夏季的"BLST 夏威夷"，就手册草案进行了磋商；12 月的 YS69 演习中，对手册内容实施具体验证，其后进行了相关修订；2016 年 3 月的"BLST 东京"，正式敲定了第一个完整版本。这部日美后勤领域合作条令的出台，意味着日美军事一体化进程走完了历史性的一步。未来，双方在继续修订完善手册的同时，还将进一步就"接收、驻留、前移及集结"（Reception Staging On-ward Movement and Integration，RSOI）等多种计划加以细化。

三是开展预备役交流。2 月 11—13 日（属 2014 年度），作为自卫队预备役制度创设 60 周年的纪念活动之一，日美在冲绳美陆战队柯特尼兵营及普天间航空基地、那霸兵营、南城市等地，实施了冲绳地区预备役机动训练。这是陆自预备役制度创设以来，首次与美陆战队预备役之间进行交流。

（三）危险苗头悄然酝酿

年内，陆自与美军的演训、交流日程显得频密而繁忙，透过其间的蛛丝马迹审视表面下涌动的暗流，可以清楚地察觉一股危险的苗头正在悄然酝酿。一是 4 月的汉森研修中，日美双方以混编舟波冲滩，由陆自队员率先上岸警戒，待确认安全后，美军才以战斗姿态上岸；撤退时，则是美军率先撤出，陆自负责断后；

二是 6 月的"可汗探索"演习中,日蒙两军的共同战斗想定,竟然是由陆自位于先头巡逻,遭遇袭击时由后方的蒙军前来实施所谓"警护驰援";三是 7 月的"北极光"演习中,日美以多内利训练场内的跑道作为假想敌基地,由日美空降部队联手演练"制压基地、夺取空降场",空中则由 7 国空军战机遂行支援任务;四是 8 月 12 日冲绳美国陆军特种作战直升机着舰坠机事故中,机上同时搭乘有陆自唯一的特种部队——中央快反集团下属特种作战群的 2 名队员,他们同样是在"研修"美军的空中对舰制压训练。从上述训练又可联想到 2014 年 1 月 13 日—2 月 9 日,陆自派遣唯一的"假想敌部队"、富士学校所属部队训练评估队约 180 人,首次开赴美国加州的欧文堡陆军国家训练中心(NTC),以日美等多国部队的维和活动为想定,与曾有多次中东参战经历的美第 1 军(第 2 步兵师)第 3 斯特赖克旅战斗群共同训练。其间,陆自参训课目完全不是所谓的"后方支援",而是反恐战、反游击战等"一线战斗"课目,实战对抗性极强,甚至出现陆自车辆中弹或触雷损毁、车上乘员全部战死的情况。

从上述演训情况看,"13 大纲"出台以来,陆自的作战想定显然早已远远超出所谓"日美合作""后方支援"的框架,正在朝着"走上一线、冲锋陷阵"的方向不断迈进。对这一动向,需要保持高度警惕。

综观上述动向判断,一边借口西南有事拉动军力建设,一边鼓吹国际贡献拓展海外活动,一边伪托联军演训隐蔽实施"先斩后奏"式的实战预演,或许会是未来几年陆自建设的一种常态面貌。对其未来武力行使形态的演变,需要持续关注。

参考文献
[1] 朝雲新社.朝雲(ASAGUMO)[N].2015 年 1~12 月号.
[2] 日本防卫省.わが国の防衛と予算——平成 27 年度予算の概要[M/OL].http://www.mod.go.jp/j/yosan/2015/yosan.pdf.

印度陆军建设述评

嵇绍国

2015年度,印度陆军按照"十二五"发展规划(2012—2017年)要求,增加国防预算提升陆军实力,推进核力量建设增强战略威慑力,强化部队联合演习和训练实战能力,加速推进武器装备国产化进程,推进陆军网络数字化进程,推进院校改革完善军队教育体系,新一轮军事改革初见成效。

一、增加国防预算提升陆军实力

印度陆军为深化变革和现代化进程,力图打造一支反应迅速、作用多样、网络互连,具备跨冲突频谱作战能力的部队,并且有能力随时准备好应对21世纪战争的复杂挑战。印度政府于2015—2016年度增加国防预算,与2014—2015年度2.22万亿卢比相比增加9.87%,达2.46万亿卢比(约合403亿美元)。年内,印军积极整合三军资源,加紧组建太空、网络空间、特种作战联合司令部。2015年8月中旬,完成三大联合司令部编制结构和职责论证工作,成立国防网络空间局、国防太空局、特种作战师作为三大联合司令部的过渡机构,预计2016年12月完成组建工作。目前,印度陆军总兵力117.1万人,有东部、中部、西部、北部、南部和西南部6个军区司令部和1个训练司令部,编14个军、41个师和一些独立作战旅。步兵部队编77个步兵旅和37个山地旅;炮兵部队编61个炮兵旅,装备牵引火炮4 180余门,自行火炮180余门,迫击炮7 000余门,火箭炮近1 700门;装甲部队编23个装甲旅,装备约4 000辆坦克、1 600余辆步兵战车、800余辆装甲输送车。陆航部队编17个中队,装备各型直升机约250架。陆军主战装备有T-90S、"阿琼"坦克、155毫米"博福斯"FH-77B榴弹炮、214毫米"皮纳卡"12管火箭炮、300毫米"龙卷风"12管火箭炮和"布拉莫斯"超音速巡航导弹等,陆军航空兵主要装备以色列产"苍鹭"无人机和国产"北极星"高级轻型直升机等。

二、推进核力量建设增强战略威慑力

印军战略部队编制上隶属于综合国防参谋部,辖陆基、空基和海基三个核力量兵种部队,拥有 80~100 枚 2 万至 4 万吨级核弹。其中,陆基核力量编有第 333、第 334、第 335 导弹旅,拥有射程 1 200~5 000 千米的烈火-Ⅰ、烈火-Ⅱ、烈火-Ⅲ、烈火-Ⅳ和烈火-Ⅴ型等中远程弹道导弹,以及大地-Ⅰ(陆军型)战役战术导弹等。目前,印军战略部队具备较强的战略抗衡能力,印军称"战略导弹发展计划已趋成熟,针对巴基斯坦和中国部署的近程、中程核弹道导弹已具备实战能力"。2015 年,印军共试射可携带核弹头的各型导弹共 10 次,特别是 1 月 31 日成功试射射程近 5 000 千米的"烈火-Ⅴ"型弹道导弹引起世人瞩目。

三、强化部队联合演习和训练实战能力

2015 年,印度陆军除自行举行联合实战演习外,还分别与中国、俄罗斯和美国举行联合演习,部队实战能力有了明显提升。4 月 26 日至 28 日,印度陆军第 10 军在拉贾斯坦邦举行代号为"阿克拉曼-2"的军事演习,包括 300 多辆装甲车、主战坦克以及约 1 万人参加军演,演习以网络战为中心,并加入侦察、监视、电子战、通信等元素,检验为指挥官提供"实时战场情报"的能力。4 月 26 日至 30 日,印度陆军第 2 军与西部空军司令部所属空中联队在拉贾斯坦邦苏拉特格尔赫地区举行代号"梵天之首"陆空联合军事演习,演习科目包括建立联合指挥所、陆空立体快速机动、山地联合进攻和防御作战等,旨在检验参演部队整体战备水平和作战能力,验证"一体化战场作战理念"。9 月 9 日至 23 日,印美两国在美国刘易斯·麦克德联合基地举行了"战争准备-2015"印美联合军事训练演习,两国分别派遣了陆军步兵部队参加,强化了两军军事交流。10 月 12 日至 22 日,中印两国在中国云南昆明举行了"携手"中印陆军联训,内容为反恐以及人道主义援助和灾害救援,其中 21 日至 22 日进行了以中印边境地区反恐为模拟背景的野外联合演习。11 月 8 日至 18 日,印俄两国举行了"因陀罗-2015"联合军事演习,演习中两国参演部队进行了模拟环境下的反恐演习。11 月,印度陆军在拉贾斯坦邦举行"冬季演习"军事演习,印度陆军 35 000 余人以及 T-90S 和 T-72 主战坦克、无人机、卫星、雷达等数百套(件)装备参演,以检验"先发制人作战战略"和"冷启动"作战理念,重点演练调动部署大量装甲部队、炮兵和步兵部队高强度快速突击进入敌境的能力。

四、加速推进武器装备国产化进程

为提升军队装备国产化水平,印度政府修订国防生产政策,在降低从国外采购武器装备数量的同时,要求外国军火供应商必须转让技术,以加快推进本国军事工业现代化水平。印度出台新版《国防采购程序》,此次修订是应印度总理莫

迪"印度制造"政策总体要求,逐步放开国防采购限制,从而推动印度国产国防工业发展的重大举措。在这个过程中,主导要素仍然是"确保陆军作战能力和效率的提升,以应对所有现实和新兴挑战"。作为火炮现代化的一部分,国防采购委员会批准采购 145 门,总价达 290 亿卢比(约合 4.39 亿美元)的 M777 超轻型榴弹炮。采购案将按照"对外军售"计划进行,火炮配件、维护和弹药将通过印度国内公司进行采购。5 月 5 日"天空"防空武器系统正式列装印度陆军,该武器系统是一款印度国产超音速短程地空导弹系统,能够打击一系列空中威胁,如固定翼飞机、直升机和无人机,最大射程 25 千米,射高 20 千米。该系统可以同时打击多个目标,可以为陆军关键资产提供全方位的短程导弹防护。在"印度制造"政策的牵引下,印度陆军向印度国内 10 家国营和私营企业发布了"未来步兵战车"项目意向征询书,同时进行"战术通信系统"和"战场管理系统"的研发,前者旨在为网络化环境下作战的部队提供通信支援,后者旨在向战术级别指挥官提供实时态势感知信息和地理空间数据,同时还提供部队之间的通信支持。目前,正在进行中的"采购国产"采购提案包括先进轻型直升机、中程地空导弹系统、"皮纳卡"多管火箭炮系统、步兵战车 BMP2/2K、"阿琼"主战坦克、模块化桥梁系统以及防弹头盔和防弹衣等。

五、全力推进陆军网络数字化进程

作为印总理莫迪提出的"数字印度"计划的一部分,印度陆军全力推进人员招募和通信网络的数字化进程。印度国防部长 10 月 16 日主持了印"陆军私有云"系统启用仪式,标志着印度陆军数据中心基础设施正式投入使用,该基础设施包括位于德里的中央数据中心和近线数据中心,以及用于复制关键数据的灾难恢复中心。旨在为陆军所有部队提供安全专属数据存储空间的"数字储物柜"已经投入使用,标志着印度陆军网络安全水平的大跨越。11 月 9 日,印度陆军正式启用高度加密的"陆军私有云"服务系统。该系统类似谷歌的"云"服务系统,存储相关人员信息及作战数据,由服务器和网络安全设备等组成,其资源可分配给云端不同的应用程序,是印度陆军实现指挥自动化的重大举措。为遂行信息化和数字化作战任务,印度陆军拟统一数据传输标准,升级战术级通信系统带宽,提升数据传输能力。

六、推进院校改革完善军队教育体系

推进三军院校教育训练改革,完善军队教育训练体系。2013 年 5 月 23 日,印军最高学府——印度国防大学在哈里亚纳邦古尔岗的比诺拉正式举行奠基仪式,计划 2018 年完全建成投入使用。该校以国防研究、国防管理、国防科技为重点教学内容,旨在为军队培养高层次军事领导人才,其院系结构包括原新德里国防学院、卡达克瓦斯拉国防学校、威灵顿国防参谋学院、赛肯德拉巴德国防管理学院等院校,同时新建德里国家战略研究学院、德里国家安全政策学院、班加罗尔先进技术研究学院和赛肯德拉巴德国防管理学院等教学与研究机构。

七、新一轮军事改革初见成效

印巴卡吉尔冲突发生后,印度举国震惊,要求彻底检讨在安全、情报和国防等领域存在的问题。印度政府成立了卡吉尔评估委员会,评估冲突原因,检讨国防安全问题,并提出了应对措施,该委员会向印度政府递交了一份建议报告。为落实该报告提出的建议,瓦杰帕伊总理于 2000 年 4 月下令组建了一个由内政部长阿德瓦尼为组长、包括国防部长费尔南德斯等在内的部长小组,总体评估国家安全问题并提出解决方案。2001 年 2 月 26 日,部长小组向瓦杰帕伊呈交了关于国家安全与国防改革措施的报告,并获得印度政府批准,拉开了印度当前军事改革的序幕。

此次印度军事改革范围广泛,涉及国家安全、国防领导体制、作战指挥体制、情报体制、国防工业体制,以及边境管理、军地关系、反恐作战、军人待遇等众多领域。纵观十余年来印度军事改革的轨迹,虽然不同阶段改革的侧重点有所不同,但围绕高层国防领导体制、作战指挥体制和三军一体化的改革始终贯穿全过程,这是印度当前军事改革的重点,也是影响军事改革的瓶颈所在。

印军是在继承英印殖民军的基础发展而来。这支军队不仅承袭了英国殖民者的安全、防务思想,也全盘接受了一套英式的军事体制。印度独立后,在此基础上加以发展,逐步形成了目前以"文官治军、三级决策、三军分立"为基本特色的国防体制。所谓"文官治军",就是国防部掌控军队的领导管理体制。印度宪法规定,国防部由文官组成,是政府实体部门,拥有全面的军政权和军令权。所谓"三级决策",就是建立由最高国防决策机构、国防领导机构、军队执行机构组成的三级国防决策体制。在这一决策链中,以总理为首的内阁安全委员会是最高国防决策机构;国防部是国防领导机构;军方处于最低层次,只有执行建议权,而无决策权。所谓"三军分立",就是军队不设统一的统率机构,陆海空三军分别建立各自的作战指挥体制。

印度建立"文官治军、三级决策、三军分立"的国防体制,一方面确保了政府从权力结构、决策程序和军事预算等各方面对有效控制军队,管住了军队;另一方面,印度陆海空三军独立平行、自成体系的体制,提高了海、空军的地位,便于优先发展海、空军。但随着时间的推移,特别是经过战争实践,这一体制的弊端也显而易见,突出地表现为责任与权力分离、决策与执行脱节。从一定意义上讲,管住了军队,却牺牲了战斗力。主要表现为以下方面。

首先,从国防决策体系看,重大的军事决策权集中在内阁委员会和国防部手中,军方无权参与决策,容易造成决策失误。由于决策者没有军事背景,不谙军事规律与特点,只是从政治角度考虑问题,因而难免在决策上出现失误。如1962年的中印边境自卫反击战,印军认为失利的主要原因之一就是政治领导人和文官独断专行,战略决策缺乏军事考量,造成军事行动失误。

第二,从领导管理体制看,国防部与军方之间存在权责分离、决策与执行脱节的现象。一方面,三军司令部只是在国防部领导之下的执行指挥机构,但却不在国防部组织系统内,军队的财权、物权、调动权和福利待遇等均由国防部掌控;另一方面,国防部长和国防秘书等都是"政治性"任命的文官,一般都是到期离职,频繁更迭使他们不能深入了解国防和军事事务,同时又缺乏专业和技术背景,造成决策频繁失误。如印度经常出现花大价钱买来的武器装备不实用、不适用的问题,但失误的责任和骂名却要由军队承担。

第三,从作战指挥体制看,陆海空三军各成系统,各自为政,严重影响军队的全面建设和联合作战能力的提高。由于没有统一的统率机构,参谋长委员会只是一个协调机构,既没决策权,也无否决权,造成军队建设缺乏整体协调。决策上的不协调表现在作战上的不协同、不合作,各打各的仗。第一次印巴战争,主要是陆军打的,空军只提供了运输支援,海军则未加使用。1965年的印巴第二次战争中,担任陆军参谋长并兼任三军参谋长委员会主任的乔杜里上将,认为这场战争只是陆军的事,动用海、空军将是偶然的,因此没有通报海、空军。1999年的印巴卡吉尔冲突,空军甚至拒绝出动作战飞机参战。

为此,印度多年来一直试图对国防体制进行改革,以解决功能紊乱的问题。在领导体制方面,采取的主要措施有:一是使三军参谋长列席内阁安全委员会会议,并成为国防安全委员会成员,参与最高国防决策,解决国防政治、外交与安全脱节问题。同时,成立国家核管理局和战略力量司令部,既确保了文人政府对核武器的绝对控制,又使军队领导人进入了核武器决策圈。二是改组国防部,将陆海空三军总部与国防部合并,增加国防部军官人员比例,以减少决策渠道,增进协调与融合,增加国防管理和决策的专业性和科学性,消除高层领导管理体制存在的权责分离、决策与执行脱节问题。三是设立国防参谋长,使其成为参谋长委员会的常设主席和政府的唯一"首席军事顾问",行使全军联合作战指挥权,以解决陆海空三军种各自为政、各自为战、缺乏协调的现象。四是以现有陆军军区、空军地区司令部、海军地区司令部为基础,按地域编成战区联合司令部,指挥权由战区居支配地位军种的指挥官负责,统一指挥战区内三军种部队的作战。为此,印军在孟加拉湾方面成立了安达曼—尼科巴三军联合司令部,统一指挥辖区内三军种所有部队及海岸警卫队,并以其作为试点,待时机成熟时向全军推广。

印度实施军事改革以来,在一些领域已初见成效。如将军队领导人纳入国家安全委员会等决策机构,解决了国家安全和国防决策机制紊乱问题;成立国家核管理局和战略力量司令部,解决了核武器的指挥与控制问题;成立了安达曼—尼科巴联合司令部,一定程度提高了陆海空三军联合作战能力;成立了国防情报局,增强了情报获取能力和情报协调能力;成立了国防采购局,基本理顺了武器装备采购的关系,增加了透明度,提高了采购效率。然而,一些至关重要、具有全局性影响的改革,如设立国防参谋长、合并国防部和军种司令部、建立战区作战体制却未取得实质性突破。

截至2011年,印度军事改革已经实施十年,由于国防体制等顶层设计问题始终未能彻底解决,导致军队改革始终无法向深层推进,严重制约印军现代化建设。在这种情况下,印度政府于2011年7月14日成立了由曾担任过国防、外交和内阁秘书的N.昌德拉为首的委员会,对现有国防和安全体制进行重新评估。2012年5月23日,该委员会向印度政府呈交了报告,由此开启了新一轮改革的序幕。昌德拉委员会的建议主要包括:一是成立一个特别工作组,加紧制定国家安全战略和军事战略,改变国家长期缺乏战略指导的局面;二是加强国防部和三军种司令部的一体化整合,密切文官与军人之间的关系;三是加强陆海空三军种的一体化整合,成立军队统一领导指挥部门;四是加强国防部与财政部、外交部的联系与沟通,确保防务、外交与财政政策的协调;五是加强国防研发组织与国防生产局的联系,提高武器系统的研发和生产效率等。总之,印度军队改革依然有很长的路要走。

参考文献

[1] 印度国防部.2014—2015年度印度国防报告[M].2015.
[2] IHS Jane's Defence Weekly [EB/OL]. http:// www.ihs com/janes,2015.

韩国陆军建设述评

任 永 冯烁宇

2015年度,韩国陆军根据国防部新发布的《2016—2020国防中期计划》,继续在国防改革的大框架下推进编制体制调整及装备升级换代,同时通过组织实施年度例行军演及多兵种协同训练等,不断强化韩美联合作战能力,对朝威慑力与遏制力进一步提升。

一、编制调整稳步深入,凸显对朝战力优势

韩国防部4月20日发布《2016—2020国防中期计划》,国防中期计划是旨在应对当前及未来预想威胁及安保环境变化的今后5年间军事力量建设及运营方面的蓝图。其重点在于树立全方位国防态势,强化面向未来的防卫力量。韩陆军实施部队改编的重点在于,扩充监视侦察及指挥控制能力,提升营级以下部队的战斗力,适时反映兵力结构改编及部队重新部署方面的设施需求等。

（一）不断强化对朝非对称战应对能力

朝鲜不断成熟的核武技术与多平台搭载的弹道导弹系统对韩来说是现实存在的严重威胁。韩国陆军特殊战司令部9月23日向国会国防委员会提交的国政监察工作报告中表示,准备成立旨在破坏朝鲜核设施等核心战略军事设施的特殊部队。"核心战略设施"是指核武和远程导弹设施等具有战略意义的军事设施。另外,特战司在报告中还指出,为确保自主航空作战能力准备成立"特殊作战航空部队"。若该部队得以成立,将在没有得到陆军航空作战司令部支援的情况下也可以用飞机单独执行作战任务。另一方面,韩国陆军首都防御司令部表示,韩国陆军成立了专职负责应对朝鲜无人机侵犯及攻击的部队,同时完善了首都圈防空作战体系,并通过改善防空作战模拟分析与指挥体系提升防空作战有效性,进一步强化对朝无人机威胁应对态势。韩陆军航空作战司令部还不断完善利用直升机应对朝鲜无人机威胁的体系,同时新设"陆军航空标准飞行航路",加强对朝鲜小型无人机的空中监视。

(二) 正式建立韩美陆军联合师

为应对朝鲜方面多变的局势,改进战备并提升防御能力以有效遏制朝鲜威胁,以及在战时清除包括核武在内的大规模杀伤性武器(WMD)等,韩美于2014年7月就成立联合师达成协议,并于2015年6月初正式成立并开始履行职责。新的联合陆军师由美国陆军第2步兵师和韩国陆军的一个旅组成,师长由美国陆军第2步兵师师长担任,副师长由韩军准将担任,这种由两国部队组成联合师的形式在全球尚属首次。美国陆军第2步兵师师长托马斯·万达尔少将(Thomas Vandal)表示,此次组建联合陆军师的举动具有历史意义,是美国有史以来第一次进行此种尝试,美国和韩国的士兵在这个陆军师中将成为一支具备联合能力的完整部队单元。该陆军师将先驻扎在韩国红云营地,之后将向南转移至平泽市。该联合师平时以韩美联合参谋部的形式运作,战时则指挥美国陆军第2步兵师所有部队和韩国陆军第8机械化步兵师下属的一个装甲旅。

(三) 继续筹建地面作战司令部

地作司根据《国防改革基本规划》成立,将由第一、第三军司令部合并而成。地作司的成立是韩军方上级指挥结构改革的重中之重。待地作司成立后,陆军部队将由地作司、第二作战司令部、首都防卫司令部、特战司令部、航空作战司令部、导弹司令部等构成。地作司将重点执行情报、作战、通信等作战指挥任务,并在美国向韩国移交战时作战指挥权后,指挥5个地区军和1个机动军。

但地作司组建过程中也遇到了一定的阻力,导致其组建进程一再推迟。地作司原定于2010年成立,其后先后延迟至2012年、2015年。韩国国防部2014年底通过召开全军主要指挥官会议等方式征集军方意见,确定2018年成立地面作战司令部。韩国防部的理由在于,在美国向韩国移交战时作战指挥权之前,韩军需要增强主导作战进程的能力。有观点认为,地作司成立进程继续拖延,军方调整部队结构计划将难免受到影响,部分人士质疑地作司成立继续拖延或反映出军方缺乏改革意志。

(四) 有效完善后勤保障体系

一是开展补给体系改善示范事业。韩国国防部、陆军本部、韩国国防研究院4月9日在陆军军需司令部召开"物流体系革新示范事业终评结果报告会",会上评价认为简化补给体系的示范事业可提升40%以上的物流速度。所谓补给体系改善示范事业是指,把现有的陆军补给体系从"军需司令部—军需支援司令部—师—团——线部队"5级缩减至"军需司令部—师——线部队"或"军需司令部—军需支援司令部——线部队"3级。该项事业在陆军第2军试运行的结果显示,物流速度平均由34.2天减至14.9天,物流速度提升40%以上,运输成本也大幅降低。韩陆军从7月份起开始大幅扩大试运行部队的范围。

二是成立医务后送航空队。为提升军内应急患者送医效率,韩陆军5月1日成立医务后送航空队。该航空队拥有6架KUH-1型韩国型机动直升机,主要负责在京畿道抱川、龙仁及江原道春川3个地区遂行任务。此前,韩陆军使用黑鹰(UH-60)直升机开展医务后送,但在夜间及气象不良条件下执行任务时受限。此外,韩军将于2018年前开发完成医务后送专用直升机。

(五)完成陆军高层人事调整

原陆军第二作战司令李淳镇10月7日就任联合参谋本部议长,这是韩国建军以来首次提名陆军第三军官学校出身的上将出任联合参谋本部议长;陆军第12师师长张京锡、第9步兵师师长金荣宇由少将升至中将,并分别升任陆军特战司令部司令、第1军军长;陆军第8军军长郑渊峰升任陆军参谋次长;联合参谋本部作战部长具洪模转任首都防卫司令,原首防司司令金容贤改任联合参谋本部作战本部长;陆军综合行政学校校长尹完善少将转任第2作战司令部副司令。

二、装备升级换代提速,突出导弹及尖端战力

根据韩国《2016—2020国防中期计划》,为了确保韩方配备"有事时"能探测和破坏朝鲜核武与导弹的武器,军方将从明年起5年内投入8.7万亿韩元的预算。从2016年至2020年,为构建应对朝鲜核与导弹威胁的"杀伤链系统"(Kill Chain,集探测、识别、决策、打击于一体的攻击系统)将投入6万亿韩元;为构建"韩国型导弹防御系统"(KAMD)将投入2.7万亿韩元。为更好地应对朝鲜在局部地区的挑衅,国防部还计划投入1.8万亿韩元,引进无人侦察机(UAV)、新型探测雷达、远程射击控制体系、港口检测系统等。为增强陆军战斗力,军方将投入5.1万亿韩元的预算,在师团级部队引进昼夜无人侦察机、新一代战术信息通信系统(TICN)等。

(一)新型常规装备陆续列装

1. 研发105毫米轮式自行榴弹炮

韩国韩华特克温公司为韩陆军研制的105毫米自行榴弹炮已准备大批量生产,并将于2017年装备部队。105毫米自行榴弹炮由三星特克温公司定型为EVO-105并投向市场,目前称为105毫米轮式自行榴弹炮。该炮采用起亚公司制式KM500式6×6、5吨级卡车底盘,底盘后部装货区改进后安装的是美国M101式105毫米牵引榴弹炮的上架部分。韩华特克温公司能够将该车改装后面向出口用户,之所以选择5吨级卡车,是因为该车已广泛部署于韩国陆军。

105毫米轮式自行榴弹炮采用的火控系统是韩华特克温公司K9"雷电"52倍口径155毫米履带式自行榴弹炮的火控系统的改进型。其射程为11.3千米,主要用于为射程更远的K9榴弹炮提供火力补充。与105毫米牵引榴弹炮相比,105毫米轮式自行榴弹炮能够以更快的速度完成部署、射击和弹药再装填过程,最大射速为10发/分钟,持续射速通常为3发/分钟,配有5名乘员。韩国陆军计划采购大约800门105毫米轮式自行榴弹炮。这门火炮拥有先进的自动火控系统,可以是自动装订诸元,还有先进的导航、定位和通信系统,从行进转入开火状态仅需60秒,打跑转换仅需30秒。该炮的火炮、液压支柱、弹药箱都是可以迅速拆卸的附件,可以按照用户要求安装在别的卡车上,并对上述各类系统做出按照用户需求的转换。这种火炮拥有拖曳式火炮没有的高仰角,可以当成迫击炮使用,也可以实现多发发射同时命中的效果,并且特别强调,该火炮备份的操作摇杆,可以在近距离交战时发挥作用。

2. 韩陆军批量列装新型装甲车

为提升陆上机动能力及境外行动能力,韩国陆军从2014年底开始列装现代罗特姆公司生产的KW-1、KW-2两款轮式装甲车。KW-1装甲车的战斗重量为16吨,车体采用高强度钢板焊接制造,车体前段右侧是动力室,左侧是驾驶员和车长位置,车体后段为战斗室和载员舱。底盘采用6×6独立悬挂,轮轴布局为"两前一后",前两轴具备转向功能,采用装有螺旋弹簧和液压减震的横臂式独立悬挂。此外,诸如防爆轮胎、中央胎压调节系统等装备也一应俱全。KW-1的基本车型是人员输送车,标准人员配置为2名车组乘员加10名武装步兵。车体顶部安装遥控武器站,可配装1挺40毫米口径自动榴弹发射器或1挺7.62毫米口径机枪。KW-1的衍生车型包括:轮式步兵战车、火力支援车和战场救护车。其中,轮式步兵战车配备双人炮塔,可安装1门30毫米口径机炮和1挺7.62毫米口径机枪;火力支援车的重量增为17.5吨,同样配备双人炮塔,炮塔上安装1门90毫米口径低压线膛炮和1挺并列机枪;战场救护车的载员舱内可安置4名伤员。KW-2的重量增至20吨,标准人员配置是2名车组乘员加9名武装步兵。其基本型仍是人员输送车,武器配备与KW-1相同。KW-2的衍生车型有轮式步兵战车、自行高炮和自行迫击炮。其中,轮式步兵战车的武器配备与KW-1轮式步兵战车相同;自行高炮配备1座30毫米口径双联机炮炮塔;自行迫击炮搭载1门120毫米口径迫击炮,射速约8发/分钟,射程可达8 000米。这两种装甲车均具备两栖功能,依靠车体后部的一对喷水推进器,浮渡速度可达8千米/小时。韩陆军首批订货675辆,总需求量预计将高达2 700辆。

(二）近远程火力不断升级

1. 韩国陆军实战部署"天舞"多管火箭系统

为了有效应对来自朝鲜远程火炮的威胁,韩陆军2015年下半年开始实战部署新一代多管火箭发射系统——"天舞"系统。该系统自2009年开始研发,至2013年结束,历时5年,共投入1 314亿韩元。其将作为未来战场上炮兵部队的主力武器,计划用来替代炮兵部队目前使用的227毫米多管火箭发射系统和130毫米"九龙"炮。"天舞"多管火箭发射系统由发射架与弹药运输车构成。"天舞"最大射程达80千米,是"九龙"炮的两倍,可在朝鲜远程火箭的射程之外实施打击,具备打击纵深及攻击原点的能力,可极大地提高韩军炮兵部队的生存性。韩国国防技术品质院官员称,实战部署新一代多管火箭发射系统后,将作为火力战的核心战力来使用。为了满足部队的作战需求及使用的便利性,研发部门对弹药运输车配备的吊车、弹药箱进行了专门设计。因此,"天舞"系统具备了相当高效的弹药补给能力。"天舞"系统于2015年下半年在陆军前线部队投入实战部署,预计明年部署到韩国西北岛屿。

2. 韩成功试射射程超500千米弹道导弹

根据韩美2012年10月修订的导弹方针,韩军的导弹射程从300千米延长至800千米。新的导弹方针出炉后,韩国国防科学研究所(ADD)6月3日在位于忠清南道泰安郡的安兴综合试验场成功试射了射程在500千米以上的(可覆盖朝鲜全境)的弹道导弹和地对空制导武器"铁鹰-Ⅱ"改良版。预计该导弹将部署在陆军导弹司令部下属基地里,成为韩国正在构建的"杀伤链系统"的核心战力,以备在紧急情况时攻击朝鲜境内的核与导弹基地。目前韩国还在研发射程800千米的弹道导弹,据悉研发工作已取得相当大的进展。此外,韩军方当天在安兴试验场还首次成功试射了地对空制导武器"铁鹰-Ⅱ"改良版。"铁鹰-Ⅱ"可拦截飞行高度在10~15千米的航空器,改良版可拦截飞行高度在15千米以上的弹道导弹。改良型"铁鹰-Ⅱ"是韩国型导弹防御系统(KAMD)的核心战力,被称为"韩国型爱国者导弹"。

(三）智能装备研发进程加快

一是在前线部队部署无人搜侦载具。韩国国防部和防卫事业厅11月11日在由国防部长官韩民求主持召开的防卫事业促进委员会会议上决定,将自2016年起在最前方陆军部队和海军陆战队师级部队部署无人侦察机。此外,会议还决定从2017年开始,启动无人搜索车辆开发项目,无人搜索车辆将用于频繁发生地雷爆炸事件的非军事区,并于2024年实现量产。韩国军方有关人士表示,如果能实战部署用于非军事区搜查工作的无人搜索车辆,将可大幅减少地雷爆炸事件造成的韩军伤亡。

二是研发无人地面传感器监视朝军动向。韩国防卫事业厅11月与军工企业韩华泰雷兹签署了无人地面监视传感器研发项目合同,合同规模约达36亿韩元。无人地面监视传感器多设置在未部署兵力的地区、敌军可能入侵的路径和肉眼无法监视到的死角地带,用于监视敌军,并将信息传递给司令部。防卫事业厅计划明年完成无人地面监视传感器研发工作,并于2019年前进行系统开发,然后在陆军和海军陆战队投入实战部署。据预测,无人地面监视传感器投入实战部署后,韩军在韩朝非军事区监测朝军动向的能力有望大大提高。

三是部署"多重整合激光交战系统"。韩陆军把2015年作为开展先进化教育训练的元年,开始在部队普及连级"多重整合激光交战系统(MILES)"装备。MILES装备此前是在位于麟蹄的科学化训练团(KCTC)中以营级以上部队为对象运营,但若想在此处受训,需等待7至8年时间,故而陆军决定把连级MILES装备普及至师级部队。该装备通过在步枪上安装激光发射器和判断是否命中的感知器,可快速分析单兵射击现况、各连交战状况及战死者现况等数据。韩国陆军从去年开始在4个师级部队普及连级MILES装备,并计划于2017年前在全部师级部队部署1套该型装备。

三、演训强度不断提升,聚焦韩美联合战力

韩陆军开展演训活动时,战役和战斗训练的方向是完善在各种防御和进攻行动中指挥部队的方法,达到高度的战备状态,掌握现代化诸兵种合成战斗技能,使人员具备必要的战术、专业和火力技能。战役战斗训练依据联合参谋本部和陆军参谋部每年制定的计划进行。美韩联合司令部负责与美军的联合训练活动。此外,陆军积极参加国家武装力量和美韩联合部队集团的训练活动。部队训练的组织原则是提高强度,增加演练任务难度。先在连—营—团级完善野战技能,然后在师和军级进行。所有演习和训练通常在使用大规模杀伤性武器的复杂战斗背景下进行。

(一)韩美联合军演

一是韩美"2015综合火力剿敌演习"。为庆祝韩国光复70周年,韩美于8月12—31日在位于京畿道抱川的韩国陆军训练场启动"2015综合火力剿敌演习"。时任韩国总统朴槿惠8月28日到现场参观。该演习始于1977年6月,至今共实施7次。韩美两军分别派出尖端武器参加演习,旨在展示韩美强大的联合防御能力。韩美两军47个部队的2 000多名官兵参加演习,规模为历届之

最。韩军派出 K-2 战车、K-21 装甲车、Surion 直升机、FA-50 战斗机、多管火箭系统（MLRS），驻韩美军将派出布雷德利装甲车、阿帕奇直升机、A-10 轰炸机等武器。朴槿惠当天参观了韩国新一代多管火箭系统"天舞"、K-2 战车、车轮装甲车等韩国新一代武器装备，并鼓励了参加此次军演的韩美两国官兵。

二是韩美工兵联合军演。为提升韩美两军工兵联合作战能力，韩国陆军第 6 工兵旅和驻韩美军第 2 步兵师装甲·工兵部队于 12 月 1 日至 10 日在京畿道涟川郡举行联合军演。此次军演分为机动支援演习和渡江进攻战支援演习，旨在通过排除障碍、抢修桥梁等训练提高两军遂行联合作战的能力。1 日至 8 日，韩国陆军第 6 工兵旅的一支连队及美军第 2 师的第 1 装甲营和第 8 工兵连在京畿道北部罗德里格斯训练场举行了机动支援演习。9 日至 10 日，京畿道涟川郡汉滩江某江段上演渡江攻击战支援演习，260 余名韩美官兵和韩军运输·武装直升机、美军坦克、装甲车等 100 余架装备参演。韩军第 6 工兵旅旅长表示，本次联合军演为两国官兵提供了彼此了解装备特点、熟悉使用程序并提高运用能力的机会。今后将开展各种演习不断提高两军工兵联合作战能力。

（二）多兵种协同演习

韩国陆海空三军 6 月 1 日在韩国东部海域实施了联合海上射击演习。韩国陆军第 8 军团、海军第 1 舰队司令部和空军第 8 战斗飞行团参与了此次演习，并动用了 K-9 自行榴弹炮、无人侦察机、海军护卫舰、轻型攻击机 KA-1 等各种战力。此次演习的重点是增强陆海空三军能够迅速、精确地打击海上目标的能力。陆军首都军与海军陆战队 2 师等部队 2 月 3 日至 5 日位仁川及京畿南部实施严寒期训练。陆军第 8 军、海军第 1 舰队司令部、空军第 8 战斗飞行团 6 月位江原道东海岸实施海陆空协同海上射击训练，K-9 自行火炮、130 毫米多管火箭炮、无人航空器、雷达、海军护卫舰、导弹快艇、空军 KA-1 战术飞机等参训。

（三）年度例行联合军演

本年度，韩陆军通过韩美联合或单独组织的形式先后实施了"鹞鹰""双龙""乙支·自由卫士""花郎""护国"演习。"鹞鹰"演习期间，美第 8 军 25 师与韩陆军第 8 机械化步兵师实施韩美联合实弹射击训练；陆军第 53 师 3 月初位釜山、蔚山一带实施"鹞鹰"演习。陆军第 65 师 5 月 13 日至 15 日位京畿道南杨州、坡州及涟川一带实施"2015 年双龙演习"。陆军第 37 师 8 月 17 日至 27 日位忠清北道地区实施"乙支·自由卫士"演习。陆军第 17 师 10 月 19 日至 23 日位仁川、富川、金浦一带实施 2015 年"花郎""护国"演习。护国演习的目的在于增进海陆空及海军陆战队间相互协同战力支援及合同性，每年下半年实施。

(四）军种内部演训活动

1. 冬季训练

陆军第 65 步兵师 1 月 9 日至 13 日位杨州、东豆川地区实施严寒期训练，检验战时冬季作战遂行能力。陆军第 1 军 2 月 2 日至 13 日位高阳、坡州、杨州及涟川等京畿北部地区实施严寒期野外战术训练。陆军第 22 师 2 月 2 日至 6 日位驻地附近动用大规模兵力及装备实施严寒期昼夜机动训练。陆军 31 步兵师 1 月 18 日至 20 日位光州、全南地区实施应对敌军渗透的冬季训练。陆军第 51 步兵师 1 月 19 日至 23 日位水原、华城、平泽等京畿西南部地区实施应对局部挑衅及正规战的严寒期训练。陆军第 55 师 1 月 19 日至 23 日位龙仁、城南、光州、骊州等京畿东南部地区实施严寒期训练。陆军第 73 步兵师 2 月 2 日至 6 日位南杨州、涟川、东豆川一带实施严寒期训练。陆军第 6 师 1 月 26 日至 2 月 8 日位江原道铁原、京畿道抱川一带实施大规模冬季野外训练。陆军第 30 机械化步兵师 3 月 2 日至 11 日位京畿杨州、高阳、坡州一带实施严寒期冬季战术训练。

2. 反恐、反渗透训练

陆军第 53 师 1 月 14 日至 16 日位釜山、蔚山等地实施后方地区反恐、反渗透训练。陆军第 50 步兵师 1 月 14 日至 16 日在大邱及庆北地区实施包括严寒期野外战术训练在内的冬季反渗透训练。陆军第 39 步兵师 1 月 18 日至 20 日实施冬季反渗透训练。陆军第 1 军 5 月 4 日至 9 日位京畿道高阳、坡州、杨州等地实施反渗透陆上协同训练。陆军第 2 军 10 月 19 日至 20 日位春川、华川一带实施反渗透及局部挑衅机动训练。陆军第 65 师 10 月 26 日位京畿道议政府、杨州一带实施 2015 年局部挑衅应对训练。陆军第 1 军 10 月 14 日至 20 日位京畿北部一带实施反渗透综合训练。陆军第 73 师 11 月 23 日至 27 日位京畿道古里、南杨州一带实施反渗透综合训练。陆军第 5 军 11 月 16 日至 20 日位京畿道抱川及江原道铁原一带实施 2015 年反渗透综合训练。

3. 军地协同训练

陆军第 5 军 3 月 30 日至 4 月 3 日与预备役部队位京畿抱川及江原道铁原地区实施陆上协同训练。陆军第 3 军 4 月 27 日至 5 月 1 日位麟蹄、杨口一带实施由民、官、军、警各方共同参与的大规模陆上协同训练。陆军第 7 机动军 4 月 6 日至 9 日位京畿道古里、南杨州、杨平一带实施由民、官、军、警各方共同参与的陆上协同训练。陆军第 6 军 6 月 8 日至 12 日位抱川、杨州、东豆川一带实施 2015 年陆上协同训练。陆军第 1 师与驻地警方、消防等 11 月 24 日实施民、官、军、警统合局部挑衅应对训练。

4. 其他演训

陆军第 20 机械化师 2 月 11 日位京畿道杨平训练场实施大规模战斗装备机动训练，去年新实战部署的 K-2 坦克、K-21 装甲车、K-9 自行火炮等 250 余辆装备参训。陆军第 3 师 2 月 6 日至 7 日位江原道铁原一带实施大规模野外机动训练。陆军第 8 机械化步兵师 3 月 22 日至 28 日位京畿道抱川及江原道铁原实施旅级战术训练评价。陆军第 30 机械化步兵师 3 月 20 日至 28 日位京畿道杨州及坡州地区实施野外机动训练。陆军第 6 师 3 月 5 日至 6 日位江原道铁原及京畿道抱川实施大规模野外机动训练。陆军第 30 机械化师 5 月 27 日至 6 月 6 日位京畿道高阳、坡州、杨州、涟川一带实施野外机动战术训练。陆军第 2 工兵旅 5 月 10 日至 30 日位民统线前方地区及加平一带实施"2015 年排雷作战"训练。陆军第 12 师 5 月 13 日至 20 日位江原道麟蹄、杨口一带实施大规模野外机动训练。陆军第 27 师 5 月 4 日至 8 日位春川、华川一带实施大规模机动训练。陆军第 6 军 6 月 25 日以纪念朝鲜战争为目的位京畿道抱川、涟川一带实施以朝鲜大规模火力战为想定的训练。陆军第 36 步兵师 8 月 19 日实施团级统合乡防作战计划施行训练，以往的此类训练均以连级为单位实施。

四、对外合作扎实推进，借维和提升实战水平

韩国陆军认为，平时参加联合国维和行动是提高陆军分队和人员战备水平的重要措施。韩军于 1993 年 7 月向索马里维持和平行动（UNOSOM Ⅱ）派出工兵部队。截至目前，已向 16 个国家派出 1.3 万余人，积极参与着联合国维和行动。韩军维和部队不仅参与停战监督，还参与维持治安、落实法律制度、保护民众、人道支援、保障选举、支援国家力量等各类维和行动项目。韩国的兵力贡献度在 193 个联合国会员国中排在第 38 位，财政贡献度以维和行动分担率（1.99%）为标准排在第 12 位。此外，韩国陆军军人参加了联合国驻格鲁吉亚、利比里亚、阿富汗、苏丹、东帝汶、尼泊尔、印巴边界军事观察员小组。韩国陆军还参加向阿富汗提供援助的行动。

韩国陆军 3 月举行派驻阿联酋执行教育培训支援任务的"阿克部队（Akh，兄弟部队）"第九分队欢送仪式，此次活动由陆军特战司令部司令全仁钒主持。第九分队主要由陆军特战司令部的特战、空降、反恐小组人员组成，还部署了海军特战部队和支援部队官兵。在正式被派遣到阿联酋之前，第九分队官兵接受为期 6 周的特战、反恐、空降、清除简易爆炸装置（IED）等高强度训练，加强了战术战斗能力。

在韩美合作方面，美国陆军 2016 年初将在韩国轮换部署 4 500 余人的机甲旅。当地时间11月30日美国陆军表示,将把美国陆军第1骑兵师第1装甲旅战斗队4 500余兵力轮换部署在韩国,这是为支援驻韩美军实施定期轮换部署的一环,以替换目前驻扎在韩国的美国陆军另一支旅级部队。

在韩中合作方面,韩国陆军参谋总长金曜焕5月12日出访中国,并会见时任国务委员兼国防部长常万全。常万全说,当前中韩两军关系发展良好,高层互访不断,机制性交流开展顺利,交流领域不断扩大。中方愿按照两国领导人达成的重要共识,推动两军关系向更高水平发展,共同维护地区和平与稳定。金曜焕说,韩中两国关系非常密切,两国在国防领域的合作逐步深入,韩方愿与中方加强沟通了解,促进两军特别是两国陆军在各领域的交流与合作。

综观之,韩国陆军年内在编制体制调整方面取得了一定的突破,同时随着诸多新装备批量列装一线部队,其陆战实力进一步提升,在驻韩美军协同支援下,对朝遏制力及相对优势更为凸显。但不可否认的是,韩陆军在韩国国防改革进程中出现了一定的阻力,尤其是在地作司组建问题上,仍然面临较大障碍,这也是其在未来发展中的一项挑战。

参考文献

[1] 朝鲜日报[N/OL]. http:// www.chosun.com,[2015-01-01至2015-12-31].
[2] 联合新闻[N/OL]. http:// www.yna.co.kr,[2015-01-01至2015-12-31].

法国陆军建设述评

熊世英 邱 健

2015年1月和11月,法国国内发生两起重大恐怖袭击事件,这一前所未有的危机促使陆军进行重大战略调整。在总体战略职能上,陆军依然属于基本用于外部介入的力量,但它将重新加强在国土保卫和危机预防领域的参与度,广泛部署于整个领土范围,致力于加强国家的抗打击强度。

一、增加国防预算,适应反恐需求

在2015年1月《查理周刊》发生恐怖袭击的背景下,法国总统奥朗德宣布当年的国防预算314亿欧元将获得"神圣化"待遇,不会受到任何因素的影响。接下来在4月的国防委员会会议上,奥朗德再次决定将2016年至2019年期间的国防预算增加38亿欧元,以便应对来自国内外的恐怖主义威胁,确保国家的安全利益。这一决定对2013年底通过的《2014—2019年军事规划法》进行了修订,以适应国家所面临的安全和反恐局势。

近年来,在法国政府实行严厉的财政紧缩政策背景下,国家的安全防卫经费大幅度削减,反恐经费更是捉襟见肘。不仅海外的反恐军事行动受到影响,法国本土也暴露于严峻的恐怖主义威胁之下,暴恐事件接连不断。因而法国政府修订原来的国防预算实属势在必行。正如奥朗德所言:"法国正面临着来自国内及海外的极端主义威胁。增加防卫开支预算的决定不仅是为了保护法国国内的安全,也是为了保护目前在海外执行军事任务的军队的安全。"

在2015年的314亿欧元的国防预算中,装备经费占较大比重,为167亿欧元,人员支出为109亿欧元,军事行动和运行费为38亿欧元。在未来4年新增的38亿军费中,5亿欧元将补充到装备的计划性维护费中,以缓解装备在海外军事行动中承受的巨大压力;5亿欧元将投入关键装备领域,包括直升机和战术空中投送装备等;最主要的28亿欧元都将用于领土保卫方面,为军队配置适应反恐需要的人员和装备,并强化网络防御和情报工作。

二、减缓裁军速度,保持作战能力

针对军队参与国内外反恐行动的现实情况,法国国防部宣布对《2014—2019 年军事规划法》确定的裁军方案进行调整,以保证充足的兵员力量。法军总参谋长德维利耶认为,目前法国三军的使用程度已经达到了 2013 版国防白皮书所规定的最大限度。陆军面临三大挑战:长期投入多个海外战场、国内警戒行动空前加强、军队模式深层次改革。德维利耶表示,如果继续按照原计划对军队规模进行大幅度压缩,法军在两年后将不再具备当前的作战能力。

2015 年法军原计划削减 7 500 人,新方案将在裁军的同时新增 7 500 个岗位,从而总体上保持人员数不变。在 2014 年至 2019 年期间,法军原计划在 6 年内削减 3.4 万人,新方案决定同时新增约 1.5 万个岗位,即事实上只裁减约 1.9 万人。新征召的人员主要用于补充地面作战力量,包括各步兵团、装甲兵团和工兵团,并在情报和网络防御领域也各增加至少 1 000 人。

在裁军方案中,国防部长勒德里昂强调要坚持把军队的行动能力放在核心地位,尽量减少整体裁撤的单位数量,避免影响到军事行动的顺利展开。裁减的 7 500 人员指标将被分配到诸军兵种单位,通过大范围的改编和转型,对各个分队进行筛选式精简,使得整体仍能保持严密的行动组织,为军事行动保留余地。就陆军而言,2015 年共精简 4 000 人,最终达到 7 个合成旅,3 个专业保障旅,共 78 个团的目标,相比于 2014 年减少 1 个旅和 1 个团。其中法军第 1 机械化旅于 7 月解散,该旅下辖的第 1 陆战队炮兵团被整体裁撤,第 1 猎骑兵团和第 3 工兵团并入第 7 装甲旅,第 1 北非骑兵团并入第 6 轻型装甲旅。第 7 装甲旅下辖的第 19 工兵团配属给第 1 参谋部。第 12 重骑兵团、陆战队坦克团和第 1 猎骑兵团撤销侦察连。所有步兵团撤销团侦察排。第 1 后勤旅下辖的医疗卫生团裁减 2 个洗消连和 1 个卫生补给连。在国防部的后勤职能重组框架下,第 121 辎重团和第 515 辎重团各裁减 1 个补给连。

此外,2015 年法国国防部新址的落成和投入使用标志着分散于各处的法国三军参谋部和国防部各部门的集中整合。新国防部占地 16.5 公顷,办公面积达 30 万平方米,有近 1 万人在此办公。整合之后,国防部指挥体系的运作得到改善,各部门间的交流与协作得到加强,行动效率得到提高,命令传达更为简单、快速和直接,更好地实现三军联合办公和统一指挥。

三、采购重点装备,提升使用性能

法军 2015 年的装备订单中,适应未来作战需求的武器装备占据核心地位:

订购11架新型"阵风"飞机;订购4架新型A400M空中运输机,另有4架正在交付空军基地;接收11架新型"美洲狮"直升机、8架NH90运输直升机、4架"虎"式直升机;接收310套FELIN未来士兵系统;特种部队列装25辆VBCI装甲步兵战车和中程导弹;订购第2艘多功能驱逐舰及巡航导弹;核威慑方面,第3艘弹道导弹核潜艇将配备新型M51潜射弹道导弹。

法国陆军2015年装备数据如下:装甲车共6 898辆,包括勒克莱尔主战坦克200辆、履带式装甲车155辆、轮式装甲车6 543辆。各类火炮350门、FELIN未来士兵系统18 552套、反坦克武器系统1 312套。直升机285架、教练机18架、联络机13架。直升机中主要有"小羚羊"110架、"虎"式51架、"美洲狮"26架、SA330"美洲豹"75架。同时,法军于2月成功完成了MMP地面战斗中程导弹的首次发射,用于接替"米兰"导弹。MMP导弹是陆军、三军装备总局和欧洲导弹集团共同合作的成果,也是国防部陆军现代化方案的重要组成。

在装备计划中,法军强调实现长期目标和战场需求之间的平衡。用于应对未来战场新威胁的武器装备处于优先地位,受到重点支持,主要涉及侦察情报领域(无人机)、战术和战略机动方式领域(运输机、直升机、装甲车辆或后勤车辆、特种力量车辆),以及通信和指挥系统领域。战场侦察方面,无人机系统成为战略武器,受到国防部高度重视。法国陆军订购的5架"麻雀"战术无人机于2015年交付,能够提供实时情报、监视、目标搜寻、侦察以及直升机导航等功能。此外,法国向美国增购3架"死神"无人机,这一订购计划比原计划提前两年。尽管法国一直希望依靠自身力量来满足国防需要,但国防部长表示,法国必须通过引进先进无人机来增强军事力量。

在大强度的作战投入背景下,提高军事装备的可用性是国防部提出的法军建设要点之一。尽管法军对作战需求进行了充分预计,但来自海外战场源源不断的部署需求和新装备交付的延迟大大加快了装备老化的速度。接触式战斗车辆、运输机和空中加油机等装备的新旧更替刻不容缓。以VAB装甲运兵车为例,非洲沙漠地区极端的气候条件和沙漠地形导致装备损耗尤为厉害,马里地区的装备损耗为阿富汗地区的6倍。未来4年法军计划更新600辆VAB运兵车,费用达到1.13亿欧元。此外,维护成本日益增高,装备维护预算也更为紧张,2015年的装备维护费为32亿欧元,相比去年提高了4.5%。国防部还明确了至2017年的装备可用性目标,并在装备维护合同中引入性能和效率指标。负责维护项目的军工企业必须实现可用性目标,否则将支付违约金。

四、参与国内反恐,增加地面力量

国内恐怖主义威胁促使法国陆军重新把保卫国家和人民作为核心职能。根据 2013 版国防白皮书,在国内发生重大危机时可考虑出动 1 万名军人在法国全境保卫领土,维护社会稳定。自 1 月遭受恐怖袭击以来,法国在两周内紧急调动以陆军为主的 10 450 名军人执行"警惕海盗"预警任务,以协助警察和宪兵队等内部安全力量。117 个部队被部署到巴黎和其他 50 多个城市,负责对全国 830 个敏感地点进行巡逻和监控,包括宗教场所、学校和旅游景点。这是法国首次在本土动员如此大规模兵力,出动的精锐部队包括外籍军团、法国海军陆战队、伞兵部队等,参与人数达到了平时的 10 倍。

考虑到国内的恐怖主义形势不容乐观,4 月底法国政府决定将军队参与国内安保的做法实现常态化,强调长期强化法国的国防能力。奥朗德提出,要想法国民众对未来抱持信心,就必须使法国人民觉得到处都有安全感,都受到保护。根据这一决定,7 000 名军人(90% 为陆军)将长期在全国各地执行预防恐怖袭击的任务,3 000 人预备力量能够在最短时间内进行增援。首都巴黎是重点保护对象,4 000 人分布于 300 多个敏感地点,每日进行 130 次清查行动和 1 150 次巡逻。而在 11 月的恐怖袭击事件后,法军再次迅速部署 1 万兵力,其中 6 000 人重点保护巴黎。

为了维持同时在本土部署 7 000 人和海外维持 12 000 人的兵力,陆军参谋长皮埃尔·波塞向总统奥朗德提出要求,必须增加地面作战力量。原计划至 2019 年陆军可投送兵力为 6.6 万人,根据新方案将增至 7.7 万人,新增 1.1 万人。

五、维持海外行动,遏制外部威胁

正如法国国防白皮书所宣称,法国军事力量追求全球到达,对全球安全负责任,能够满足对全球快速部署作战的需求。2015 年初奥朗德表示法国还将继续参与联合国授权的海外军事行动,为受到恐怖主义威胁的地区提供支持,并保障法国的自身安全。在国内恐怖袭击频发的背景下,法军认为内部安全与外部安全休戚相关,军队必须先发制人,消灭恐怖主义于国境之外。

法军 2015 年在非洲和中东地区的主要军事行动兵力部署为法国驻马里维和部队(BARKHANE)3 500 人、法国驻中非维和部队(SANGARIS)900 人、伊拉克"夏马风行动"(CHAMMAL)700 人。法军参加联合国和欧盟框架下的行动力量包括欧盟驻马里军事训练行动部队(EUTM)70 人、联合国驻马里多层面稳定特派团(MINUSMA)15 人、欧盟驻中非军事顾问团(EUMAM)20 人、联合国驻中非多层面稳定特派团（MINUSCA）10人、联合国驻黎巴嫩临时部队（FINUL）900人。

除海外军事行动力量外，法国在海外驻扎军队加强存在力量，包括塞内加尔350人、科特迪瓦600人、加蓬450人、吉布提1 750人、阿联酋650人。法国在吉布提、加蓬和阿联酋3国设有永久性军事基地，在塞内加尔、科特迪瓦、乍得、中非等国保留了临时性军事基地，为法国干预非洲事务提供了前沿基地。此外，法军在各海外属地维持主权力量，包括法属圭亚那2 300人、南印度洋法属群岛1 950人、新喀里多尼亚1 600人、法属安的列斯群岛1 250人、法属波利尼西亚1 200人。

法国在非洲的军事行动既强调法军在维和行动中的主导性与独立性，又强调协调联合国或区域力量的重要性。2015年8月1日，法军在撒哈拉—萨赫勒地区执行"新月沙丘"行动满一周年。一年以来，法军以乍得首都恩贾梅纳为基地，同毛里塔尼亚、马里、尼日尔、布基纳法索和乍得5国展开军事合作，在区域内灵活有效地打击恐怖主义。奥朗德表示，法国看重西非的安全，萨赫勒地区安全与否事关法国安全和利益，法军将在情报、培训、运输、空中力量等领域加强对相关国家的支持。在中非共和国，考虑到当地安全形势已初步重建，法军从2015年起缩减兵力至900人。法军兵力主要集中于首都班吉，并依托于联合国部队作为快速反应部队展开行动。在科特迪瓦，法军于1月结束了12年之久的"独角兽"行动，行动部队由新创建的驻科特迪瓦法军接替。这支部队将作为存在力量，一方面继续维持地区间的军事合作，保护法国侨民的安全；另一方面构成法军在西非方面的主要支撑点，在该区域发生危机时可作为预备力量快速投送。12年来，法军"独角兽"维和部队与联合国维和特派团共同完成任务，服役的法军官兵超过8.5万人，牺牲27人。

在军事合作的框架下，法军为非洲多国提供军事援助，包括提供咨询和定期对当地军队进行培训。2015年9月，法国作为伙伴国参加了在塞内加尔举办的第二届达喀尔国际论坛，主题为非洲国家的安全和防卫。法国表示，非洲国家应该保障自己的安全，合作成立一支快速行动部队，法国愿意提供军事援助。2015年2月，驻塞内加尔法军部队对当地军人进行了为期15天的培训，旨在加强塞内加尔军队的维和能力。3月，法军第2外籍伞兵团派出作战教导队，在乍得南部的突击队训练中心训练当地军人。4月，驻塞内加尔法军作战援助突击队，赴布基纳法索对当地军校学员进行培训。6月，驻吉布提法军向乌干达派遣一支作战训练分队，对2 700名新征召的乌干达军人进行统一化初级训练。7月，在"新月沙丘"行动框架下，驻扎在加蓬的法军分队教官对乍得部队进行消防和人员救援培训。10月,第6海军陆战队步兵营派出教导队赴刚果(金)对该国装甲兵学校的教官进行培训。

六、巩固军事同盟,加强多国合作

法国新一代武装力量模式的基本原则中包括和盟友之间的融合能力,2025年法国军事力量建设目标强调在多国行动中担任领导力量。法国国防部长在3月的新闻发布会上强调,法国的盟友越多就越能扩大国家的影响力。为巩固和提升在北约和欧盟的主导地位,法军积极参与北约和欧盟框架下的重大军事演练和海外军事行动。

通过将军官置于北约军事组织和联合军事行动中,法国提高了与北约军队的联合作战能力。法国国防部共810人在北约任职,其中陆军为385人。北约下属的最高级别司令部之一盟军转型司令部,一直由法国上将级军官担任司令,也促使法国更为积极地参加到北约联盟行动的改革进程中来。

在军事演练方面,2015年3月法国快速反应部队筹备和组织了"CITADEL KLEBER"多国演习,目标是检验在复杂而不确定的战场环境下,法国快速反应部队指挥包括空军和海军在内的大规模多国联合行动的能力。地缘政治环境要求法国和其他北约盟国军队的参谋机构在大型军事行动中能够指挥有力、训练有素、反应迅速。除法国快速反应部队外,比利时、加拿大、西班牙、荷兰等国军队都参与了演习的计划和执行阶段。此次演习检验了法军参谋机构的指挥与控制能力,也加强了盟国间的联合行动能力。同样,法国快速反应部队于4月组织了第13届"BRIGADEX"演习。演习以"复杂和苛刻的作战环境下北约内部协同作战能力"为主题,情景设定为盟军部队在非洲之角实施介入行动,维持地区的安全和稳定。

此外,法军第4猎骑兵团于1月参加了在加拿大举行的"白色阵风"演习,与加拿大第12装甲团在极度严寒条件下进行联合演练。2月至3月,第93山地炮兵团组织了在火力支援和空中引导协同下进行的"CASALPS"联合军演。这是欧洲盟国间重要的诸军种实兵演习,除法军外,英国、德国、荷兰、意大利四国军队参加了演习,完善了由北约空中前进引导员实施的引导。4月,法军第2装甲旅300名官兵参加了在波兰举行的"PUMA15"多国演习,与波兰和美国部队并肩训练。参加此次演习的法军力量包括1个装甲合成兵种战术集群,以及15辆勒克莱尔主战坦克、5辆VBCI装甲步兵战车和其他43辆战术车辆。这是法军第一次应波兰军队邀请参加这一演习,以加强北约在东欧地区的军事存在。

在法美合作领域,法国与美国5月在吉布提共同实施了"KORON 2015"演习,参演兵力600余人,主要来自法军第5陆战队海外步兵团和美军第26海军陆战远征分队,旨在加强协同作战能力。在撒哈拉—萨赫勒地区,法军和美军一直展开合作行动。法国负责在地面部署作战部队,美国负责提供资金、后勤以及情报方面的支持。

在欧盟框架内,法国致力于推进欧洲防务一体化,为未来多国联合行动做充分准备。6月,法军第11伞兵旅在葡萄牙参加了由欧洲防务局组织的"EATT 2015"欧洲空中运输演习。这一演习集中14国2500人兵力和20架飞机,目的是推进空中协同作战。欧洲空中运输司令部集中和协调了法国、比利时、德国、荷兰、卢森堡、西班牙、意大利7国的空中运输战术和战略行动。此外,4月到5月,法军第3轻型装甲旅第126步兵团与荷兰第13轻型装甲旅第17步兵团在法国克勒兹省进行联合训练,建立新型合作关系。6月至7月,法国通信学院与英德两国军官针对"2015 TRIODE"演习案例,进行信息和通信系统领域协同作战能力的交流。6月,驻安的列斯群岛法军部队与荷兰部队,在法荷两国共同拥有的圣马丁岛进行联合演习,进行首次自然灾害环境下的抢险救援行动,提高了参演部队处置复杂救援情况的能力。

在近几年法国全球军事干预行动中,很多参与部队并非北约体系中的部队而是欧盟构架下的联合部队。在欧盟部队中,法国既确保行动的指挥,也以不可或缺的方式参与到参谋部和内部力量的武装。法军指挥由14国750名官兵组成的欧盟驻中非部队(EUFOR)于2014年4月起部署在中非首都班吉,协助联合国部队执行维和任务。2015年3月后,这支欧盟部队作为军事顾问团对中非军队提供咨询和培训。

七、启动"接触"模式,面向"2020法军"

2015年标志着法国陆军新模式"接触"(Au Contact)的启动。法军自1997年启动军队职业化改革,至2014年已完成三个阶段的军事转型,实现了军队面貌的重塑。然而伴随着军事介入程度的提高、恐怖主义威胁的激增和海外行动的日益持久,法国陆军亟须创建一种新模式。2014年9月,法国国防部向陆军提出了要求,2015年5月,陆军参谋长正式宣布了名为"接触"的陆军新模式。"接触"模式突出了陆军不同于其他军种的行动特征,即陆军既与人民"接触",也与对手"接触",陆军实施"接触"作战的能力依然是决胜的重要因素。在恐怖分子的自杀式袭击和游击战法面前,难以完全依靠空军、海军远程精确打击的非接触式作战行动,陆军在战场上仍然扮演着至关重要的角色。

陆军"接触"模式将着眼4个方面:一是针对并适应世界形势变化和新型威

胁演变;二是突出现代作战中占支配地位的作战功能,包括空战力量、特战力量、网络信息战、情报和指挥体系;三是以新装备为支撑,尤其是"蝎子计划"框架下交付的装备;四是满足陆军战略方向的调整,陆军20年来一直重点朝向外部行动,今后将同样转向内部行动。

陆军"接触"模式将围绕七大支撑进行构建:蝎子计划力量、特种司令部(下辖情报指挥部、信息通信指挥部、后勤指挥部)、特种作战力量、空战力量、诸兵种培训和训练、国土指挥部、人力资源。蝎子计划力量包括隶属于2个师的6个合成旅,分别是2个重型旅(应对先头作战和对重装敌人的高强度作战)、2个复合型、2个轻型旅,以及1个法德合成旅和海外力量。特种作战力量包括特种作战司令部和1个特种作战旅。特战司令部的建立体现了在新模式下特种作战力量的关键地位。在大多数传统力量的陆空联合作战行动中,特战力量都是不可缺少的。这一司令部的创建将在装备、维护、预算和人力资源方面,缩短指挥链,提高行动效率,加快反应速度。空战力量的组成为1个参谋部、1个空中机动支援营、1个空战旅(含3个攻击直升机团)和1所陆军航空兵学校。空战力量将加强直升机使用的协调性,为地面力量提供更有力的支持。国土指挥部下辖"巴黎陆军消防大队""民事安全寻到及干预部队",以及预备役力量。

陆军"接触"新模式的组织结构呈现出垂直性特征,并与其他军种新模式以及"2020法军"计划相一致。空战力量与国防航空装备局、信息通信指挥部与诸军种基础网络和信息系统总局、情报指挥部与军事情报局、特战力量与特战司令部都保持直接关联。新模式将打造一支组织更为灵活、编制更为合理、指挥体制更为高效的陆军部队,也推动陆军更好地融入诸军种环境。

综上所述,法国陆军2015年围绕国内外反恐展开军事行动取得了一定成效,并且以"接触"模式为核心开启新一轮改革,但同时也面临一些问题。首先,部署军人直接参与国内反恐预警行动能够起到缓解焦虑的作用,体现强有力的威慑性。然而从战术上来讲,这种做法相对而言效果不明显,并且花费高昂,军队每天的额外支出就达到100万欧元。其次,法军与恐怖组织作战由来已久,但缺乏真正的战略。就目前来说,法国在本土、萨赫勒地区和近东都采取了军事行动,可谓无处不在,但无处强大,法军深陷多个战场。再者,在国内外多重军事行动压力下,法军被迫调整2015年作战训练计划,限制军人的休假外出,减少驻地训练,取消一定数量的演习,尤其是国际演习,加之与恐怖主义的作战无法在短时间内取得军事胜利,长此以往必将影响到陆军作战能力。最后,年内接连发生的恐怖袭击凸显出法国情报收集工作存在疏漏。虽然法军军事情报局自2014年5月开始转型计划,情报部门经费和人员增幅很大,但还应当进一步提升情报细化和筛选能力。

参考文献
[1] Amées d'aujourd'hui [J]. 2015 年 1 - 12.
[2] Terre information magazine [J]. 2015 年 1 - 12.
[3] 法国陆军官方文件[EB/OL]. http://www.defense.gouv.fr/terre.

德国陆军建设述评

狄予兴 姜 栋

2015年,德国联邦国防军依据"陆军2011"新编制继续推进"全面而深入"的陆军部队改革。德国国防部长乌尔苏拉·冯德莱恩在接受媒体采访时谈到德军的现代化进程,希望未来德国陆军能够打造成为一支全能的欧洲陆军。陆军总监布鲁诺·卡斯多夫中将则强调德国陆军的建设要向"世界级陆军"方向发展。本年度德国陆军根据"联邦国防军指挥——有活力、有吸引力、与众不同"提案,出台了29项利好措施,改善服役的吸引力(魅力)。对外则以北约《战备行动计划》为指南,改善和加深与各北约成员国的军事合作,在加强与荷兰、法国军事同盟陆军部队融合的同时,又开创了与波罗的海沿岸三国与波兰的军事合作。德国陆军现役兵力人59 021人(2016年1月),较2015年60 562人有所减少。女性军人比例已占10%。本年度德国陆军有近700人在海外(阿富汗、马里、科索沃、伊拉克)执行作战任务。

一、有序实施人事和部队编制调整

一是陆军高层有重大人事调整。6月17日,陆军监察长布鲁诺·卡斯多夫中将退休,原陆军副监察长与作战部长耶尔格·伏尔默中将接任陆军监察长,成为陆军一号人物。同时,卡斯滕·雅各布森中将接任陆军副监察长与作战部长。10月6日,安德鲁·马洛少将接任快速反应师师长。7月29日,哈拉尔德·甘特准将接任德累斯顿陆军军官学校校长。德法旅旅长每两年换一次,由德法两国军官轮流担任,8月5日,德法旅旅长由德方魏纳·阿尔布尔准将接任。12月15日,阿斯拉克·海斯纳上校接任第1空降旅旅长。

二是第1装甲机械化师编制变化大。首先,根据编制改革要求,第1师师部在7月份由汉诺威迁往奥尔登堡。其次,在年底撤销了师直属第100工兵团、第3后勤营、第1通信团的编制。再次,所辖第9装甲教导旅和第21装甲旅也面貌一新。

第9装甲教导旅从以前的5营3连编制,变为现在的7个营1个连,全旅总人数 5 320，排陆军部队第 10 名。原第 90 侦察教导连和第 90 装甲教导连于年底撤销。第 3 侦察教导营、第 91 步兵营，以及第 130 重型工兵营更名为第 130 装甲工兵营后，归隶改编后的第 9 装甲教导旅。新建第 414 坦克营，驻地为原驻德英军营地，将于 2017 年底组建完毕，人员、物资全部至位。装备有 18 辆"豹"2"A6 型主战坦克，以后增至 30 辆。已归隶 2 个坦克连（分别来自第 93 坦克营和 203 坦克营），并将组建 1 个营部连和 1 个保障连。此外，还将集成荷兰陆军部队的 1 个坦克连。

第 21 装甲旅撤销了第 215 自行火炮营、第 200 装甲工兵连、第 210 侦察连编制。第 1 装甲工兵营于 7 月 1 日转隶第 21 装甲旅。原下辖的第 1 步兵团于 7 月 9 日改编为第 1 步兵营，第 7 后勤营则更名为第 7 补给营。新建第 7 侦察营，人员主要来自第 210 侦察连，并将于 2016 迁往新驻地。

三是兵种或技术学校向训练校区转型。继炮兵学校更名为联合部队战术火力支援与间瞄射击训练校区后，山地与冬战学校也于 7 月 8 日更名为山地与冬战训练校区，隶属步兵训练中心。空降与空运学校于 12 月 21 日更名为空降与空运训练校区，隶属陆军训练司令部。联邦国防军排弹中心于 8 月 5 日更名为防弹培训校区，隶属陆军训练司令部。

四是加强陆航培训与维修力量。6 月 26 日，陆军训练司令部从空军支援部队司令部接收了 NH90 运输直升机和"虎"式武装直升机的培训任务，标志着陆军部队对直升机作战、战备与训练的一体化。11 月 20 日，直属陆军发展局的陆军飞行大队转隶快速反应师，并更名为陆军飞机与附属设备维护大队。

五是其他编制调整。第 801 通信团将于 2016 年 3 月 16 日撤编，其大部分人员装备将移交第 41 装甲旅旅部和通信连。7 月份组建第 31 空降团，隶属快速反应师第 1 空降旅。第 10 师第 345 炮兵营从库瑟尔迁往伊达尔·奥伯斯坦。德法旅第 295 炮兵营从伊门丁根迁往施泰滕。第 12 装甲旅第 8 山地装甲营迁至原 393 坦克营驻地。

二、面向任务开展部队演习与训练

（一）三大主力师以自身任务为主线组织训练

快速反应师年初举行代号"红色猎人"指挥所演习，按照德军战术指挥流程，根据想定从情况判断，到决策、计划，最后发布命令，完成一个完整的后送行动作业。年底又举行"格里芬"年度演习，其中包括"白色格里芬"德荷指挥所演习，以及"红色格里芬"基本指挥所空中机动模拟演习。

"北部师"第 1 装甲机械化师以"像作战一样演习"为口号，在 10 月开展"决定金牛座2015"年度军演,以所辖第21装甲旅与荷兰第43机械化旅和波兰10骑兵旅配合,重点演练指挥协同。第21装甲旅在2012年"稳定"作战的基础上,本年度训练聚焦部队核心任务,重点演练旅级进攻作战样式,并组织实施水面进攻新科目训练。通过营指挥所战斗模拟方舱,实施步坦联合进攻行动。第9装甲教导旅在上半年开展"荒野闪电"指挥所演练、"荒野风暴"实弹演习后,又组织"小金牛座"指挥所综合演练。在此演练中,该旅邀请空军军官演示近距离空中支援流程,并设置场景训练军官应对媒体的谈话技巧。另外,在参谋指挥学院总部参谋国际班学习的12名外军学员也参与了演练。所辖第41装甲步兵旅第6侦察营则重点围绕侦察兵5种能力(车上侦察、车下侦察、野战报道侦察、空中支援图像侦察、雷达侦察),开展侦察技能培训。

"南部师"第10装甲机械化师所辖第12装甲旅在德国贝尔根的北约演习场举行为期2周的"雄狮"演习,参与演习的160辆装甲车辆全部通过铁路运输。12月,该旅又与美军第2骑兵团联合举行"社会事件"演习。所辖第37装甲旅6月举行"自豪的韦特人2015"指挥所演习,9月初的战术演习则重点训练军官生的指挥技能,开展对敌坦克连的进攻战斗、涉水战斗、道路清障战斗等科目训练。

(二)针对新情况开展技能培训和新科目训练

快速反应师开展了空中救援培训,并组织军事后送训练。所辖第26空降团在"脉冲星2015"演习中重点对军事后送进行了训练;第1空降旅组织了"水上应急跳伞"训练。

第10师举办首届联合部队战术火力支援学习班,从士官到连营主官近30人参加,学习从联合火力支援小组到师一级火力支援组的组织与运用。所辖231山地步兵营结合参加国际军队滑雪竞赛组织冬训。

陆军发展局举办首届反爆炸物参谋业务培训班,研讨在网络战条件下对爆炸物的分析过程,学习军事指挥决策中的反爆炸物专业技术知识。

联合部队战术火力支援和间瞄射击训练校区引进首批空军教官开展陆空联合训练,培训前方空中控制员,使之能够在实施火力支援时快速自由地与飞行员交换情报。

其他的特色培训还有:针对实战需要,在水上训练场开展"水上渗透课程",作为拓宽特种兵基础能力的重要部分;第803装甲工兵营组织潜水员训练,拓展保障能力;陆军技术学校积极开展远程教育;陆军军官学校开展无人机培训。

(三)采用新方法实施单兵战备等常规性训练

一是抓好新训练大纲下的新兵训练。自2014年10月开始实行新的共同训练大纲后，新兵基础训练也较以往不同。德军认为，有吸引力的训练才是训练好新兵的决定因素。除了宿营、武器训练、野外生存等必学科目以外，新兵还要学习医疗急救、内心领导、法律常识、国际战争法等知识，使之在训练中不但提高体能和心理要求，还要在身上打上集体和团队精神的烙印。

二是战备训练瞄准任务施训。第231山地步兵营在陆军战斗训练中心参加训练，重点是在暴力示威或群聚致死致伤等极端条件下的巡逻安保行动，为赴科索沃维和做好准备。第1步兵营100名军人赴以色列特拉维夫适应恶劣气候条件下训练，为2016下半年参加北约"步兵特遣部队"作战行动做准备。

三、广泛参与国际军事交流与合作

（一）努力打造成为欧洲的军事核心力量

一是积极参与北约在东欧地区的防卫。作为新型快速干涉部队，北约在本年度将组建高度戒备联合特遣部队（VJTF），部队规模目前计划为旅级，由5 000～7 000人组成。2月5日，在布鲁塞尔召开的北约国防部长峰会上，德军在北约的角色得到加强。会议决定由德国领导和参与打造这根"北约的矛尖"，防卫北约东翼。在为期一年的试验期限段，德军将负责收集作战经验，检验作战流程，并积极谋求在未来几年担任这支部队的领导角色。另外，北约将提高战备等级，由驻波兰什切青的多国东北军团司令部指挥高度戒备联合特遣部队，司令部人员来自北约19个国家，编制400人，其中德国占三分之一。8月10日，多国部队东北军团指挥权移交德国，由曼弗雷德·霍夫曼中将任司令，司令部人员将由波兰和德国按比例分配。德军还将派驻25名军人到6个东欧国家（波罗的海三国、波兰、罗马尼亚和保加利亚）的后勤补给点执行任务。

二是开始领导北约快速反应部队（NRF）。1月16日，继2005年、2008年之后，驻蒙斯特的德荷军团从法国手中接过北约快速反应部队指挥权，第三次领导北约在欧洲的快速干涉部队。德国、荷兰和挪威是2015年框架国，部队总人数约1.3万人。北约对部队作战的要求是先头部队（主要是侦察部队）需在5天内投入作战，司令部和其他单位则需在30内完成部署。德军共4 000人参加2015北约反应部队，具有争取在5～14天达到"注意并首先行动"的能力。第10师第37装甲步兵旅第371装甲步兵营约900人通过了北约认证，从2015年1月1日至2016年1月31日作为快速反应部队的核心作战单位，可在接到警报后7天内投入作战。陆军总监3月12日视察第371装甲步兵营，了解战备情况。该旅还参加了在挪威举行的北约"贵族莱杰"演习。

（二）积极参加北约组织的各项重大演习

2015全年，德国陆军积极参与北约领导的各项重大军事演习，参演人数和装备数量较往年都有增长，特别是在波罗的海三国、波兰举行的联合演习，以及在西班牙和葡萄牙举行的北约"三叉戟接点"军演。

"三叉戟接点"是北约自2002年"坚强决心"演习以来最大的一次演习，由北约盟军转型司令部领导，演习地点为南欧西班牙、葡萄牙和意大利三国，参演人数共3.6万人。演习目的是训练和检验北约反应部队作为快速干涉部队在世界范围作战的能力。第一阶段为网上对抗，包括联合兵种演习和指挥所演习；第二阶段为实兵对抗。多国作战指挥司令部作为演习协调司令部，主要在演习中实施计划、组织、支援和指挥方面的行动。德军积极参与多国作战指挥司令部活动并为"北约2018认证"打下基础。第1装甲机械化师901重型工兵营也参加了此次演习。

"军刀出击"和"贵族跳跃2015"是北约"同盟国盾牌"系列演习的重头戏。"军刀出击"是在北约框架内致力于加强成员国协调合作的陆空联合军演，来自拉脱维亚、立陶宛、挪威、葡萄牙、波兰、斯洛文尼亚、英国和美国等13个北约成员国的6000多名士兵在拉脱维亚、爱沙尼亚、立陶宛和波兰展开演习。德国陆军第295炮兵营和第291步兵营共约700人参加了演习。炮兵营重点演练无人机侦察和火力运用，步兵营则重点演练步兵排进攻战斗。"贵族跳跃2015"则重点演练部队指挥、战场管理与通信等难点问题。德国陆军派出第371装甲步兵营和德荷军团部分人员共350人，以及80辆轮式、20辆履带车辆参加了此次演习。

"快速反应"是自1990年以来北约在欧洲境内展开的最大一次多国联合空降作战演习，以"证明维持一个强大和安全的欧洲的必要性"。来自北约12个国家约5000人参加，包括捷克和荷兰的空中机动部队、德国和挪威的机械化部队、波兰的坦克部队和伞兵部队、比利时的炮兵和美国的直升机编队。隶属快速反应师的第1空降旅650人和荷兰第11空中机动旅150人首次在美军作战旅指挥下行动。

"铁狼2015"是北约7国（葡萄牙、德国、法国、美国、加拿大、斯洛文尼亚、立陶宛）联合演习。德军方面派出德法旅第292步兵营250人及第1空降旅第31伞兵团170人参加，并出动"拳击手"多用途轮式装甲车、"狐"式装甲运输车、"黄鼠狼"步兵战车共70辆。演习第一阶段在立陶宛举行，德军参演步兵完成了多国部队在生疏地形连排进攻与防御战斗，伞兵部队完成了与美军伞兵营机降地域进攻作战。第二阶段在波兰举行，主要检验包括德军在内的北约先头部署能力。

"铁剑2015"是北约快速反应部队演习,北约8国(美国、英国、拉脱维亚、波兰、捷克、格鲁吉亚、加拿大、立陶宛)约2 000人参加。德国陆军派出德荷军团第13侦察营4连及炮兵分队共80人参加了此次演习。

9月27日,在拉脱维亚阿达日军事基地靶场,为期2周的"银箭2015"多国陆军联合军事演习进入实兵演习阶段。来自拉脱维亚、美国、丹麦、加拿大、英国和德国的2 100名军人在基地靶场进行了红蓝方对抗演习。德军陆军、联合后勤部队、空军共180人参加了演习。

6月底至7月初,快速反应师参加了"意大利刀锋2015"直升机演习。

(三) 通过友好往来加深与外军合作关系

一是接待各国军队要员来访。陆军司令部本年度分别接待了北约盟军联合司令部司令、美国国防部长、爱沙尼亚总司令、智利陆军总司令、挪威陆军总监、英国陆军参谋长的友好访问。其他访问还有:意大利陆军参谋长访问陆军发展局;德、美、荷兰、挪威四国国防部长共同访问德荷军团;荷兰陆军总监访问快速反应师;波兰陆军监察长访问第41装甲旅;瑞士陆军司令访问步兵训练中心;阿根廷代表团访问陆军技术专业学校;以色列代表团和英军联合直升机司令部司令访问陆军飞行武器学校。

二是陆军高级军官出国访问。陆军总监9月11日赴波兰参加两国陆军互派作战营隶属对方陆军部队的仪式。根据协议,德军第411装步营将隶属波兰的一个旅,而第41装甲旅则将指挥波兰一个坦克营;2月26日访问南非,达成两军培训合作意向;6月1日访问阿富汗,并视察在阿德军的工作。陆军副总监则于2月13日访问马里,视察欧洲训练团(EUTM)的德军工作;2月25日访问波兰第11装甲骑兵师;4月14日访问立陶宛、拉脱维亚、爱沙尼亚,为国防部长访问波罗的海三国做准备。

三是承接完成对外培训任务。根据欧盟领导的欧洲训练团任务,德军工兵在马里库利科罗训练中心培训使用简易器材渡河。训练顾问与援助北方司令部德军人员在阿富汗继续培训东部地区部队和伊拉克人员。第9装甲教导旅培训了45名赴阿富汗执行任务的蒙古军人,时间4周,培训重点为武器、电台和医疗训练。第393坦克营培训了波兰第34装甲旅坦克乘员。

四是组织与外军联合训练。2月,第23山地步兵旅近千人赴奥地利参加"火绒花"演习,完成野战集成训练等科目。11月,德国与英国陆军军官生开展为期2周的共同训练,以增进彼此了解。

五是举办高级陆军会议。5月31日至6月2日,快速反应师承办了第三届国际空降兵指挥官会议,会议在联合作战、统一路线图等问题达成共识。会议的召开使快速反应师在"格里芬"项目下密切了与荷兰陆军和合作,同时也开创了与美军第 82 空降师的合作。11 月,第 23 届欧洲陆军会议在驻德美军欧洲军总部驻地举行,30 余国陆军高级将领重点讨论了对俄战略及南欧安全问题。

四、陆军新装备既有挫折更有发展

根据媒体披露,由于财政紧缩原因,目前德国陆军装备全装率为 70%,为不影响陆军训练效果与作战能力,原本出台一项名为"动态使用管理"的应急方案。但由于东欧局势的发展,使得国防部长最终放弃了这一方案,并积极游说议会,建议提高国防预算,并准备通过减少大型装备的数量,优化装备结构,以期达到近 100% 的全装率。

(一) 大部新研装备开始投入使用

一是新型装甲运输车开始列装。自 2011 年首次展出后,新型"拳击手"多用途轮式装甲运输车列装第 231 山地步兵营,部队反映使用效果良好。

二是新型步兵战车进入使用检验阶段。7 月 24 日,工程系统与管理有限公司向德国陆军移交第 1 辆"美洲狮"步兵战车,此装备将成为未来陆军的标准装备。目前是 5 个使用阶段的第 1 阶段。

三是单兵个人装备有了改善。自 2015 年起,陆军开始换装新型通用钢盔,并开始试用新型作训服。新式作训服结实耐磨、防风防雨,采用"洋葱皮原则"设计,可适应极寒极热恶劣天气和环境影响,2016 年将用于海外作战。

四是模拟设备使用效果较好。其中有代表性的是装甲部队"豹 2"坦克战斗模拟训练器,以及"虚拟战斗空间"指挥所作战模拟器。另外,第 212 装步营和第 203 坦克营在训练中分别扮演红军和蓝军,由装甲部队射击训练中心教官组织,利用对抗模拟器材(AGDUS)实现逼真对抗效果。

(二) 某些新研装备试用后出现问题

一是 NH90 运输机推迟列装。3 月 27 日,最后一架 CH-53 运输机光荣退役,今后陆军空中运输的任务主要由已装备的 UH-1D 轻型运输直升机和新型 NH90 轻型运输直升机代替。但 2014 年 7 月发生的顶控制面板短路问题,从而推迟了 NH90 运输机列装进程。

二是自动步枪命运多舛。新型 G36 自动步枪因为在特定条件下出现射击精度问题,国防部长鉴于 G36 自动步枪的精度问题决定不再装备,并将在全欧洲范围内招标新一代自动步枪。

参考文献

[1] 德国联邦国防军官方网站[EB/OL]. http://www.bundeswell.de,[2015 - 01 - 01 至 2015 - 12 - 31].

[2] 德国陆军官方网站[EB/OL]. http://www.bundesheer. de,[2015 - 01 - 01 至 2015 - 12 - 31].

[3] Inspekteur des Heeres. Die Neuausrichtung des Heeres Kämpfen-zweite, vollständig aktualisierte Aufage [M]. 2014 - 7.

中亚国家陆军建设述评

王玉丽

2015年度,哈萨克斯坦、吉尔吉斯斯坦、塔吉克斯坦、乌兹别克斯坦和土库曼斯坦等中亚国家结合自身特点和军队建设需要,继续对陆军体制进行调整和完善,注重武器装备的升级引进,通过基础性军事训练,特别是频繁举行各类演训活动,不断提高部队实战化能力,并不断深化对外军事交流与合作,整体建设水平得到进一步提升。

一、优化指挥体制,继续推进基础建设

多年来,中亚各国不断对陆军的指挥体制进行调整和完善,2015年,吉尔吉斯斯坦是中亚国家军队体制调整幅度最大的国家,其他国家也通过完善军事法规等方式,对其军队指挥体制进行了相应优化,并普遍注重部队的基础性建设。

(一)改革与优化体制

吉尔吉斯斯坦于2014年启动新一轮军事体制改革。2015年以来,吉全面推动其军事指挥体制的改革进程。吉总统任命朱马卡德罗夫为国防委员会秘书,责成其完成主要阶段的军事改革任务。11月3日,吉总统听取了朱马卡德罗夫关于军事体制改革进展情况的汇报,并强调,必须高度重视武装力量总参谋部与国防部之间的精确协同问题,国防部应当获得与其新职能相适应的地位;武装力量改革应着力于切实提升军队战斗力,将其打造成为一支能够及时有效应对任何挑战的军队。11月5日,吉议会正式批准改革方案,将国防部改组为国防事务委员会,肯日萨里耶夫被任命为该委员会主席;明确武装力量总参谋部职能,将其成为中央军事指挥机构和主要战役指挥机构,并直接受武装力量总司令即总统领导。

(二)完善相应军事法规

2014年12月,吉总统阿塔姆巴耶夫签署《吉国防与武装力量法》修订案,进一步明确武装力量构成和国家机关在国防领域的权力等。根据该修订案,吉武

装力量由陆军、空中防御力量、国家近卫军和边防军等军种组成。2015年1月12日，哈萨克斯坦总统纳扎尔巴耶夫也签署相关军事法案，明确了一些担负具体职能任务军队的地位、任务、权限和使用条件等。根据法案，哈陆军和国家近卫军可协助边防军保卫边境，所编有的维和分队，可参加集体安全条约组织集体快反力量的行动。

（三）继续推进基础建设

年内，吉尔吉斯斯坦陆军继续加大特种部队建设力度，组建了"黑豹"特种旅和"舍尔"特种营等部队；塔吉克斯坦进一步加强训练设施建设，先后于1月在塔阿边境新建"霍米延"训练靶场，5月在杜尚别东部山区新建一个山地靶场。与此同时，中亚各国陆军还十分重视军事装备的改进升级，乌兹别克斯坦从美方引进了328辆装甲车，包括308辆防地雷反伏击装甲车和20辆装甲维修疏散车；吉尔吉斯斯坦从俄罗斯引进若干BTR-70M装甲运输车、D-30榴弹炮等武器装备。此外，哈萨克斯坦还成功研制出可应用于军事领域的3D打印设备，该型3D打印设备可凭借其内置编辑器直接从计算机图形数据中生成任何形状的零件，为大幅度提升武器装备的成型和应用速度提供了可能。

二、通过演训活动，不断提升作战能力

2015年以来，中亚国家陆军在强化基础性军事训练的同时，十分重视反恐科目的演练，多次与外军举行联合演训，并效仿俄罗斯军队进行"突击检查"拉动，不断提升部队作战能力。

（一）强化基础训练，提升军事素质

年内，中亚国家陆军重点通过战备等级转换、实弹射击、野外机动、加密通信、目标跟踪等基础科目训练，不断提升日常战备水平和军人军事素质。1月5日，哈国防部第一副部长兼武装力量总参谋长扎苏扎科夫明确了2015年战备训练工作的优先方向和主要任务，内容包括提高战斗训练的组织能力、部队的指挥能力以及建立有效的物资保障体制等。9月8日，哈对东哈萨克斯坦州、阿拉木图州、江布尔州、南哈萨克斯坦州和西哈萨克斯坦州驻地陆军进行"突击战备检查"，共20支部队的近万名官兵和2000部技术装备接受了拉动检验。10月1日至8日，哈陆军举行代号为"卡拉套-2015"专业战术演练，参演部队包括哈东部、南部、西部、阿斯塔纳地区司令部机关及部分直属分队，主要演练了通信指挥、协同、特种作战等基础性科目。3月25日，吉陆军也举行代号为"安全-2015"首长司令部演习，吉武装力量总参谋部及所属部队司令机关和分队参演，主要进行了紧急拉动、作战协同等基础科目演练。

（二）突出反恐演习，提升反恐能力

中亚国家均赋予陆军的反恐职能，并通过频繁举行反恐演习，不断提高各部队的反恐作战能力。2015年度，中亚各国陆军参与或单独举行各类反恐演习19次。其中，哈陆军于9月7日至18日参加代号为"战斧-2015"的战役战术反恐演习，上万名官兵参演。演习以"三股势力"为假想敌，以非法武装发动袭击"企图动摇国家基础"为想定，旨在检验和提升哈武装力量应对恐怖威胁能力，以及联合反恐的实战能力和水平；吉陆军于7月22日至24日参加代号为"屏障-2015"的战术反恐演习，主要演练了快速机动、包围清剿、边境封控等科目，旨在提高参演部队在受到恐怖威胁的情况下制止违法行动、消灭非法武装的技能，以及与强力机构的协同能力；塔陆军先后于3月10日至14日、7月3日至5日、8月17日至20日、11月2日至5日进行反恐演习，旨在提高应对塔阿边境局势恶化的快速反应、协同作战和组织动员能力，主要演练了快速机动、边境封控、国土防御、组织动员、反恐作战等科目；乌国防部于8月1日组织各军种部队举行联合反恐演习，主要演练了疏散居民、歼灭恐怖组织、恢复地区秩序等科目。

（三）重视联合演习，提升集体防卫水平

年内，中亚国家积极在"北约和平伙伴关系"、独联体、集体安全条约组织等多边和双边框架下举行各类联合军事演习16次，重在提升集体防御作战能力。其中，在"北约和平伙伴关系"框架下，哈陆军参加了与美等北约国家共同举行的代号为"草原之鹰-2015"专业战术维和演习。演习旨在检验哈陆军在多国部队联合行动中的实际维和能力，完善哈维和部队参加联合国维和行动时的实际指挥技能，增强执行维和任务部队的战斗协调水平；在集体安全条约组织框架下，哈、塔等国陆军先后于5月12日至19日接受了以"集体快速反应力量"为主要对象的大规模突击检查，并举行联合演习，于8月22日至28日在俄参加代号为"协作-2015"的联合演习，于9月14日在各自防区参加代号为"中部-2015"大规模战略演习，于9月30日至10月在亚美尼亚举行的代号为"牢不可破的兄弟情谊-2015"联合维和演习等；在独联体框架下，哈、吉、塔等国陆军于8月18日至9月11日参加了代号为"战斗友谊-2015"联合演习。通过参与各类联合演习，中亚国家陆军集体防卫水平得到了不断提高。

三、深化对外合作，努力提升军事实力

中亚国家陆军对外寻求军事合作与军事援助，主要是在独联体、集安组织、"北约和平伙伴关系"等多边或双边框架下进行的，俄美并重，以俄为主，以期合作利益最大化，不断提升各国军事实力。

（一）深化与俄合作，密切军事交流

在集体安全条约组织框架下，哈、吉、塔等国陆军与俄就增加兵力部署、援助武器装备、培训军事骨干等事宜开展深入合作。年内，俄已扩编驻塔第 201 军事基地，拟在未来 2 年将基地人数由 6 500 人增至 9 000 人。俄还宣布，自 2015 年起，将每年在第 201 军事基地为塔武装力量培训 1 000 名专业技术人员。截至 10 月，俄军已完成了本年度培训计划，共为塔陆军培训了坦克手、火箭筒手、迫击炮手、炮手、侦察兵等军事专业人员 1 000 人。5 月，俄还向吉提供了首批军事援助，包括 BTR-70M 装甲运输车和 D-30 榴弹炮等。8 月，俄也向哈无偿提供了 5 套 S-300 防空导弹系统；在独联体框架下，10 月 17 日，中亚国家陆军与独联体成员国就组建联合部队共同应对外部危机等事宜达成一致意见，并准备在中亚国家与阿富汗边境共同组建快速反应部队。

（二）加强与美合作，积极寻求援助

中亚各国在"北约和平伙伴关系"框架下与美开展军事交流与合作，重点寻求技术支持和军事援助。2015 年度，美军为哈军援建了多个军事设施，其中援建的训练中心项目于 8 月 7 日正式启动，该项目价值 120 万美元，建成后将为哈、吉、塔等国军队提供培训；年内，乌兹别克斯坦与美国双边军事合作快速推进，美承诺向乌军提供大批军事装备。7 月，乌国防部副部长兼总参谋长诺尔马托夫和美中央司令部司令奥斯汀实现互访，双方就加强防务对话、落实合作计划、开展技术交流、提供军事援助、实施教育培训等多个军事领域达成一致意见。8 月 27 日，美宣布已完成向乌军提供 328 辆装甲车的计划，包括 308 辆防地雷反伏击装甲车和 20 辆装甲维修疏散车；关于美塔之间的合作，7 月，美向塔提供了 80 辆高性能越野车，于 11 月向塔国防部维和营援助了 5 辆"J8"新型运输车；关于美与土库曼斯坦的合作，3 月，土向美提出合作意向，希望美提供军事装备用于保卫土阿边境。美中央司令部司令奥斯汀表示，愿意提供军事装备及技术援助，相关项目正在落实过程中。

（三）争取多方合作，努力实现共赢

年内，中亚国家还积极加强与土耳其、印度等国的军事交流与合作。9 月初，哈与土耳其在阿斯塔纳召开国防工业合作委员会第 8 次会议，就联合开发自动化指挥系统，改造装甲车、坦克等事宜进行磋商，并对《2016—2018 年国防工业合作路线图》草案进行研究。当月，两国陆军还在哈举行了为期 10 天的代号为"雪豹-2015 的"联合军事演习，旨在交流两国陆军的作战经验。同时，吉尔吉斯斯坦也积极与土耳其开展军事交流与合作，2 月 2 日至 6 日，吉武装力量总参谋长阿雷姆科若耶夫少将访问土耳其，4 月 10 日，土武装力量代表团访吉，双方就进一步深化双边军事合作、提供军事技术援助,以及在土军事院校培训吉军人员等问题进行磋商。根据计划,两国陆军于10月在吉举行一次联合反恐演习。此外,中亚国家还积极与印度开展军事合作,印总理莫迪7月访塔期间,对塔驻库尔干秋别第3摩步旅及2014年印援建的友谊军队医院进行了视察,双方就重启打击恐怖主义联合工作组、建立情报搜集和共享机制等问题进行磋商。随后,印总理莫迪访吉,印吉双方就两国陆军每年举行"弯刀"系列演习等事宜达成协议。

四、协防边境管控,不断拓展自身职能

2015年度,阿富汗国内极端势力向中亚国家渗透和挑衅进一步加剧,中亚国家南部(共同)边境形势严峻。同时,2015年吉塔两国边境也多次发生边民大规模纠纷事件和交火事件,形势一度紧张。中亚各国边防部队实力相对薄弱,难以应对可能出现的严重危机,中亚国家均将陆军作为边境管控的"后盾",并赋予确保边境安全和地区稳定的职能。

(一) 在边境地区设防

土库曼斯坦总统别尔德穆哈梅多夫在1月国家安全会议上宣布,应对阿富汗边境方向越来越复杂的严峻形势,陆军应做好应对危机的准备,2015年将继续加强针对性训练,提升军队战斗力,防止发生来自边境地区的"意外"。当年,土陆军继续向土阿边境增派兵力和武器装备,并在防控重点地区挖壕沟、建铁丝网,随时做好与恐怖势力作战的准备;塔吉克斯坦陆军在继续向塔阿边境增兵的同时,也进一步加强边境地区的军事设施建设。据英国战争与和平报道研究所透露,截至2015年11月,塔在塔阿边境地区部署的兵力已达到1.6万人,塔国防部抽调陆军部队沿塔阿边境建立的"第二道防线"已基本就绪。

(二) 参加边境管控协防

根据2015年1月12日哈总统签署的军事法案,哈陆军和国家近卫军可协助边防军保卫边境;塔、土等国陆军除向南部边境地区调防、开展针对性训练以外,还与边防部队进行协作,在边防人员力量不足的情况下,积极向边境管控薄弱地带派驻兵力,经常以演练的方式协助边防部队加强边境管控。8月4日至18日,塔陆军参加代号为"边境友好关系-2015"的专项行动,与边防部队一起进行多科目训练,旨在共同应对和打击"独联体外部边界地区的违法和跨界犯罪活动"。此外,哈萨克斯坦陆军也经常以特种作战、维和行动训练等方式,主动熟悉边境地区形势,参与边境管控协防。

(三) 应对突发事件联防

针对吉塔边境地区7月6日、8月8日先后发生交火事件,以及7月25日、

8月3日、8月4日连续发生边民大规模纠纷事件,吉塔两国陆军均提高战备等级,做好应对突发事件的准备。此外,哈军也多次强调,为应对来自边境方向可能引发的低、中强度冲突,哈陆军应积极配合边防、内卫等部队完成作战任务,要与边防等部队一起训练和研究清剿非法武装的战术战法。吉、塔等国陆军在日常的军事训练中,也经常举行陆边协同等科目的联合训练,以应对非传统安全威胁。

总体来看,2015年度,中亚国家陆军建设的做法共性较多,大都通过不断完善指挥体制,深化基础设施建设,开展演训和对外军事合作等方式,作战能力和水平有了进一步提升。特别是通过参与反恐行动和边境协防,部队实战经验更加丰富。但是,中亚各国陆军的武器装备老化严重,维修设施不完善、不配套,加之部队管理不严格,后勤保障较薄弱,营房和训练场地等基础建设较落后,均不同程度影响和制约了部队的全面、快速发展,要跨入世界一流陆军行列仍需时日。

参考文献
[1] 中国社会科学院俄罗斯东欧中亚研究所[J].俄罗斯东欧中亚研究,2015(1—4).
[2] 上海外国语大学[EB/OL].中国中亚研究网:http://www.ccas.shisu.edu.cn.

越南陆军建设述评

吴森松　曾四清

2015年,越南陆军紧贴新形势下保卫祖国战争任务需要,紧紧围绕建设成为革命化、正规化、精锐化、逐步现代化人民军队的总要求,以建设成为一支全面强大陆军为目标,在作战战备、军事训练和对外合作等领域综合施策、深层着力,力争进一步提高部队在遂行多元任务、强化实战训练、融入国际进程中的能力和水平。

一、着力陆域防卫职能,遂行多元军事任务

越南陆军作为担负陆域防卫职能的主要力量,结合国家安全和利益发展需要,集中遂行国土陆域防卫和区域防御建设任务,兼顾并逐步扩大参与联合国维和行动。

(一) 集中国土陆域防卫

国土陆域防卫是越陆军的首要任务。2015年,越陆军围绕作战战备、军民联防等重点开展工作。一方面,加强作战战备。越陆军强调作战战备常态化,注重边境管控,严密掌握国内形势,严格执行战备制度。特别是针对春节、国庆等特殊时期和重大活动,陆军进一步提高战备水平,确保部队能够主动灵活处置各类情况,严防发生意外事件。春节前夕,越中边境二军区河江省军指就一度要求所属单位增加兵力加强掌握边境情况。为检验军队战备情况,年内越国家主席、国防部长、总参谋长等国家领导人和军队要员还先后前往二军区、首都司令部及胡志明市司令部等陆军部队视察。另一方面,推进军民联防。目前,越军在边境和海洋海岛地区建有32个国防经济区。为促进地方经济发展并鼓励民众参与国防,陆军注重依托辖下边界地区国防经济部队加强军民融合、推进军民联防。九军区年内成立了建江省915国防经济部队,以加强维护国家边界地区安全并协助地方发展农渔、投资修建部分科教文卫设施和排雷等。

(二) 推进区域防御建设

根据越共中央政治局关于继续将各省市建设成稳固的防御区域的第28号

决议,2015年,陆军重点加强区域防御建设。二军区以更加切实、有效为标准加强建设区域防御工程,革新区域防御建设;三军区重视国防安全与经济发展融合,推动建设各类省市级区域防御工程;七军区集中建设省市防御区,严格军事训练,力争建成一支全面强大的部队;首都司令部聚焦辖下郡、县、镇战备任务,以提高部队作战能力为目标制定了多项区域防御计划。区域防御是越特色军事理论的重要内容,区域防御作战则是越军的重要作战样式。当前,越军基本建成了以军区、省/直辖市、市/县为基本单元的区域防御体系。其中,越中、越老、越柬边境沿线地区的区域防御任务主要聚焦边境防卫,内地的区域防御任务除了要担负国土防卫外,还要重点着力辖区治安、维稳等内部安全事务。陆军是越军担负区域防御建设、遂行区域防御作战任务的主要力量。

（三）增兵参与维和行动

近两年来,越军在参与联合国维和行动方面取得实质进展。继2014年5月成立国防部维和中心、6月首次参加联合国维和行动派遣2名联络官参加南苏丹特派团后,2015年越军主要依托陆军,增兵扩大参与联合国维和行动。3月,越在联合国维和出兵国总参谋长会议上宣布,越将派遣参谋军官赴中非共和国执行联合国任务。同时,越正式加入联合国"维和待命安排制度",按照任务需要派遣军官、二级野战医院和工兵。根据计划,越军再安排3名参谋军官赴联合国中非共和国特派团执行任务,并派员替换于2015年6月结束在南苏丹特派团执行任务的联络官,且于2015年底派遣由70人组成的二级野战医院参加联合国维和力量。年内,越还组织和参与了多项涉维和活动,包括越国防部维和中心7月举办"联合国维和行动力量部署工作国际研讨会"和越国家主席9月出席第70届联合国大会框架下的联合国维和行动峰会。

二、围绕新形势新任务,强化部队实战训练

越南陆军聚焦新形势下保卫祖国战争的任务需求,紧贴新情况、新变化开展作战训练,推动革新、强调基础、专注演习、加强配套,综合施策提高训练质量。

（一）推动军事训练革新

根据将越军建设成为革命化、正规化、精锐化、逐步现代化人民军队的总要求,越共中央军委于2012年12月颁布了关于"提高2013—2020年及后续几年训练质量"的第765号决议。据此,2015年,陆军将训练作为"平时全军的中心、经常性政治任务"来抓,大力推动军事训练革新,提高军队训练质量。首先,按照"基本、切实、稳固"的方针进行训练,注重同步、专业、深入训练;对所有机关和部(分)队进行训练,加强野外训练、夜间训练,加强在各种地形、天气条件下的负重

行军,在机动中熟悉各种情况,在敌空中攻击情况下进行躲避、火力还击。第二,重视紧贴战斗实际、紧贴作战对象、紧贴单位任务、方案、情况、活动地形的训练,确保训练符合保卫祖国战争中越装备水平和军事艺术。第三,对各力量进行全面训练,重点对执行战备任务的力量进行训练;在主要方向进行作战训练,以夺取陆战场胜利为目标;扩大国际合作,有选择地吸收世界各国军队的先进经验。

(二)注重基础技能训练

2015年,越陆军十分重视开展体能等部队基础性训练。一是开展游泳强化训练。鉴于越境内多江河,陆军将游泳视为一项重要和必要技能。部分陆军部队在没有经费新建正规游泳池的情况下,积极利用现有池塘、水泊资源进行改造,同时保障训练经费投入,以达到全员学会游泳的目标。二是参加全军徒手格斗会操。越军总参谋部于12月7日至19日在首都河内庙门国家训练中心举行徒手格斗年度会操,陆军事先进行了针对性准备,以体能积累和体育专项的训练为主,在会操中取得优异成绩。三是结合单位实际开展综合训练。一军区年内重点加强军事训练,提升干部队伍素质,特别是提高干部的参谋、作战指挥和管理能力;组织军区全体官兵训练掌握地图的识别和GPS卫星定位设备操作,按年龄段组织射击考核,组织全体官兵开展条令考核,并对防区内预备役军官进行分队带兵训练。四是围绕新任务开展针对性训练。为提高部队信息技术应用能力,五军区举办了"将信息技术应用到军区司令部参谋指挥和管理调度工作中"集训班。为提高维和官兵语言、排雷、军医、重建等方面能力,陆军专门依托澳大利亚、美国、英国驻越使馆进行英语培训,并由越国防部175医院负责对陆军野战医院进行业务培训、工兵司令部工兵249旅对工兵进行培训。

(三)贴近实战举行演习

年内,越陆军紧扣现代战争条件贴近实战举行演习,旨在聚焦陆域方向战场、锤炼陆军作战样式、检验协同作战能力。北部地区:一军区机械化步兵3师举行机关参谋图上演习和军兵种协同实弹射击演习,演练了战备状态转换、跨区长途机动、快速占领要地并构筑阵地工事和步兵、空军、坦克装甲兵、炮兵火力协同等内容。二军区组织步兵316师、炮兵168旅、防空297旅、装甲406旅等举行指挥机关演习,重点演练山林地区对敌作战等内容。该军区所属步兵316师另举行了代号"TM-15"的步兵机动作战演习,旨在评估各级指挥能力,提高师旅战备机动能力、步兵师与地方武装力量协同配合能力和防御作战能力;步兵355师举行代号"DV-15"的指挥参谋演习,演练了预备役人员训练与补充、动员计划调整以及组织山地临时防御作战等内容;炮兵168旅举行了自行火炮实弹演习和代号"PB-15"的实弹演习,旨在提高炮兵分队协同作战能力和检验炮兵在山区条件下向步兵师进攻作战提供支援的能力。化学兵司令部化学86旅举行实兵演习,对敌使用炮兵、飞机对行军队伍、驻军和阵地守军进行化学攻击等多种预设情况进行处置。中部地区:四军区步兵324师举行了营级合成战术实弹演习和单边两级实兵演习,前者分战斗准备、力量机动、战斗部署、火力准备、占领目标和控制战场等阶段实施,后者重点演练"半丘陵地形条件下营级步兵分队加强对敌进攻作战"科目。该军区所属宜安省军指举行了信息技术条件下指挥参谋图上作业演习。五军区步兵2师举行指挥机关实兵演习,旨在提高参谋人员运用师团步兵攻防战斗战术理论的能力,培养和提高指挥军官组织准备战斗和指挥战斗的方法与能力,提高各步兵分队的战备能力、机动能力和处置突发情况的能力。南部地区:九军区组织步兵330师、后江省军指、芹苴市军指等单位举行"步兵营海岸防御作战"实弹演习,分对敌准备实施登陆部队进行打击、对敌先头部队实施前沿正面打击、对敌先头部队开展正面打击3个阶段实施抗登陆作战。

(四)更新训练装备设施

为提高部队训练质量,越陆军年内积极研发和投入各类新装备和新设施。新装备方面:越军总技术局兵种技术局在X201厂向陆军七军区装甲26旅、九军区装甲416旅、第四军装甲22旅移交了2款Maz-537、Kraz-255装甲运输车以用于演习和训练。为满足新形势下训练和战备需求,越军总技术局Z751厂开展了乌拉尔-375D车载105毫米火炮的研究设计并首先配发一军区炮兵382旅试用。据反馈,新型105毫米火炮使得炮兵在行军、阵地占领、战斗部署、阵地撤离所需时间大幅减少,火炮操作人员也减少至4人;该型炮与原型炮没有发生根本变化,部队只需进行一周训练便可熟练操作,且性能优越、精确度高、安全稳定,能够与其他力量协同作战,全面提高了越军作战能力。越国防部军事科技院军事技术自动化院成功研制一款火炮光电观察台,可自动测量、锁定目标坐标。目前,该系统已投入炮兵司令部所属部分单位试验,下步可能将推广至越军全军地面炮兵营使用。为提高新型武器装备的开发使用效率,越军总参地图局加紧研究建立军事地理资料数据库,绘制2D和3D地形数字地图,服务越军训练、演习和作战。此前,该局已将各类数字地图、地理信息系统和应用软件移交给全军各地图科,用于各级别的训练和演习。新设施方面:首都司令部新指挥部4月竣工,建有指挥部大楼、训练场、图书馆、军官俱乐部、运动场等设施,将成为辖区常驻部队、民兵自卫力量、预备役部队的管理训练基地。为提高军区级军事情报侦察力量的训练水平,二军区2015年下半年建议国防部投资建设军区特殊任务训练场并于2016年初投入使用。

三、密切多国军事关系,拓展陆军对外合作

在越南陆军发展对外军事关系与合作中,以美国、俄罗斯、印度等为代表的域外国家及以中国、老挝、柬埔寨等为代表的周边国家成为重要和关键的"两锚"。

(一)密切与各国陆军关系

越陆军主要依托军队高层互访交流,以及国家、军队层面恰签军事协议等方式密切与各国陆军关系。一方面,大力拓展与域外国家军队关系。越军积极与美国、俄罗斯、印度、澳大利亚、法国、日本、韩国、白俄罗斯等国军方接触谋求加强合作,其中美、俄、印是重点。美国方面:越军总参谋长1月会见到访的美太平洋陆军司令并高度评价两军在代表团互访、信息交流、搜寻救难等领域合作。越国防部副部长3月率高级干部代表团访美,其间两军还在越举行了"太平洋天使·2015"人道主义援助演习。越国防部维和中心6月与美太平洋陆军司令部在越举行二级野战医院部署准备工作研讨会。年内,双方还举行了第7次政治、安全及国防年度对话和第6次越美国防政策对话。俄罗斯方面:俄陆军总司令率团访越并与越军正副总长会谈,双方表示两国陆军将继续加强各级军官培训,制定更多措施,切实推动陆军关系深入发展,同时两军还要加强信息共享和共同科技研发等领域合作。印度方面:双方举行了第9次国防对话,印陆军通信局局长访越并表示印将派专家和教员赴越军事院校教学,推动越通信联络现代化。另一方面,积极维系与周边国家军队关系。越军青年委员会副主任率青年军官代表团访华、越国防部副部长会见访越的云南省军区代表团、二军区司令率团访问成都军区;越与菲律宾举行首次国防战略对话;越军与新加坡国立大学签署合作协议拟在军医科学等领域开展合作;越军总长和马来西亚陆军副司令率团互访等。

(二)加大对老柬军事援助

出于对地缘战略等因素的考量,越十分关注并大力支持老挝和柬埔寨两国的军事发展。老挝方面:双方签署了2015年合作议定书,据此两国国防部继续增进各级代表团互访、加强信息互换、加强边界线管理工作,同时越继续为老军培训各级指挥官,协助老兴建部分基础设施及福利工程等。年内,由越国防部出资援建、越国际合作有限公司承建的老军步兵3师军事训练场1、2期工程竣工交付,第3期工程也已于2015开建并计划于2016年竣工。同时,由越国防部第36总公司、四军区经济合作公司负责承建的老军边防业务学校动工,建成后每年可培训150名学员。柬埔寨方面:年内,越国防部向柬王家军提供约400万

美元援助；由越军援建的柬炮兵司令部总部工程、坦克及装甲车修理厂、第 70 旅营区和车库等项目落成启用；双方在柬金边举行首次副部长级国防政策对话，寻求促进未来双边关系的措施，包括东盟防长会议、东盟防长扩大会议框架下的信息共享、干部培训、各级代表团交流、边界安全管理合作、人道帮助和灾害救助及打击走私、毒品等。另外，应越防长邀请，柬国防大臣率团对越进行正式访问，双方就 2016 年合作内容达成共识，一致同意继续在各级代表团互访、国防部副部长级对话、青年军官交流、军队干部培训、海上联合巡逻、搜寻越军阵亡人员遗骸等领域加强合作，并继续加强两国陆上边境的管理和保卫。

参考文献

[1] TAP CHI Guoc. phong toan dan [J]. [越] 全民国防 2013(2).
[2] 人民军队报[EB/OL]. http://www.quandoinhandan.org.vn, [2015-01-01 至 2015-12-31].

泰国陆军建设述评

毛 雷 何俊良

2015年,由泰国军方势力组成的过渡政府继续执政,国内民主派别针对政府的批评声浪此起彼伏,南部地区分离组织也屡造事端。陆军作为规模最大、力量最强的军种,在开展日常建设的同时,还将大量精力投入到维护国内安全稳定的相关事务中。

一、配合处理国内维稳事务,巩固政府执政基础

前陆军司令巴育上将领导的泰国过渡政府为了加强局势控制,采取了限制政党活动、禁止政客出国等系列措施,并一再拖后新一届民选政府的大选时间,招致为泰国党、民主党、"红衫军"等政党势力不满。对此,陆军高层多次召开直属部队主官会议,研究国内政治形势,商讨可行对策。陆军司令乌栋德上将在会上强调维护国家稳定的重要性,要求陆军寻求国内各政治组织理解,并听取各方对政府工作的意见建议。在具体行动上,陆军成立专门机构,派出专人约谈政党领袖,对活动异常者进行监视居住,对劝诫无效的异见政客则以"违反国内安全条令"为由直接在军营进行短期拘押。从其效果看,泰国内反对派对军方的强硬措施有所忌惮,活动明显收敛。同时,多年来屡禁不绝的南部地区分离主义和恐怖主义势力进一步抬头,枪击、纵火、爆炸等袭击事件频发,治理南部局势成为陆军另一项重要工作。陆军各部队重点加强了学校、商店、娱乐场所及社区等人口密集敏感场所的安保,对各条交通要道设卡检查,以向恐怖分子施压,防止潜入市区制造事端。情报部门也加大情报搜集力度,调查追踪恐怖分子。陆军司令等高层多次赴南部走访视察,并制定"解决泰南问题工作计划",试图通过四项政策缓解紧张局势,即减少暴恐袭击、发展当地民众生活质量、构建稳固的多元文化社会以及与泰南内外部地区民众理解互信。但由于泰南问题积重难返,当地局势并未得到有效缓解。更为严重的是,3月25日,陆军部队在北大年府通央莲县执行搜查任务时,将普通民众误认为是"恐怖分子",开枪射击致4人死亡,恶化了军方与当地民众关系,造成极为恶劣的影响。

此外,陆军还负责边境地区的禁毒工作,尤其是在泰老、泰缅边境的廊开、乌隆、清莱、夜丰颂、达府等毒品贩运的重灾区,陆军部队以区域巡逻、定点蹲守、设卡检查等方式开展缉毒活动,成果颇丰。据泰国陆军2015年统计,当年已破获125起重大贩毒案,抓获毒贩251人,缴获摇头丸700万粒,冰毒44千克,大麻2吨,可卡因6千克。

二、开展和参与各类军事演习,提升联合作战能力

年内涉及陆军的军事演习主要有三类。第一类是由泰国陆军独立组织并发起的演习。如陆军第2御卫骑兵师3月在华富里府帕达那尼空县举行2015年度连级演习,有2个坦克骑兵连、2个装甲骑兵连、1个侦察骑兵连和1个重炮连共计6个连的兵力参演,主要演练了步炮协同、地面突击等科目。第二类是参与泰军三军联合演习。如5月至7月间,泰国陆海空三军在碧差汶府隆萨县"探昌山"训练场开展年度例行性联合演习,旨在提升作战、后勤、民事等各方面能力。陆军1个满编师、4个作战营及其他相关部队参演,参与了两栖登陆/反登陆、基地保卫、夜间行动、联合防空、实弹射击等科目。其中,专门假想并演练了敌方发起地面进攻,泰陆军使用特遣骑兵团与空军联合开展反击,拦截敌方兵力、延缓敌人进攻并在边境构筑防线的内容。第三类是泰军与外军举行的双边/多国军演。如2月泰国和新加坡陆军在新加坡举行的"象鼻狮·2015"演习,主要是学习新加坡陆军战术战法进行城市攻防、建筑物内部作战以及激光武器系统对抗。6月泰国和美国陆军在泰北标府举行的"长尾猴守护者·2015"演习,双方主要就人道主义援助和灾难救援开展联合演练,包括山地搜救、爆炸物搜索等科目。8月末至9月初,泰陆军与澳大利亚陆军举行的"金色教堂·2015"演习,泰陆军第5步兵师参演,演习旨在增强双方在战术层面作战技能和小规模维稳行动能力。此外,泰陆军还参加了"金色眼镜蛇·2015"等多国三军联合演习,执行地面防空、人员撤运等演习任务。

总的来看,由泰陆军单独开展的演习已呈逐渐减少的趋势,演练的大多是营连级的常规传统作战科目,目的也仅是为了使陆军官兵能够熟练和强化基本技能,现代化、科技化程度都不高。更多的形式是三军联合演习以及与外军共同开展的演习。其中,三军联演强调的是包括传统力量陆军在内的协同作战水平,重点是发展泰军独立实施防御、抵御外侵的能力。与其他国家进行双边/多边演习则是为了促进陆军等军种与友军有效协调配合,共同遂行各类军事行动任务。

三、继续开展武器采购，注重自主更新研发

对外采购依旧是泰国陆军武器装备的一个重要来源，2015年的采购主要包括以下一些项目。一是主战坦克。6月，泰国接收了5辆乌克兰制T-84 Oplot M型主战坦克，并列装陆军第2御卫步兵师第2骑兵营。根据计划，乌克兰马雷舍夫工厂将年内将生产约40辆该型坦克，加上之前已交付的，能够完成泰国陆军之前订购49辆的订单。目前乌克兰方面正在陆续装运中。二是防空导弹。为加强防空能力，提升防空武器效能，泰国陆军于11月向法国泰雷兹（Thales）公司订购了"星纹"（Starstreak）防空导弹系统，该公司将向泰陆军提供产品和相关配套服务。"星纹"防空导弹速度能达到3马赫，是世界上速度最快的近距防空导弹，能攻击低空飞行的战斗机、无人机和直升机。三是直升机。根据陆军司令乌栋德上将的指示，由于现有直升机严重老化，尤其是贝尔UH-1H直升机已经服役40年，之前进行了多次维修目前必须退役，因此泰国陆军需要采购直升机进行补充。为此，陆军专门成立委员会，在美国UH-72"拉科塔"、法国EC145 T2、意大利AW-139等机型中选择。2月中旬，泰国陆军与法国空客公司签署了一份购买6架EC145 T2型直升机的协议，该批次直升机将于2016年开始交付。9月初，泰国陆军耗资1.59亿美元向意大利"阿古斯塔·威斯特兰"公司订购了8架AW139型直升机，并计划在未来用EC145T2型直升机及AW139型直升机逐步替代正在服役的贝尔-212及贝尔-206A型直升机，以执行各项任务。

同时，泰国陆军加大了武器装备的研发力度。一方面是与国外厂家协作，进行联合研制。11月，泰国与乌克兰就在泰本土生产BTR-3E1轮式装甲车达成协议。据悉，该协议将包括三个阶段：第一阶段，泰国陆军生产部门将完成乌克兰提供的BTR-3E1装甲车部件的组装工作；如果组装成功，两国希望第二阶段能促使泰国陆军自主生产组件和零部件；第三阶段，泰国陆军将实现整车大部分装备的自主生产及组装。另一方面是引进国外先进技术，开展自主研发。3月，泰国国防科技局进行了一次DTI-1G多管火箭炮测试，取得巨大成功。该型火箭炮由DTI-1系列火箭炮改进而来，技术系从中国引入，射程150千米，将于2017年向泰陆军交付3套。5月，陆军向泰国国防技术研究院和泰国皇家空军学院定购的4套小型无人机系统正式交付使用，将被用于南部三府执勤和泰柬边境巡逻。该型无人机系统由泰军研制生产，陆军为其首批客户。整套系统包括：2架安装了日用相机及夜用红外相机的无人机、1根自动旋转天线、1套操作控制电脑，此外还包括相关配属工具及零件。无人机重2.5千克，翼

长 1.8 米,最远飞行距离 10 千米,最高飞行高度 500 米,能够连续飞行一个半小时。此外,泰国防科技大学在 2015 年地区国防工业及安全防卫览上展示了由该大学研发团队花费 2 年时间研制的轮式装甲车。整车运用了 60%的国内科技,装甲车效率符合北约军事标准要求,符合泰国陆军作战需求,与陆军从国外购买的装甲车的质量相当,且性价比更高。

四、开展多形式对外交流,发展军事合作关系

一是加强与美军事交流与互动。2014 年的军事政变使泰美军事关系出现了一定程度的后退,因此 2015 年泰军尤其是陆军发展对外关系的首要任务就是进一步修复和巩固双边关系。除了开展各类例行军事演习外,泰国陆军多次与美方举行高层会议,商讨合作事宜,并表示希望得到美军的更多支持和援助。7 月中旬,泰美陆军"执行指导小组会议"召开,双方回顾了本年度开展的军事活动并制定次年行动计划,美方表示理解当前泰国政局,在泰国进行民主选举后双方军事合作将完全恢复如常,但当前并没有减少军事援助。年内,双方共开展了 26 个项目,如泰陆军人员赴美学习、情报交流合作、美对泰医疗援助等。二是与周边邻国间开展军队高层互访。陆军司令乌栋德上将等将领先后访问了新加坡、老挝、马来西亚等国,缅甸、菲律宾、印度尼西亚等国家陆军领导人也陆续赴泰访问,泰国陆军与上述国家就强化边境稳定、打击毒品贩运、禁止人口拐卖、查禁武器走私等现实问题进行了交流和探讨,在情报交流、边境管控、教育培训、国防军工领域签署多个协议,与周边国家的军事关系得到密切与加强。三是赴外执行国际救援任务。4 月下旬,尼泊尔发生 8.1 级地震,泰陆军医务厅的医疗队和工程队第一时间赶赴现场,在尼开展了 10 余天的医疗救助和工程援建行动。8 月底至 9 月初,针对缅甸水灾,泰军由陆军减灾中心专门组建医疗组、野外供水组赴缅实施救援,医疗组具备初步救治、心理恢复、骨骼关节伤救治等能力,野外供水组每天可生产 6 000 升饮用水和 18 000 升生水。泰方救援小组赴缅后,在灾区及时开展有效救治和人道主义援助活动,得到了缅方的高度赞扬。

此外,泰国陆军还通过组织、参加地区性会议和比赛的机会,加强对外交流,提升国际地位。如 9 月中旬,第 9 届太平洋地区陆军司令会议在印尼召开,泰国陆军助理司令提拉猜上将参会,介绍了泰国政局情况,并与印尼、新加坡、日本、韩国、孟加拉国、美国和法国共 7 国军方领导人就相关议题进行了双边会晤。11 月下旬,第 16 届东盟陆军司令会议在泰举行,泰国与马来西亚就两国陆军联合行动草案达成进一步一致,与柬埔寨在共同控制边境走私、非法伐木等问题上取得更多共识,与印尼签署了《泰国陆军与印度尼西亚陆军关于军事合作的第

3 份行动准则》,将深化两国陆军在演习、培训、交流互访等方面的合作。泰国陆军还在此次东盟陆军司令会议期间组织了东盟陆军射击比赛,以密切东盟各国官兵之间的关系。

五、推动发展网络作战能力,招募培养专业人才

泰国陆军最新的评估分析认为,网络作战是当前除陆、海、空、太空之外的第五层安全威胁。全世界对此都非常重视,尤其是超级大国,在网络作战的攻防两方面能力都非常突出,已经培养了这方面的专业人才,能够针对军事或公共事业网络实施攻击破坏,并防止敌方通过网络窃取己方数据资料。而泰国当前面临的网络安全形势较为严峻,如军队信息系统还不够安全可靠、民众通过网络发布敏感政治信息、部分组织通过网络开展政治活动攻击政府等,这些问题都需要陆军高度重视并及时解决。

因此,继 2014 年将陆军军事技术中心改为陆军网络中心,并新组建网络作战部队后,泰国陆军在 2015 年进一步加快了发展网络作战能力的脚步。全新的网络作战部队于 2 月开始启动运作,主要负责网络安全评估、模拟渗透测试等初级项目。同时,陆军有针对性地征召具有网络作战专业学识和素质的地方人员入伍,并借助军内和地方院校开展人才培养。高层批准启动了在职人员岗位培训方案,计划在 2015 年和 2016 年两年对陆军内部相关岗位的人员进行专门培训,使之具备相应的网络技术能力。年内,陆军还举办了军种的网络攻防竞赛,以检验发展成果,选拔优秀人才。

参考文献

[1] 泰国陆军[EB/OL]. http://www.rta.mi.th,[2015-01-01 至 2015-12-31].
[2] 泰军司令部[EB/OL]. http://www.j5.rtarf.mi.th,[2015-01-01 至 2015-12-31].
[3] 泰国民意报[EB/OL]. http://www.matichon.co.th,[2015-01-01 至 2015-12-31].

柬埔寨陆军建设述评

陈 渝 邹家明

2015年以来,根据国际、地区和国内安全形势的变化,为维持一支与其国力匹配、能力水平相当的军事力量,柬埔寨王家军陆军着力加强部队建设,加快推进军队改革步伐,继续实施较为开放的军事外交政策,其中比较突出的是加强国际军事交流合作和积极参与跨国演习培训等,旨在提高自身维护国防安全能力,维护主权独立和领土完整,为国家发展创造一个政治稳定、社会有序的良好环境;同时强化国际协同能力以应对恐怖主义、自然灾害等国际性非传统安全威胁,在国际舞台发挥积极作用,提升国际影响力。

一、牢固管控军队,维护政权稳定

总体上,柬洪森政府非常注重对以陆军为主体力量的军事力量的管控。2015年3月4日,柬首相洪森出席"2010年至2014年柬埔寨王家军五年改革成果总结暨2015年至2019年未来五年工作目标研讨会"并就国防建设工作作指示。针对柬近期政治局势、社会治安的复杂局势,其要求军队坚决拥护政府,强调各级武装力量必须恪守军纪,捍卫宪法,决不允许发生政变,决不允许任何人利用颜色革命来推翻合法政府。对于任何凌驾于宪法、国家、宗教、国王、政府的入侵者、政党或组织,军队必须立即无条件作出还击,因为这是政府的义务和使命,必须吸取某些国家发生颜色革命的教训。从目前来看,柬洪森政府上述举措成效显著,军队一直以来全力支持政府政策、遵守宪法和法规条令,维护国内稳定。如年内在柬第四军区下辖的磅同战区召开的工作总结会上,磅同省战区司令绍逊准将在肯定该省战区有力协助当地政府维持社会安全稳定成绩基础上,要求在未来一年里继续协助当地政府打击各种试图颠覆王国政府的阴谋势力。2016年5月27日,针对柬救国党和部分工会威胁称若警方逮捕救国党代主席金速卡将举行大规模示威游行一事,柬军副总司令伊萨拉上将在军队训练工作活动上表示,柬王家军应严格遵守"王家军条令",严格执行政府、国防部和总司令部下达的命令以维护和平;军队要防范借示威游行时机制造的动乱和革命。

此外,为巩固洪森家族势力对军队的掌控,继洪森长子洪马内担任柬军副总参谋长、陆军副司令后,其次子洪马涅(34岁,少将军衔)于2015年9月26日出任王家军总司令部情报调查局局长。

二、培养职业军人,强调正规建设

这是当前柬军队改革的重要内容和目标。年内,柬首相洪森要求军队不断深化改革,提升高效履职尽责能力和实现军队职业化,成为强大的国防力量,确保在任何情况下都能过得硬;同时,继续努力加强国际合作,以实现军队在各领域的发展,具体包括发展人力资源、提升能力、实现现代化和技术化、培养职业化军人和以高度负责的精神建设青年军官队伍。洪森还就如何全方位、系统性建设一支正规化、职业化、现代化、技术化军队以更高效和更专业履行各项职责任务做了九点具体指示:一是继续履行政府推行的计划要求和施政纲领;二是提高心理学教育和军队的专业培训,忠诚维护民族、宗教、君主与宪法;三是努力开展人力资源培训,精选军队有生力量,履行国家主权与和平责任;四是不断研究新科技知识和军事技术,跟上时代步伐;五是安排好退伍军人生活和补充新兵;六是维护当前已有的军事组织架构,并成立新系统,避免执行任务的重叠;七是完善军队管理系统和职权分配,军队领导层必须注重提高各级武装力量的生活条件和正常物资供应;八是加强各单位间联系以及与私人领域的合作关系;九是各级领导必须进行自我总结和自我发展。2015年12月20日,柬军在全国范围内举行军官选拔考试,选拔第二十批特种部队军官。全国共有超过3.3万名考生参加考试,同比增加43%。此次选拔重点有三项内容:一是军人专业职责常识;二是强健体力和坚忍精神;三是领导能力,即考生获得培训后未来如有机会晋升领导层,其将如何有效自我管理和领导其他军人。

三、充分利用援助,加快建设步伐

作为一个自身能力有限的小国,柬有效利用其良好的外交关系和重要的地缘战略位置,获得了大量国外援助,其中军事援助是重要内容,有利于加速其部队建设进程。当前,主要对柬军事援助国是中国、越南和美国,此外还有日、澳等国。

(一) 中国

一直以来,中国在技术、物资和人力资源培训等各领域帮助和支持柬军建设。2015年,中国继续以援建、支教、培训等方式对柬军进行援助。同年5月30日,柬副首相兼国防部大臣迪班在与中国人民解放军总参谋部副总参谋长孙建国会晤时再次对中方在装备技术和院校建设等方面给予柬军的大力援助表示感谢。

(二) 越南

越南在人员培训、相关装备和资金等方面也给予了柬大量援助,其中基础设施建设方面尤为突出。根据越柬签署的合作协议,越国防部每年都有对柬提供基础设施建设援助资金预算,2015 年该资金援助翻倍,总额约为 400 万美元。相关项目有:1 月 18 日,由越军援建的柬磅士卑省保卫局培训中心启用;1 月 26 日,越国防部援建的位磅士卑省炮兵司令部总部工程完工,该工程占地面积 2 500 多平方米,建设经费 20 多万美元;3 月,越援助柬的坦克和装甲车修理厂在马德望省落成;7 月 20 日,越军 7 军区司令部援建的柬王家军 70 旅相关工程完工,项目包括指挥部、营房、军用仓库等。70 旅是柬步兵最精锐的主力部队,主要担负首都金边和重点地区的保卫工作,其与越军七军区已建立长期友好合作关系。

(三) 美国

美柬在反恐、人道主义援助减灾等方面有一定合作,美也在联合军演、维和工作、排雷等方面向柬提供相应人员培训和物资援助。如 2016 年 2 月,美驻柬大使威廉·A.海德在与柬参议院主席赛冲会晤时表示,柬美军演将于 3 月在磅士碑省举行,届时美将向柬提供军事援助。据美驻柬大使馆消息,最近 20 年里,美一共向柬提供了总额达 6 500 万美元的援助,用于开展全国扫雷工作。美还拟与柬协商在柬部署军需品仓库,据美称主要是救援行动设备。同时,2016 年 3 月,美国陆军高层表示,为在东亚出现重大自然灾害时紧急响应,拟将野战医院设置在柬,该野战医院以帐篷和货柜屋组成,易于拆迁,可让 500 名医护人员进行救护工作。除了中、越、美外,日本和澳大利亚等国在排雷方面也向柬提供资金和培训援助。

四、强化演习培训,提高作战能力

(一) 积极参加地区跨国演习以提高协同能力

为应对日益明显的国际性非传统安全威胁,柬陆军积极参加地区相关演习,其演习合作方主要有美国和东盟等,旨在提升反恐、维和及救灾方面的协同能力与快速反应能力。美柬两军举行的联合军演主要涉及灾害管理和应急救援领域。其中,柬陆军主要参与"吴哥哨兵"年度演习,旨在加强两国人道主义援助与救灾能力,促进双边军事合作。2016 年 3 月,美柬"吴哥哨兵·2016"联合军演开演,柬方参演部队包括柬陆军、国家维和部队中心等;美方参演部队包括第

8战区保障司令部、第130战区工程旅等,共计150余人。演习主要科目包括人道主义援助、灾害救援响应、急救、工程、爆炸物和临时爆炸装置处理、人员物资运输、领导力建设培训交流等。此外,2015年1月12日至23日,美军与柬王家军、宪兵部队在日本冲绳岛举行名为"尚方宝剑"的双边演习,旨在加强两国在自然灾害等危急时刻部队快速机动反应、实施人道主义救援合作的能力。同时,柬还是"金色眼镜蛇""肩并肩"年度演习的观察国。另,柬也积极参与以"东盟+"为平台的多边演习,如2016年3月,代号为"力量·18"的多国联合演习在印度浦那市举行,柬作为东盟防长扩大会议成员国也派遣代表参演,内容涉及维和训练和演习、人道主义地雷行动等。

(二)国内组织各级各类常规演习训练

2015年2月4日,柬戈公省军区在省内举行实弹演习,BMP-1步兵战车参演。类似演习已举行多次,旨在掌握操作新式武器。2016年3月15日,柬军在磅士碑省森隆东县举行实弹射击训练,数百官兵参加,主要训练操作发射130毫米炮弹、RM-70式与BM-21式火箭炮、122毫米40管自行火箭炮等。

(三)举行各类专业培训

如2015年6月,柬埔寨与印尼位干丹省干丹斯登县举行"特殊警卫专业"培训班,其内容主要涉及BM21火箭弹的使用方法、拖曳式大炮专业、坦克装甲车和反恐等。同年8月,柬军在金边市南郊大金欧市首相官邸附近举行第4届装甲坦克专业和第3届RM-70火箭炮及反坦克专业培训,为期三个月。

五、加强交流磋商,增强合作互信

为共同应对传统和非传统威胁,以和平方式解决边界冲突等矛盾,柬军加强与周边邻国等的交流沟通,为深化合作建立互信基础。

(一)与东盟国家

柬与东盟国家在国防安全领域的交流频繁,当前合作内容主要包括就反恐等地区共同安全挑战进行交流和信息共享、就灾害救援与维和行动等交换经验和做法、互派人员交流和培训、与邻国加强边境安全合作并解决划界等问题以维护边境和平与团结等。一是与泰国。2015年1月21日至22日,泰陆军司令乌栋德上将访柬,双方商讨开展更多联合军事行动事宜,如两军进行边境联合巡逻、设立联合检查点等,泰方还提议两军间开展军事互访留学与观摩。11月,泰柬陆军司令在第16届东盟陆军司令会议期间再次就边境合作举行会晤,泰方建议两国陆军在打击人口贩卖、禁毒、非法伐木等方面加强合作,柬方表示愿共同应对边境地区可能出现的各类安全威胁。二是与越南。2015年3月6日至

7日,柬国防大臣迪班访越,与越防长冯光清举行会谈,越方对柬在搜寻战争时期阵亡越军人遗骸过程中给予的帮助表示感谢。双方一致同意下阶段将继续加强两军关系,不断深化合作,并集中开展代表团互访、干部培训、边境管理等工作。会后,双方签署《2015年越柬国防合作计划协议》。10月18日至20日,越柬举行首次副部长级国防政策对话,评估了两国近年来防务合作成果,一致同意大力促进防务合作关系。12月11日,柬国防大臣迪班再度访越,双方就2016年合作内容达成共识。三是与马来西亚。2015年2月27日,柬国防部大臣迪班会见马来西亚防长希沙姆丁,就加强两国军事合作、参与国际维和行动等进行交谈。马方表示愿与柬加强军事合作,包括共同举行军事演习,加强交流和交换工作人员、情报和设备等。四是与老挝。2015年2月28日至3月3日,老防长森暖·赛雅拉访柬,双方就下一步合作计划进行磋商,并签署两国国防部合作备忘录。

（二）与中国

2015年以来,包括陆军在内的中柬两军各级交流频繁。2015年7月8日,柬国防大臣迪班访华;11月6日,中国防长常万全访柬,在会谈中,柬方希望与中方继续加强国防领域交流,积极开展两军高层互访、人员培训、联演联训、武器装备等合作。中方表示将一如既往地支持柬国防和军队建设,与柬军继续深化、拓展各领域各层次交流合作。双方还签署《中柬国防部合作协议》。

同时,柬也展开与俄美等国的军事交流。2015年6月,应俄防长谢尔盖·绍伊古邀请,柬国防部大臣迪班访俄,以强化两国军事合作。此外,柬王家军也积极参加香格里拉对话、香山论坛、东盟武装部队首脑会议等国防安全领域的国际和地区交流平台活动。

六、积极参与维和,提高国际声誉

自2006年以来,柬多次派出以陆军为主的人员参与联合国维和行动,不仅提高了自身能力,而且赢得了一定的国际赞誉,提高了影响力。同时,柬在该行动中发挥的作用也日益明显。截至目前,柬在122个参与联合国维和任务的国家中排名第36位,在东盟十国中已位居第一阵营,仅次于印度尼西亚和马来西亚。在联合国维和行动的合作框架下,柬已累计派出3 000余名维和人员,参与维和的国家和地区包括南苏丹、乍得、黎巴嫩、叙利亚、马里、所罗门群岛和中非等。2015年3月3日,柬王家军第312旅和918旅的135名军人启程前往马里执行新一轮维和任务,此次人员主要是工兵和机场管理工程兵。9月28日,柬外交与国际合作部大臣贺南洪在出席联合国维和峰会时宣布,柬将继续积极参与联合国的维和行动,并准备派出两支扫雷队加入新的"联合国维和能力待命机制"。2016年1月1日,柬再派遣500名维和官兵赴黎巴嫩和马里参加联合国维和行动,该批维和部队主要担负联合国在黎巴嫩和马里划定的工程、扫雷、卫生和机械维护等任务。

总体而言,柬开放的军事外交政策效果较为明显,柬王家军在基础设施、能力建设等方面取得了发展进步,特别是通过维和行动在国际舞台上赢得一定声望和赞赏。但其与美等国进行军事合作仍非常慎重,没有进一步深入,仅限维和等领域,避免被逐步渗透导致出现颜色革命的可能。

参考文献

[1] 柬埔寨DAP新闻网[EB/OL]. http://www.dap-news.com,[2015-01-01至2015-12-31].
[2] 柬埔寨新闻快讯网[EB/OL]. http://www.cen.com.kh,[2015-01-01至2015-12-31].

老挝陆军建设述评

陈 渝 叶小青

2015年以来,在老挝人民革命党(下简称"老党")和政府的高度重视下,老军继续按照"稳定数量、提高质量、改进装备""逐步建成一支现代化、正规化的革命军队"目标加强建设,积极调整编制体制,培养专业人才,扩大对外交流,并根据现实需求着力建设边防部队,打击国内反政府武装。总体上,部队建设正稳步推进,但囿于国力较弱,军费有限,不论是与自身前期纵向比较还是与东盟其他国家横向比较,其整体发展仍较为缓慢,成效不明显。

一、政府高度重视国防建设,确保部队发展的连续性

2016年1月,老党第十次全国代表大会召开,时任老党中央总书记、国家主席朱马利·赛雅颂在会上再次强调:"坚持深入贯彻全民国防治安政策,积极加强人民武装力量正规化、现代化建设。要把正规部队建设成为强大的骨干力量,使其具有在任何形势下取得作战胜利的能力;把地方部队建设成为坚强的战斗单位,并列入地方发展战略,使其有能力保卫本地;把民兵和治安部队建设成为有能力全面维护地方治安、解决本地违法犯罪现象的中坚力量。"从而为下步部队建设和发展进一步提供了明确、坚定的指导思想。同时,老挝人民军还非常注重理想信念教育,旨在加强老党对武装力量的直接、绝对领导,使其政治思想可靠,忠诚于党。在部队建设中特别强调对领导指挥干部的培养,将能力和作风建设作为培养干部的重要内容,以建设一支立场坚定、政治素质和道德品质过硬的后备干部队伍。此外,老政府也注重改善部队人员生活水平,重视后勤保障工作和落实部队的优抚政策,如积极发展社会保障制度,深入实施社会福利政策,以提高军人物质生活保障。

二、积极调整优化编制体制,培养相关领域专业人才

(一)培养专业边防部队以加强边境管控

此前,老挝边境保卫工作由各县军指相关部队(属地方部队)和警察负责,作

用仅限于在边境口岸检查出入境人员,导致边境保卫工作不能全面落实。为培养和发展专职边境保卫力量,在组建边防部队和成立边防局(将原来的边境地图局拆分为边防局和地图局,旨在区分任务、明晰职责)的基础上,老军在越南援助下开始修建专门的老挝人民军边防业务学校。2015 年 12 月 5 日,越老两国国防部在老挝玻利坎赛省举行老挝人民军队边防业务学校动工仪式。该校位于玻利坎赛省,占地 16 公顷,建设面积 1 万平方米,总投资 1 250 亿越盾(约合 570 万美元)。学校建成后,每年可培训 150 名学员,将有利于老挝发展专职保卫边境的力量,进而巩固和加强老军实力,符合老挝人民军在新形势下的政治任务需求。

(二) 培养装备、后勤管理人才以改善保障不利状况

从目前看,老军武器装备、后勤物资等保障仍比较差,甚至无法保证军队正常的战备和训练,具体体现在:武器装备缺乏维修更新,多数大型装备已不能满足作战需求;涉及需要消耗弹药、油料等物资的事项受到严格控制;粮食和药品短缺对军队人员健康产生不利影响;国防设施状况较差,大部分道路破损严重,只能季节性使用,使补给配送线路不畅,部队无法实现快速机动等。为改善上述状况,老军着手培养专业的装备建设和后勤管理人才。成立隶属国防部的总技术局以主要负责全军军事技术和武器装备的指导、管理工作。

三、扩大对外军事交流合作,提高战斗力和国际地位

老挝将国防安全与对外交往工作统筹结合实施,要求国防安全力量广泛深入地加强同东盟各战略合作伙伴及其他友好国家在国防安全领域的合作。在上述思想指导下,老军对外军事交流合作步伐日益扩大。2015 年来,老挝先后与中国、越南、俄罗斯、印度、缅甸、美国、日本等国拓展军事交流与合作,旨在通过接受外军装备、技术等援助促进老军自身发展,并通过参与地区和国家国防安全领域交流与合作提升老挝国际地位。

(一) 不断深化中老合作

两军高层互访频繁,时任老挝防长森暖·赛雅拉和总参谋长苏温·勒本米等相继访华,中国军队领导人也先后访老挝,进一步增进了两军友谊。如 2015 年 4 月 20 日,中国中央军委副主席许其亮空军上将率团访老,旨在加强两国国防部合作。同时,两军在人员培训、院校建设和军队建设经验交流等领域合作也取得积极进展。中方还结合老军实际和其军队发展要求,向其提供军事援助,主要用于购买武器装备、医疗设备、军训器材及院校建设、培训老军学员等方面。另外,两国边境管控合作进一步加强,双方在共同维护边境地区稳定、保护

湄公河流域安全秩序、保障地区人员和经贸往来安全方面成效显著。

（二）巩固老越"特殊关系"

老越两军高层同样互访频繁；两国每年都制定相关国防部合作计划，在该合作框架下，越每年均派多名军事专家赴老进行军事教育、战术技能等方面的援助培训，并向老提供军事技术装备和军事工程援建。如2015年6月30日，越国防部出资援建的老军第三师军事训练场第1、2期工程全部竣工并正式移交老方。该工程投资额约120亿越南盾（约合60万美元）。2015年8月26日，越军总参谋长杜伯巳上将率团访老，旨在就2014年和2015年上半年越老双边防务合作结果进行评估，双方就开展落实2015年下半年合作计划的方向和措施达成一致。

（三）扩大与俄印等国军事合作关系

俄罗斯已成为老挝购买新式防空武器等的合作对象，并将向老军提供军事培训，包括飞机和坦克操作、导弹制造、通信技术等专业。2016年初，俄罗斯国防工业股份公司在新加坡航空展上表示，老挝预计将采购20架雅克－130（Yak－130）型教练攻击机，该采购计划包括武器装备及零部件。老挝还希望俄方能提供整套的飞行员及飞机技术人员训练培训项目。此外，印度多次给老挝提供军事装备、物资以及技术援助，双方还在开展陆军培训、未爆炸物处理等方面合作。

（四）维系与其他东盟国家友好关系

老军与东盟各国军队通过参加会议、互访和互派学员等不断提升合作关系。2015年2月28日，老防长森暖·赛雅拉中将率团访问柬埔寨，双方总结回顾了两国国防部过去一段时期的合作成果，就下步合作计划进行磋商，并签署了两国国防部合作备忘录。5月20日，应老军邀请，泰国防部副部长兼陆军司令乌栋德·西达布上将率团访老，老方表示希望泰方能积极合作推进两国边界划定工作，推动两军间情报交流共享，以便维护国家安全，促进两国各地区间的沟通协调，确保边防和解决边境问题等工作顺利进行；泰方也表示希望强化两国在边防事务上的合作，加强情报交流共享，共同防范和打击一切形式的违法犯罪活动。8月18日，缅甸国防军副总司令访老，双方就加强外交、军事及在东盟中的关系、合作打击毒品、人口贩卖和解决边境纠纷等问题进行讨论，并针对两国信息、边境安全等交换意见。老挝更是有效借助其作为东盟轮值主席国的机会，主持召开东盟国家武装部队首脑非正式会议、东盟国防高官会、东盟防长会议等各重要会议，有利于进一步提升老挝国家和老挝军队在东盟和国际舞台上的影响力和作用。此外，老挝充分利用东盟这一平台，与东盟相关伙伴国展开交流，积极参加东盟与其伙伴国在国防安全领域合作框架如东盟防止扩大会议下的具体合作。

(五)接受日本主动合作邀请

对于日本的竭力拉拢,老方也作出回应。2015年3月老总理通邢·塔马冯访日并庆祝两国建交60周年,其间双方确认将在安全领域和反恐方面展开合作,通邢还表示支持日"积极和平主义"。

四、根据国内现实客观形势,着力应对三大重点问题

2015年以来,老军在维护国防安全方面的重要任务主要体现在以下方面。

(一)重点打击国内反武,取得一定成效

近一段时期老挝反武在老国内制造破坏活动更为频繁,老国内安全形势有所恶化。老反武分子气焰更为嚣张,频繁在老北部实施破坏活动,包括沿道路袭击行人车辆、对军事据点和哨所发动偷袭等,意图在老党"十大"、第八届国会和省级人民议会选举以及泼水节期间制造混乱,扰乱局势。其间,老军与反武多次发生小规模交火。如2016年5月6日,老军在万象省卡西县至琅勃拉邦省孟南县的公路上与反武发生交火,老军击毙8名反武分子,老军1人死亡。同时,还发生两起恶性袭击事件,引起国际社会高度关注。2016年3月1日,老琅勃拉邦省普昆县附近发生不明身份暴力分子持枪袭击事件,造成中国公民1死3伤;2016年3月23日,老万象省卡西县发生枪击过往车辆事件,1辆中国大巴及1辆老挝皮卡车被不明身份武装分子袭击,造成大巴内6名中国人受伤,皮卡内1名老挝人死亡。对此,老军相关部队采取一系列应对措施,包括保持高度戒备状态、实施严格安保等,对重要公路实行24小时不间断训练与警戒,并向相关村寨派驻不少于50人的兵力。从目前形势看,虽然反武还在进行零星活动,但国内安全形势总体可控。

(二)加强边境管控合作,成果较为显著

老军在自身能力有限情况下,不断加强与邻国的边防合作。如近期中、越、老、柬四国边防力量在边境保卫和管理过程中密切配合,采取了多种有效措施,维护了边境地区和平、友谊、稳定与发展;有效阻止和打击了跨国犯罪活动,尤其是边境毒品走私、人口买卖、商品走私和商业欺诈等。各方均希望进一步研究制定合作方式和措施,互帮互助,共同发展,为四国民众带来切实利益。

(三)全力保障各类大型会议和活动,确保全面安全

从目前看,在老国防武装力量的努力下,在老挝举办的各地区和国际会议均安全、圆满召开;老党"十大"和第八届国会选举也顺利进行,军方采取的安全措

施均起到了明显效果。

  总体来说，2015年以来，老挝人民军重视改善和提升国家防卫和国内维稳能力，注重政治理想信念教育、调整军队编制体制及改善官兵生活水平，军力有了一定提高，但由于军费预算有限，军队发展受限，进展仍较为缓慢。

参考文献

[1] 老挝人民报[EB/OL]. http://www.pasaxon.org.la，[2015-01-01 至 2015-12-31].

[2] 老挝人民军[EB/OL]. http://www.kongthap.org.la，[2015-01-01 至 2015-12-31].

第二部分

2015年度美国陆军兵种建设

美国陆军装甲兵建设述评

张晓忠 黄 昊 吴正昊

2015年2月6日,美国白宫发布新版《国家安全战略报告》,美参联会随即在7月发布了《国家军事战略》,要求陆军着眼战略驱动,"在一个高强度、变化快的安全环境下",加速向"全球快反、区域作战"的发展模式转型,以"适应世界的新变化,紧跟新兴威胁的发展",应对"反进入/区域拒止"和"混合冲突"。在新军事战略的指引下,美国陆军装甲兵建设继续向着打造一支"灵活、机动、多能、精干、高效"的陆军"核心作战力量"目标迈进,力求为联合作战提供一支强大的决定性地面突击力量。

一、以"2015陆军条令"为指导,完善兵种作战理论

2015年初,美国陆军参谋长雷蒙德·奥迪尔诺上将提出以技术创新为牵引的"2025年及未来陆军"现代化战略,与此同时,美国陆军按计划在2015年12月31日前完成了所有剩余陆军技术出版物(ATP)工作,共计299本,并将其草案版挂在"军事维基"网站上,宣告"2015陆军条令"体系构建基本完成。在"2015陆军条令"体系的指导下,美国陆军装甲兵根据不断变化的作战环境及使命要求,进一步从履行使命和职能的方式方法上健全完善本兵种的作战理论体系。

一是牵引联合作战能力生成。2015年,美军将"空海一体战"概念更换为"全球公域进入与机动联合概念",实质性提升和明确了含装甲兵在内整个陆军的地位和作用。"2015陆军条令"体系中ADP1《美国陆军》、ADP3-0《联合地面作战纲要》等理论,从顶层对美国陆军装甲兵在整个军事行动的范围内实施与其他作战力量进行联合作战能力提出更高的要求,加速推动装甲兵联合作战理论的发展。FM3-09.1《进攻作战》、FM3-09.2《防御作战》、FM3-96《重型旅战斗队作战》、FM3-97《斯特赖克旅战斗队作战》等一系列的野战条令,从技战术层面进一步明确规范了装甲兵履行作战职能的方式方法,牵引装甲兵联合作战能力的生成。随着"2015陆军条令"体系的构建和出版,这种进程还将继续深

入下去。

二是推进作战指挥方式转变。"2015陆军条令"体系通过ADP6-0《任务式指挥》进一步突出了"任务式指挥"的地位作用,把"任务式指挥"作为装甲兵遂行"联合地面作战"的基础和首要作战功能。FM6-0《任务指挥(作战过程)》要求装甲兵指挥员只下达作战任务,不限定完成任务的具体方式和过程,从过去偏重"精确控制式指挥"向"任务式指挥"转变,更加强调发挥装甲兵各级指挥员的主观能动性,以适应更加复杂的战场环境。

三是追求更广领域的行动自由。"合成部队机动"与"广域安全"作为陆军新的核心能力,对装甲兵履行使命职能提出了新的要求。作为陆军作战力量的主体,装甲兵在机动、火力、防护等方面具有较大的优势,能以"决定性行动"在地面作战中取得优势地位并彻底消灭敌人。加之,信息技术的广泛运用,特别是战术互联网的运用及态势信息的共享,将更有利于装甲兵部队分散部署,实施大范围机动,进行深远纵深攻击,充分发挥其优势。

二、以"瘦身强能"为目标,调整部队编制和部署

随着"超过十年"的战争结束,美军开始围绕着"美防务战略重点的调整方向"进行总体规划,着手新一轮改革,在大幅压缩地面力量的同时,重点发展海空力量,这意味着美国陆军规模与预算投入将进一步削减。在这一背景下,美国陆军装甲兵不得不从编制结构的设计及部署运用上做出重大调整,以期用较少的资源做更多的事情,快速成为"可负担的、敏捷的、有能力的、网络化的、可响应的、适应性强的,有能力处理未来复杂作战环境以及混合威胁条件下的任务需求"的作战力量。

一是裁减人员数量。2015年,美国陆军迫于财政压力提前2年完成第一阶段人员裁减方案,将现役兵力降至49万,2017年9月底将进一步减至45万,在这些被裁减的人员中,包括从欧洲裁撤的两个装甲旅战斗队的11 700名士兵,被裁撤的12个旅战斗队中的17 300人,以及8 300名所有旅战斗队中的其他可以裁减的人员(比如战斗支援单位等)。

二是削减部队规模。除已裁撤的驻欧洲美国第170装甲旅战斗队和第172装甲旅战斗队外,正在进行调整裁撤的装甲机械化部队包括:第1骑兵师第4装甲旅战斗队;第1装甲师第3装甲旅战斗队;第3步兵师第2装甲旅战斗队;第4步兵师第3装甲旅战斗队;第2步兵师第4"斯特赖克"旅战斗队。此轮裁减后,到2017年美国陆军作战旅将从45个减至33个,机动营从原来的98个降至95个,装甲机械化部队保持在役有12个装甲旅战斗队和7个"斯特赖克"旅战

斗队,共计57个机动营。但那些被裁减的作战旅并非连人带装备全部裁撤,而是大部分加强至保留下来的作战旅之中。此外,按编制调整计划,2017年以后美国陆军将进一步裁减装甲旅战斗队,增加1个"斯特赖克"旅战斗队,最终将装甲旅战斗队由2013年的15个压缩至9个,维持9个装甲旅战斗队和8个"斯特赖克"旅战斗队,共计51个机动营。

三是重组部队编制。根据"2020旅战斗队"的结构调整方案,尽管装甲机械化部队各旅战斗队总数受到了大幅裁减,但实际一线作战人员数量削减不多,多出来的士兵均补充到各个作战旅中,装甲旅人数大幅增加。就单个旅战斗队而言,无论在机动作战能力方面,还是在后勤保障、情报与侦察、作战支援等方面,其综合能力均得到了全面的提升。在过去模块化转型过程中遗留的问题也得到了基本解决,使部队在指挥控制方面更为流畅。

具体而言,装甲旅战斗队结构设计包括以下几个要点:(1)增加第3个合成营;(2)原旅特业营改编为旅工兵营,增加一个工兵连;(3)增强旅工兵营的电子战能力;(4)调整保障专业人员结构,包括在医务连增加行为健康顾问;(5)炮兵营在原有基础上增加一个炮兵连;(6)为每个机动连增强1~2个连情报支援小组;(7)保留27人的战术无人机排;(8)保留背部S-1人事组;(9)调整旅工兵营S-6后勤组;(10)勤务支援营增加1个合成前沿保障连,1个工兵前沿保障连。整个旅战斗队总编制人数最终调整为4708人(军官340人,技官44人,士兵4300人)。此外,在装甲旅战斗队侦察排标准化方面,将原来的3辆M3履带式侦察车、5辆悍马车,改为6辆M3履带式侦察车,每车6人(其中下车侦察人员3人),侦察排下设3个2车12人的分队。每个分队下辖的侦察人员6人编组为1个侦察班。"斯特赖克"旅战斗队结构设计要点主要有:(1)原旅特业营改编为旅工兵营,增加一个工兵连;(2)增编6个前沿保障连,同时大幅缩减野战维修连等的在编人数;(3)扩大炮兵营的在编人数。其总编制数最终调整为4481人。"斯特赖克"旅战斗队侦察徘标准方面,由4辆"斯特赖克"装甲车23人改为6辆36人,每车6人(其中下车侦察人员3人),侦察排下设3个2车12人的分队,每个分队下车侦察人员6人编组为1个侦察班。

四是调整装备部署。2015年,美国陆军为应对持续升级的乌克兰冲突,不断调整加强驻欧洲装甲机械化部队装备部署,新增一个装甲旅战斗队全套装备,其中除了最新型M1A2 SEP V2主战坦克和M2A3/M3A3"布雷德利"步兵战车外,还包括第3机动营、侦察分队以及其他分队承担战斗值班所需的所有装备。此外,美国驻欧陆军司令部还将于2016年底前完成在整个欧洲范围内(包括拉脱维亚、立陶宛、波兰、爱沙尼亚、罗马尼亚、保加利亚等国家)部署装甲旅战斗队,包括约 220 辆的"艾布拉姆斯"和"布雷德利",并在 2015 年 4 月在欧洲举行的"大西洋决心"军演向南拓展至罗马尼亚和保加利亚。

三、以"追求性能"为原则,提升装备现代化水平

2015 财年陆军预算比 2014 财年削减 1.11%,美国陆军装甲兵在装备建设方面为适应持续紧缩的财政状况,继续秉承经济、可持续发展模式,着眼"从寻求平台向寻求能力转变",着重研发、部署多样化、高效费比、可定制的装备,提升装甲装备现代化水平。

(一)推进主战装备硬件升级

美国陆军在装备预算不断压缩的情况下仍然强调要保持部队拥有适当的机动、防护、杀伤力以及信息力的能力组合。为达到这一目的,美国陆军于 2015 年 4 月公布了一份新的战车发展策略,重点对现有装甲装备改造与研发,以寻求更加优越的性能,并计划在今后 5 年,以"优先考虑对装备能力提升"为指导原则,继续升级 M1A2 主战坦克、"布雷德利"步兵战车和"斯特赖克"战车。

2016 财年美国陆军计划对"艾布拉姆斯"主战坦克进行多项改进,包括弹药数据链(以使该坦克能够发射新型智能 120 毫米坦克炮弹),低轮廓遥控武器站,以及 ECP1A 硬件,并将这些硬件在 2017 财年对坦克进行大修时安装在坦克上,坦克将被改进为 M1A2 SEP V3 型。此外,还计划为坦克实施 TIGER 发动机改进和传动装置升级计划,以提高可靠性和耐久性。

2015 年 10 月,美国陆军与 ATK 弹道武器方案公司合作,批准将 120 毫米滑膛炮的新型炮弹定型为 M829A4 型高级动能弹,用以取代之前的 M829A3 型坦克炮弹。该型坦克炮弹是美国陆军的第五代曳光尾翼稳定脱壳穿甲弹,使用贫铀弹芯,并集成了弹药数据链,装甲侵彻力大幅度增强,主要用于打击包括爆破反应装甲在内的各种类型装甲。

(二)研发新型多用途装甲车

一年一次的《2015 财年陆军装备计划》终止了包括地面战车计划(CGV)、有人地面车辆系统车型等项目,使得 2015 年装甲兵的装备平台新兴发展项目所剩无几,仅剩多用途装甲车(AMPV)项目。因此,美国陆军在 2015 财年投入 9 240 万美元,集中财力研发并引入多用途装甲车以取代老化的 M113 系列装甲输送车。

美国陆军 2015 年 1 月向国会提交一份关于多用途装甲车的报告,并与 BAE 系统公司签订了一份合同,计划为装甲旅配置 2 897 辆多用途装甲车,其中为每个装甲旅配置 5 种类型的多用途装甲车共 129 辆(包括 31 辆用于医疗后

送),占装甲旅战斗队战斗车辆构成的32%～33%,项目成本预计102.3亿美元。该多用途装甲车借鉴了"布雷德利"步兵战车和M109A7自行榴弹炮的设计经验,满足了陆军对防护性和全地形中机动性的需求,与现役"布雷德利"步兵战车通用率达80%,通用性好。

(三)装备机动通信"能力组件"

2015年2月,美国陆军宣布终止"增量3"系统项目,并将其相关技术转移到"增量2"系统的后续改进中。2015年6月8日,美国陆军宣布"增量2"系统将开始全面装备陆军各单位,平均每套费用266.7万美元,预计在2028财年完成。作为《2015财年陆军装备计划》陆军重点资助项目之一的WIN-T"增量2"系统具有高机动通信能力,并以军用和商用卫星以及视距内无线电台与天线构成系统的基础架构,实现端对端的联通性和动态网络行动。

根据"战术级作战人员信息网(WIN-T)"项目计划,"能力组件"将在近三年陆续装备给6个旅。2015年初,美国陆军对第2步兵师第2"斯特赖克"旅战斗队的42辆"关键领导"型装甲车辆(包括网络接入点车、士兵网络扩展车、战术通信节点、配有车载无线通信组件的指挥所平台车等)纳入"战术级作战人员信息网"(WIN-T),使其具备WIN-T"增量2"卫星通信能力,将部队情报、指挥与控制通信纳入同一网络,使其成为第3支安装美国陆军网络"能力组件"的"斯特赖克"旅战斗队,达到减少作战人员操作系统数量,提高传输效率的目的,进一步提高了旅战斗队的一体化联合作战能力。随后,还将在2016财年继续为其余3个"斯特赖克"旅战斗队(第25步兵师的1个"斯特赖克"旅战斗队、第2装甲骑兵团、宾夕法尼亚州陆军国民警卫队的第56"斯特赖克"旅战斗队)集成网络能力。

四、以"2020年陆军"建设规划为统揽,推进训练改革

依照"2020年陆军"建设规划,美国陆军战略转型的重点之一是进行训练变革。此次训练变革不仅是对训练概念、能力、人员、编成等的重组,而且提出了新构想、制定新目标、发展了新手段。以此为统揽,陆军装甲兵正在从训练策略、训练方式、训练手段、训练技术等方面进行改革。

一是积极调整训练策略。美国陆军强调,训练必须在平衡当前作战任务的同时着眼于应对未来挑战,必须最大限度地利用时间,按照标准进行训练,以加强部队的基本能力。美国陆军参谋长奥迪尔诺上将在2015年8月12日的新闻发布会上指出,美国陆军为保持实力,必须针对混合战争开展训练。装甲兵训练策略也随之进行调整:一是为完成决定性行动的具体任务和要求而训练。训练

必须着眼于随时待命的、特定的现代化陆战能力，以及在常规环境和混合性威胁环境中的机动能力与广域安全行动能力，以增强作战适应性。二是为在联合地面作战中有效进行任务指挥而训练。作战适应能力需要对任务指挥进行有效的理解，任务指挥不仅要体现在作战中，而且要体现在训练管理过程中，要把任务指挥贯穿训练全过程。整个2015年，美国陆军各训练中心对19个旅战斗队进行了轮训，并体现出训练策略的这些转变。

二是加强常驻地训练。近些年，由于外部威胁错综复杂、各种冲突持续不断，联合的、跨机构的、跨政府部门的、多国的军事行动任务繁重，美国陆军装甲兵部署的训练压力增大。加上现有的作战训练中心资源无法满足所有部队的训练需求，使得美国陆军装甲兵只能依靠加强常驻地训练来达到部队力量生成模式的要求，同时也为参加旅级作战训练中心轮训作战准备。装甲兵常驻地训练内容必须由反叛乱作战训练向着眼于决定性行动的和联合地面作战的训练转型，由多种训练方式混合向依托一体化训练环境训练转变。重点突出在决定性行动训练环境下的实弹训练、任务指挥训练和机动训练。此外，美国陆军计划，在2020年前，常驻地不但将有能力完成计划、准备、演练、执行等训练过程，还将拥有作战训练中心的部分职能，具备相当于作战训练中心中、高级水平的模拟仿真能力以及反馈与评估能力。

三是构建一体化训练环境。2015年，美国陆军按计划继续积极构建一体化训练环境。首先，在2016财年前完成构建用于旅以下部队在常驻地集体训练的一体化训练环境，并与作战训练、中心相链接。并计划在2016年完成12个常驻地由全谱作战训练能力向决定性行动训练能力的转变。其次，继续推进2015—2016财年构建院校、训练基地和中心的一体化训练环境计划。第三，组织谋划2016—2020年财年构建战区部署部队的一体化训练环境方案，并发展嵌入式训练能力。在此过程中，美国陆军装甲兵将满足部队生成模式各层次训练需要的训练保障系统陆续纳入一体化训练环境中，并根据需要持续升级，与变化的作战环境保持一致，并预计在2020年前全面在一体化训练环境架构内实施训练，为未来作战打造一支训练有素、装备精良的远征部队。

参考文献

[1] U.S. Department of the Army. Army Equipment Modernization Strategy [M]. 2015.
[2] The Association of the United States Army. Army (Green Book)[M]. 2015.

美国陆军野战炮兵建设述评

程 刚 庞 礴

2015年度,美国陆军野战炮兵一方面落实美国陆军2020年建设的各项需求,继续推进师炮兵和野战炮兵旅的编制调整工作,落实"2015条令战略"全面修订和更新条令,调整装备投资组合实现野战炮兵现代化;另一方面,为了与陆军2025年及之后部队的建设规划相一致,积极探讨未来火力部队的训练与教育问题,同时发布火力领导者培养战略,构建2025年火力部队领导者的培养体系。这些工作的最终目的,都是力求建立一支适应能力强、可调整杀伤力与效果、能够应对未来诸多挑战的野战炮兵部队。

一、召开火力研讨会,探讨未来火力部队的训练与教育

2015年5月4日至6日,美国陆军在西尔堡召开了2015年度火力研讨会,会议主题为"未来火力部队的训练与教育"。火力研讨会对于美国陆军野战炮兵而言,是每一年度的重大事件之一,它为美国陆军野战炮兵人员提供了一个交流思想和讨论未来发展道路的专业场所。本年度的火力研讨会更具活力,除了预先计划的活动和侧重于未来火力部队的训练与教育的讨论之外,会议举办方还为不能亲自到会的人员提供国防在线网络平台虚拟参与讨论。对于野战炮兵而言,本年度研讨会的主要议题包括以下三个方面。

一是野战炮兵的训练与领导者培养。师炮兵的重建除了改善对机动指挥官的支援之外,也使得野战炮兵能够更好地承担训练所有野战炮兵人员和火力支援关键科目的职责;野战炮兵旅的重组,不仅为军、联合特遣部队和联合部队地面组成部队指挥官提供了集成的野战炮兵能力,而且也为师运用联合和陆军火力提供了增强的能力。如何对师炮兵和野战炮兵旅进行训练和领导者培养,成为此次野战炮兵研讨会的重点议题所在。

二是战役级火力。美国陆军野战炮兵认为,建立和维持一个能够在最低级别上使用和整合联合、陆军和多国火力能力的火力支援系统是其职责所在。如何解决对战役级火力的这一需求,成为此次研讨会的议题之一。美国陆军野战

炮兵提出的建议是,将战役级火力作为指挥官作战筹划的一部分来实施,这样在一定程度上就不需要与下属机动作战单位的方案进行详细协调,指挥官即可对敌达成预期的效果。

三是岗位认证(unit certificaion)。随着师炮兵的重建,以及重新强调野战炮兵旅的作用,美国陆军野战炮兵在岗位认证计划方面遇到了一些问题。为了更好地支援机动作战指挥官实施合成兵种机动和广域安全任务,此次研讨会上野战炮兵专家们讨论了如何实施岗位认证的经验教训。借助此次研讨会,野战炮兵中心还与到会人员共享了其在西尔堡辅助实施训练和认证过程中所做的工作,并期望就如何更好地支援火力编队得到野战部队的反馈信息。

此外,在此次研讨会上,美国陆军野战炮兵还就野战炮兵部队的状况、面临的挑战、应对这些挑战的方法以及在所有编队中共享经验进行了专业的交流与讨论。

二、发布火力领导者培养战略,培养野战炮兵领导人员

为了与陆军参谋长的工作重点保持一致,火力卓越中心于2015年6月发布了《火力领导者培养战略》,目的是将火力领导者培养与陆军2025作战概念和陆军领导者培养战略相结合,指导2025年火力领导者整个职业生涯的教育、训练和经历。陆军2025作战概念对野战部队提出了20项陆军作战挑战,其中有9项挑战明确地影响到火力领导者。火力领导者培养战略将陆军作战挑战与预期的当前和未来2025年火力作战职能领导者技能连接起来。

一是远景。即培养头脑灵活、有适应能力、有职业道德的火力领导者,并具备如下能力:确定目标;防空规划;投射火力;协同陆军、联合和多国火力并将其与机动方案相整合;产生效果;在复杂和危险的世界中做出决策。

二是任务。即训练和教育有能力和有职业道德的火力领导者,激励其在整个职业生涯都献身陆军职业。逐步拓展并培养领导者们掌握预期能力,以领导火力部队、陆军、联合或多国组织。

三是内容。2025年火力领导者培养的主要内容包括4个方面:精通本兵种的核心技能;汇聚火力领导者技能;拓展经验与经历;提高人员工作效率和培养献身陆军职业的精神。第一,由于十年战争期间作战环境对陆军部队履行反恐和维稳任务的优先需求,使得野战炮兵的核心技能衰退。因此,尽管作战环境的持久挑战依然存在,但火力领导者培养战略却突出强调了培养和维持兵种核心技能的必要性,并且提供了一个能力框架以帮助火力指挥官和领导者们在整个职业生涯中不断提升火力领导者技能。第二,技术的进步和未来的作战环境,推

动 2025 年的防空炮兵和野战炮兵领导者必须以火力作战职能为中心汇聚各种技能,即首先培养火力领导者们精通营以下级别的兵种核心技能,为火力领导者逐步提升到更高级别领导层奠定基础。第三,逐步提升的过程中火力领导者将经过全面受训并完全掌握火力作战职能核心技能,拓展其在各种组织内进行射击任务指挥的经验,既包括从营至战场协调分遣队、陆军、空军和导弹防御司令部等,也包括在野战炮兵和防空炮兵旅和旅以上单位之间的交叉兵种任职经历。第四,这些火力领导者将通过想定方案驱动复杂训练环境,为火力部队设定条件、建立标准并进行指导,目的是提高人员工作效率和激励献身陆军职业。

三、调整编制,继续推进师炮兵和野战炮兵旅的重建工作

2014 年 4 月 9 日,美国陆军部队司令部颁布命令,正式实施火力部队设计更新方案,目标是在 2016 财年第一季度前,将美国陆军全部现役部队火力旅重组为 4 个野战炮兵旅和 10 个师炮兵,以重点增强师及师以上指挥机构的火力支援协调能力。

一是继续推进师炮兵的重建工作。2014 年,美国陆军完成了 7 个师炮兵的重建,分别是第 1 骑兵师师炮兵、第 1 装甲师师炮兵、第 82 空降师师炮兵、第 101 空中突击师师炮兵第 3 机步师师炮兵、第 2 步兵师师炮兵和第 25 步兵师师炮兵。在此基础上,2015 年美国陆军继续推进师炮兵的重建工作,8 月 16 日,将第 41 火力旅重组为第 1 骑兵师师炮兵,10 月 16 日,重建了第 4 机步师师炮兵、第 1 步兵师师炮兵和第 10 山地师师炮兵。重建的师炮兵司令部成为所在师的火力司令部,师炮兵司令将担任师火力支援协调官。师炮兵的重建工作分为两个阶段,第一阶段工作是重建师炮兵司令部,在各师炮兵司令部具备全面作战能力之后,还将启动第二阶段工作,即将旅战斗队所属的野战炮兵营配属给各自的师炮兵。

二是继续推进野战炮兵旅的重组工作。2014 年,美国陆军完成 2 个野战炮兵旅的重组工作,即将第 75 火力旅重组为第 75 野战炮兵旅(隶属于第 3 军),将第 18 火力旅重组为第 18 野战炮兵旅(隶属于第 18 空降军)。在此基础上,2015 年,美国陆军继续推进另外 1 支野战炮兵旅的重组工作,4 月 16 日完成了第 17 火力旅重组为第 17 野战炮兵旅的工作,该旅将隶属于第 1 军,接受其全面的行政领导。重组后的野战炮兵旅成为军的火力司令部,旅长将担任军火力支援协调官。

四、全面更新条令,为野战炮兵作战和训练提供理论依据

美国陆军野战炮兵在实施"2015 条令战略"的同时,由于师炮兵的重建和野

战炮兵旅的重组,为了将其相应地纳入火力条令体系内,随即启动了相关条令的全面更新和修订工作,以便为野战炮兵作战和训练提供理论依据。2015年修订完成正式颁布的条令有如下5本。

一是于2015年7月7日颁布的ATP 3-09.50《野战炮兵身管炮兵连》。该技术出版物取代了1996年12月颁布的野战条令FM6-50《野战炮兵身管炮兵连》,其内容包括12章和6个附录,为负责指挥身管炮兵连履行职能或任务的指挥官和领导者们提供理论指导,同时也可作为制订机构和部队训练计划、制订身管炮兵连战术标准作业程序的权威参考资料。该技术出版物尽可能采用联合术语,新增和修订了一些术语,与现有的条令相结合,对野战条令FM3-09.21《野战炮兵营的战术、技术和作业程序》和FM3-09《火力支援》中所阐述的理论和战术与技术进行了补充。

二是于2015年7月24日颁布的ATP 3-09.12《野战炮兵目标侦察》。该技术出版物取代了2002年6月颁布的野战条令FM3-09.12《野战炮兵目标侦察的战术、技术和作业程序》,其内容包括7章和7个附录,是对原条令的彻底修订,不仅更新了理论与技术方法,删除了过时的信息,而且纳入了新装备(如AN/TPQ-50和AN/TPQ-53雷达)的技术方法,并介绍了师炮兵和野战炮兵旅的新陆军结构。该技术出版物的主要用户为机动指挥官和参谋人员、野战炮兵指挥官和参谋人员以及目标侦察人员,能够为计划、协调和使用野战炮兵目标侦察力量提供所需的方法与指南。

三是于2015年7月24日颁布的ATP 3-09.13《战场协调分遣队》。该技术出版物取代了2010年7月颁布的陆军战术、技术和作业程序ATTP 3-09.13《战场协调分遣队》,其内容包括3章和5个附录,阐述了战场协调分遣队的任务与职能、编制与职责以及作业程序,同时在附录中增加了地面联络分遣队和侦察联络分遣队的相关内容。

四是于2015年9月24日颁布的ATP 3-09.23《野战炮兵身管炮兵营》。该技术出版物取代了2001年3月颁布的野战条令FM3-09.21《野战炮兵营的战术、技术和作业程序》,其内容包括7章和2个附录,为野战炮兵身管炮兵营指挥官和参谋人员提供了支援机动作战指挥官的技术方法。

五是于2015年9月25日颁布的ATP 3-09.70《"帕拉丁"榴弹炮的作战》。该技术出版物取代了2000年8月颁布的野战条令FM3-09.70《"帕拉丁"榴弹炮作战的战术、技术和作业程序》,其内容包括8章和2个附录,为"帕拉丁"榴弹炮分队和参谋人员提供了有关当前和未来作战理论的技术方法,明确了关键人员的职责,阐述了"帕拉丁"榴弹炮作战和训练的理论与方法。

五、调整精确火力投资组合,努力实现装备现代化

2015年,由于经费缩减,美国陆军野战炮兵不得不对精确火力的投资组合进行调整,主要是大幅减少了制导多管火箭弹的采购数量;开始实施陆军战术导弹系统的使用寿命延长计划,以便在开发和采购陆军远程精确火力解决方案之前弥补差距;但对牵引火炮和火力支援传感器的现代化及改进工作的投入却有所增加。

美国陆军野战炮兵2015年装备现代化的经费投入为14.4亿美元,主要分为5个方面:3.65亿美元用于采购武器平台和履带式战斗车辆;2.63亿美元用于研究、开发、试验与评估;3.59亿美元用于其他器材装备采购;1亿美元用于采购弹药;3.57亿美元用于陆军导弹采购。这些经费投资组合包括雷达、身管火炮、火箭发射装置、弹药和自动化软件等。

一是传感器方面。为了满足美国陆军使用精确弹药时提升精度的直接需求,2015年美国陆军野战炮兵在传感器方面的投资主要包括:继续研发和采购改进型轻型激光指示测距仪(LLDR-2H);研究、发展、试验和鉴定联合效果目标定位系统(JETS),并采购该系统以增强徒步火力观察员的目标定位能力;采购36套AN/TPQ-50轻型反迫击炮雷达(LCMR)系统;继续采购AN/TPQ-53雷达系统,以逐步取代AN/TPQ-36/37雷达。

二是武器平台方面。2015年,美国陆军野战炮兵在武器平台方面的投资主要包括:为M119A3式105毫米牵引榴弹炮采购经重新设计的驻退系统、改良的动力系统、训练设备以及耐用性方面的其他改进;继续采购M270多管火箭系统(MLRS)的改进型装甲驾驶舱(IAC),完成M142"海玛斯"高机动性野战炮兵火箭系统(HIMARS)增强型指控软件的安装;为M109A6"帕拉丁"自行榴弹炮采购"帕拉丁"火控系统改进套件;为M777A2榴弹炮采购硬件和训练产品,并将其与改进的数字化火控系统部件相结合,继续为该炮加装已订购的工程改变建议部件;采购18门小批量生产的"帕拉丁"综合管理项目炮,首门火炮已于2015年3月交付,并为该炮的生产资格检验(PQT)、初始作战试验与鉴定(IOT&E)以及全面实弹检验提供资金。

三是弹药方面。2015年,美国陆军野战炮兵在弹药方面的投资主要包括:为155毫米非精确弹药研发和采购精确制导组件(PGK)引信,以提供近精确的作战能力;开始全速生产制导多管火箭发射系统(GMLRS)备用弹头(AW),用以取代双用途改进性常规弹(DPICM),并开始对即将过期的制导多管火箭发射系统单一导弹进行改进,以获得更多的备用弹头型号;对140枚过期的陆军战术

导弹实施使用寿命延长和改进,将其改为包含炸高引信的单一战斗部导弹,以便更好地打击远程面积目标;继续研发低成本远程精确集束弹药,取代陆军战术导弹。

参考文献

［1］U.S. Department of the Army. The Army Vision 2015‐2025:Strategic Advantage in a Complex World［M］. July,2015.

［2］Brigadier General William Turner. Field Artillery 2016,Beyond［J］. Fir,Jan.‐Feb. 2016:12‐17.

［3］H.Q. U.S.Department of the Army. Fires［EB/OL］. http://sill‐www.army.mil/Firesbulletin/May‐Jun,Jul.‐Aug, Sep.‐Oct,Nov‐Dec. 2015.

［4］H.Q. U.S. Department of the Army. Army Equipment Program in support of President's Budget 2016［EB/OL］. http://www.g8.army.mil.

［5］U.S. Army Training and Doctrine Command. The U.S. Army Operating Concept:Win in a Complex World 2020‐2040［M］. 2014.

美国陆军防空炮兵建设述评

杨占全　陆　宁　姚　澜

2015年度,为应对未来新的威胁与挑战,美国陆军防空炮兵在2014年系统评估和调整军事战略的基础上,重新总结阿富汗和伊拉克两场战争的经验教训,掀起新一轮改革,在"2020年联合部队"建设框架下,对陆军防空炮兵的地位作用、规模结构、指挥方式等方面都做出了进一步调整。

一、加速向"全球范围响应的、包含各地区的、能够实现跨军种快速联合行动的军队"转变

作为美国陆军的兵种,防空炮兵部队目前正在为它历史上最大的一次转型创造条件以满足《2025年及以后力量》的需要。一体化防空作战指挥系统(integrated air defense battle command system,IBCS)的出现将使防空系统变得更加高效,并全部实现模块化,尤其是历史性地部署在高度集中模式下的武器系统,能迫使对手进入多种困境,同时能全面维护跨军种联合作战的自主性。一体化防空作战指挥系统将便于指挥官进行组织、使用传感器和武器以达成多样任务、环境及作战规则的要求。美军认为,这项技术将直接影响到防空炮兵如何应对"陆军作战面临的挑战"。

(一)在人才建设上强调培养"能解决复杂问题能力的机敏型指挥官"

美国陆军非常强调先进技术对防空炮兵建设的突出作用,同时又认为仅靠先进技术本身并不能打赢未来战争。2015年防空炮兵在人才培养上,瞄准"能解决复杂问题能力的机敏型指挥官"这一目标,实施全新的教学与训练方法。时任第30防空炮兵旅旅长克里斯托弗·斯皮尔曼指出:"防空炮兵改革所面临的最大挑战是指挥官的调整发展。"为了达到这一目标,美国陆军防空炮兵学校和第30防空炮兵旅需要全新的教学与训练方法,指挥官的调整发展贯穿防空炮兵改革过程的始终。这一制度上的转型从2015年11月的防空炮兵上尉职业课程(air defense artillery captains career course,ADCCC)开始,提出"陆军作战面临的挑战",利用科学技术,由任务型教学转变为成果型教学。这些努力使防空

炮兵分队改革成为可能,通过培养可信的专业人员成长为机敏、适合的指挥官,使之具备防空反导战斗的能力。通过培养优秀的指挥官,使防空炮兵的训练能以作战需求为牵引,力求做到打什么仗,部队就怎么训;在什么地方打仗,就以什么地方为背景做训练场;部队新装备什么,就训练使用什么武器;在注重高科技的同时不忘传统作业培训;适应信息时代特点,调整教学方法。美军认为,指挥官的培养和发展是防空炮兵部队改革中最重要的一方面。防空炮兵学校正逐步启用陆军领导者培养战略,它与陆军人维度战略(army human dimension strategy,HD)相关。陆军人维度策略是用于培养士兵和指挥官们在未来环境及复杂、充满进攻性的环境中生存和高效作战的能力。未来的防空反导威胁环境将与指挥官们面对的环境同样复杂。为适应这样的新环境,使指挥官能够在复杂条件下思考更迅速、决策更明智,美国陆军在防空炮兵初级指挥课程和上尉职业课程上都做了调整。对于准尉,还有基本课程和高级课程,使其得到技术性的训练。

（二）持续强化培养职能满足部队需求

位于西尔堡火力卓越中心的防空炮兵学校继续升级和提高训练及领导教学来满足2015陆军学习模式(army learning model,ALM)的指导意见和不断变化的部队需求。第30防空炮兵旅继续担任防空炮兵学校的训练旅,现任旅长是詹姆士·帕特里克·佩恩上校,下辖第1-56防空炮兵营、第2-6防空炮兵营、第3-6防空炮兵营等3个营,其中,第1-56营仅负责军官训练,训练对象包括现役和预备役分队中尉、上尉军官和陆军防空炮兵营、旅级指挥官,相应的培训课程包括初级军官领导课程、上尉职业课程和预任营、旅长课程;第2-6防空炮兵营主训兵器包括C-RAM(反火箭、火炮、迫击炮)武器系统、"哨兵"防空雷达以及"毒刺"和"复仇者"导弹;第3-6防空炮兵营主训兵器为"爱国者"导弹和末段高空区域防御(音译为"萨德")系统。第30防空炮兵旅融合了防空炮兵学校的数个项目,这几个项目重点解决2015陆军学习模式提出的21世纪军人能力、以学员为中心、混合学习和熟练的协调者等问题。防空炮兵办公室与陆军负责情报的副参谋长、美国陆军部队司令部、美国陆军航天与导弹防御司令部、美国陆军航空与导弹司令部以及人力资源司令部一起实施了防空炮兵职业管理认证。该旅还引进了2015陆军学习概念的几个方案：修订和完善一些课程来整合21世纪军人的能力,如批判思维能力和解决问题能力、协作和团队精神、技战术能力等。

（三）着眼防空反导战斗力提高,持续调整防空炮兵部队结构

美军认为,编制体制调整改革的根本原因是为适应作战任务和作战理论建

设的需求。2015年,美国陆军持续将相关的火力单位、支援单位按照功能进行整合。空中与导弹防御营完全取代师属防空炮兵营。空中与导弹防御营的模块化混合编制已完成,每个营下辖4个"爱国者"导弹连和1个扩编的"复仇者"导弹连,拥有近程防空和中程防空的能力。"复仇者"导弹系统被"陆射型先进中程空空导弹"所取代。同时,在编制上增设防空空域管理小组。旅战斗队的旅部及其以上各师部/军部都增设了一个防空空域管理小组。防空空域管理小组为旅战斗队提供全方位的空中感知能力,可让旅战斗队即时感知来自敌方的空中威胁,并能确定己方部署的航空资源。在防空反导领域内,防空空域管理小组捕捉到目标后,除了向旅战斗队预警外,还可把目标提供给其他兄弟部队。另外,2014年组建的爱国者导弹测试营开始服役,按照陆军兵力生成模式(army force generation,ARFORGEN),逐步开展战备训练。新增列了第8末端高空区域防御连,一支作战测试分队和一个陆军国民警卫队防空旅。间瞄火力防护能力(indirect force protection capability,IFPC)/"复仇者"导弹混合营入编工作进展情况良好。同时列编第16"爱国者"导弹营,这是为总体陆军分析(total army analysis)过程而准备的一支有待补充的力量。此外,美军已经开始设计复仇者防空系统及陆基密集阵武器系统的替代者。此项目名为"间接火力防护能力",将于2020财年启动。它将明显提高美国陆军防空炮兵打击巡航导弹及无人机系统(unmanned aircraft system,UAS)的能力。

二、加强末端防御建设,积极应对新型空袭力量挑战

美军认为,末端防御体系是一体化防空反导系统的有机组成部分,是最后一道"安全屏障"。随着精确制导武器和无人机技术发展及大量运用,空中威胁由单一威胁变成多元威胁,被保护对象多样化;导弹命中精度的提高,机动变轨、集束弹头或分导式多弹头等技术的发展,以及高机动导弹、高超音速巡航导弹(5～6马赫以上)等空袭武器的投入使用,还将对末端防御武器系统提出更严峻的挑战。因此,美国陆军防空炮兵在2015年的末端防御系统建设中,重点在以下几个方面进行了强化。

(一)突破传统理念,持续升级C-RAM系统

美军C-RAM在作战理念上则强调"攻防兼备"。所谓"攻"就是攻击敌方的火炮,所谓"防"就是拦截来袭的炮弹。有了拦截来袭炮弹的能力就可以做到在"保存自己"的前提下"打击敌人",美军C-RAM作战体现以防空炮兵为主、兵种协同的特色。过去,由于反火力作战任务一直由野战炮兵承担,所以反火力作战分队也理所当然地属于野战炮兵的建制单位。而C-RAM属于防空炮兵

的建制,可以说 C-RAM 开辟了一个新的防空职能领域。在 C-RAM 已经投入阿富汗作战的大约 18 个月里,数以百计的间瞄火力袭击发生在由 C-RAM 部队保卫的基地附近。随着贯穿 2015 年对整个 C-RAM 体系更多的升级计划,该系统的拦截率已大幅度提升。为了满足战场急需,美国陆军采用分阶段螺旋式发展的方法,即首先利用现成装备与技术研制过渡型系统供部队使用,然后根据使用情况逐步改进,同时针对部队的长远需要发展新型 C-RAM 系统。2015 年美国陆军防空炮兵学校重点对 C-RAM 拦截系统进行了选型,并且集中研究了对新型 C-RAM 中期系统的需求论证。此外,还负责 C-RAM 近期系统的使用条令、编制、训练、装备及人员配备等问题的论证。

(二)末端高空区域防御部队不断壮大

美军认为,未来的作战环境持续挑战陆军防空炮兵部队,弹道导弹和巡航导弹、大口径火箭弹和无人机系统技术正越来越多被潜在对手使用;在过去的 30 多年里,空中威胁从主要旋翼和固定翼飞机转化为弹道导弹。特别是,2015 年 4 月,一架小型旋翼机在美国国会着陆说明了这类相对技术较低的系统也能构成一定的威胁。联合部队将继续依靠防空炮兵来对抗这种威胁。美军认为,导弹、火炮和无人机也对联合部队进入作战区域的能力构成显著的挑战,但防空炮兵部队有助于为联合部队与联军应对上述威胁。因此,美国陆军防空炮兵部队必须继续扩大与伙伴国在所有作战司令部责任区(areas of responsibility,AOR)内实施综合训练和作战。2015 年,在 9 个国家部署了美国陆军防空炮兵部队,跨 4 个作战司令部责任区,在美国本土有将近一半的"爱国者"导弹部队。即使是"爱国者"导弹部署到前方位置,末端高空区域防御部队也在不断壮大,美国陆军计划到 2017 年底共装备 7 个末端高空区域防御系统连,计划到 2016 年终形成全面作战能力。陆军防空炮兵部队也支持部署和前驻移动式雷达"监控-2"和联合战术地面站力量。2015 年以后,美国陆军第 32 防空和导弹防御司令部(Army's Air and Missile Defense Command)将在 4 个不同的作战司令部责任区,支援超过 15 场联合演习和多国演习。

(三)计划发展战术激光武器和电磁导轨炮以应对导弹威胁

2015 财年美国陆军高能激光机动演示系统(high energy laser mobile demonstrator,HELMD)进行了多轮演示验证。试验中,美军激光武器系统成功拦截 3 千米外的多架无人机。另外,洛克希德·马丁公司还自筹资金研发区域防御反弹药(area defense anti-muitions,ADAM)激光武器系统。2015 年 11 月,美国导弹防御局和战略能力办公室为美国众议院军事委员会战略部队分委会提交了一份报告,旨在评估电磁导轨炮能否成为经济可承受的导弹防御武器系统的备选方案。为此,国防部办公室战略能力办公室已将陆基导轨炮作为战略能力专项列入预算,2015财年投资1.02亿美元用于研发陆基导轨炮。在2015年美国陆军协会年会上,通用原子公司推出了自筹资金研发的陆基型"闪电"电磁导轨炮,并称具备反炮弹、防空及近程弹道导弹防御能力。这些都为防空炮兵发展陆基末端防御建设开拓了新的方向。

三、根据不同作战需求,丰富和完善作战理论

美国陆军认为,以单个武器平台为中心的作战行动已经严重影响了防空体系作战效能的发挥,不能进行有效抗击,必须以信息网络为中心,才能做出有效反应。基于此,美国陆军在2015年持续推动防空炮兵作战理论新发展,主要体现在以下几个方面。

(一)以陆军条令牵引防空炮兵部队建设

为应对未来作战环境,适应陆军转型的需求,美国陆军防空炮兵以陆军"2015条令"体系中提出的"以作战适应能力"和"基于条令建设陆军"为牵引,强力推进防空炮兵改革建设。如,进一步深化防空炮兵传感器和作战指挥系统与联合分布式网络的集成,继续完善通用的三维作战空情图,提高防空炮兵将对联合空域的态势感知和态势理解能力;另外为应对"反进入"和"区域拒止"等威胁,防空炮兵的重点任务要向打赢高端战争转变,提出了"联合地面作战"核心概念,引领防空炮兵从"全谱行动"转向重点遂行"联合地面作战"。

(二)发展网络化作战理论以适应多元化战争

美国陆军防空炮兵认为,未来作战将由以武器平台为中心的作战方式转变为以信息网络为中心的作战方式,由此推动防空炮兵网络化作战训练理论的发展和完善。2015年度,美国陆军防空炮兵通过多次演习和训练改革,将侦察探测系统、通信联络系统、指挥控制系统和武器系统组成了一个信息网络体系。各级作战人员利用该网络体系了解战场态势、交流作战信息、指挥与实施作战行动。由此可以看出,美军的防空反导作战采用自下而上的指挥机制,利用陆海空天地一体化的侦察预警网络获得战场空间态势图,作战人员根据战场态势和目标性质进行统一筹划,使用指挥控制网指挥武器平台,对敌方来袭的飞机或导弹等目标进行打击。

(三)拓展防空反导作战空间

美国陆军赋予防空炮兵的新任务不仅是应对传统作战空间的直升机和固定翼飞机、弹道导弹、巡航导弹的攻击,还有来自电磁空间及恐怖主义运用网络空间的攻击。因此在作战理论建设上,为适应作战空间的拓展,美军防空炮兵已开

始构建新的网电防空反导作战理论。美军确信,网电力量已成为防空反导领域作战能力的增长点,网电作战已不仅是防空反导火力拦截的补充,而且能够完成一些火力拦截难以完成的任务,为防空反导的软硬结合、多能聚效、合力制胜提供手段支撑。美国将网络电磁空间视为新型战略空间,相继组建网络电磁空间作战部队,网电装备成为威慑和实战兼备的新"撒手锏"。网络电磁空间攻击技术发展迅速,将逐步应用于防空反导领域。

参考文献

[1] U.S. Department of the Army. The Army Vision 2015-2025:Strategic Advantage in a Complex World [M]. 2015.
[2] David Burge. Air defense capabilities unified under new battle system [J]. Fires, 2015(11-12).
[3] CPT Kelly J. Langan. The post-OEF future of C-RAM [J]. Fires, 2015(7-8).
[4] CPT Jason Roberts. Transforming Education and Training to Win in a complex World [J]. Fires, 2015(9-10).
[5] COL. Clen Coward. Air missile threats continue to evolve [J]. Fires, 2015(11-12).
[6] U.S. Army Training and Doctrine Command. The U.S. Army Operating Concept:Win in a Complex World 2020-2040[M]. 2014.

美国陆军化学兵建设述评

刘志亮　王永红　冯长启

自2001年911事件以来,美国陆军重心在反暴动(counterinsurgency)作战,化生放核训练和准备(readiness)有所弱化。当前,美国陆军要求化学兵"重启"陆军的化生放核预备和准备。美国陆军化学兵认为,化生放核官兵有义务、有责任协助陆军士兵与分队重返更高水平的化生放核准备。2015年,美国陆军化学兵围绕重建陆军化生放核准备这一中心使命进行了有针对性的建设。

一、实施《化生放核部队编制更新》,优化化生放核部队编成

为适应陆军转型需求,美国陆军化学兵制定了《化生放核部队编制更新》,并于2014年10月8日获得了美国陆军第一副参谋长的批准。《化生放核部队编制更新》主要有三大举措:一是在陆军所有三大类型部队(现役部队、陆军国民警卫队、陆军后备队,但是战略预备资源除外)中建立标准化作战型化生放核营;二是重组现有的45个机动保障化生放核连(陆军每种类型部队均有15个),形成多功能危害响应连;三是在战略预备资源中保留部分大范围生物一体化探测系统和重型洗消能力。2015年,美国陆军化学兵发展了与之配套的条令、编制、训练、装备、领导力与教育、人事、设施(DOTMLPF)以及政策落实计划。

2015年10月1日,美国陆军化学兵正式开始实施《化生放核部队编制更新》,建立标准化化生放核营(参见图1)。美军认为,《化生放核部队编制更新》的需求之一便是提升化生放核部队的任务式指挥能力。这一能力增长是基于全球部队管理的需要,当前体现为营司令部对大规模杀伤性武器清除与后果管理行动的保障能力。任务的复杂性要求增加技战术专业知识,以便更加充分地向机动指挥官提出在动态作战环境下部署化生放核部队方面的意见和建议。这主要通过在条令中改变指挥层级来实现,这涉及化生放核部队编成。传统上,在潜在大规模杀伤性武器威胁或化生放核危害存在的环境下作战时,通常由化生放核连(机动型)对师一级部队进行保障。化生放核连(机动型)能提供徒步侦察保障,能在师作战地域提供战役级和全域级洗消,但严重缺乏保障计划和战斗管理

方面的参谋能力。尽管之前这些职能可由师化生放核参谋履行,但是师司令部参谋缩编已经导致参谋人手紧缺,影响了实施持续作战的能力。为缓解这一问题,《化生放核部队规划更新》在条令上建立了化生放核营司令部与陆军师之间的关系。在此规划下,已部署 2~6 个保障型化生放核连的师在化生放核威胁环境下作战时还可部署一个化生放核营实施保障。这一改变要求向师长和参谋提供化生放核部队战场部署咨询的人员具备技术专业知识和指挥经历。除了提升化生放核部队的任务式指挥能力,《化生放核部队规划更新》还将提升其保障当前任务和未来装备系统的维持能力。在规划中,为营后勤官(S-4)额外编了一个装配有两套货盘装载系统的配给分队,以保障徒步侦察设备工具的携运行,提供更大容积的再供给能力。

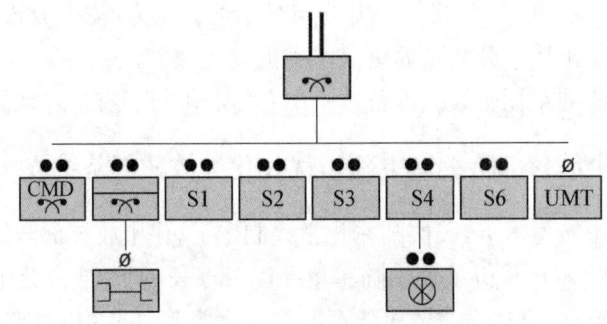

图 1　美军标准化化生放核营编成示意图

在建立部署完标准化化生放核营之后,美国陆军化学兵将于 2016 年逐步重组建立多功能危害响应连,其中,2016 年 4 月前完成现役陆军机动保障连向危害响应连的转换,2016 年 10 月前完成预备役陆军机动保障连的转换。这些多功能危害响应连具备车载和徒步有毒有害物质侦察、识别与评估能力,还可以实施人员与装备洗消行动。

二、遂行多样化任务,彰显化学兵价值

2015 年,美国陆军化学兵在全球范围内参加执行了多项任务,很好地体现了自身价值。

一是第 48 化生放核旅作为任务式指挥单元直接指挥了应对利比里亚埃博拉疫情行动。2015 年 3 月,第 48 化生放核旅进驻利比里亚,替换陆军第 101 空降师,担任联合部队司令部。该旅支援美国国际开发署,主要任务是监视埃博拉病毒疫情的发展态势,评估在疫情控制中还需其他国防部门提供哪些援助。随着 5 月 9 日利比里亚官方宣布疫情结束,6 月 4 日,该旅结束任务返回国内。美

军认为,在控制埃博拉疫情中,该旅发挥了重要作用。美军化学兵界认为,这一行动足以使国防部决策层和陆军高级领导相信,化生放核旅具备领导联合特遣部队的能力。

二是持续参加战斗训练中心轮训。2015年9月25日至10月8日,第20化生放核爆司令部第71爆炸物处置团第84爆炸物处置营作为化生放核爆特遣部队代表化学兵参加了网络一体化评估16.1(NIE 16.1)大型演练,主要在陆军评估期间保障第1装甲师。网络一体化评估16.1(NIE 16.1)是陆军战斗评价(AWA)大规模演练于2017财年正式实施前最后一次概念验证。第20化生放核爆司令部司令表示,这一任务为在模拟战斗环境中检验化学兵技战术水平提供了实践机会。另外,2015年9月22日,第20化生放核爆保障司令部派员组成全危害化生放核爆连参加了在加利福尼亚欧文堡举行了15-10号国家训练中心轮训,主要保障第4步兵师第1斯特赖克旅战斗队的作战行动。在训练期间,全危害化生放核爆连首先集中火力对目标洞穴实施联合攻击,这在化生放核爆特遣部队国家训练中心轮训历史上尚属首次。占领目标洞穴后,清除洞穴中的危害,移除放射性散布装置(RDD)以及所有其他重要的文件与化学品用于后续分析。美国陆军化学兵高官认为,化生放核爆想定已经普遍存在于美国本土及海外的战斗训练中心,这是因为陆军将训练中心重新聚焦到全维作战,其中就包括如何在化生放核环境中作战与保存实力。为更好地使化生放核学员做好任命准备,美国陆军化学兵制定了一项计划,该计划为最近刚从化生放核基础军官领导课程毕业的尉官提供机会去观察战斗训练中心的轮训,重点观察旅级作战决策行动和任务准备演练。

三是执行各种安保任务。2015年9月,在联合国会员大会及教皇访问美国期间,第20化生放核爆司令部受命出动了136批次爆炸物处置分队分别在纽约、费城和华盛顿3个不同城市执行了安保任务。据美国陆军化学兵高官称,2016年美国陆军化学兵的安保任务更加繁重,巴西奥运会、国家安全峰会、美国大选等都需要美国陆军化学兵执行安保任务。据统计,第20化生放核爆司令部在2015年共完成超过1 700次爆炸物处置应急响应任务和超过500次VIPPSA任务。在重大活动中频繁执行安保任务,体现了美国陆军化学兵在反核生化恐怖与核生化安全领域的重要性。

此外,美国陆军化学兵还参与了其他行动,不断彰显自身价值。比如,2015年8月,美国陆军化学兵被部署到韩国境内离三八线几百米处执行任务,11月,美国陆军化学兵技术人员被派往科威特执行专业技术分析实验任务。

三、举办化学兵高级军官研讨会,关注化学兵未来发展

自从 2001 年全球反恐战争的开展,美国陆军非化生放核专业士兵的化生放核技术能力已经大大弱化。而随着美国多次战争的实践,大部分战斗单元又重新开始重视化生放核训练。因此,化学兵在短期内做好陆军化生放核准备方面面临严峻的挑战。在此背景下,2015 年 6 月 24 日至 25 日,在化生放核部队周活动期间,美国陆军化学兵高层领导在伦纳德伍德基地聚集一堂,举办了主题为"我们如何保障战斗"的研讨会。这些高层领导来自世界各地,都是受美国陆军化生放核学校校长(兼任美国陆军化学兵司令)之邀前来赴会,主要包括美国战略司令部应对大规模杀伤性武器中心副主任、第 20 化生放核爆保障司令部司令、第 335 信号司令部副司令、美国陆军负责作战、计划与政策的副参谋长等。研讨会明确了在做好化生放核准备方面需要解决的问题并进行了充分的辩论,最终达成了共识。研讨会主要关注以下几方面的问题,这些问题都是美国陆军化学兵未来发展必须解决的问题。

一是教育和影响机动指挥官。这是与会者认为最为迫切的任务之一。化生放核人员必须培训机动指挥官以形成其建制化生放核能力,在任务编制内和作战环境中便于协助训练与完成任务。化生放核人员还必须在全年的常规训练和战斗训练中心考核训练期间对机动指挥官施加影响。

二是明确现有生物一体化探测系统分队的长期规划。目前,在陆军后备队和陆军国民警卫队中还编有部分生物一体化探测系统排和连,化学兵必须明确这些分队是否仍然编配 M31A2 型生物一体化探测系统平台(因为核生化侦察车现在已具备相同的生物探测功能),或者停止编配该平台,而赋予这些分队其他更为合适的任务。

三是重拾机动分队的自消能力。自冷战开始,陆军机动分队在人员、装备、训练方面都能保证实施战役级自消,这一能力提升了机动的自由度和战场恢复速度。这一能力是通过在每个机动连中配一名化生放核士官实现的。然而,受陆军缩编影响,最近 6 年内,化生放核士官岗位退化为入门级位置,不久后,化生放核士官遭取消,代之以其他军事职业士兵。最终导致机动分队丧失自消能力。与会的第 1 步兵师化生放核参谋则表示,鉴于当前化生放核威胁依然存在,机动分队必须保持实施洗消行动这一关键能力。在此背景下如何重拾机动分队的自消能力成为化学兵关注的问题。美国陆军化生放核学校正计划通过开设一门课程来改善这一形势。该课程名为化生放核防护课程,学时 2 周,授课对象为整个陆军的非化生放核士兵,课程内容涵盖已装配部队的化生放核防护/侦察装备,并讲授全维化生放核防护所需要的简版和改进版的战术、技术与程序。该校已

完成课程教学大纲的最终修订。

四是厘清危害响应排与化生放核爆响应分队的角色与能力区分。随着力量结构的变化和徒步侦察装备的配发，两者的角色与能力是有区别的。危害响应排主要涉及场所评估(site assessment)，而技术护送营的化生放核爆响应分队则主要涉及场所探测与利用(site exploitation)。危害响应排不具备化生放核爆响应分队所有的排爆能力，但这不是他们的主要区别。

五是部队发烟能力。虽然发烟能力归陆军建设，但是考虑到化学兵在战场上首先制造烟幕的历史，本次研讨会对未来的部队发烟能力也进行了重点讨论。战斗训练中心已经提出了发烟训练的需求。美国陆军认识到，必须制定全盘的烟幕战略，以满足整个陆军训练与作战的需求。

四、依托《陆军2025准尉战略》，修订化生放核准尉计划

2015年，为了适应陆军作战概念和2025年力量发展，美国陆军高级准尉委员会制定了《陆军准尉2025战略》(该战略截至2015年底待陆军部最终批准)。该战略旨在指导陆军准尉未来作为陆军系统的操作者、管理者、集成者和领导，以高度专业角色保障部队时如何入门、发展和应用。该战略聚焦4条计划线(lines of effort)，根据这4条计划线，美国陆军化学兵对其化生放核准尉计划也进行了相应的修订，以适应新的战略。

1. 准入。为了确保准尉招收适应准尉战略意图，必须确定满足未来技术能力和教育标准需求的准尉候选人。通过实施严格的遴选标准(有毒有害物质技术认证、更高水平的技术分值、作为士官职业发展系统最低标准的高等领导课程结业，以及额定领导时间)，化学兵部队期望化生放核准尉候选人具备最好的才干。

2. 发展。该计划线涵盖了准尉"从摇篮到坟墓"的训练和教育。一旦被选择成为化生放核准尉，就面临着职业发展问题。兵种学校和倡导者以及陆军大学和其他准尉倡导机构负责提供有价值的、严格的和重要的教育和训练。值得一提的是，2015年6月，美国陆军化生放核学校开设了新的化生放核准尉基础课程，该课程对所有化生放核装备都进行深入讲解。新课程与2011年开设的旧课程相比有很大变化，比如，该课程不再由海军陆战队授课，而是完全由陆军自主授课；在原有10周的基础上又增加了6周学时；80%的课时授权给校外机构负责。至2015年年底，该课程的10名新化生放核准尉顺利毕业，这些化生放核准尉代表了化学兵部队在领导发展方面的贡献，他们将赴危害响应连担任技师或赴技术护送营协助分队领导。

3. 才能管理/应用。在培养化生放核准尉过程中，化学兵部队运用才能管

理/应用挖掘其最大潜力是至关重要的。为了管理遍及化生放核机构的能力差距,准尉岗位通过力量管理被发展,以处理和聚焦应用与领导。直接将准尉在化学兵编成内安排成专家技师,更多的低级别军官将获得领导机会。

4. 职业化。为实现准尉职业化,化学兵部队乃至整个陆军需要在涉及个人和团体的准尉文化方面做出基本的改变。5 个准尉衔级不再局限为一个类别,而是被职业化为连级、校级和高等校级准尉。通过体现以下理想状况,即准尉是首要的陆上部队技术专家和系统操作者,化生放核准尉将是化学兵部队各领域具备能力的、可靠的、值得信赖的和授权的职业人员。

五、制订指挥官阅读计划,提升化生放核指挥官文化素养

2015 年,美国陆军化学兵制定了指挥官阅读计划。美国陆军认为,阅读是每位领导自我发展的基础,是正规训练和作战经历的一种补充,为领导提供应对复杂世界的知识。杜鲁门总统曾说:"并不是所有的阅读者都成为领导,但是所有的领导都是阅读者。"指挥官阅读计划为化生放核领导提供终身自我发展的基础。该计划弥补了其他从陆军参谋部至分队所列阅读清单的空缺,尤其强调化生放核专业知识。指挥官阅读计划并没有包括所有阅读物,化生放核领导只将其作为指南使用,仍需根据自身的需要、知识和经历发展个人生涯。

指挥官阅读计划包含两部分:指挥官书架和床头读物。指挥官书架(见表1)包含化生放核专业方面的作品。这部分读物相对静态,只是当有新作品出版时会有少许改动。床头读物(见表 2)则是动态的阅读物清单,包括涉及当前化学兵部队与陆军的书籍、报刊和文章。床头读物清单在每期《陆军化学兵评论》中都会更新,用以反映陆军高级领导当前重点关注的问题,为化生放核官兵之间的讨论交流提供基础。2015 年指挥官床头读物重点关注化学兵部队面临的两类问题:支持反大规模杀伤性武器作战的情报的作用;灵活、适应力强的领导的发展,这些领导不仅能生存,还能在逆境中茁壮成长。

表 1 指挥官书架

序号	作者	英文书名	中文书名*	出版时间	书号
1	Graham T. Allison	Nuclear Terrorism: The Ultimate Preventable Catastrophe	核恐怖:最终能避免的灾难	2004	ISBN-13:978-0-8050-7852-7

(续表一)

序号	作者	英文书名	中文书名*	出版时间	书号
2	Kurt M. Campbell	The Nuclear Tipping Point: Why States Reconsider Their Nuclear Choices	核转折点：为何政府重新考虑其核选择	2004	ISBN-13：978-0-8157-1330-2
3	Charles D. Ferguson and William C. Potter	The Four Faces of Nuclear Terrorism	核恐怖的四张面孔	2005	ISBN-13：978-0-415-94244-1
4	Laurie Garrett	The Coming Plague: Newly Emerging Diseases in a World Out of Balance	即将来临的瘟疫：失衡世界中的新弊	1994	ISBN-13：978-0-14-025091-6
5	Richard L. Garwin and Georges Charpak	Megawatts and Megatons: The Future of Nuclear Power and Nuclear Weapons	兆瓦和兆吨：核能与核武器的未来	2002	ISBN-13：978-0-226-28427-9
6	Robert Harris and Jeremy Paxman	A Higher Form of Killing: The Secret History of Chemical and Biological Warfare	一种更高形式的杀戮：化学和生物战秘史	2002	ISBN-13：978-0-8129-6653-4
7	Gregory D. Koblentz	Living Weapons: Biological Warfare and International Security	活着的武器：生物战和国际安全	2009	ISBN-13：978-0-8014-7752-2
8	William Langewiesche	The Atomic Bazaar: The Rise of the Nuclear Poor	原子能市场：核穷国的崛起	2007	ISBN-13：978-0-374-10678-2
9	Judith Miller	Germs: Biological Weapons and Secret War	微生物：生物武器和秘密战争	2002	ISBN-13：978-0-684-87159-2

(续表二)

序号	作 者	英文书名	中文书名*	出版时间	书 号
10	Michael B. A. Oldstone	Viruses, Plagues, & History: Past, Present, and Future	病毒、瘟疫及其历史：过去、现在和未来	2010	ISBN-13: 978-0-19-532731-1
11	Richard Preston	The Demon in the Freezer: A True Story	冰箱中的恶魔：一个真实的故事	2002	ISBN-13: 978-00345-46663-1
12	Jonathan B. Tucker	War of Nerves: Chemical Warfare from World War I to Al-Qaeda	神经战：一战至基地组织期间的化学战争	2006	ISBN-13: 978-1-4000-3233-4

* 中文书名为笔者翻译，若与中文出版物有出入，以中文出版物为准。

表2 2015年指挥官床头读物

序号	作 者	英文书名	中文书名*	出版时间	书 号
1	David Brooks	The Road to Character	品格之路	2015	ISBN-13: 978-0-8129-9325-7
2	William R. Forstchen	One Second After	一秒钟之后	2009	ISBN-13: 978-0-7653-1758-2
3	Thomas Graham Jr. and Keith A. Hansen	Preventing Catastrophe: The Use and Misuse of Intelligence in Efforts to Halt the Proliferation of Weapons of Mass Destruction	防止灾难：用于阻止大规模杀伤性武器扩散的情报的应用与误用	2009	ISBN-13: 978-0-8047-6360-8
4	Robert Jervis	Why Intelligence Fails: Lessons from the Iranian Revolution and the Iraq War	为何情报失误：伊朗革命和伊拉克战争的教训	2010	ISBN-13: 978-0-80147-8062

(续表)

序号	作　者	英文书名	中文书名*	出版时间	书　号
5	Steven D. Levitt and Stephen J. Dubner	Think Like a Freak: The Authors of Freakonomics Offer to Retrain Your Brain	魔鬼经济学：用反常思维解决问题	2014	ISBN-13：978-0-06-221834-6
6	政府印刷办公室	Commission on the Intelligence Capabilities of the United States Regarding Weapons of Mass Destruction	美国应对大规模杀伤性武器情报能力调查	2005	向总统提交的报告

* 中文书名为笔者翻译，若与中文出版物有出入，以中文出版物为准。

六、修订条令条例，适应新形势作战需求

2015年，美国陆军化学兵对部分条令条例以及一些纲领性文件进行了修订，使其与新形势下的作战需求相适应。

一是修订化生放核训练需求。2015年，在陆军条例AR 350-1《陆军训练与领导发展》中，美国陆军化学兵对化生放核训练需求进行了修订。该修订为部队提供更为清晰、简洁的化生放核训练需求的描述。

二是精炼了反大规模杀伤性武器使命。在《2020—2040年美国陆军机动保障职能概念》中，美国陆军化学兵进一步精炼了如何在更为复杂的、合成的环境下着眼于实施反大规模杀伤性武器使命。该文件目前仍处于起草阶段，涵盖了陆军作战概念，确定了未来指挥官与部队维持行动自由、在复杂环境中执行任务所需要的能力。第20化生放核爆保障司令部在网络一体化评估16.1（NIE 16.1）大型演练中测试了基本的大规模杀伤性武器清除战术、技术与程序，这一经验为陆军和化学兵未来执行反大规模杀伤性武器任务提供了借鉴。

三是修订、废止了部分军种出版物。2015年7月30日，颁布了最新版的ATP 3-11.41《化生放核后果管理行动多军种战术、技术与程序》；根据陆军2015年重建计划，2008年出版的FMI 3-90.10《化生放核高爆作战总部》于2015年12月废止。

参考文献

[1] Chief of Chemical and Commandant. U.S. Army Chemical, Biological, Radiological, and Nuclear School, Army Chemical Review [J]. Summer 2015.

[2] Major James P. Harwell, The CBRN FDU: Building the Future Force Today [J]. Army Chemical Review, Summer 2015.

[3] Major Glen A. Wright, From Our CBRN Foxholes: How Do We Support the Fight [J]. Army Chemical Review, Winter 2015.

美国陆军工程兵建设述评

王 昔　刘亚新

随着新条令体系的逐渐完善,美国陆军工程兵的职能定位发生了重大变化,各级条令对于美国陆军工程兵的职能任务进行了大规模的拓展。为更好地支援陆军在世界范围内的军事或准军事行动,尤其是复杂作战环境中的行动,美国陆军工程兵2015年在使命任务、编制结构、装备研发、院校教育、部队训练等方面也相应做出了调整。

一、使命任务大幅拓展

截至2015年12月,美国陆军工程兵按照美国陆军"2015条令战略"的规划,主持完成了全部14本条令的更新与完善。新的条令体系以教范的形式对美国陆军工程兵的使命任务、编制体制、作战运用等进行了详细阐述,确立了相关规范和要求。其中,工程兵使命任务的大幅拓展成为一大亮点。根据新版条令,美国陆军工程兵在决定性行动(包括进攻、防御、稳定、支援四大类)中,将要承担的各类任务多达78项。其中进攻行动中,工程兵主要承担包括开辟通路、作战区域和道路排雷、构筑和维护作战道路、急造军路、爆炸物处理等共约19项任务;防御行动中,工程兵主要承担包括构筑防御阵地、伪装和隐蔽、构建或引爆障碍等共约16项任务;稳定行动中,工程兵的任务重点则是恢复和建设与民生相关的基础设施,包括实施工程侦察、开展爆破与探排爆、构筑和修复地面基本交通系统、公共市政设施等共约24项任务;民事支援行动中,工程兵的行动主要包括为国内灾难提供支援、为国内核生化突发事件提供支援、清理废墟和道路等共约19项任务。面对日益严峻的形势与挑战,美国陆军工程兵着重强调,为保障高效完成新形势下大幅拓展的新使命新任务,工程兵在实施战斗支援和工程保障行动中应强化军内联合、军地联合以及跨国联合,力求将各种工程支援力量进行横向联合,发挥一体化工程支援和保障的优势。

二、编制体制调整到位

2015年7月,美国陆军工程兵颁发《工兵营营长指南》,以教范的形式对新增旅工兵营的使命任务、编制体制、作战运用等进行了详细阐述,确立了相关规范和要求,标志着自2013年6月开始的新一轮编制体制调整计划,即为所有旅战斗队增编一个旅工兵营的工作已基本落实到位。根据《指南》,工兵营司令部由指挥机构和参谋机构组成。指挥机构包括营长、副营长、指挥军士长,负责对参谋机构、下属各连和分队实施任务指挥。参谋机构包括人事、情报、作战、保障和通信六个分支机构,按战术标准作业程序建立。工兵营基本指挥所一般配置在旅战斗队基本指挥所,而工兵营战术指挥中心则一般配置于旅战斗队战术行动中心。旅工兵营下辖两个战斗工兵连,负责为执行进攻和防御任务的旅战斗队提供必要的支援。工兵连的编制不固定,两个连队都可以根据任务需要随时进行模块化重组。其中工兵A连主要负责为旅战斗队提供机动、反机动支援、生存力保障以及有限的工程建筑支援。由连部、两个战斗工兵排、一个工程支援排组成。工兵B连的组成与能力区分相对更细,虽然其整体架构与A连一致,但又各有侧重。主要区别在于B连增编有一个道路清障排。该排的主要任务是道路侦察和清除爆炸物威胁、减少道路沿线障碍物、确保部队兵力投送和后勤补给。该排可以作为诸军兵种小分队的成员提供通信线路保障,也可以在低强度威胁环境下独立行动。各类旅战斗队B连的机构组成基本一致,但其下辖破障班的装备和能力却有所不同。重型旅战斗队和步兵旅战斗队中的B连破障班有桥梁装备和架桥能力,但轻型步兵旅战队B连破障班的装备则只有扫雷直列装药。另外还编配有军情连、信号连、前沿支援连以及反坦克连。编制体制调整到位后,新增旅工兵营更加多能,将有能力遂行战斗工程、道路清障、破障、架桥、水平建筑、垂直建筑等多项任务,美军各旅战斗队跨越干沟和道路清障的能力得到大大增强。

三、装备研发规划长远

美国陆军于2014年公布了《陆军构想:2025年部队》和《2025年部队机动》两份白皮书,提出建设"2025部队"新目标,全面谋划陆军主战装备。同时美国陆军也提出了工程装备近期的发展路线图,指出未来10年将重点研发和列装与反恐排爆、跨越干沟等行动相关的有人和无人化工程兵装备。如2013—2015财年前后,研发、试验与鉴定JAB联合冲击桥;2013—2021财年前后继续采办ABV突击破障车;2019—2025财年前后研发、试验与鉴定轻型突击越障

(LAGC)系统等。2013—2015 财年实施"蜘蛛"网络弹药系统增量Ⅰ的升级改造计划,即通过加装改进型控制装置和附加反车辆功能,将其升级为增量Ⅱ,2019 财年开始将增量Ⅱ再升级到增量Ⅲ,预计 2023 财年前后列入装备采购计划。此外,为适应全球战略环境的新变化,应对日益严峻的"混合式威胁",美国陆军工程兵日益重视无人化装备的发展和应用,相继发布了《2009—2034 财年无人化系统联合路线图》(以下简称《路线图》)、《机器人战略白皮书》等战略规划,无人化工程装备研发工作得到进一步推进,2015 年约有三分之一的地面车辆实现无人驾驶。如高级排爆机器人系统(AEODRS)、防步兵地雷清除系统、MV‐4B 防步兵地雷遥控扫除系统、无人地面侦察车等相继投入作战运用。

四、院校改革稳步推进

2015 年,美国陆军工程兵学校以新的条令体系为基础,稳步推进院校教育改革,突出特点是确立了以"三大能力"为基础的新型课程模块。这三大能力就是"开路"(CLEAR THE WAY)、"领路"(LEAD THE WAY)、"指路"(SHOW THE WAY)。分别涵盖了美国陆军工程兵在战略、战役以及战术等战争不同层级所必备的能力。其中"开路"是美国陆军工程兵的传统职能,主要由其战斗工兵通过破障、清障、跨越干沟、爆炸物处理、战场基础设施建设等行动,为诸军兵种联合部队开辟通路,保障部队机动自由。"领路"是新职能,该职能突出强调了工程兵作为战斗兵种的属性,改变了传统理念下工程兵仅提供战斗支援的观点。"指路"是新条令重点拓展的职能,主要由其地理空间工程兵部队担负,负责为联合部队司令部机关提供地理空间信息、阐明地形的军事作用,支援上级机关决策,为高效运用工程兵力量,塑造有利于己方的战场态势提供支援,属于工程兵在战略层面的运用。

为了快速培养与塑造具备以上三种能力的工程兵官兵,美国陆军工程兵学校在五大改革目标的基础上,对课程设置进行了大胆改革,不再按工程兵专业进行区分,而是根据受训学员未来任职能力的需求,以"基于能力"为出发点构建了新型课程体系。

一是教学内容模块化。教学内容模块化即以岗位工作任务为牵引,按照岗位任职能力要素构建模块化教学内容体系。具体而言就是针对不同层级培训学员,先明确其岗位工作任务,再根据工作任务梳理岗位职业能力,然后将能力分解为知识,使知识与任务、能力之间形成某种对应关系。比如士官培训,分别根据不同级别岗位对能力素质的不同需求分设了初级领导技能模块、基础士官课程模块、高级士官课程模块和军士长课程模块。其中初级领导技能模块又属于士官培训的共享模块,是士官培训的公共课。在此基础上,被选拔继续进行高级士官培训的学员,只需要完成高级士官所必需的专有模块学习任务即可,无须重复学习共享模块中的内容,这样一来,就将有限的住校培训阶段的重点从技能学习转向了应用能力的培养,大大提高了培训的效益。

二是教学方法多样化。美国陆军工程兵学校坚持以学员为中心,结合不同课程内容模块的特点,为学员提供了多样化的直接体验知识实际运用的机会,比如士官培训,采用"情景教学"法,让受训的军士长学员在一个个与其岗位专业相契合的战例的分析中熟悉完成岗位工作任务的过程,为他们将来随机处置战场情况提供借鉴与经验,并获得相关知识和技能。参谋培训,则综合采用"问题牵引"法、"相互评价"法、"虚拟战场环境",在团结协作、共同进步的学习氛围中,在实战化的环境中让学员了解工程兵参谋职能、强化学员能参会谋与组织指挥能力。

五、部队训练重点突出

为有效应对日益严峻的"混合式威胁",美国陆军工程兵 2015 年不仅通过编制体制调整、装备研发规划以及院校教育改革等举措突出强化其跨越干沟、道路清障以及反恐排爆的能力,而且在部队训练和研究方面也重点突出,整个年度的训练和创新性研究课题都是围绕破障、清障、设障、架桥、渡河、应急救援等主题,取得了一系列突破性成果。如 2015 年 1 月至 4 月,美国陆军工程兵部队相继开展了"退却行动中诸军兵种部队道路清障"训练、"紧急战备部署"训练、"连、排一级道路清障巡逻计划"训练、"多国及联合诸军兵种道路清障行动"训练;2015 年 5 月至 8 月,又相继实施了"多国条件下诸军兵种破障行动"训练、"突击破障车运用"训练、"渡河行动"训练;2015 年 9 月至 12 月,还相继开展了"设障"问题研究、"爆炸弹药处理"研究等。通过频繁开展重点科目的训练,美国陆军工程兵部队各级指挥官得以有机会根据实际体验,总结梳理和反思部队在相关重难点科目训练方面的经验教训,并在反思基础上形成各自独到的研究成果,不仅为提升美国陆军工程兵部队训练效益打下了坚实的基础,也为创新工程兵作战理论提供了翔实客观的原始数据和切实可行的开阔思路。

参考文献

[1] Headquarters, Department of the Army Engineer. The U.S. Army Engineer School and the Maneuver Support Center of Excellence G‐37 Publications [J]. 2015(1—4).

[2] Headquarters, Department of the Army. FM 3‐34 Engineer Operation [M]. 2014.

[3] U.S. Department of the Army. The Army Vision 2015 – 2025: Strategic Advantage in a Complex World [M]. 2015.
[4] Headquarters, Department of the Army. The Brigade Engineer Battalion — A Leader's Guide [M]. 2015.
[5] U.S. Department of the Army. A Statement on the Posture of the U. S. Army [M]. 2015.
[6] U.S. Department of the Army. Army Equipment Program in support of President's Budget 2016 [M]. 2015.
[7] U.S. Department of the Army. Army Equipment Modernization Strategy [M]. 2015.
[8] U.S. Army Training and Doctrine Command. The U.S. Army Operating Concept: Win in a Complex World 2020 – 2040 [M]. 2014.

第三部分

2015 年度外国陆军武器装备建设

外国陆军武器装备发展动向分析

岳松堂　龚钰哲

综合分析,2015年度外国陆军武器装备发展动向主要体现在:陆军装备网络化、精确化和无人化发展继续得到大力推进;地面作战车辆体系化发展取得重大进展;防空反导装备实弹拦截试验捷报频传;陆军航空兵装备加强有人/无人协同作战能力建设;陆军部队及相关装备频繁进行实战演习、部署和使用。

一、陆军装备网络化、精确化和无人化发展继续得到大力推进

21世纪以来,网络化、精确化和无人化是陆军装备发展的鲜明特点和总体趋势,也是陆军更好地适应未来信息化战争和一体化联合作战的物资基础和必然要求,在2015年继续得到大力推进。

(一)网络化

美国陆军在2008年确定战术通信网络是其现代化建设的重中之重,认为未来每名分队作战人员都应具备通过战术通信网络共享和传输信息的能力,以获得作战优势。为确保技术领先、缩短为部队交付先进网络装备的周期,从2011年6月到2015年10月,美国陆军已进行了10次每年两度的网络集成鉴定(NIE)试验。该试验将多种独立的网络装备集成在一起进行一体化试验,不仅分别评估各种装备的性能,还综合评估其互联互通能力,试验后经过改进完善再在下次试验中继续进行验证,并以"能力组件"形式逐步扩大初始列装和使用范围,加快了战术通信网络的成熟和一体化。

美国陆军在2015年继续按计划进行网络集成鉴定试验。第9次网络集成鉴定(NIE15.2)试验于2015年5月—6月完成。试验中,陆军演示了一支500～600人的作战营如何架设和快速转移非密的无线指挥所。试验表明,与需要布设大量电缆的有线指挥所相比,架设和转移基于 WiFi 的无线指挥所能大大节省时间,并减少遭敌火力打击的可能性,从而获得绝对作战优势。在该试验中测试的信息网络装备还包括中层联网车载电台(MNVR)和陆军分布式通用地面系统(DCGS - A)的"增量1"版本2系统。MNVR能够提供独立于卫星的保密、

可靠的地面通信能力，使指挥官具备快速的音频、视频和图像信息交换能力。MNVR采用了宽带网络波形技术和士兵无线电波形技术，作为一个节点使信息能够在不同的MNVR之间传输，直至到达目的地。MNVR实际上是一种使用视距通信波形的高带宽联网电台，能为连级士兵提供与营级和旅级进行地面联通的能力。DCGS-A是美国陆军的关键C4ISR系统之一，主要用于情报分发和远程分析，"增量1"版本1系统已在全球范围内的美国陆军中列装，并在西非埃博拉救援行动中使用了101次。美国陆军在测试"增量1"版本2系统的同时，还正在规划实施DCGS-A"增量2"系统。

第10次网络集成鉴定（NIE16.1）试验于2015年9月25日至10月8日在得克萨斯州布利斯堡进行，约1.2万名美国陆军（主要是第1装甲师和第82空降师）和空军官兵参加了试验，参试部队还有英国的1个旅、意大利的1个空降营和其他13个北约国家的大约800名官兵。第1装甲师担任多国部队联合司令部，第82空降师则实兵实装遂行联合强制进入作战行动。试验评估的新能力包括联合网络能力、远征指挥能力、持续作战能力和有人/无人协同作战能力（无人装备包括空中无人机和地面机器人）；评估的主要作战和编制概念包括联合强制进入作战、空地侦察作战、持续作战、联合火力与化生放核爆（CBRNE）一体化作战。

美国陆军在2013财年为第10山地师师部及其2个旅战斗队和第101空中突击师师部及其2个旅战斗队装备了经过2012年第3次网络集成鉴定的名为"能力组件13"的一系列联网设备，包括无线电台、笔记本电脑、任务指挥软件、战术级作战人员信息网（WIN-T）"增量2"系统、"奈特勇士"单兵穿戴式态势感知系统；在2014财年为第82空降师的3个旅战斗队和第2步兵师的3个旅战斗队装备了经过2013年第5次网络集成鉴定的"能力组件14"，主要包括WIN-T"增量2"系统、"奈特勇士"系统以及联合作战指挥平台、战术通信和保护系统等；在2015财年为1个师司令部、1个旅战斗队和9个营列装了WIN-T"增量2"系统。可以看出，网络集成鉴定的相关成果正通过"能力组件"形式有机融入现役陆军作战指挥系统（ABCS），升级或取代其相关分系统，进一步将其建成融合式一体化C4ISR系统，提高现役旅战斗队的一体化联合作战能力。

美国陆军在2016—2020财年的建设目标是吸取最新"能力组件"在部署使用期间的经验教训，建立无缝、融合式、可靠性高、操作简便的一体化网络"星状网"（即"简化的战术陆军可靠网路"的英文缩写STARNet的意译），"星状网"将使用标准化地图、信息格式和图标，还将能减轻网络系统的能耗负担，并能利用无线技术对指挥所进行快速搭建和拆卸。2020财年后，美国陆军计划开发"下一代网络"(NaN)，NaN 将利用超前技术"增强战术赛博作战能力，添加各种动态频谱通路以增加带宽，配备数字助理装置提供所需信息，对复杂战场进行分析并提出建议"。为简化战术网络，NaN 将减少"人员对人员"通信方式，增加"机器对机器"数字助理通信方式。美国陆军认识到充分利用信息和通信对士兵的重要性，并最大限度地多使用"机器对机器"通信方式以简化网络、降低成本、提高效能。

（二）精确化

打击精确化是陆军在未来信息化战争中立足的基础，而精确制导弹药则是精确化作战链条中的"利剑"，21 世纪以来一直受到主要国家的高度重视，相关项目在 2015 年度继续取得重大进展。

美国陆军于 2014 年下半年开始列装的最新型"神剑-1b"精确制导炮弹，除能使用 M109A6/A7 和 M777A2 榴弹炮发射外，还在 2015 年初使用老式 M109A2/A3 榴弹炮配用 M119A2 装药系统进行了成功发射。其他国家的 155 毫米榴弹炮，如英国的 39 倍口径 AS90、德国的 52 倍口径 PzH2000、南非的 45 倍口径 G6 和瑞典的 52 倍口径"弓箭手"都已成功试射了"神剑-1b"。

美国陆军于 2014 年初开始低速初始生产的 M1156 精确制导组件（PGK）在 2014 年 12 月通过了初样验收试验（FAAT），在试验中有些炮弹实现了 10 米以内的精度。在 2015 年 4 月使用 M109A6 榴弹炮进行的首批产品验收试验中，平均精度小于 10 米，可靠性达到 97%。美国陆军对 PGK 的总需求量超过 10 万枚，并于 2015 年 5 月与主承包商轨道 ATK 公司签订了 1.2 亿美元的全速生产合同；该公司到 2015 年 8 月已生产约 1.2 万枚 PGK，并将于 2016 年初至 2018 年初完成向美国陆军、海军陆战队、澳大利亚陆军和加拿大陆军的交付工作。PGK 除适用于美国陆军 M109A6/A7 和 M777A2 榴弹炮外，还适用于英国 AS90、德国 PzH2000、法国"凯撒"、南非 G6、韩国 K9"雷鸣"、以色列 ATMOS 等 155 毫米榴弹炮，并成功进行了发射试验。轨道 ATK 公司还计划将 PGK 推广应用到 105 毫米榴弹炮及其他炮兵武器。该公司透露，与普通弹药相比，PGK 能使作战效能提高约 75%。按照通用作战规则，如果使用普通弹药压制"给定目标"需要 18.2 吨弹药（包括 301 发 155 毫米弹丸、301 枚引信和 959 块模块化装药系统），改用 PGK 仅需要 4.5 吨弹药（包括 77 发 155 毫米弹丸、77 枚 PGK 和 208 块模块化装药系统）。

意大利已研制成功的最大射程达 80 千米的远程型"火山"制导炮弹于 2015 年进入低速初始生产和定型试验阶段，计划 2016 年底开始交付，2017 年列装的同时启动全速生产。该弹采用 GPS 接收机、惯性导航测量装置，也可选装激光导引头，可使用52倍口径和39倍口径155毫米榴弹炮发射。该弹2014年12月在南非进行的一次发射试验中，射程达到70千米，精度在10米以内；其发展目标是采用半主动激光/红外导引头，最大射程达到100千米，精度达到米级。

BAE系统公司还正在研制一种能在155毫米陆军榴弹炮和127毫米海军舰炮通用的"多军种标准制导炮弹"（MS-SGP）。该弹采用了为海军新型"朱姆沃尔特"驱逐舰研制的155毫米远程对地攻击炮弹（LPLAP）的技术，可用127毫米舰炮发射的同时，加装软壳后还可用155毫米榴弹炮发射，使用模块化装药系统4号装药时的最大射程达100千米。该弹弹长1.5米，重50千克，采用GPS/INS制导系统和光电导引头并装配数据链路，截至2015年初已完成150多次发射演示试验，技术成熟度达到7级，即样弹已在作战环境中进行了演示验证。美国陆军、海军和海军陆战队还计划使用Mk45舰炮和155毫米榴弹炮进行打击移动目标的演示试验。

（三）无人化

据预测，到2020年前后美军战斗力将有四分之一来自以无人机为主的无人化平台。美国陆军已为旅战斗队和火力旅编配了RQ-7B"影子"200、RQ-20A"美洲狮"、RA-11B"大鸦"无人机系统，为战斗航空旅编配了MQ-1C"灰鹰"无人机系统，并经历了伊拉克和阿富汗实战检验。"影子"200无人机到2015年上半年已完成100万小时作战飞行，包括在叙利亚进行的反"伊斯兰国"（IS）行动中的作战飞行。所有这些都凸显了无人机在当今和未来作战中的重要性。

美国陆军在2015年5月亚特兰大国际无人系统协会年会（AUVSI 2015）上透露，将为"影子"200无人机安装新型发动机和改进型通信系统。由于现役1102型发动机已难以适应无人机体积和重量的增加，陆军正在为其研制功率更大、可靠性更高、噪声更小的新型发动机，计划2017年底完成研制。根据设计，新型发动机平均重大故障间隔时间1000小时（现役发动机是269小时），平均大修时间500小时（现役发动机是250小时），并能使用重油燃料以简化后勤负担。在通信方面，将为其配用IP音频（VOIP）系统和联合战术无线电系统，还将配用第二代蓝军跟踪系统，以便使用通用地面控制站同时控制"影子"200无人机和"灰鹰"无人机。陆军还计划通过改进提高"影子"200无人机系统的天气适应能力，使其能在云雾天气和每小时约50毫米的降雨天气中使用，并提高软件、交流发电机和燃油系统的可靠性。

2015年6月23日，美国陆军授予通用原子航空系统公司19架改进型"灰鹰"无人机的全速生产合同，计划2018年9月完成交付。改进型"灰鹰"采用205马力DEL-120柴油循环发动机取代160马力涡轮增压柴油机，使续航时间从 25 小时增加到 50 小时。其他改进措施还包括安装合成孔径雷达/地面移动目标指示器、机载数据中继站、战术自动着陆系统、雷电防护系统、数据链路加密装置、飞行防撞系统等，并将具备自动再启动能力、应急放油能力、损伤容限分析能力等。但改进型"灰鹰"与原型"灰鹰"的很多软硬件都保持了高度通用性，便于作战协同和维护保养。

另外，在 2015 年 2 月的阿布扎比国际防务展（IDEX）上，韩国厚成有限公司宣布，将向韩国陆军交付 120 套"远眼 002B"无人机系统（每套系统编配 4 架无人机）。该机为手持发射的固定翼无人机，通过气囊系统回收，手持控制系统控制；翼展 1.8 米，长 1.44 米，最大起飞重量 3.4 千克，最大时速 80 千米，续航时间 70 分钟，有效作用距离 10 千米；有效载荷为机鼻位置安装的固定式光电/红外装置，可进行平面/倾斜扫描，用于提供近距离情报、监视、目标获取和侦察能力。

二、地面作战车辆的体系化发展取得重大进展

地面作战车辆体系化发展起始于美国陆军已下马的未来战斗系统（FCS）由 8 种车辆组成的有人驾驶地面车辆和已装备的由 10 种车辆组成的"斯特赖克"系列装甲车；经过前些年的不懈努力，世界主要国家陆军地面作战车辆体系化发展在 2015 年取得重大进展，并将逐步进入初始列装使用阶段。

（一）M109A7 自行榴弹炮系统的成功采办对美国陆军装备采办方式转变和一体化发展起到重要推动作用

2015 年 4 月 9 日，美国陆军正式接收了首批 3 套生产型 M109A7"帕拉丁"综合管理（PIM）155 毫米自行榴弹炮系统。该系统是现役 M109A6"帕拉丁"自行榴弹炮系统的最新改进型，每套系统由 1 门 PIM 自行榴弹炮和 1 辆 PIM 野战炮兵弹药补给车组成，并于 2014 年 6 月被正式定型为 M109A7 和 M992A3。在 2016 财年预算申请中，陆军为该项目申请了 1.523 亿美元预算，用于支持最后的研究、开发、试验和鉴定（RDT&E）工作，还申请了 2.739 亿美元预算用于购买 30 套生产型系统。M109A7 系统在机动能力、战场生存能力和后勤保障能力方面都有所增强，如在机动能力方面，尽管 M109A7 榴弹炮战斗全重比 M109A6 增加了 3.38 吨，但由于它使用了新型"布雷德利"战车底盘及相关的悬挂装置、负重轮总成、动力组件等，使功率/重量比从 18.7 马力/吨提高到 19.07 马力/吨，最大时速从 56.3 千米提高到 64.4 千米，使机动能力有了较大提高，能够与现役"艾布拉姆斯"主战坦克和"布雷德利"步兵战车在战场上保持同步。

由于 M109A7 扩大了内部空间，提高了发电能力，使其具备进一步升级改

造潜力，其未来改进方向是研发新型附加装甲组件、电子系统和减少操作人员。该炮将于2016年下半年进行作战试验鉴定，2017年2月开始大批量生产，到2027年采购580套，全部取代现役M109A6。

尤其需要强调的是，美国陆军负责采办、后勤和技术的助理陆军部长（兼陆军采办执行官）熙若女士和地面作战系统项目执行官巴赛特准将都认为，M109A7项目的成功采办正在对陆军装备采办方式转变和一体化发展起到重要推动作用。在装备采办方式转变方面：该项目促使陆军将反恐作战期间以满足战场紧急需求为特征的装备快速采办方式，向正常的传统采办方式转变；熙若将M109A7形容为"一条被简易爆炸装置羁绊的漫长而曲折的发展道路"，认为采用传统采办程序的M109A7，通过将成熟技术有机集成到现有平台进行升级改进以使其达到最佳技术状态，有助于逐步实施"增量"改进方案并大大降低风险；陆军其他地面作战平台，如"艾布拉姆斯"坦克、"布雷德利"战车和"斯特赖克"装甲车等，都将继续采用这种采办模式进行升级改进。在装备一体化推进方面：该项目的成功有助于实现陆军装甲旅战斗队主战平台的一体化协同发展——M109A7是装甲旅战斗队第一种采用这种机动和悬挂结构的主战平台，以后还将陆续装备更多类似的能够在装甲旅战斗队内具有很强通用性的主战平台，如ECP2型"布雷德利"战车改进项目和多用途装甲车新研项目等；所以M109A7不仅是一种取得成功的最新改进型主战平台，它更是装甲旅战斗队真正实现装备现代化计划的第一步。

另外，美国陆军2015年8月25日宣布，决定选择奥斯科什防务公司为联合轻型战术车（JLTV）的单一承包商，并签订了67亿美元的固定价格低速初始生产合同，使该车于2015年底进入低速初始生产阶段。根据合同要求，该公司将为美国陆军和海军陆战队生产交付16 901辆JLTV，并将于2018财年决定是否进入全速生产。含所有组件在内，车辆平均单价将低于40万美元，成本目标单价为25万美元。美国陆军和海军陆战队现装备约14万辆"悍马"高机动多用途轮式车，JLTV将替换未经过升级改进的老式"悍马"车成为美军的骨干轻型装甲车辆。美军共计划采购54 600辆JLTV：海军陆战队装备5 500辆JLTV的同时，还将继续使用约1.3万辆"悍马"车，首批69辆JLTV将替换一个步兵营的74辆"悍马"车，计划2018财年形成初始作战能力，到2022财年完成5 500辆的采购并形成全面作战能力；陆军计划2018财年装备首支部队，2019财年形成初始作战能力，到2040年前后完成49 099辆JLTV的采购列装。整个项目全寿命周期费用（包括研制、生产、列装和维护）预计超过300亿美元。JLTV在防护性、机动性、有效载荷等方面都具有跨越式提升，将用于填补现役"悍马"车与"姆拉普"防地雷反伏击车之间的能力缺口,进而使陆军轻型轮式车辆装备呈现出体系化发展特征。

2015年9月,美国国会批准了陆军为驻德国第2装甲骑兵团(该团为"斯特赖克"旅战斗队编制)的81辆"斯特赖克"装甲运兵车安装30毫米机关炮、为其他相关类型的"斯特赖克"车安装"标枪"反坦克导弹的计划,以增强其对付轻型车辆的能力,并在2016财年为该项目拨款4.11亿美元。现役"斯特赖克"装甲运兵车只装备12.7毫米机枪和7.62毫米机枪或40毫米榴弹发射器。

美国陆军还于2015年5月与通用动力公司和BAE系统公司各签订了一个未来战车(FFV)概念设计合同,目的是在未来取代"布雷德利"。在2016财年的预算申请中,陆军为FFV的技术开发工作申请了4 930万美元预算。美国陆军还计划研制适用于早期进入作战的超轻型战车(ULCV),根据设想,该车必须能携载一个全副武装的9人步兵班(约1 450千克),能固定在463L型货盘上成战斗队形空降,能使用"支奴干"重型运输直升机空运或"黑鹰"通用直升机吊运,最大行程400~480千米。

(二)俄罗斯正在构建新一代陆战武器平台装备体系

2015年5月9日,在莫斯科举行的卫国战争胜利70周年阅兵式上,俄军在红场首次公开展示了由T-14"阿玛塔"主战坦克、T-15重型步兵战车、"库尔干人-25"履带式步兵战车、"回旋镖"8×8装甲车、"台风"6×6装甲车、2C35"联盟-CB"152毫米自行榴弹炮等组成的新一代陆军装备体系。这些新型陆战平台均采用先进设计理念和大量新技术,综合战技性能和信息化水平比现役同类装备有了跨越式提高。

在总体设计上,由"阿玛塔"、T-15、"库尔干人-25"、"回旋镖"组成的新一代装甲突击装备体系,体现出更加重视防护性能和车族化、通用化和信息化发展的突出特点:均采用无人炮塔并安装主动防护系统,尤其是"阿玛塔"是目前世界上第一种采用无人炮塔的主战坦克;装甲车均采用动力装置前置、载员舱后置和能提高防地雷能力的V形车底等西方总体设计思路,突破了俄军坦克装甲车辆的传统设计理念。俄将于2016年开始对"阿玛塔"进行国家试验,一批"阿玛塔"坦克、"回旋镖"装甲车和"库尔干人-25"步兵战车将陆续列装。"阿玛塔"无人炮塔上装备1门新型2A82-1M 125毫米滑膛炮,该炮射击精度提高15%~20%,射击密集度提高1.7倍。"联盟-CB"是采用全新设计理念和工程技术的新一代自行榴弹炮,整体性能达到世界一流水平,将与2012年开始列装的新型"旋风-G"远程多管火箭炮、"伊斯坎德尔-M"战术弹道导弹共同构成俄陆军未来20~30年远程精确打击和压制火力体系,满足一体化联合火力打击需求。

俄陆军总司令2015年10月宣称,到2020年陆军计划为机动作战部队采购5 000件新型装甲装备和6 000件改进型装甲装备(如升级至T-90水平的T-72BZ坦克、BTR-82A装甲运兵车等)和1.4万辆现代化汽车;为防空部队采购S-300V4、"山毛榉-M2/M3"、"道尔-M2U"等最新改进型防空导弹系统;为侦察部队采购无人机、侦察与指挥系统、"人马座"通信系统、"虎-M"特种装甲汽车。

另外,俄罗斯空降兵于2015年3月3日接收了12辆新型BMD-4M步兵战车和12辆新型BTR-MDM装甲人员输送车。根据计划,俄空降兵最终将装备700辆BMD-4M和700辆BTR-MDM。以BMD-4步兵战车为基础,BMD-4M改进了车身、发动机、底盘和其他分系统,在提高空降兵装甲车性能的同时,最大限度地保持了与地面部队BMP-3步兵战车的通用性,采用的炮塔则完全相同。BTR-MDM以BTR-MD为基础研制,也与BMP-3和BMD-4M保持了很高的通用性。

(三)英国正式宣布采购"埃阿斯"车族

2015年9月15日,英国在伦敦第九届英国国际防务安全与装备展(DSEI 2015)上宣布,其正在研制的履带式侦察专用车(Scout SV)已正式更名为"埃阿斯"(Ajax)侦察车,并展出了首辆炮塔式样车。英国陆军2014年9月授予通用动力英国公司35亿英镑(约54亿美元)、589辆"埃阿斯"车族的生产合同,用于取代20世纪70年代装备的CVR(T)履带式装甲侦察车。"埃阿斯"既是该车族的总体名称,更是在洛克希德·马丁公司炮塔上装备了CTA国际公司(由BAE系统公司和奈克斯特系统公司组成的合资公司)的40毫米埋头弹武器系统(CTAS)的炮塔式侦察车的专用名称。在589辆"埃阿斯"车族中,"埃阿斯"侦察车数量最多,为245辆。该车族中之前被统称为"防护机动侦察支援车"(PMRS)的5种无炮塔式车辆也分别进行了重新命名:侦察支援车叫"阿瑞斯"(Ares),订购了93辆;指挥控制车叫"雅典娜"(Athena),订购了112辆;装备维修车叫"阿波罗"(Apollo),订购了50辆;装备救援车叫"阿特拉斯"(Atlas),订购了38辆;工程侦察车叫"阿耳戈斯"(Argus),订购了51辆。所有这些名称都来自希腊神话中"各路英雄"的名字,暗喻英国陆军对该车族寄予厚望。"埃阿斯"车族将于2017—2024年完成交付。

首辆"埃阿斯"侦察车样车即将进入验证试验阶段,它是在整个"埃阿斯"项目演示阶段订购的7辆样车之一,共计划生产3辆"埃阿斯"侦察车样车,2016年交付。"防护机动侦察支援车"原计划是第4辆样车,实际上却成为整个项目的首辆样车,2014年6月公开后一直在进行验证试验。除这辆样车外,还将生产 2 辆"阿特拉斯"装备救援车样车,其中 1 辆用于"阿瑞斯"侦察支援车和"雅典娜"指挥控制车的试验平台,还将作为计划中的、但没有包括在已签订的 589 辆生产合同中的救护车的试验平台。这些车辆的试验工作将于 2018 年结束。英国陆军在还没有完成演示阶段车辆试验工作之前就签订了生产合同,意味着演示阶段和生产阶段将同时进行,2015 年底启动生产阶段,2017 年开始首批交付。英国国防部"埃阿斯"项目负责人亨特上校说,之所以将演示阶段和生产阶段同时进行,是因为国防部认为在演示阶段已经将风险降低到可以同时开展生产的程度。亨特上校强调,由于与通用动力英国公司签订的是固定价格生产合同,所以演示阶段和生产阶段同时开展所导致的任何性能变化和价格波动,将全部由通用动力英国公司负责。

与采用"拉登"(Rarden)30 毫米非稳定式机关炮、仅 12 吨重的 CVR(T)装甲侦察车相比,"埃阿斯"侦察车的所有性能都将大幅提高。42 吨的车重将使其具有很强的防护能力,40 毫米埋头弹武器系统则大大提高了火力打击能力。然而,"埃阿斯"侦察车的最大特点还是其功能强大的传感器系统和车辆电子系统,不仅大大提高了车辆性能,还能将传感器数据分发给其他车辆、友军和上行指挥链,将大大增强英国陆军的 C4ISR 能力。

另外,2015 年 7 月 1 日,英国国防部与 CTA 国际公司签订了价值 1.5 亿英镑的合同,订购 515 门 40 毫米 CTAS 机关炮,其中 245 门用于"埃阿斯"侦察车,245 门用于正在实施的"武士"步兵战车能力持久计划(WCSP)改进项目,剩余 25 门用于弹药鉴定、试验和训练。英国陆军正在改进 380 辆"武士"步兵战车,其中 245 辆继续用作步兵战车,135 辆用作工程和炮兵支援车,不安装 CTAS 机关炮。

(四)法国陆军继续推进"蝎子"计划作战车辆的研制和改进

在 2014 年 12 月 5 日签订 7.52 亿欧元 EBMR 多用途装甲车(包括 VBMR 多用途装甲车和 EBRC 装甲侦察车)研发、制造和保障合同的基础上,法国国防采办局 2015 年 3 月 5 日正式授予奈克斯特系统公司"勒克莱尔"主战坦克改进项目合同,因为改进 200 辆"勒克莱尔"是"蝎子"计划第一阶段的重要内容。该改进项目合同价值 3.3 亿欧元,其中包括改进 18 辆基于"勒克莱尔"底盘的 DCL 装甲救援车,预计 2020 年开始交付。该项目将把"勒克莱尔"的使用寿命延长到 2040 年,并提高应对包括非对称威胁在内的各种作战环境的能力。改进后的"勒克莱尔"坦克和救援车分别被命名为"勒克莱尔- R"和 DCL - R。主要改进包括:研制和安装新的装甲组件,以提高坦克对简易爆炸装置之类新威胁的防护性能;将坦克集成到 SICS 数字化信息系统(即"蝎子"作战指挥信息系统)中;

安装信息战术数字无线电系统,该系统是"接触"作战电台项目的组成部分。

作为"蝎子"计划的有机组成部分,法国陆军到 2015 年 8 月已为 17 个团装备了"菲林"士兵系统,主要装备作战小组组长、班长、排长和特种作战部队等。法国陆军共采购了 18 552 套"菲林"系统,2019 年完成交付。

在 2015 年 9 月第九届英国国际防务安全与装备展上,法国奈克斯特系统公司还展出了其自筹资金为海外潜在用户研制的 VBCI-2 步兵战车。VBCI-2 是法国陆军现役新型 VBCI 步兵战车(订购的 700 辆已于 2015 年 3 月交付完毕)的改进型。与采用单人炮塔、装备 25 毫米机关炮和 7.62 毫米机枪的 VBCI 步兵战车相比,VBCI-2 的改进主要体现在:采用最新型 T40 双人炮塔,装备 40 毫米埋头弹武器系统,炮塔两侧装备反坦克导弹(具体型号用户可选),炮塔顶置遥控武器站装备 7.62 毫米机枪,因而具备更强的火力打击能力;采用全新的焊接车身,使用功率更大的柴油发动机和改进型悬挂装置以及更大的轮胎,还可以选择最后的负重轮进行方向控制,因而具备更好的装甲防护能力和越野机动能力;安装了车辆电子系统、驾驶员热成像观测仪和照相机,使车辆具备 360°的态势感知能力。另外,由于与 VBCI 相比,VBCI-2 的炮塔顶部高一些,因而内部空间也大一些。

2015 年 2 月 12 日,法国中程导弹(MMP)反坦克导弹首次发射试验取得成功,法国陆军已订购了 400 部发射架和 2 850 枚导弹,计划 2017 年开始交付。该导弹可以安装在多种作战车辆上,用于取代现役"米兰"反坦克导弹。该导弹配用双模自动导引头和 140 毫米串联战斗部及双向数据链,具有"打了不用管"能力;采用人在回路和非视距发射模式,可直接攻击也可顶部攻击,还能够从密闭空间发射。导弹最大射程 4 000 米,是"米兰"的 2 倍,而发射架和导弹重 12 千克,与"米兰"相当。

其他相关国家比较重要的地面作战车辆项目在 2015 年也取得了重要进展。2015 年 6 月 24 日,德国陆军正式接收首辆"美洲狮"步兵战车,到 2015 年底共接收 7 辆。德国陆军订购了 350 辆"美洲狮"(最初计划 405 辆),将于 2020 年完成交付,用于取代 1971 年列装的"黄鼠狼 1"步兵战车(最新改进型"黄鼠狼 1A5"曾部署到阿富汗战场使用)。包括车载装备,"美洲狮"项目总价值为 43 亿欧元(49 亿美元)。德国陆军正在形成由"豹 2"主战坦克、"美洲狮"履带式步兵战车、"拳击手"轮式步兵战车和 PzH2000 自行榴弹炮组成的地面作战车辆体系。德国国防部长还于 2015 年 5 月底在德国议会宣布,计划与法国合作启动到 2030 年前后取代"豹 2"的新型主战坦克的研制。

2015年9月28日,瑞典接收了首门生产型 FH-77 BW L52 "弓箭手" 155毫米自行榴弹炮。2010年3月,瑞典和挪威联合签订了生产合同,两国各采购24门"弓箭手",此后,这个生产合同曾因挪威于2013年12月取消24门"弓箭手"的订购而备受困扰。

韩国于2015年8月开始列装自研的"天舞"239毫米多管火箭炮,该炮安装在8×8越野卡车底盘上,配用有安装在另一辆8×8防护型车辆上的自动装填系统,最大射程80千米,超过朝鲜现役远程多管火箭炮70千米的最大射程。

2015年7月16日,印度国防部邀请10家印度公司就拖延已久的未来步兵战车(FICV)项目提交设计方案。印度计划自行研制生产2610辆可空运的两栖型未来步兵战车,用于取代老化的俄制BMP-1和BMP-2步兵战车。印度要求该车重20～22吨,能携载3名乘员和7名徒步士兵,安装射程4000～5000米的反坦克导弹、40毫米榴弹发射器和射程为2000米的辅助武器及7.62毫米同轴机枪,还要求具备核化生防护能力以及防地雷和简易爆炸装置的能力。

三、防空反导装备实弹拦截试验捷报频传

近几年来,国外陆军在压缩部队员额、精干编制体制、减少老旧装备以推动陆军向"少而精"发展的同时,还大力加强新型作战力量建设,以抢占新的军事竞争制高点。防空反导部队属于加强建设的新型作战力量之一,防空反导装备则在2015年的实弹拦截试验中捷报频传,相关系统研发也取得较大进展。

2015年5月28日,美国陆军正在研制的一体化防空反导作战指挥系统(IBCS)在白沙导弹靶场成功进行了首次拦截试验,参与试验的"爱国者"PAC-2系统成功拦截了弹道导弹靶弹,标志着历时5年研制的IBCS系统已进展到飞行验证阶段。此次拦截试验验证了IBCS系统对PAC-2系统拦截作战全过程的指挥控制。试验中,1部PAC-2系统雷达和2部改进型发射架连接到IBCS一体化火控网络,随后雷达为IBCS系统提供目标数据,IBCS系统的跟踪管理器生成了弹道导弹的合成轨迹,然后其任务控制软件在评估威胁后生成了作战方案。最后,作战中心操作员通过IBCS系统任务控制软件发射了2枚PAC-2导弹摧毁了目标。致力于实现美国陆军现役和未来防空反导系统一体化的IBCS系统,将对未来防空反导作战产生重要影响:一是增强现有防空系统的网络化作战能力;二是增强现有防空系统的巡航导弹防御能力;三是实现战区反导的立体多层协同拦截作战能力。2015年11月12日和19日,"爱国者"PAC-3系统在IBCS系统试验中分别成功拦截了1枚巡航导弹靶弹和1枚模

拟现代战场环境中战术弹道导弹的老式"爱国者"导弹。

2015年11月1日,美国陆军的末段高空区域防空(THAAD)系统和海军的"宙斯盾"反导系统在西太平洋威克岛附近海域进行了一次代号为"飞行试验行动-02事件2A"(FTO-02 E2A)的联合反导试验。在这次展示美军多层联合反导能力的复杂反导作战试验中,首先由C017运输机在威克岛西南海域发射1枚近程空射靶弹飞向指定海域,随后"宙斯盾"系统发射"标准-3"拦截弹进行中段拦截;在"标准-3"由于飞行初期失灵导致拦截失败后,THAAD系统则成功拦截并摧毁了处于飞行末段的靶弹。与此同时,"宙斯盾"系统发射一枚Block ⅢA型"标准2"拦截弹,对一枚模拟低空来袭巡航导弹的BQM-74E靶弹进行拦截,并将其摧毁。

2015年12月10日,美国分别在不同地点试射了陆基"宙斯盾"反导系统(发射Block ⅠB"标准3"拦截弹)、"爱国者"PAC-3反导系统(发射最新改进型PAC-3 MSE导弹)、与以色列联合研制的"箭-3"反导系统,均取得成功。其中,具备反低轨道卫星潜力的Block IB"标准3"和"箭-3"为中段拦截试验,PAC-3MSE为末段拦截试验。陆基"宙斯盾"系统当天在夏威夷考艾岛太平洋导弹靶场进行的首次拦截试验中,美国空军C-17运输机发射了1枚空射靶弹后,AN/TPY-2前沿基地雷达捕捉并跟踪到目标,随后由AN/SPY-1雷达进行后续跟踪,并指挥陆基"宙斯盾"系统发射Block ⅠB"标准3"拦截弹,拦截弹的动能杀伤器成功捕获目标靶弹的再入飞行器并进入其航线,随后通过直接碰撞方式将其击毁。当天在以色列进行的"箭-3"反导拦截试验中,以空军战斗机发射的"先进银麻雀"靶弹越过地中海向以色列飞行了5分钟后,"箭-3"反导系统的预警雷达成功捕捉到靶弹,并从靶弹发射的多个假目标(假目标相当于一个可乐瓶大小)中识别出"真实"弹头,随后通过作战管理控制系统对目标进行分析、跟踪并制定拦截方案,"箭-3"拦截弹发射后成功按预定飞行轨迹在大气层外低轨道上通过直接碰撞摧毁了目标。美国陆军当天在白沙导弹靶场成功进行了"爱国者"PAC-3 MSE导弹拦截战术弹道导弹的试验,试验中发射了2枚PAC-3MSE导弹,第1枚就准确命中了目标。

其他相关国家的防空反导武器系统在2015年也都取得了较大进展。俄罗斯陆军的最新改进型"山毛榉-M3"防空导弹系统于2015年4月交付部队开始进行国家试验鉴定,计划2016年列装。该系统最大射程70千米,比"山毛榉-M2"提高25千米;具备反隐身目标能力,可在强电子干扰环境中对距离2 500~70 000米、高度15~30 000米内的作战飞机、巡航导弹、直升机和空地导弹等空气动力目标具有高效拦截杀伤能力,并可拦截最大飞行速度3 000米/秒的战术弹道导弹，每套系统可同时跟踪防御 36 个目标。

2015 年 5 月 5 日，印度陆军举行了"蓝天"（亦音译为"阿卡什"）防空导弹系统的服役仪式，标志着陆军型"蓝天"正式列装。其定型鉴定试验于 2014 年 6 月完成，试验中摧毁了 1 架在 30 米空中飞行的"女鬼"无人机靶机。"蓝天"是印度国防研究与发展组织 1983 年 7 月启动的"导弹综合发展项目"中的防空导弹，1990 年开始进行发射试验，但此后项目一直处于延迟状态，直到 2012 年 3 月空军型"蓝天"才正式列装。该系统的导弹以俄制 SA-6 防空导弹为基础研制，采用了相同的整体结构和复合冲压火箭发动机。印度国防部称，"蓝天"96% 的部件为国内自主研发。

2015 年 6 月，德国国防秘书宣布决定采购中远程防空系统（MEADS），共计划采购 8~10 个连套，以满足其对 TLVS 战术防空系统的需求。德国已为该系统投入 10 亿欧元的研制经费，后续研制和采购经费还需 30 亿~40 亿欧元。

2015 年 8 月 24 日，萨伯公司宣布英国再次购买 4 套最新生产型"长颈鹿"AMB 雷达系统（2008 年已购买 6 套），计划 2015—2018 年交付，合同金额 0.746 亿美元；这些雷达系统计划用于英国陆军已于 2015 年 1 月订购的未来区域防空系统（FLAADS），该系统将取代现役"长剑"野战标准 C 近程防空导弹系统。作为英国升级改进与阿根廷有争议的马岛防御能力的一部分，最新采购的雷达系统有一部分将可能部署到马岛。

四、陆军航空兵装备加强有人/无人协同作战能力建设

陆军航空兵是近几年来国外陆军正在加强建设的另一类新型作战力量，尤其是美国陆军在 2015 年继续实施 2014 年初制定的陆军航空兵重组计划（ARI），大力加强有人/无人协同作战能力建设。

随着 OH-58D"基奥瓦勇士"武装侦察直升机的逐步退役（2015 年 9 月底已退役 358 架中的 200 架，计划到 2017 年 3 月全部退役），美国陆军已决定组建有人/无人混编陆航营，为现役师属战斗航空旅的攻击直升机营编配 24 架最新改进型 AH-64E"阿帕奇·卫士"攻击直升机和 1 个 MQ-1C"灰鹰"无人机系统连，为重型攻击侦察营编配 24 架 AH-64E 和 3 个 RQ-7B（V2）"影子"200 无人机系统排。首个重型攻击侦察营已于 2015 年 3 月组建完毕，计划到 2019 财年完成 10 个营的组建，并全面具备有人/无人协同作战能力。从 2007 年开始到 2015 年 10 月，陆军航空兵已进行了 585 万小时的有人/无人协同训练飞行和作战飞行。有人/无人协同作战能力亦称为互操作等级（level of interoperability，LOI），共分为 5 级：第 1 级（LOI 1）是指有人机能接收和传

输无人机的辅助图像或数据；第 2 级(LOI 2)是指有人机能直接从无人机接收图像或数据；第 3 级(LOI 3)是指有人机能控制无人机的有效载荷；第 4 级(LOI 4)是指有人机能控制无人机的起降，从而减少无人机的起降次数；第 5 级(LOI 5)是指有人机能全面控制无人机包括起降在内的所有功能。到 2015 年 10 月，美国陆军有人/无人协同作战能力达到的水平是：在实战中达到了 LOI 2 级水平，即"阿帕奇"机组人员能通过非战术通用数据链的一体化多频带数据链，接收无人机系统传感器的视频流，并能转发给其他类似的"阿帕奇"直升机或装备有单系统遥控视频终端(OSRVT)的地面部队；在试验中则达到了 LOI 3 级和 LOI 4 级水平，所有安装战术通用数据链的无人机系统均可由 AH-64E 机组人员在 50 千米外的地方进行控制，直升机可直接接收无人机传感器数据并传输至 100 千米外的地面站，大大提高直升机机组人员和地面指挥官的态势感知能力、目标探测能力，进而提高网络中心战能力。

美国陆军还决定研制功率更大、燃油效率更好的新型发动机，并于 2015 年 9 月 24 日正式发布改进型涡轮发动机项目(ITEP)的建议征求书，用于更换美军现役"阿帕奇""黑鹰"等近 3 000 架中型直升机 20 世纪 70 年代装备的通用电气公司的 T700 发动机，使其具备更远的航程和更强的作战能力。T700 发动机在高温高海拔的阿富汗作战环境中已显得力不从心，为了执行作战任务，有些情况下机组人员不得不减少所需的机载人员和装备。与 T700 发动机相比，美国陆军在建议征求书中对新型发动机提出的要求是：功率增大 50% 的同时，燃油消耗降低 25%；体积必须与 T700 相当；温度在 95°F(35°C)时能够在 6 000 英尺(1.829 千米)的空中执行任务。预计竞争将在通用电气公司的单转子 GE3000 发动机和由霍尼韦尔公司与普拉特·惠特尼公司组成的合资公司先进涡轮发动机公司(ATEC)的双转子 HPW3000 发动机之间展开，因为这两家公司各有 1 台样机已在美国陆军资助的先进的经济性涡轮发动机(AATE)技术预研项目中进行了进气口粒子分离器试验。不过，美国陆军将采取开放式政策，允许没参与过 AATE 项目的公司参与新型发动机的竞争，并计划 2016 财年底授予两家胜出公司竞争合同进行预设计，然后选中一家公司进入为期 6 年的工程与研发阶段。

另外，美国陆军和海军陆战队 2015 年 7 月底与洛克希德·马丁公司签订了 0.66 亿美元的联合空地导弹(JAGM)项目研发合同，使该项目进入了工程与制造研发阶段。该导弹将取代"海尔法"反坦克导弹，装备陆军 AH-64D/E"阿帕奇"、海军陆战队 AH-1Z"超级眼镜蛇"武装直升机。陆军计划使联合空地导弹于 2018 年具备初始作战能力，初期采购 460 枚。法国陆军则于 2015 年 10 月决定从美国陆军库存中采购 200 枚 AGM－114K1A"海尔法"导弹,装备其"虎"式武装直升机。

2015 年 9 月 28 日,印度与波音公司和美国政府签订了 22 架 AH－64E 直升机及机载设备和 15 架 CH－47F"支奴干"重型运输直升机的采购合同(价值 30 亿美元),交付工作将于 2018 年 9 月—2020 年 3 月完成。合同中的直升机平台属于印度与波音公司的直接商业销售(DCS),而机载武器、传感器、雷达、训练设备及各种其他部件属于印度与美国政府的对外军售协议(FMS),包括 812 枚 AGM－114L－3"长弓·海尔法"反坦克导弹、542 枚 AGM－114R－3"海尔法Ⅱ"反坦克导弹、242 枚 BlockⅠ－92H"毒刺"空空导弹、12 部 AN/APG－76 火控雷达。波音公司确认,印度还可能再订购 11 架 AH－64E 和 7 架 CH－47F。

另外,印度自行研制的轻型战斗直升机(LCH)在 2015 年进行了各种环境试验:2015 年 1 月,该机进行了高海拔寒区试验;6 月,在沙漠地区进行了低海拔热区试验,当时驾驶舱外温度为 42℃,驾驶舱内则高达近 60℃;8 月底,该机装备了光电设备吊舱、火箭弹发射器、炮塔和空空导弹发射架进行了高海拔热区试验,当时试验地区海拔 3 200～4 800 米,温度 13～27℃。根据计划,该机将于 2016 年中进行携载武器的发射试验,2016 年 12 月具备初始作战能力,2017 年初开始为印度陆军订购的 114 架和空军订购的 65 架进行系列生产。

五、陆军部队及相关装备频繁进行实战演习、部署和使用

2015 年的世界安全形势整体仍算平稳,但局部却暗流涌动且热战不断:朝鲜半岛持续紧张,日本加紧扩军备战,美军直接搅局南海,乌克兰危机持续无解和叙利亚上演多方混战并引发美、俄、欧明争暗斗,极端组织"伊斯兰国"巴黎恐袭,土耳其击落俄罗斯战机,阿盟出兵也门空袭"胡塞"反政府武装等,可谓令人眼花缭乱。为了应对危机和热战,主要国家对陆军部队及其装备进行了频繁的实战化演练部署,还多次在实战中进行作战使用,而反政府武装的一些"战果"也总是为人们所"津津乐道"。

2015 年 1 月 15 日,美国和韩国正式成立由驻韩美军第 2 步兵师和韩国 1 个装甲旅组成的美韩联合陆军师,第 2 步兵师师长担任联合陆军师师长,韩国陆军 1 名准将担任副师长。美韩各派 30 名军官参加联合陆军师参谋部的工作,美方负责作战参谋,韩方负责军需参谋。军官、士官和部队将被派遣到该陆军师,以加强双方陆军的互操作性并实现兵力的最大化。联合陆军师的目标是培养适应能力以制止和击败未来挑衅,提高韩国的防御能力。联合陆军师还将负责针对朝鲜地区的民事任务和销毁大规模杀伤性武器等特殊任务。韩国认为,成立联

合陆军师对增强联合防卫态势和提高韩军联合作战能力很有帮助,是近几年来驻韩美军一直在进行的重大调整的组成部分,最终目标是实现驻韩美军角色与作用的转换,获得"战略灵活性"。所谓"战略灵活性"是指驻韩美军将承担"保证东亚地区和平与维护稳定的任务",并将迅速介入该地区发生的任何冲突。因为根据两国 20 世纪签订的《美韩共同防御条约》,驻韩美军的主要任务有着明确的界定,即防卫韩国遭到的武力攻击,条约使用范围只在韩国政府控制的地域内。而美军"战略灵活性"将突破《美韩共同防御条约》的框架,使驻韩美军不仅是遏制朝鲜的"地方军",更是美国在东亚地区追求战略目标的"机动部队"。

2015 年 3 月 20 日,美国国防部长卡特批准向驻扎在韩国凯西兵营的美军增派一个多管火箭炮营。该营为陆军第 20 野战炮兵团第 2 多管火箭炮营,装备 M270A1 多管火箭炮,将编入到凯西兵营轮值的第 210 野战炮兵旅。为该旅增加多管火箭炮营,使其由两个增加到三个,是美国陆军重组的组成部分。M270A1 能发射最大射程 70 千米(在伊拉克的实战中曾到达 90 千米)的 M31 制导火箭弹和最大射程 300 千米的陆军战术导弹,具有很强的远程精确打击能力,并多次在伊拉克和阿富汗战争中进行实战使用。

2015 年 6 月下旬,美军在保加利亚诺沃塞洛军事基地与保加利亚军队举行陆空联合演习,美军出动了包括 M1A2 主战坦克和"斯特赖克"装甲车在内的装甲部队,保加利亚则动用了直升机演示空降作战。因乌克兰危机引发的美俄对峙,此次演习威慑俄罗斯的意图不言自明。另外,美军驻意大利第 173 空降旅的约 300 名士兵于 2015 年 4 月抵达乌克兰西部的亚沃里夫,用 6 个月时间训练三个营的乌克兰部队。

2015 年 12 月 1 日,美国陆军宣布计划从 2015 年 12 月开始,将其储存在德国科尔曼基地用于美军轮换部队训练的装甲装备的一部分预置到罗马尼亚、保加利亚和立陶宛等东欧国家的前沿阵地,以支持"害怕"俄罗斯的东欧盟国应对诸如乌克兰之类的危机。美国陆军储存在德国的装甲装备被称为"欧洲行动套件"(EAS),是一系列适合装甲旅战斗队使用的装甲装备,主要包括最新改进型 M1A2 SEP V2"艾布拉姆斯"主战坦克、M2A3/M3A3"布雷德利"步兵/骑兵战车和装甲旅战斗队使用的其他装备。EAS 装备在东欧的首批预置地点是罗马尼亚的一个空军基地、保加利亚的一个训练基地和立陶宛的一个基地,未来还计划在其他东欧国家进行装备预置。美国陆军透露:计划在罗马尼亚预置约 700 件装备,在保加利亚预置约 500 件,在立陶宛预置约 200 件;在德国的科尔曼基地将保留约 8 000 件装备,在德国的格拉芬沃尔基地将保留约 2 000 件装备。

俄罗斯国防部于 2015 年 11 月 17 日发表视频显示,俄军已在叙利亚部署了地面炮兵部队,有 6 门 2A65 152 毫米牵引榴弹炮在为叙利亚政府军试图击退 IS 攻势的作战提供火力支援。该炮发射底排弹最大射程 29 千米,最大射速 7 发/分,持续射速 2 发/分。俄罗斯还在距土耳其边境 50 千米的叙利亚境内实战部署了 S-400 防空反导系统和保护该系统阵地及俄罗斯空军所使用的叙利亚空军基地的"铠甲-S1"弹炮合一防空系统。2015 年 10 月 23 日,叙政府军使用俄提供的 TOS-1"日炙"重型喷火坦克(也称温压多管火箭炮)轰击叛军阵地。

2015 年 9 月 19 日,日本安倍政府安全保障相关法案获得通过,日本防卫省则着手构建所谓面对安保环境变化的全覆盖对应机制,加快建立所谓离岛遭受武力攻击的应对力量。日本陆上自卫队已于 2014 年 11 月决定采购 52 辆美制 AAV7A1 水陆两栖突击车,2016 年底交付完毕,并计划在 2017 年完成组建负责离岛登陆和夺取作战、装备 AAV7A1 突击车的"水陆机动团"。离岛登陆和夺取作战任务目前由西部方面队约 700 人的普通科连队承担,"水陆机动团"将以该连队为基础组建,建立时近 2 000 人,并计划增加至 3 000 人,达到旅的规模。日本还正在研制更先进的两栖突击车,该车使用改进型主战坦克发动机及新的喷水推进技术,比已有 40 年历史的 AAV7A1 拥有更好的水上机动性和更快的行驶速度,全尺寸原型车已于 2015 年上半年进入水池测试阶段。

2015 年 3 月 26 日,以沙特阿拉伯为首、包括 10 多个阿拉伯国家的阿盟联军,开始对也门"胡塞"反政府武装进行空袭。实战中,阿盟联军先后有 4 架美制"阿帕奇"武装直升机被"胡塞"武装的便携式防空导弹击落,还有 1 辆美制 M1"艾布拉姆斯"主战坦克被击毁;2015 年 9 月 4 日,"胡塞"武装发射的 1 枚俄制"圆点"战术弹道导弹打死了 67 名阿盟联军,其中 52 人为阿联酋人,阿联酋随后向也门部署了两个"爱国者"防空反导连,并于 2015 年 11 月 14 日拦截了 2 枚战术弹道导弹;在叙利亚内战中,反政府武装分别于 2015 年 4 月和 12 月用美制"陶"反坦克导弹击毁了叙利亚政府军的 1 辆 T-55 主战坦克和 1 辆 T-72 主战坦克(也可能是 T-90A 主战坦克),还于 11 月击落了俄罗斯 1 架搜救被土耳其击落战机飞行员的直升机。

六、其他相关重要动态

2015 年 11 月 23 日,英国政府发布新版《国家安全战略及战略防务与安全审查》报告,重点分析了英国本土及海外利益在未来 5 年面临的威胁,提出了未来五年国家安全与国防建设的优先事项,并规划了英军 2025 年的构成。该报告提出的"2025 年联合部队"构想对英国陆军的规划如下:陆军保持现役 8.2 万人不再缩减；编制2个装甲步兵旅、2个打击旅、1个空中突击旅（即第16空中突击旅）、6个步兵旅、1个混合作战旅（第77旅）、1个情报/监视/侦察旅、4个"阿帕奇"直升机中队、4个"野猫"直升机中队、3个"守望者"无人机连、2个"美洲豹"直升机中队、3个"支奴干"直升机中队、2个"默林"Mk2直升机中队；赋能部队，包括炮兵部队、工兵部队、后勤部队。与2013年7月发布的修订版《陆军2020计划》相比，该报告将陆军的装甲步兵旅和步兵旅各减少1个，但新增了2个打击旅，每旅5 000人，将装备已订购的589辆"埃阿斯"车族和筹划中的约300辆新型8×8步兵战车，并决定不采购美制AH-64E，而是改进现役WAH-64D"阿帕奇"武装直升机。

2015年6月17日，美国陆军就其正在推进的"模块化手枪系统"（MHS）项目发布建议征求书，并于2015年7月举行了几个"工业日"活动。MHS手枪将用于取代美国陆军和其他军种的M9"贝雷塔"9毫米手枪。MHS手枪可能继续采用9毫米口径，也可能采用0.4英寸（约10.2毫米）或0.45英寸（约11.4毫米）口径。根据计划，美国陆军将于2016年发布MHS项目的最终建议征求书，2017年选定主承包商，2018年开始大批量生产。美国国防部将可能采购超过50万把MHS手枪，其中包含美国陆军的28万多把。

俄罗斯陆军总司令奥列格·萨柳科夫上将透露，俄军2015年列装了约8万套第二代"未来战士"士兵系统，并已开始研制可用于北极地区的第三代"未来战士"士兵系统。第三代系统将通过外骨骼提高战斗机动性，并将减少20千克的装备携行重量。

参考文献

[1] 岳松堂.外军陆军装备与技术发展综合研究[M].北京：总装备部陆军装备科研订购部科技信息中心，2015.
[2] Huw Williams. U.S. Army outlines plans for Shadow's future [J]. Jane's International Defense Review，2015(06).
[3] Daniel Wasserbly. Oshkosh Defence wins JLTV programme [J]. Jane's Defence Weekly，2015(09-02).
[4] Nicholas de Larrinaga. Uk's Scout SV renamed Ajax as first turreted prototype unveiled [J]. Jane's Defence Weekly，2015(09-23).
[5] Marina Malenic. U. S. opens Apache/Black Hawk engine replacement programme competition [J]. Jane's Defence Weekly，2015(10-07).
[6] Andrew Drwiega. U.S. Army Aviation Restructuring Initiative in Progress [J]. Military Technology，2015(10).

外军压制火炮系统发展综述

肖咏捷

2015年,火炮领域榴弹炮、火箭炮、迫击炮和弹药整体表现活跃,一方面是有诸多新产品、新技术推出,另一方面是多个研制项目进展顺利,或成功完成试验开始投入生产,或获得订单完成交付。从总体看,在火炮研发方面,先期开展火炮研发的国家,如美国、法国、韩国等,在火炮技术和产品已然成熟,因此本年度的主要动向体现在产品的生产、销售及交付,而一些小的国家则接过研发大旗,利用现有成熟系统和技术,如将底盘和炮塔或火炮直接集成,发展新的系统。弹药方面除了继续关注低成本的精确制导技术外,也有新产品问世,如美国开发出新的穿墙弹;以色列推出"英雄"系列巡飞弹和新型制导迫击炮弹。此外,外军尤其是美军更加注重战斗部技术的研发,开发了内含金属丝网的高分子聚合物战斗部壳体和新型侵彻战斗部。

一、榴弹炮

2015年,榴弹炮发展势头良好,一些发展成熟的榴弹炮产品受到市场青睐,如韩国的K9"雷鸣"155毫米履带式自行榴弹炮,除了被印度已选中外,丹麦也将K9"雷鸣"作为其首选,计划采购12门。个别国家通过将现有底盘与炮塔或火炮集成为一种新型榴弹炮系统,捷克推出了"达纳"- M1 CZ 152毫米自行榴弹炮等。

(一)多个新型榴弹炮系统问世

2015年,榴弹炮领域有多个新产品问世,这些新型的榴弹炮多是在现有成熟系统的基础上,将底盘和火炮或炮塔直接集成为新系统。

1.斯洛伐克披露"伊娃"155毫米自行榴弹炮

2015年5月19日至21日,斯洛伐克康斯特拉克塔防务公司推出了新型"伊娃"155毫米自行榴弹炮。由于大量使用经实战验证的"祖扎纳2"155毫米自行榴弹炮的子部件,因此该炮在9个月内便完成研制。目前该炮正在进行试验,一旦获得订单便可于2016年开始投入批量生产。"伊娃"自行榴弹炮为车载炮,它将 52 倍口径 155 毫米炮身安装在改进的"太脱拉"6×6 轻型卡车底盘后部,当然,底盘也可以选择 8×8 车辆。该炮重量轻,空重 20.2 吨,战斗全重 22 吨,可用 C-130 运输机空运,具有较高的战术和战略机动能力。其发射全膛底排增程弹的射程达 41 千米。火控系统的自动化程度较高,可执行直瞄射击和间瞄射击任务。炮上配备的瞄准具组件包括综合激光测距机,使得武器能够昼夜精确打击 1 500 米距离上 2.3 米×2.3 米范围内的目标。该炮携弹 24 发,通过自动装弹机装弹时可在第一分钟内发射 5 发炮弹。

在波兰国际防务展上,斯洛伐克还展出了"狄安纳"155 毫米履带式自行榴弹炮系统,该炮采用 UPG-NG 履带式装甲车底盘,底盘中部安装的是为"祖扎纳 2"研制的炮塔。"狄安纳"样炮是在防务展开始前一周完成的。

2. 土耳其推出"波朗"105 毫米牵引榴弹炮系统

2015 年 5 月,土耳其机械与化学工业公司推出了"波朗"105 毫米牵引榴弹炮,首批榴弹炮已进行了射击试验。该炮为轻型牵引式榴弹炮,重 1.7 吨,采用与 L118 相似的弓形大架,但在土耳其防务展上展出的"波朗"没有像 L118 那样配装转台。该炮配用 30 倍口径 105 毫米炮管,其最大射程为 17 千米。它配有传感器组件,包括安装在 105 毫米身管上方的炮口初速雷达、炮瞄系统以及惯性导航系统,使得该炮能够快速进入发射阵地,执行更精确的射击任务,并在反炮兵火力来袭之前离开发射阵地进行再部署。该公司还研制了出口型"波朗"牵引式榴弹炮,采用相同的 30 倍口径身管,但配有不同的高低机,并安装在配有不同悬挂系统的分开式大架上。

(二)榴弹炮产品的采办和交付工作进展顺利

2015 年度,一些榴弹炮系统顺利完成交付,如美国接收首批生产型 M109A7 式"帕拉丁综合管理"(PIM)自行火炮系统;德国向立陶宛交付 16 门状态良好的 PzH2000 自行榴弹炮;泰国皇家陆军向以色列埃尔比特系统公司订购了 ATMOS 155 毫米轮式自行榴弹炮,首批 5 门榴弹炮计划 2016 年交付,泰国很可能获准许可生产该榴弹炮。此外,在印度国防部长提出的"印度制造"这一方案的鼓励下,印度大量引进韩国 K9"雷鸣"155 毫米自行榴弹炮和 M777 轻型牵引榴弹炮,并将获准许可生产。

1. 美国接收首批生产型 M109A7 式"帕拉丁"PIM 自行火炮系统

2015 年 4 月 9 日,美国陆军接收首批生产型 M109A7 式"帕拉丁"(PIM)自行火炮系统,并为此举行了一场接收仪式。美国陆军和主承包商 BAE 系统公司最终协商的低速初始生产计划是提供 66 套"帕拉丁"PIM 系统以及 1 套用于试验的系统。美国陆军计划购买 580 套"帕拉丁"PIM 系统,但实际购买数量将可能少些，这主要取决于预算。随后的作战试验确定将于 2016 年下半年进行，全速生产计划有望于 2017 年 2 月开始。

2. 俄罗斯接收首批"联盟-SV"152 毫米履带式自行榴弹炮

2015 年 3 月，俄罗斯陆军接收首批 12 门最新研制的"联盟-SV"152 毫米履带式自行榴弹炮。5 月 9 日，该炮在红场阅兵式上首次公开亮相。目前，俄罗斯正基于该榴弹炮研制一种新型自行岸防炮。

3. 印度采购并将许可生产 K9"雷鸣"和 M777 榴弹炮系统

2015 年 9 月底，印度国防部为印度陆军选择了韩国三星特克温公司的"雷鸣"155 毫米/52 倍口径自行履带式榴弹炮，采购 100 门该型号榴弹炮。印度国防部计划在 2016 年与韩国政府展开谈判，希望三星特克温公司能为印度本土生产商拉森·特博洛公司提供零部件，在普纳工厂进行组装。

2015 年 5 月，印度国防采办委员会批准通过美国对外军售计划，采购 145 门 M777 式 39 倍口径轻型牵引榴弹炮及激光惯性炮兵定位系统，以装备印度陆军第 17 山地军。该采购合同总价值 6.94 亿美元。同时 BAE 系统公司也准备了一份内容广泛的贸易补偿方案，重点实现 M777 在印度本土生产。目前，该公司和美国政府已就将组装集成与测试厂转移到印度的举措达成一致意见。但该炮的关键部件仍将从国外进口，如钛合金身管和反后座装置等。

此外，2015 年 4 月 27 日，印度成功完成了根据许可生产的博福斯 FH-77B（印度兵工厂委员会命名为"丹奴什"）45 倍口径 155 毫米牵引榴弹炮的关键性试验。在陆军发放了 144 门"丹奴什"榴弹炮批量生产许可证后，"印度制造"国防制造项目启动。截至 5 月 11 日已生产了 6 门样炮，预计此后 6 个月内交付 6 门，12 个月内再交付 12 门，24 个月内再交付 36 门。当前 144 门"丹奴什"榴弹炮的订单价值 1.79 亿欧元，陆军根据该炮的作战性能选择追加 414 门。

4. 黎巴嫩接收 M109 榴弹炮

2015 年 1 月底，黎巴嫩武装部队接收了 12 门 M109 式 155 毫米 39 倍口径自行榴弹炮，此次接收是以第三方移交的方式由约旦提供的。据称黎巴嫩武装部队还将接收另外 22 门 M109 榴弹炮。根据外交协议，黎巴嫩还计划采购 24 门"凯撒"155 毫米自行榴弹炮，沙特将提供 30 亿美元的资助。2015 年 2 月 5 日，黎巴嫩武装部队声称将另外从美国购买 72 门 M198 式榴弹炮。

二、火箭炮

火箭炮领域本年度表现尚算活跃，一方面是有新产品推出，如韩国披露其"天舞"远程多管火箭炮；另一方面是几种火箭炮成功完成了试验工作。

（一）韩国披露"天舞"(K-MLRS)远程多管火箭炮

2015年8月4日，韩国陆军开始列装韩华公司研制的"天舞"远程多管火箭炮，预计2016年部署到韩国西北岛屿。据称，该炮可将三个足球场大的面积瞬间化为焦土。

"天舞"火箭炮采用8×8越野车底盘，底盘上安装了有装甲防护的驾驶室、核生化防护系统、计算机火控系统和定位导航系统，此外还配有独立悬挂装置以及中央轮胎放气系统。发射装置由两个发射箱组成，安装在底盘后部，其高低俯仰和方向转动由液压驱动。发射箱内封装有6枚火箭弹，重约2.5吨。其发射的火箭弹采用固体推进剂发动机，配有杀爆战斗部和GPS/INS制导组件，弹径239毫米，弹长约4米，射程据称超过80千米。供弹车也采用类似的8×8防护型车辆底盘。

（二）塞尔维亚测试"摩拉瓦"模块化多管火箭炮系统

2015年4月，塞尔维亚"摩拉瓦"(Morava)LRSVM多管火箭炮系统成功进行了发射试验。塞尔维亚国防部长观摩了此次测试。该火箭炮由塞尔维亚军事技术研究院研制，其中98%部分为自主研发技术，根据计划是在2015年底装备塞尔维亚陆军。"摩拉瓦"为模块化系统，系统的发射车采用了FAP公司的1118BS 4×4战术卡车底盘，可装载2部12管发射箱单元，能发射不同口径火箭弹。近期的发射试验使用的是俄制122毫米"冰雹"火箭弹和由前南斯拉夫研制的Oganj火箭弹。该火箭炮还能采用16管发射箱单元，使用本土研制的Plamen-A 128毫米火箭弹的射程为8.6千米，使用Plamen-D 128毫米火箭弹的射程为12.6千米。

（三）波兰采购WR-300式"赫玛"多管火箭炮

2015年6月，波兰武器装备监察局与波兰HSW公司就WR-300"赫玛"(Homar)轮式多管火箭炮的采购和交付问题进行磋商，相关协议可能在2015年第4个季度签订。此项采购合同预计高达6.9亿美元。波兰还有意斥资约3.7亿美元为"赫玛"多管火箭炮采购弹药。波兰计划2022年前采购60门WR-300"赫玛"多管火箭炮，首批火箭炮将于2018年交付。"赫玛"采用"耶尔奇"(Jelcz)6×6轮式卡车为底盘，可对地面距离为300千米以内的目标实施打击。

（四）美国试验改进型M270A1多管火箭炮

2015年6月16日，美国陆军对改进型M270A1多管火箭炮进行了射击试验，试验中共发射了138枚火箭弹，旨在验证升级改进不会对火箭炮的作战效能产生负面影响。根据美国陆军当前的需求，改进型M270A1多管火箭炮将能够与"海玛斯"高机动多管火箭炮等相关系统保持一致。

（五）印度试验"皮纳卡"Ⅰ多管火箭炮

2015年6月29日，印度成功进行了"皮纳卡"Ⅰ多管火箭炮关于子母战斗部的系列试验。该试验是生产批次验证试验的一部分，试验期间随机抽取"皮纳卡"火箭炮定期测试特定批次的性能标准，对完整系统、子系统和子母战斗部效能进行了测试。此次试验使用的子母战斗部是该火箭炮配备的八种战斗部之一。"皮纳卡"MkⅡ火箭弹预计2016年装备部队。同时印度国防研发组织也开始研制远程制导火箭弹，将在随后2～3年内展开试验工作，并于2019年完成研制工作。据称该火箭弹射程将达85～90千米，最大射程的圆概率误差不到30米。

三、迫击炮

2015年度，迫击炮领域的表现较为突出，除了有新系统推出外，更值得关注的是迫击炮的轻量化发展和智能化发展。

（一）推出新型迫击炮系统

西班牙和奥地利均有新系统问世，前者推出的是一种车载综合迫击炮系统，后者推出的是一种适于特种作战使用的60毫米迫击炮系统。此外，瑞士成功完成了"眼镜蛇"（Cobra）120毫米车载迫击炮系统的研制与鉴定试验，开始进入生产阶段。

1. 西班牙推出新型车载综合迫击炮系统

该新型车载综合迫击炮系统安装在URO VATAC ST5底盘上，驾驶室底部安装有新型气象系统，有助于改善火控系统的弹道计算。迫击炮可由乘员从车内遥控操瞄射击，也可使用操控杆从迫击炮后方某位置手动操瞄射击。迫击炮安装在底盘后部的转台上，能够360°全方位回转，系统主要配用81毫米身管，底盘后部还可携带54发81毫米迫击炮弹。从后坐力方面看，试验表明，60毫米和81毫米车载综合迫击炮系统不需要安装稳定装置，而120毫米系统则必须安装稳定装置。该迫击炮系统可安装在不同的车辆平台上使用。

2. 奥地利推出新型M6C-640Mk1式60毫米迫击炮

M6C-640Mk1式60毫米迫击炮由奥地利希腾贝格防御系统公司研制，由座钣、发射管和击发机构组成，全重6.2千克，全长8.25米，发射管长6.4米。座钣采用高强度铝合金制成，中心部位由钢制成。迫击炮配有方形座钣，利用快速更换系统，无需工具可在10分钟内更换座钣。击发机构采用压发击发方式，装弹时无需竖起炮身。该炮采用了新的改进型瞄准装置以提高射击精度。该炮可发射所有类型的60毫米迫击炮弹，使用3号装药发射迫击炮弹的最大射程为

1 921米,使用2号装药的最大射程为1 384米。其最大射速为30发/分钟。该炮重量轻,射击精度高,反应速度快,尤其适用于苛刻地形条件的特种作战任务。

3."眼镜蛇"120毫米迫击炮进入生产阶段

罗格防务公司正式完成了"眼镜蛇"120毫米车载迫击炮系统的研制与鉴定试验。"眼镜蛇"是120毫米滑膛迫击炮系统,迫击炮安装在旋转式托盘上,配装了"莫戈"(Moog)全自动方向机和高低机,采用了计算机化火控系统,火控系统安装了嵌入式训练系统,迫击炮还安装了惯性导航组件包。迫击炮右侧配装了平板电脑,操作人员可使用操作杆控制迫击炮瞄准目标。系统配备了装填辅助装置,在降低了炮手的疲劳度的同时也提高了射击效率。试验证明,"眼镜蛇"可在20秒内发射4发120毫米迫击炮弹。"眼镜蛇"重1 200千克,辅助装填装置重150千克。"眼镜蛇"可在60秒内完成射击任务并撤出战斗,在电力消失殆尽的情况下,系统可重置为手动操作模式。此外,炮手训练时可将81毫米迫击炮炮管插入120毫米炮管进行近距离发射训练,能够达到与大口径迫击炮训练相同的效果。"眼镜蛇"最大射程为7 000~9 000米,其射程取决于弹丸/装药组合方式。标准型120毫米滑膛迫击炮炮管长2米,但也可安装1.6米的炮管。

(二)重视迫击炮的轻量化和智能化发展

在迫击炮轻量化发展方面,美国已交付部队的M252A1迫击炮系统与其前身相比实现减重14%;在迫击炮智能化发展方面,美国提出了120毫米制导增强型破片杀伤迫击炮(GEFM)计划。

1. 美国首批新式轻型81毫米迫击炮系统交付部队

2015年2月,美国皮卡汀尼兵工厂向北卡罗来纳州布拉格堡的部队交付了81毫米M252A1迫击炮系统。该系统通过使用铝合金、钛合金及尼龙凯夫拉等轻质新材料实现减重,与其前身81毫米M252迫击炮系统相比重量从41.27千克减少了5.44千克至35.83千克,减重14%。在减轻士兵负重的同时,具有与前身相同的耐久性、射速和射程。由于系统内齿轮无需外部润滑,也更易于维护。新系统预计于2016全部替换M252。

美国陆军还致力于通过重新设计M191两脚架来实现120毫米迫击炮的轻量化。将指示装置安装在新型两脚架上可使迫击炮总重减轻22.68~27.22千克。该项目的研究工作有望在3~4年内完成。

2. 美军研发智能迫击炮

2015年5月14日,美国陆军研究人员在国家实验室日展示了120毫米制导增强型破片杀伤迫击炮(GEFM)计划。GEFM是一种GPS制导的迫击炮,可协助士兵轻松攻击目标。该计划是美国政府提出的"高爆制导迫击炮"（HEGM）的研发项目。该项目将向工业部门发布征求意见书，要求其提出智能迫击炮的解决方案。陆军将向工业部门提供成熟的技术数据包，使其研发的迫击炮具备低风险、高性能表现能力。同时，将与精确制导迫击炮研发者共同合作，在2015年完成系统操作演示。

四、弹药

弹药发展的一个重要方向仍然是精确化，除美国雷神公司完成"神剑"（Excalibur）增量1B制导炮弹的小批量生产，并自筹经费研发"神剑-S"制导炮弹和海军型N5外，德国和意大利联合研制的"火山"（volcano）制导炮弹于2015年初进行了联合鉴定，有望于2016年装备德国和意大利陆军。此外，2015年更值得关注的是低成本精确制导技术的发展以及美军在新型弹药和战斗部技术方面的成果。

（一）低成本精确制导技术手段试验进展顺利

在低成本精确制导技术方面，除了美国的精确制导组件（PGK）开始批量生产并交付部队外，以色列也成功测试了"银弹"制导组件，而且该组件比美国的PGK成本更低。

1. 美国陆军接收并试验155毫米精确制导组件

2015年4月，ATK公司获得价值1.2亿美元的合同，开始批量生产精确制导组件，以装备美国陆军、海军陆战队以及澳大利亚陆军和加拿大陆军等部队。美军的采购金额为1.012亿美元，澳大利亚和加拿大的采购金额为1 850万美元。火炮精确制导组件总采购量为15 006枚，预计2016年初开始交付，2018年3月完成全部交付工作。

4月30日，美国陆军成功完成了155毫米精确制导套件的第一批批量生产验收测试，并接收首批产品。试验中，陆军用M109A6"帕拉丁"自行榴弹炮试射了42枚加装精确制导组件的炮弹，其中的41枚达到预期目标。年底综合此次试验以及5月和6月的测试结果，决定最终进入该项目的大批量生产阶段。

2. 以色列测试"银弹"制导组件

2015年5月，BAE系统公司驻以色列的罗卡尔分公司成功测试了"银弹"精确制导组件。试验表明，该制导组件能够在陆地和海面等多种地形环境中正常使用，可配装M795和K307等多种炮弹，兼容于美国M109和韩国K9"雷鸣"自行榴弹炮。"银弹"采用GPS制导，可旋入炮弹头部替代原来的引信，并保留了触发、延时和近炸多选择引信的功能。组件的前端装有两对鸭式舵。整个发行过程中对弹道的修正量可达到射程的 2%～4%。"银弹"的成本要低于美国的 PGK 组件。

(二) 多种新型弹药亮相

弹药领域几种新型弹药的推出备受关注,其中美国陆军设计的一种新型的穿墙弹在穿透硬质目标后仍保持战斗部完好;以色列开发的"英雄"巡飞弹系列有多种型号;挪威的新型 155 毫米增程弹采用了一种新工艺可极大地提高精度。

1. 美国陆军设计发明新型穿墙弹

美国陆军设计研发了一种采用钨合金头罩及陶瓷圆锥形头部的穿墙弹,在穿透硬质目标后,战斗部仍保持完好无损。穿墙弹采用整体式设计,引信完全嵌入壳体内部。弹丸采用塑料弹带,感应天线被弹带包围。天线通过导线向引信传输信号,导线通过壳体上的开孔连接天线和引信。信号可以通过火炮身管输入,然后由天线接收并传输给引信。弹丸内装有预刻槽的塑料内衬,因而起爆后可形成可控破片。该弹可用于对付人员及器材的侵彻/空爆多功能战斗部,对于加固混凝土、砖石、土坯墙、轻型装甲目标等具有较强的穿透能力,穿透目标后弹丸结构受损程度较轻,能够有效产生毁伤效应。在该发明中,引信与弹丸壳体之间装有一层至少为 3～4 毫米的炸药装药,爆炸后有足够的威力使引信对应的壳体发生破裂。

2. 以色列计划试验"英雄 120"巡飞弹

以色列 Uvison 公司正在研发"英雄"(Hero)系列巡飞弹,目前有 6 种型号,分为近程和远程两个子系列。近程系列包括"英雄 30""英雄 70"和"英雄 120",远程系列包括"英雄 250""英雄 400"和"英雄 900"。此外,该公司也在研制体型更大的巡飞弹,但拒绝透露其性能参数和研制进度。据称到 2015 年底,"英雄"巡飞弹将有 4 家确定的用户,外界猜测其中两家分别是以色列和美国。

近程系列均为筒式发射,动力装置均采用电动机,并使用相同的航空电子设备。"英雄 30"目前已完成研制工作,该巡飞弹重 3 千克,采用背负式筒式发射,配用重 1.5 千克的战斗部,巡飞视距 30 分钟,视距数据链的作用距离 5～40 千米。"英雄 120"预计在 2015 年底完成研制工作。该巡飞弹重 12.5 千克,设计用于对付近距离的建筑物和装甲目标,配备重 4.5 千克的战斗部以及"微型印章"光电/红外有效载荷,巡飞时间为 60 分钟,视距数据链的作用距离达 60 千米。"英雄 70"目前仍在研制之中,预计 2016 年完成研制。该巡飞弹重 7 千克,配备重 1.2 千克的战斗部,巡飞时间为 45 分钟,视距数据链的作用距离为 40 千米。

远程系列的动力装置均采用汽油机,可采用固定式弹翼(滑轨发射)或折叠式弹翼(发射筒发射)。"英雄 400"重 40 千克,配备重 8 千克的战斗部,巡飞时间为 4 个小时,有效作战半径为 150 千米,目前已完成研制。"英雄 250"重 25 千克,配备重 5 千克的战斗部,巡飞时间为 3 个小时,有效作战半径为 150 千米,目前正在进行评估。"英雄 900"重 97 千克,配备重 20 千克的战斗部,巡飞时间为 7 个小时,有效作战半径为 250 千米,目前仍在研制之中。

3. 以色列推出新型 120 毫米制导迫击炮弹

2015 年 4 月,以色列在拉美宇航与防务展上展出新型 120 毫米制导迫击炮弹。该弹由以色列军事工业公司研制,已装备以色列国防军。它采用了"纯心"的制导系统,由中央处理器装置、GPS 导航系统、可与尾翼协调工作的制导系统以及激光导引头组成,能够进行实时计算和控制。该制导迫击炮弹能够在空旷和城区环境中作战使用,最大射程 8 千米,能够以近乎垂直的弹道攻击目标,附带损伤小。该弹配用多选择引信,可装定为触发、延时和近炸三种工作模式。

4. 挪威鉴定新型 155 毫米增程炮弹

挪威陆军对纳莫集团研制的新型 155 毫米增程炮弹进行了鉴定,该弹在精度上有大幅的提高。预计挪威陆军将在 2016 年第一季度完成 155 毫米增程炮弹的鉴定并实现列装。

新型 155 毫米增程炮弹的气动外形比普通榴弹更加流畅,有助于减小阻力和提高射程。该弹的加工步骤与传统炮弹在第一步之后有所不同。它是先对弹体内部和外部进行切削加工,尔后安装弹头部。这种工艺有利于减少炮弹重量偏差和漏箱导致的偏差,能够严格限制制造公差,将不同弹丸在重量和壁厚方面的差异控制在最小,进而减小弹丸的散布误差。该弹采用模块化设计,底部通过螺纹安装可更换底排装置,用于增大射程。标准的 155 毫米增程炮弹总重为 44.05 千克,装填 10.3 千克的 MCX-6100 不敏感炸药或梯恩梯。试验表明,用 39 倍口径 155 毫米火炮和 DM72 模块装药系统 5 号模块化装药发射时,新型 155 毫米增程炮弹的射程为 20 千米,弹丸落点与目标的距离小于 30 米。用 52 倍口径 155 毫米火炮和 DM72 模块装药系统 6 号模块化装药发射时,弹底增程型炮弹的射程为 40 千米,安装中空弹底的炮弹射程为 30 千米。此外,新型 155 毫米增程炮弹对战场上多种目标的破片杀伤效应更强。

(三)新战斗部技术

在新型战斗部技术研发方面,美国取得突出进展,一方面是研究推出一种内含金属丝网的高分子聚合物战斗部壳体;另一方面是设计了一种新型侵彻战斗部。

1. 美国陆军研究内含金属丝网的高分子聚合物战斗部壳体

美国陆军研究实验室研发了一种内含金属丝网的高分子聚合物战斗部壳体,可在高效毁伤目标的同时尽可能地降低对目标周边的附带损伤。该战斗部底部为圆柱形,头部呈收缩的圆锥形。战斗部壳体内的空腔中至少装填有一部分炸药装药,当战斗部以足够高的速度撞击目标时,冲击波或内置的引信机构将引爆炸药装药。战斗部壳体内部有一部分是长度较短的金属丝编织的网状结构,从战斗部底部到头部,金属丝的数量逐渐减少,使得编织成的壳体直径也逐渐减小。金属丝的材料最好是钢丝,但其他高强度、高密度的材料也可。壳体中的金属丝每隔一段距离都进行刻槽处理。金属丝加工成战斗部壳体形状后开始对整个金属网灌注高分子聚合物。一旦凝结,金属丝网和高分子聚合物就会固化成高强度、高硬度的战斗部壳体,足以承受战斗部发射时的压力。当战斗部遭遇子弹射击或处于某个热源附近时,炸药装药也会随之升温,这种热量能使高分子聚合物软化,炸药装药发热形成的压力会顺着软化的壳体空隙渗出。这样,战斗部自行完成了排气处理,能够有效阻止可能因意外刺激而引起的爆炸。

2. 美国雷神公司设计新型侵彻战斗部

美国雷神公司设计了一种新型侵彻战斗部,其壳体可在主装药起爆前先行破裂,减少了主装药起爆后作用于壳体而造成的能量损失,提高了对目标的爆轰效能。该战斗部可应用于导弹、鱼雷、火箭弹、炮弹等使用炸药装药的诸多弹药。该新型战斗部由壳体、主装药、聚能装药和阻隔材料组成,主装药置于壳体中心,聚能装药置于壳体内表面与壳体相邻,阻隔材料将它们隔开。壳体头部能够承受高强度冲击,壳体尾端位于弹体后部。火箭发动机、控制舵、控制和起爆装置等组件置于壳体后部。主装药起爆前,聚能装药先行起爆,将壳体破裂成若干部分,随后主装药起爆,生成的气体及爆轰波可将分裂的壳体继续向外推,这仅会消耗主装药极少的能量。雷神公司通过对该战斗部与传统战斗部的爆轰当量进行估算比较后得出:使壳体先行破裂不再受壳体约束的战斗部所产生的爆轰能比常规起爆战斗部爆轰能高出 0.33~1.25 倍。

参考文献

[1] Jane's Information Group [J]. Jane's Defense Weekly, 2015:(1)-(52).
[2] Jane's Information Group [J]. Jane's IDR, 2015:(1)-(11).
[3] 总装炮兵防空兵装备技术研究所[J].外军炮兵防空兵研究,2015:(1)-(11).
[4] 国外兵器情报[J].国外兵器情报,2015:(1)-(11).

外军陆军防空反导装备发展综述

龚钰哲　岳松堂

2015年,防空反导装备仍是世界各国陆军的重点建设领域。美俄等主要国家继续改进现役防空反导系统,加速建设一体化防空反导体系,新概念防空装备技术向形成实战能力发展,反无人机武器备受重视。

一、现役防空反导系统继续升级

目前,美、俄等军事强国陆军已经装备了大量先进的防空反导系统,一些典型型号仍在持续升级。

(一)美国改进"爱国者"PAC-3防空反导系统和THAAD系统

在美国陆军防空反导体系中,"爱国者"PAC-3防空反导系统和末段高空区域防御(THAAD)系统分别负责对来袭目标的中、高层防御。2015年度,"爱国者"PAC-3系统能力得到提升,不仅升级了雷达,还开始接收新型拦截弹;THAAD系统也计划进行改进,以拓展拦截距离。

2015年,雷锡恩公司利用基于氮化镓的有源相控阵技术升级了"爱国者"雷达的主阵列,目前正在进行全尺寸雷达阵列的制造工作,计划于2016年初进行演示验证。基于氮化镓的有源相控阵宽2.7米、高4米,可用于确定主要威胁的方向。升级后的雷达还使用了先进的后台处理硬件与软件,实现360°全方位扫描,同时缩短探测、识别目标的时间。另外,升级后的雷达比现役"爱国者"PAC-3系统雷达便宜50%,最大探测范围提高1倍,平均故障时间间隔延长1倍,系统的运行和维护成本也将降低50%。雷锡恩公司计划为美国和其他12个国家装备的超过220套"爱国者"火力单元进行雷达升级。

2015年11月,美国陆军接收了首批"爱国者"PAC-3 MSE导弹。"爱国者"PAC-3 MSE导弹是"爱国者"PAC-3拦截弹系列中的最新产品,使"爱国者"PAC-3系统的拦截高度增大约50%,拦截距离增大约100%,能防御飞行速度更快、技术更复杂的战术弹道导弹,并增强了防御巡航导弹的能力。自2014年1月做出里程碑C决策之后,美国陆军先于2014年3月订购了90枚

"爱国者"PAC-3 MSE导弹,又于2015年7月23日订购了108枚导弹,目前正在就2016财年的采购事宜与生产商洛克希德·马丁公司进行谈判。与先前型号的导弹相比,"爱国者"PAC-3 MSE导弹的火箭发动机不仅体积增大,而且采用双推力设计。根据拦截目标的位置情况,"爱国者"PAC-3 MSE导弹将控制发动机产生第二级推力的时间,从而最大限度地增加导弹"命中即摧毁"目标的能量。为提高拦截高度,导弹安装了更大的气动舵;为增加飞行时间,导弹还配备了新的电池和电子设备。

近年来,美国陆军按计划采购和部署THAAD系统,截至2015年底,已部署5个THAAD连,并接收了100枚THAAD拦截弹。从2014年开始,美国计划改进THAAD系统,由洛克希德·马丁公司开展初始工程设计。最近,洛克希德·马丁公司提出了增程型"末段高空区域防御系统"(THAAD-ER)方案,对拦截弹和发射装置都进行了改进。拦截弹保留原来的动能杀伤器,但推进方式由原来的一级变成两级,增加了拦截弹的拦截距离和高度。加装的第一级助推器直径为535毫米,比原先的助推器大163毫米。第二级助推器用于提高拦截弹末段飞行速度和机动能力,有利于拦截弹快速、准确接近目标。为适应拦截弹弹径的增加,THAAD系统发射装置也进行了相应改进。改进后,每部发射装置可携带的拦截弹数量由原来的8枚变成了5枚。

(二)俄罗斯改进"山毛榉"和S-300PMU2防空导弹系统

2015年,俄罗斯对其现役的"山毛榉"和S-300PMU2防空导弹系统进行了升级,其中,升级型S-300PMU2远程防空导弹系统已交付俄军,升级型"山毛榉"M3中程防空导弹系统计划于2016年服役。

2015年8月,俄军接收了3套升级型S-300PMU2防空导弹系统,列装于奥伦堡的俄罗斯防空训练中心。该系统安装在与S-300V防空导弹系统类似的卡车上,每个载车载有2枚筒装导弹。与旧系统相比,S-300PMU2最大拦截距离扩大了3倍,能拦截400千米外的飞机目标。俄军计划在2020年前部署9个旅的S-300PMU2防空导弹系统。

俄罗斯金刚石—安泰公司正在改进"山毛榉"M2中程防空导弹系统,改进后的型号命名为"山毛榉"M3,计划于2016年服役。"山毛榉"M3系统的特点是采用先进的电子组件(包括全新的数字计算机、高速数据交换系统和远距离热成像目标指示器)和新型拦截弹(即9R31M导弹)。"山毛榉"M3系统具备垂直发射能力,增大了目标毁伤概率,最大射程可达70千米,比"山毛榉"M2增加了25千米。系统采用先进的9R31M拦截弹,可在电子干扰环境下拦截高速机动空中目标。改进后,一个"山毛榉"M3防空导弹连可以同时跟踪并拦截36个目标。

此外,俄罗斯还加快了防空反导导弹的生产速度,要求国防工业部门防空反导导弹产量增加200%。

二、防空反导体系建设加速

在近年来的各种作战行动中,空袭与反空袭作战的重要性日益凸显。随着来袭目标和空袭方式的复杂多样,各国纷纷投资构建先进防空反导体系,相关新系统不断取得进展。

(一)美国陆军一体化防空反导体系取得突破

美国陆军计划将"爱国者"防空导弹系统、THAAD系统、"哨兵"雷达和未来的"间瞄火力防护能力"(IFPC)武器都集成到一体化防空反导作战指挥系统(IBCS)网络,构建一体化防空反导体系。体系中新研的IBCS项目和IFPC项目均于2015年成功进行了试验。此外,THAAD系统与美国海军的"宙斯盾"反导系统也成功进行联合反导试验,验证了美军多层联合反导能力。

1. IBCS进入飞行验证阶段

2015年5月28日,美国陆军正在研制的IBCS系统在白沙导弹靶场成功进行了首次拦截试验,参与试验的"爱国者"PAC-2系统成功拦截了弹道导弹靶弹,标志着历时5年研制的IBCS系统已进展到飞行验证阶段。此次拦截试验验证了IBCS系统对PAC-2系统拦截作战全过程的指挥控制。试验中,1部PAC-2系统雷达和2部改进型发射架连接到IBCS一体化火控网络,随后雷达为IBCS系统提供目标数据,IBCS系统的跟踪管理器生成了弹道导弹的合成轨迹,然后其任务控制软件在评估威胁后生成了作战方案。最后,作战中心操作员通过IBCS系统任务控制软件发射了2枚PAC-2导弹摧毁了目标。

2015年11月,IBCS进行了第二次拦截试验,将"哨兵"雷达和"爱国者"PAC-3系统连入系统,分别于12日和19日成功拦截了1枚巡航导弹靶弹和1枚模拟现代战场环境中战术弹道导弹的老式"爱国者"导弹。

2. IFPC"增量"2项目捷报频传

美国陆军正在IFPC"增量"2项目中开发一种新型防空导弹系统,已于2014年10月成功研制了多任务发射装置。在2015年度,美国陆军对这种多任务发射装置进行了试验与评估,并完成了新型拦截弹的研制工作。

2015年2月,美国陆军在白沙导弹靶场成功对这种多任务发射装置进行了试验。多任务发射装置被设计为16联装导弹储运发射箱,采用模块化、开放式设计,可以针对不同的来袭威胁发射不同的拦截弹。

2015年8月,洛克希德·马丁公司完成了"小型直接碰撞杀伤"(MHTK)拦截弹的研制工作。该拦截弹适用于IFPC"增量2"项目的多任务发射装置,弹长700毫米,弹径40毫米,发射重量为2.5千克,用于C-RAM作战的有效射程可超过3 000米。MHTK拦截弹采用直接碰撞杀伤方式,加装了一个穿甲装置,配用了非晶合金鸭式舵和微型电子组件。它还采用了Nammo公司研发的紧凑型火箭发动机,这种火箭发动机直接摈弃了所有的主动冷却、加热、通风和温度调节装置,通过创新结构设计、采用可超速燃烧的新型推进剂和开发持续耐热材料,满足了导弹作战需求。

3. THAAD系统与"宙斯盾"反导系统进行联合反导试验

2015年11月1日,美国陆军THAAD系统和海军"宙斯盾"反导系统在西太平洋威克岛附近海域进行了一次代号为"飞行试验行动-02事件2A"(FTO-02 E2A)的联合反导试验。在这次展示美军多层联合反导能力的复杂反导作战试验中,首先由C-17运输机在威克岛西南海域发射1枚近程空射靶弹飞向指定海域,随后"宙斯盾"系统发射"标准-3"拦截弹进行中段拦截;在"标准-3"由于飞行初期失灵导致拦截失败后,THAAD系统则成功拦截并摧毁了处于飞行末段的靶弹。与此同时,"宙斯盾"系统发射一枚Block IIIA型"标准2"拦截弹,对一枚模拟低空来袭巡航导弹的BQM-74E靶弹进行拦截,并将其摧毁。

(二)以色列多层防空反导体系即将完善

为了进一步完善由"箭-2"防空反导系统、"爱国者"PAC-3防空反导系统和"铁穹"C-RAM系统组成的多层防空反导体系,以色列正在紧锣密鼓地开发"箭-3"防空反导系统和"大卫投石索"防空反导系统。这两种系统都由以色列与美国联合研制,前者计划在2016年后服役,提供大气层外拦截能力;后者计划在2016年部署,替换"爱国者"PAC-3系统,填补"铁穹"C-RAM系统和"箭"系列防空反导系统之间的能力空白。

1. "箭-3"导弹防御系统首次进行拦截试验

2015年12月10日,以色列国防部宣布成功进行"箭-3"导弹防御系统试验。在试验中,"箭-3"导弹防御系统完成所有计划的飞行试验目标并摧毁靶弹。

"箭-3"导弹防御系统由以色列航空航天工业公司(IAI)和美国波音公司联合研制。以色列曾于2014年12月进行"箭-3"系统拦截试验,但拦截弹未能锁定靶弹。

2. "大卫投石索"防空反导系统即将投产

"大卫投石索"防空导弹系统于2015年4月通过一系列拦截试验,并定于

2016年投产。

在试验中,模拟"飞毛腿"导弹的"黑麻雀"靶弹从一架F151战斗机上发射,多任务搜索雷达探测到目标后将信息传送到中央火控中心,随后"大卫投石索"系统发射拦截弹,成功摧毁靶弹。

(三)德国基于MEADS建立新一代地基"战术防空反导系统"

德国决定以"中远程防空系统"(MEADS)为基础,建立其新一代地基"战术防空反导系统"(TLVS)。

2015年6月,德国宣布决定采购MEADS系统,替换20世纪80年代部署的"爱国者"防空系统,共计划采购8~10个连套,以满足其对TLVS战术防空反导系统的需求。德国已为该系统投入10亿欧元(11亿美元)的研制经费,后续研制和采购经费还需30亿~40亿欧元(33亿~44亿美元)。以MEADS为基础建立的TLVS将具有MEADS系统的特性,包括360°覆盖、开放式系统架构以及"即插即战"能力,可便捷地连入其他传感器和武器系统,也可以在战场中快速部署并且在不关机状态下完成系统的重新配置。此外,TLVS作战成本比当前防空系统显著降低,在扩大拦截范围的同时显著减少了设备数量和人力。德国还计划将IRIS-T导弹作为拦截弹集成到MEADS系统中。

三、新概念防空装备技术向形成实战能力发展

电磁炮和激光武器等新概念武器和技术近年来不断取得突破,美国陆军开始考虑将这些新概念武器集成入其防空体系中,标志着新概念防空武器正在由技术开发向形成实战能力发展。

(一)美国陆军考虑将电磁导轨炮用于陆基防空

经过多年努力,美国海军电磁导轨炮项目不断向前推进,完成了多次实验室射击试验,弹丸飞行速度达到7马赫,美国陆军也开始考虑将电磁导轨炮应用于陆基防空。

2015年7月,在美国定向能峰会期间,美国陆军防空反导项目执行官透露,美国陆军正在与海军和国防部合作研究电磁导轨炮的相关理论和技术,探求如何将电磁导轨炮集成到陆军防空体系中用于对付近程弹道导弹威胁。目前,美国陆军开展的相关工作包括开发适配陆基电磁导轨炮的多功能火控系统和研究电磁导轨炮的使用条令和战术、技术与规程。

(二)美国陆军采购模块化高功率激光器

激光武器作为战场上对传统动能武器的补充,未来将提供可靠的威胁防护能力,对抗大量无人机、火箭弹和迫击炮弹等集群目标。2015年10月,洛克希

德·马丁公司开始为美国陆军生产新一代模块化高功率激光器,通过集成多个光纤激光器组件形成光纤模块化激光器,以产生强激光束。激光器的模块化设计不仅将提高激光武器的作战适用性,使激光束的功率在较大范围内可调,满足不同的任务和威胁需求;而且还有利于维修保障,大大减少了由单个激光器损坏而引起整套系统出现故障的可能性,减少了频繁维修或修复的需要。

另外,美国国防高级研究计划局的高能液体激光区域防御系统(HELLADS)也于2015年完成了一系列演示试验,包括激光功率与光束质量测试和反火箭弹、迫击炮弹和车辆的野外试验,这标志着项目已经结束实验室开发阶段。

四、反无人机武器备受重视

无人机已成为当前战场上普遍使用的一种多用途新型武器装备,由此产生了迫切的反无人机作战需求。各国十分重视研究反无人机技术,2015年在C-RAM系统反无人机、激光武器反无人机和集成的反无人机系统三个方面取得了突破。

(一) 美以拓展C-RAM系统的反无人机能力

近年来,美国和以色列装备的C-RAM系统已经在作战中验证了其拦截火箭弹、炮弹和迫击炮弹的卓越能力,未来还将把无人机进一步纳入其目标范围。

尽管美国陆军IFPC"增量2"项目已选定基于导弹的C-RAM系统作为技术方案,但是基于火炮的C-RAM系统也发展成熟,并将无人机威胁也纳入了防御目标范围之列。2015年4月,IFPC项目研究团队在尤马试验场进行了试验,利用基于火炮的C-RAM系统发射指令制导炮弹,击落了1架无人机。研究人员根据试验结果改进了其火控系统,在随后的最终技术演示期间,基于火炮的C-RAM系统又成功击落了2架"驱逐者"无人机,拦截距离分别为1000米和1500米。该系统使用50毫米自动炮发射指令制导炮弹,配有精确跟踪雷达干涉仪、火控计算机和射频收发机。所有智能化操控流程基本都在地面站完成,地面站计算出炮弹弹道修正方案后,通过射频无线电将信息发送给炮弹。

以色列国防部和拉斐尔公司对"铁穹"C-RAM系统进行了升级,使其具备了反无人机能力。拉斐尔公司于2015年7月公布了一段视频,视频中"铁穹"C-RAM系统击落了一架无人机。

(二) 美、俄、德研制反无人机激光武器

由于无人机价值相对低廉,使用导弹对其进行打击的费效比非常低,因此开发反无人机激光武器成为一个重要的发展方向。

美国波音公司研制了一种紧凑型激光武器,可通过中波红外传感器在40千米内识别与追踪目标,在 37 千米范围内打击目标。它采用了紧凑化和轻量化的设计,包含控制器、激光器、水冷系统、电源系统以及激光定位器,质量仅为 295 千克。激光器功率范围为 2～10 千瓦,聚焦形成直径 0.3 米的光斑,摧毁无人机的光学系统或将其击落。2015 年 8 月,波音公司对该激光武器系统成功进行了反无人机试验,试验中发射出 2 000 瓦激光束,对无人机尾部照射了 10～15 秒后,成功将其击落。

俄罗斯在 2015 年莫斯科装备展期间披露了联合仪器公司研制的反无人机激光武器系统。该系统安装在"山毛榉"防空导弹系统发射车底盘上,能够 360°发射,可以打击 10 千米范围内的有屏蔽的军用电子设备,包括无人机。

MBDA 德国公司开发了拦截距离为 3 000 米的激光技术演示样机。该演示样机由 4 台功率为 10 千瓦的激光器合束产生 40 千瓦激光束,计划在 5 年内使拦截距离增加到 5 000 米。2015 年 5 月,该样机成功进行了拦截试验,发射 20 千瓦激光束,在 3.39 秒内使 500 米外的小型无人机起火并烧毁。该样机还在 2015 年 6 月进行了自动捕获目标的试验。

(三) 英国开发出全球首套完全集成的反无人机系统

完整的反无人机任务包括探测、跟踪、识别和打击四个环节,前三个环节是反无人机任务的难点所在,因为无人机目标体积小、雷达反射信号、热信号及声音信号弱,使许多无人机敌友识别系统无法辨认。2015 年,多家英国公司合作开发了全球首套完全集成的"反无人机防御系统"(AUDS),有效克服了探测、跟踪和识别无人机目标的难题,提供了一种高效且经济可承受的反无人机系统。

AUDS 由 4 频段射频抑制/屏蔽系统、光学干扰器和快速部署模块组成,能够在 8 000 米距离上探测、跟踪、识别、干扰和压制无人机。2015 年 3 月,AUDS 参与了法国政府组织的一次试验,成功探测和压制了一系列固定翼和螺旋翼无人机。2015 年 5 月,AUDS 还参与了英国政府在苏格兰西弗鲁赫进行的反无人机试验。

AUDS 的性能优势包括:(1)采用多普勒处理技术的全电扫描雷达,可全天候全天时地探测高速/低速飞行的微型和小型无人机,并具有良好的地面杂波抑制能力;(2)采用高精度稳定水平和倾斜指示器,结合最先进的昼夜电光/红外摄像机和数字视频跟踪技术,能够自动跟踪和识别无人机;(3)采用智能射频抑制器,能够根据无人机的不同类型指控通信链路进行选择性的干扰,并减少附带损伤。

参考文献

[1] Jane's Information Group [J]. Jane's Defense Weekly,2015：(1)-(52).
[2] Jane's Information Group [J]. Jane's IDR,2015：(1)-(11).
[3] 总装炮兵防空兵装备技术研究所[J].外军炮兵防空兵研究,2015：(1)-(11).
[4] 国外兵器情报[J].国外兵器情报,2015：(1)-(11).

外国陆军炮兵防空兵武器装备发展综述

张珊珊

"新一代"是 2015 年炮兵防空兵装备发展出现的关键词,各国在思考炮兵防空兵战场定位的同时,纷纷制订新的装备建设方案,以适应当今战场的作战需求,实现更高程度的信息融合作战和一体化联合作战能力。

一、火炮装备加快升级换代,信息化、轻型高机动是目标

(一)各国加紧发展新一代火炮装备,新型底盘机动性更强,装备信息化程度更高

美国对现役火炮装备进行大规模升级改造。美国陆军于 2015 年 4 月 9 日接收首批生产型 M109A7 式"帕拉丁综合管理"(PIM)自行火炮系统,每套 PIM 系统包括 1 门火炮和 1 辆 M992A3 式弹药装载车。这些火炮系统将替换美国陆军现役传统的 M109A6 式"帕拉丁"榴弹炮和 M992A2 式弹药装载车。M109A7 式"帕拉丁综合管理"自行火炮系统被描述为"新一代火炮",项目研究人员对该火炮进行了若干处升级改进,加强了防护能力,并对火炮的驱动及输弹系统进行了改进。该型火炮配装了更先进的装甲,底盘采用了 M2 式"布雷德利"步兵战车的动力驱动和悬挂装置。"帕拉丁"PIM 自行火炮系统还采用了新型电动输弹系统以及电压为 600 伏的车载电源体制,这些系统都源自"非直瞄火炮项目"。新型"帕拉丁"PIM 自行火炮系统未来的改进工作将使该炮操作舱拥有足够的空间,项目组还将对火炮的重量及动力冷却系统进行改进。

美国陆军在 2015 年围绕 MLRS 多管火箭炮装备进行的最新研制工作的重点是对 M30E1 式可选战斗部型制导火箭弹的研究与试验上,该型火箭弹主要用于打击面目标。另一个正在进行的重点工作是对 M270A1 履带式发射平台进行升级。在火箭炮装备的远程精确打击方面,美国陆军及研发人员正在探索多管火箭炮系统发射 ATACMS 战术导弹的增强型能力或是研制 ATACMS 的替代装备。美国陆军已宣布将在远程精确火力规划下探索研制代替 ATACMS 的导弹。洛克希德·马丁公司也正在进行 ATACMS 战术导弹现代化工作,研

导弹的双模能力,采用最新技术升级导弹的导航系统。与此同时,也在关注如何降低导弹的成本。经过升级改造,美国陆军经鉴定认为 MLRS 多管火箭炮可持续服役到 2040 年。2015 年 3 月,美国向其韩国驻军第 210 野战炮兵旅增派了一个 MLRS 多管火箭炮营,以增强应对半岛危机的实战能力。美国陆军已于 2014 年 12 月接收了首批新式轻型 81 毫米 M252A1 迫击炮系统。与其前身 M252 相比,M252A1 迫击炮通过采用铝合金、钛合金以及尼龙凯夫拉等轻质新材料来减轻自身重量,减重 14%。M252A1 可发射全系列 81 毫米弹药。

俄罗斯新式通用平台型 2S35 式"联盟-SV"自行榴弹炮在 2015 年正式面世。该火炮系统将作为未来增强俄罗斯陆军作战能力的新系统之一。最新型"联盟"火炮系统采用了 BMP-T-15"阿玛塔"通用车辆战斗平台。此外,"联盟"火炮可携带 50 枚炮弹和相关弹药,能用于海上作战,具有多发同时弹着能力。同世界许多国家一样,俄罗斯陆军目前也在致力于研制和装备可供快速部署的自行火炮系统。新型联盟具有射速高、弹药供应量大、越野机动性高及生存能力强等优点,将成为未来俄罗斯陆军重点发展的火炮系统。

此外,以色列从 2015 年开始寻求新型自行榴弹炮,以色列国防军正处于选择替换现役 M109 式 155 毫米自行榴弹炮的先期阶段。新型榴弹炮需要具备比 M109 榴弹炮更高的射速和更少的操作人员。意大利陆军在 2015 年底对现役 FH-70 式 155 毫米牵引榴弹炮进行数字化改造。升级后的 FH-70 榴弹炮具有更高的自动化水平,能发射"火山"精确制导弹药,最大射程 80 千米。塞尔维亚自主研发的"摩拉瓦"LRSVM 模块化多管火箭炮系统成功地进行了发射测试。韩国国防部于 2015 年 8 月 4 日对外宣布由韩国自行研制的"天舞"新一代远程多管火箭炮正式部署韩国陆军炮兵部队。罗格防务公司已正式完成了"毒蛇"120 毫米车载迫击炮系统的研制与鉴定试验,该迫击炮正式进入生产阶段。

(二)局部战争引发相关国家对火炮装备的重视,引进与自研双管齐下,促进本国火炮装备的建设与发展,火炮装备依然在战场上发挥着重要作用

黎巴嫩武装部队在 2015 年从美国接收了 34 门 M109 式 155 毫米 39 倍口径自行榴弹炮,以应对在位于黎巴嫩东北部山区与逊尼派激进组织的频繁交手。根据外交协议,黎巴嫩还计划采购 24 门"凯撒"155 毫米自行榴弹炮。2015 年 2 月 5 日,黎巴嫩武装部队发表声明称,部队还将从美国购买 72 门 M198 式榴弹炮。

立陶宛在 2015 年 4 月 15 日宣布从德国采购 12 门 PzH2000 155 毫米自行榴弹炮。PzH2000 的采购将为立陶宛武装部队注入新的作战能力。立陶宛热切希望改进其炮兵作战能力,是为了应对俄罗斯对其带来的潜在威胁而采取的

有步骤提升本土作战能力方案之一。

波兰于2015年6月启动"侯玛"WR-300式轮式多管火箭炮的采购工作，计划斥资6.9亿美元在2022年之前采购60门WR-300式轮式多管火箭炮。这些火箭炮将组成火箭炮营作战单元，每个单元包括3门"侯玛"火箭炮并外加1门训练火箭炮。波兰还计划斥资约3.7亿美元，用于"侯玛"多管火箭炮项目相关弹药的采购。据称，波兰主要考虑了洛克希德·马丁公司的MGM-140式ATACMS战术导弹，其他选择包括IMI公司的"山猫"火箭弹和IAI公司的"罗拉"火箭弹。鉴于乌克兰危机的影响，WR-300火箭炮项目正同波兰其他国防项目一样加速推进。

反基辅武装部队已经将TOS-1220毫米温压多管火箭炮（又称"喷火坦克"）和"铠甲-S1"弹炮结合系统部署在乌克兰东部，以应对持续的冲突。这些武器的部署增加了反基辅武装部队在攻击乌克兰部队直插其阵地前沿过程中的关键作战能力。TOS-1系统将在反基辅武装部队攻击乌克兰阵地过程中提供大规模近距离火力压制，而"铠甲"能阻止乌克兰使用空中力量对其阵地进行打击。

AN/TPQ49轻型反迫击炮雷达（LCMRs）为乌克兰政府军综合打击能力提供助力。LCMR雷达被美国陆军描述为昼夜迫击炮、火炮、火箭炮定位系统，该雷达可提供360°全方位覆盖，有效作用距离为0.5～10千米。该雷达可在20分钟内完成部署，可通过探测和跟踪飞行炮弹自动锁定发射阵地，并将追踪信息反馈给己方发射阵地。乌克兰在反干扰任务中可能仍然需要获得更多的能力。由俄罗斯支持的人员已具备干扰乌克兰C4ISR系统的能力，并且能有效定位乌克兰作战分队，这就需要对干扰源或是对付乌克兰军队的电子战系统的"诱饵"实施打击。

韩国从2015年开始将向波兰提供价值大致为3.2亿美元的K9"雷鸣"155毫米自行榴弹炮系统。2015年11月，韩国以单价约750万美元的价格向印度出售了100门K9榴弹炮。印度此次引进K9可能看重的是其射程远的优势，K9榴弹炮部署到位后，将是对抗巴基斯坦的利器。

（三）弹药与引信有了新发展，信息化程度更高，实现炮弹更强的作战能力

迪耐尔公司正在论证新的经济型精确制导炮弹引信AcuFuze。该引信采用了制导控制技术和惯性传感技术。引信可配装在105毫米和155毫米炮弹、120毫米迫击炮弹和其他武器装备上，能在战场上提供所需的精确毁伤能力并能降低附带毁伤的危险。该引信计划在2016年以前实现列装。

俄罗斯为大口径炮弹研制新型制导模块BNA-1D。BNA-1D组件利用GLONASS和GPS卫星导航系统和惯性导航系统进行制导，并安装在炮弹（分

为固定型和非固定型 2 种)、地雷和火箭弹上。BNA-1D 制导模块包括 BNA-1D 1 型和 BNA-1D-001 2 型 2 种型号。该组件能自动计算制导数据,如果提供的是卫星导航数据,武器系统可在 15 秒内接收射击诸元,如果只是惯性导航系统,武器系统则在 60 秒内接收射击诸元。

火炮精确制导组件已于 2015 年初通过首轮性能及安全性验收试验,目前火炮精确制导组件已批准投入生产。火炮精确制导组件将使现役常规炮弹变成更加精确的武器,从而极大地缩小弹药散布区域,实现 30 米以内的圆概率误差,并实现对目标的精确打击。

Samel-90 炮兵无线电干扰装置可有效压制敌军火力,即能对敌军的战术作战部队的主动火力网造成干扰,其作用频率范围为 1.5～120 兆赫兹,覆盖高频和甚高频无线波段,但不会对使用者造成干扰威胁。

二、当代战争赋予中程防空系统新的使命,防空装备和高能激光武器系统越发受到重视,测试验证试验有序开展

(一) 各国陆军加强中程防空系统的建设,改进型及新型装备得到快速发展

美国研改并举,升级已有系统软件并积极寻求新型机动防空系统。美国陆军于 2015 年 3 月发布信息征询书,寻求一种新的机动防空系统,以作为"间接火力防护能力增量 2"(IFPC Inc.2-Ⅰ)项目的组成部分,系统旨在应对 2020 年后的威胁。为有效应对高超声速飞行器的快速发展,弥补"爱国者"系统或"中程扩展防空系统"与"宙斯盾"系统的防御空隙而形成的威胁,美国洛克希德·马丁公司正在发展增强型"末段高层区域防御系统"萨德导弹,美国导弹防御局对此表示了浓厚兴趣。目前,美军已将萨德系统部署在关岛,美国陆军计划在 2015 年部署第 5 个萨德导弹连,第 100 枚萨德拦截弹也于 2015 年交付,在韩国的部署地初步确定在星州郡。雷锡恩公司将向美国陆军提供 44 枚"标准-3" Block1B 导弹,并增强该型导弹第三级火箭助推器的可靠性。目前,雷锡恩公司已对"标准-3"Block1B 导弹的软件系统进行了升级,提升了其杀伤能力,并有效控制了成本。美国陆军计划在 2018 年部署"标准-3"Block 2A 导弹。2015 年 6 月,"联合对陆攻击巡航导弹防御高空网络传感器系统"(JLENS)的第二个系留浮空器在华盛顿地区部署。

俄罗斯新一代防空反导武器系统正向高机动化、通用化、系列化方向发展。俄罗斯在 2015 年顺利开展了多项新型防空反导装备的研制与试验工作。S-500 系统研制进展顺利,已掌握了 S-500 系统中雷达和新一代导弹的技术,在设计上提高了反导能力。S-400 发展与改进取得新进展。2015 年 4 月,俄罗斯

宣布S-400系统采用的远程导弹40N6E导弹成功进行了新一轮试验并将正式列装部队。40N6E导弹的射程达400千米，将用于非战略反导任务。S-350"勇士"防空导弹系统处于试验阶段，准备开始批量生产。俄罗斯金刚石—安泰公司从2015年8月开始研发"布克-M3"中程防空导弹系统，该系统是"布克-M2"的改进型，采用先进的电子组件及新型导弹9R31M，具有较强低空拦截能力。俄罗斯从2015年开始研制适用北极地区的履带式"铠甲"弹炮结合防空系统。俄罗斯"铠甲-S2"将在2015年底服役。

德国于2015年1月在南非对其研制的"彩虹"防空系统进行了全系统功能演示，成功拦截了3种喷气式靶标。2015年6月9日，德国对外披露将计划斥资45亿美元为陆军采购8～10套中程增程防空系统，以替换现役老旧的"爱国者"及"奈基-大力神"防空导弹系统，实现未来防空与反导系统的现代化。

印度陆军加快新型防空系统的研制与部署。"阿卡什"防空导弹系统于2015年正式进入印度陆军服役。印度本土研制的弹道导弹防御"乔泰"系统在2015年4月6日进行的测试中遭遇挫折，随后，经过数月论证研究，最终取得测试成功。印度与以色列在2015年年初签订为印度陆军研制机动式"中程防空导弹"MRSAM系统的合同，该系统射程可达70千米，用于替换目前的印度陆军俄制防空系统。印度陆军表示，将建设一个团的MRSAM系统，包含18套系统，耗资15亿美元。

以色列全面升级多层防御系统。以色列国防部在2015年7月发布声明称，以色列已成功升级"铁穹"系统，并进行了一系列试验。此外，以色列还在推进"大卫投石索"中程防空系统的实战部署，相关作战人员已投入培训。

2015年4月，波兰发表声明表示决定采购"爱国者"系统作为波兰的中程防空导弹系统。此次采购的"爱国者"系统将替换波兰老旧的防空装备。此外，波兰政府还通过了本国"维斯瓦"防空系统的发展。预计到2025年波兰将装备8套"爱国者"防空系统。

韩国在其公布的2016—2020年国防中期计划中，计划投资24.9亿美元研发"韩国防空反导"体系。"韩国防空反导"体系将由"爱国者-3"系统、M-SAM中程防空系统以及预警雷达三部分组成，以应对来自朝鲜的近程弹道导弹。

（二）激光武器因较高的打击费效比而广受关注，战术激光武器日渐成熟

波音公司在2015年8月成功测试了紧凑型激光武器反无人机的能力。英国将研发高能激光演示器，英国国防部公布了竞争高能激光武器研制与演示的多个计划。韩国国防部在2015年工作计划中提出，将着力研发激光、高功率微波（HPM）炸弹、电磁脉冲（EMP）炸弹和无人舰船等新型武器，以有效应对来自

朝鲜的威胁。

（三）新型防空反导指挥控制系统与防空情报雷达成为发展重点

诺思罗普·格鲁曼公司在2015年阿布扎比防务展上展示了其研发的防空反导通用指挥控制系统"阵地型企业级作战指挥系统"。美国陆军在2015年4月10日发布了改进"爱国者-3"系统数据链的信息征询书。新的数据链将用于替换目前"爱国者-3"系统的多波段无线电射频数据链。美国计划2016—2020年投入20亿美元用于"爱国者"系统的改进。2015年2月，美国雷锡恩公司升级了AN/TPY-2弹道导弹防御雷达（该雷达是萨德弹道导弹防御系统5个关键部分组成之一）的计算机处理器，使系统能够更快速、更精确地识别导弹弹头，以提升其应对电子干扰等威胁的能力。

俄罗斯从2015年起部署NEBO-M反导雷达系统，以应对北约反导系统对东欧地区的威胁。NEBO-M为俄罗斯下一代采用有源电扫相控阵技术的防空反导雷达，具有高机动、多波段、可编程等特点，能在强干扰背景下探测小型空气动力和超声速目标，并为反导武器系统提供信息。

日本防卫省技术研究本部向外界透露，其电子设备研究所从2015年3月开始研发一种用于探测隐形飞机和弹道导弹的新型先进防空雷达。

加拿大在2015年7月从以色列获得10套中程"铁穹"系统改进型中程雷达系统的生产及相关服务支持，用于防御来自哈马斯和其他恐怖组织的空中威胁。新型雷达预计于2017年交付。

参考文献

[1] Jane's Information Group [J]. Jane's Defense Weekly，2015：(1)-(52).
[2] Jane's Information Group [J]. Jane's IDR，2015：(1)-(11).
[3] 总装炮兵防空兵装备技术研究所[J].外军炮兵防空兵研究，2015：(1)-(11).
[4] 国外兵器情报[J].国外兵器情报，2015：(1)-(11).

2016 年度外国陆军建设报告

第一部分
2016年度世界主要国家（地区）陆军建设述评

美国陆军建设述评

李京桁

2016年，美国陆军建设是在陆军部长建设"多样化"部队和陆军参谋长"战备是第一要务"的指导思想下进行的。在2016年《陆军态势报告》的基础上，美国陆军坚持贯彻执行《2015—2025年陆军构想：在复杂世界中的战略优势》中所提出的建设思路，为"在复杂世界里赢得战争"而建设一支多样化的军队而不断努力。本文主要从以下5个方面考察2016年度美国陆军建设情况。

一、将"多样化"建设与"战备"思想作为陆军建设的核心要点

2016年美国《陆军态势报告》提出，美国陆军作为世界上最强大的地面作战力量，正在承担多样化的职责任务。在承担这些多样化的任务的同时，美国陆军还要面对快速变化的安全环境，因而进行多样化建设，并时刻做好战备工作是美国陆军当下建设的核心。

面对多样化的长期任务，美国陆军保持高效训练，不断升级装备，并调整发展领导体制，以保持部队的现代化程度和战备水平，确保当前和未来都能取得战争的胜利。当前，美国陆军的主要任务有：在全球范围进行反恐斗争；训练阿富汗和伊拉克的军队；在西奈半岛和科索沃执行维和任务；在波斯湾进行导弹防御；对非洲和南美洲进行安全援助；负责欧洲、韩国和科威特的防务工作；快速进行全球应急力量部署和国土防卫。同时，美国陆军还肩负国内水运安全保障、自然灾害应对、西南边境巡逻和应对大型流行疾病暴发等任务。当前，美国陆军正面临着快速变化的安全环境，而保持战备水平正是保证美军可以持续支援盟友和阻止或打败对手的最有效手段。在作战体系构建方面，美国陆军以"多域战"思想为主要指导，旨在扩展陆军在空中、海洋、太空和网络的作战能力，以帮助美军有效应对可能出现的"反介入/区域拒止"威胁。

由于过去三年中军费的不断减少，再加上未来军费的不确定性，陆军的战备工作正面临极大考验。在当前预算下，陆军会将投资重点放在战备工作、关键的军队现代化计划的实行和保障士兵的生活质量上。美国陆军将自身建设成功的

基准设置为：维持并提高预防冲突的能力；通过建立合作伙伴塑造环境；在伊拉克、阿富汗和其他地区赢得当前的反恐战争；时刻准备好赢得下一场战争的胜利。陆军认为一支做好战备工作的部队应有以下特征：人员充足、训练有素、装备精良、领导有方和可以执行联合任务，以阻止和战胜各种各样的国家和非国家行为体。

二、不断调整部署以应对快速变化的战略现状

美国陆军认为，全球安全环境的复杂性和不确定性在不断增强，通过外交谈判、经济稳定、集体安全等手段创造一个更加安全的世界的可能性仍然存在，但是军事力量在当前的安全形势下，依然是补充性和基础性的国家力量。军队的强大是外交成功的重要条件，因而美国联合部队的强大，尤其是陆军的力量建设对于保障美国国家利益而言至关重要。

在欧洲，面对俄罗斯的挑战，美国陆军需要保持积极行动。由于俄罗斯近年来多次对外开展军事行动，使得美国无法准确预判其下一步的行动，因而美国陆军需要做好准备进一步阻止或击败俄罗斯对外侵略的准备。俄罗斯对美国和北约国家的国家安全构成了直接威胁，因而陆军需要调整在欧部署，包括部署更多轮转部队、增加设备和灵活使用陆军国民警卫队与预备役部队。

在中东和南亚地区，激进的恐怖主义威胁严重，也对美军构成了巨大挑战。伊斯兰国组织、基地组织和其他跨国恐怖组织仍活跃于伊拉克和地中海东部地区，这些重大威胁是美国陆军需要摧毁的主要目标。其中伊斯兰国组织是当前最致命和最不稳定的恐怖组织。此外，伊朗的核武器发展虽已暂停，但其对恐怖组织的支持仍会对中东地区安全和美国利益构成巨大威胁。

在亚太地区，美国陆军也在面临着复杂的系统性挑战。领土争端、经济和人口的变化，正在进行的军备竞赛，民族主义的明显上升和多边集体安全机制的缺乏，都对美国在该地区的战略部署构成了挑战。朝鲜核武器和导弹的发展，与在非军事区的常态化挑衅行为，对美国的安全威胁最为严重。作为"再平衡"的重要环节，美军在韩国、日本和整个亚太地区调整部署，对该地区实施威慑和应急响应，强化与盟友的防务关系。美国陆军认为，在亚洲有潜在冲突发生的条件，需要大力关注，预防冲突发生。一旦发生冲突，要确保赢得战争。

美国陆军在战备工作中，一直将同时应对多个对手、进行多场战争作为重要使命。在以后的战争中，为了实现战略目标，将会需要常规部队和非常规部队进行长期的和大规模的联合行动。如果当下发生重大危机，陆军将会快速集结所有可能战力投入战斗。因而，美国陆军认为保持高水平的战备状态是国家安全

的关键所在。然而当前达到该战备水平的陆军只有不到三分之一,即具有在全域环境中与高危险性的、实力相当的对手进行持续地面作战的能力。

三、确定优先发展八大装备能力和科技发展计划

2016年,美国陆军确定了其需要优先发展的八大装备能力,分别是:1.未来垂直起降能力;2.先进防护能力;3.跨域攻击能力;4.作战车辆更新;5.机器人及其自主系统;6.远征任务的指挥能力;7.网络作战能力;8.单兵或小组作战能力。2016年,美国陆军还发布了《2016—2045年新兴科技趋势报告》,目的在于把握未来30年内可能影响军队力量建设的科技发展趋势,为军费投资指明方向,以此确保美国陆军的科技优势地位。该报告提出了20条最值得关注的科技发展趋势,分别是:机器人自动化系统、材料制作、数据分析、人效增益、智能手机与云计算、医学、网络安全、能源、智能城市建设、物联网、食物与淡水净化、量子计算、社交网络、先进数码设备、混合现实、全球气候变化控制、新型材料、新型武器开发、太空科技和合成生物科技。

此外,在8月,陆军部长宣布成立"快速能力办公室",旨在指导装备科研工作快速进行,以此满足未来作战需求。该办公室可以有效提高装备采办效率,并具有较为长远的装备研发视野,主要聚焦于原型机的开发和有限列装,与陆军原有的采办程序并不冲突,而是作为补充机构存在。

在"多域战"概念的指导下,美国陆军从理论高度对自身在未来战争中的地位与发挥的作用重新定位,并以此指导装备体系发展。在进攻武器方面,陆军投资研发最大射程不超过500千米的"远程精确火力"导弹,用于打击移动目标;并改进传统榴弹炮,使其同时具备防空反导、反舰、对地打击和火力压制等多重能力。

2016年12月,美国陆军训练与条令司令部公开发布美国陆军2016年的十大现代化成就,分别为:1.改进型战术多用途手榴弹;2.新型轻质防弹衣;3."斯特瑞克"战车用30毫米机关炮;4.增程型榴弹炮;5.联合轻型战术车;6.光量子通信;7.新型多用途装甲车;8.氢动力汽车;9.接合止血带;10.改进型直升机发动机。

四、明确训练目标,着力推进常规陆军、国民警卫队和预备役部队的融合工作

2016年美国陆军的训练焦点明确:在复杂的作战环境下,为联合作战行动而做好准备,做好远距离机动和复杂情况下的后勤保障,应对更大的、实力旗鼓相当的混合性威胁。

2016年，美国陆军的训练弹药支出增加了32%，并开始重新执行2001年以前的，完全执行强制性实弹门培训策略。营一级作为一个重要的基本战斗单元，其实弹演习的数量每个季度都在增加。美国陆军实行封闭培训策略，是一个逻辑上的模型轮廓，通过士兵的个人训练和机组成员在队、排、连和营的集体训练水平测试，来确保整体的训练水平能够达到要求并继续升级。同时，将特种作战部队与常规部队进行共同训练，也可以使得每个训练单位都可以得到好处，创造部队之间交流的机会，并提供指挥领导水平提高的机会。美国陆军还在进行制度化建设，将盟国的部队、美国的政府机构和其他服务于作战能力提高的培训活动在旅级以上级别单位进行融合，以维持美国陆军执行广域安全任务的能力。

为了满足美国对地面部队的需要，美国陆军实施了"全面伙伴合作计划"，将国民警卫队、预备役部队与常规部队这三支部队进行重新整合、重新部署。在联合训练中培养临时指挥官，并让三支部队的参训人员互相交流训练心得，并肩作战，灵活编队，以期达到在作战任务中各个部件无缝链接的最终目的。这项计划大大缩减了训练开支，并在几支部队之间建立起了相互的信任。

美国陆军还采取了一系列新的学习活动来提高训练质量，如军队作战评估、太平洋通路和新一代战争研究，同之前就已有的一些活动，如统一要求、统一挑战和网络集成评价等活动来在现实环境中对训练成果进行评价和检测。

五、陆军规模进一步缩减，高层领导出现更替

美国陆军总部由陆军部和陆军参谋部组成，负责部队的行政管理、军事训练、拟定作战和动员计划、制定装备发展计划和各种条令条例，向各联合司令部提供作战部队。2016年5月，埃里克·K.范宁接替约翰·M.麦克休出任美国陆军部长。陆军参谋长仍由马克·A.米利上将担任。

截至2016年12月，美国陆军部队结构主要组成为：3个陆军司令部，即陆军部队司令部（司令罗伯特·B.艾布拉姆斯上将）、陆军训练与条令司令部（司令戴维·G.珀金斯上将）和陆军器材司令部（司令丹尼斯·L.维亚上将）；9个陆军军种组成司令部，即非洲陆军司令部（司令达利尔·A.威廉斯少将）、中央陆军司令部（司令詹姆斯·L.特里中将）、北方陆军司令部（司令佩里·L.维金斯中将）、南方陆军司令部（司令约瑟夫·P.迪萨尔沃少将）、欧洲陆军司令部（司令弗雷德里克·B.霍奇斯中将）、太平洋陆军司令部（司令罗伯特·B.布朗上将）、陆军特种作战司令部（司令肯尼斯·E.托沃中将）、陆军防空与导弹防御司令部/陆军战略司令部（司令戴维·M.曼中将）；11个陆军直属单位，即陆军实验与评估司令部、陆军情报与保密司令部、陆军工程兵司令部、陆军医疗司令部、陆军华盛顿军

区、陆军刑事犯罪调查司令部、陆军设施管理司令部、陆军后备队司令部、美国军事学院(即西点军校)、陆军网络司令部、陆军采办支援中心。

美国现役陆军编有8个集团军司令部(第1、2、3、5、6、7、8、9集团军司令部);3个军,即第1军、第3军和第18空降军;10个师,即第1机械化步兵师(驻赖利堡)、第1骑兵师(驻胡德堡)、第1装甲师(驻布利斯堡)、第2步兵师(驻韩国)、第3机械化步兵师(驻斯图尔特堡)、第4机械化步兵师(驻卡森堡)、第10山地师(驻德拉姆堡)、第25步兵师(驻斯科菲尔德兵营)、第82空降师(驻布拉格堡)和第101空降师(驻坎贝尔堡);33个作战旅。

参考文献

[1] The Association of the United States Army. Army (Green Book) 2016－2017 [M]. 2017.
[2] U.S. Department of the Army. A Statement on the Posture of the U.S. Army 2016 [M]. 2016.
[3] U.S. Department of the Army. The Army Vision 2015－2025: Strategic Advantage in a Complex World [M]. 2015.
[4] Office of the Deputy Assistant Secretary of the Army. Emerging Science and Technology Trends: 2016－2045 [M]. 2016.

俄罗斯陆军建设述评

白 莹

2016年,俄陆军在"合理足够"的建军原则指导下,着眼安全环境变化和维护国家利益需求,继续完善编制体制,更新现代化武器装备,不断提升部队作战能力与战备水平。

一、完善部队编制结构

俄军事改革一直没有间断过,而且每次改革调整动作都比较大。谢尔久科夫担任国防部长期间,推行作战部队师改旅,部队院校合并。随后的国防部长绍伊古时期,出于担心部分地区俄军的控制能力较弱,把师又重新改了回来,而且还加强了许多陆航作战力量。俄罗斯疆域辽阔,各战区情况不同,有的战场环境需要高机动的旅,有些地方则需要师级规模,与旅团编制相结合。由此可见,俄军的规模和结构一直都在改变,根据各个时期不同的国际形势和任务需要,不断优化武装力量的规模结构。

(一)强化前沿兵力部署

俄2015年12月出台新版《国家安全战略》,明确将美北约定位为主要外部威胁。针对北约持续强化在俄西部边界的兵力部署,俄陆军重点强化西部及南部军力建设,推进"旅返师"进程。2016年,俄军在西部、南部和中部军区重建4个摩步师。新成立的摩步师均采用模块化编成,编制1万余人,较原作战师增强了技术保障和侦察监视能力。其中,2个摩步师隶属重组的第20集团军,主要负责俄乌边境作战任务。另外2个摩步师在南部军区摩步旅基础上组建,负责高加索地区作战任务。同时,中部军区为提升大规模兵团作战能力,重组了1个坦克师,编制1万余人,主要装备T-72B3型坦克。12月2日,南部军区组建了1支远程防空导弹旅和1支中程防空导弹旅,东部军区组建了1支中程防空导弹旅。12月21日,西部军区近卫坦克第1集团军在莫斯科州组建了坦克团。2017年2月,俄国防部长绍伊古在杜马会议上发言时说,国防部希望"今年完成在西部和西南边界部署3个师的计划"。

（二）强化区域防卫能力

针对日本不断加强其北部军事实力，俄军继续强化南千岛群岛（日本称北方四岛）的军力建设。推进 40 余处军事设施建设，增强驻择捉岛第 18 机炮师实力，并在国后岛、择捉岛分别部署 1 个岸防导弹营。针对南西伯利亚地区防空盲区，俄中部军区组建 1 个防空导弹旅，完善要地防空，掩护责任区内重要目标。该旅已于 2016 年 7 月 1 日担负战备值班。

（三）强化科研技术能力

根据俄国防部长绍伊古命令，俄陆军年内组建了 3 个科研中心，分别位于俄联邦武装力量合成军事学院、防空军事学院和米哈伊洛夫炮兵学院。主要任务就是研究陆军建设、发展、训练等相关军事科学理论，发展武器、军事与专业技术装备，特别是机器人和无人机的研发，保障陆军建设紧贴现代战争发展。

二、有序推进装备更新

俄将"军队装备更新列为政府的首要任务之一"。尽管国内经济持续低迷，军工产能受限，但俄军仍积极落实《2020 年前国家武器装备发展纲要》，持续推进新型装备研发列装，现代化装备比例提高 5%，达到 58.3%，有望实现 2020 年现代化武器装备达 70% 的既定目标。俄陆军年内列装 2 930 余件（套）现代化武器和军事技术装备，包括 500 余辆坦克和装甲车、800 余门（套）火炮和导弹系统、700 余件（套）保障类技术装备，陆军装备现代化比例达到 42%。新技术装备的性能，将通过演习和突击战备检查进行检验，并在国际军事竞赛中向观众和外国客人进行展示。

（一）装甲车辆方面

俄陆军列装新型"阿玛塔"T-14 坦克，该型坦克取代了传统的坦克设计理念，采用无人炮塔设计方式，将坦克成员安置于车辆下部特殊装甲防护舱内，提高了坦克乘员在作战中的生存系数。车上加装了作战指挥与车载导航、车载"阿富汗人"主动装甲防护、车载主动防反坦克地雷等综合集成系统，在动力、火控、机动、防护方面都取得了突破。"天王星-9"地面无人战车采用无人技术，操作员利用远程操控可实时进行侦查、火力支援等作战行动，该武器组成包括 2 个侦察和火力支援机器人、机器人输送车和机动指挥所。适合在城市作战中运用，可以有效降低作战人员的伤亡。俄军首次在叙利亚战争中使用无人战车强攻伊斯兰极端势力据守的 754.5 高地，这是世界上第一场以无人战车为主的攻坚战。

（二）导弹炮兵装备方面

俄陆军 2 个导弹旅换装"伊斯坎德尔-M"导弹系统，至此俄 10 个导弹旅中

"伊斯坎德尔"旅的数量增至9个。俄还完成了"龙卷风-S"新一代齐射火箭系统的研制,新系统在射击距离和打击精度方面的性能均得到一定提升,并配备了新型火箭弹。年内,俄陆军2个炮兵旅装备了"龙卷风-S"火箭炮系统。1个旅配备"山毛榉-M3"防空导弹系统。同时,俄东部军区陆军开始组建大口径炮兵营,配备240毫米"郁金香"自行迫击炮和203毫米"芍药"自行榴弹炮。这两型火炮都经过深度现代化改装,均已实现全自动化,部队作战能力将大幅提升。在2016年8月俄东部军区组织的突击战备检查中,第35集团军使用了当今世界射程最远的"马尔卡"型自行火炮,该自行火炮于2015年列装该集团军,演练中,炮兵分队检验了该自行火炮的射程、精准度等性能。

(三) 电子战装备方面

俄军东部和西部军区陆军分别列装10余套"汞-BM"和"鲍里索格列布斯克"现代化无线电电子对抗系统。"汞-BM"系统安装在履带车底盘上,可用于保护车内人员和技术装备。东部军区还对米-8AMTSH直升机及米-24攻击型直升机电子战系统进行升级改造,提升陆航部队电子战能力。在2016年8月进行的东部军区突击战备检查中,军区无线电电子对抗部队投入100余台(套)技术装备保障演练,包括2016年列装的"克拉苏哈4""摩尔曼斯克"和"汞-BM"型电子对抗装备。

(四) 通信侦察装备方面

俄陆军部队年内加快更新现代化通信设备,已完成244件(套)现代化通信设备的列装工作,陆军现代化通信设备装备率达到45%。东部军区陆军侦察分队列装"猎貂者"新型综合侦察系统。该系统体积小、重量轻,侦测距离达数千米,可在无线电电子对抗环境下隐蔽运行,除遂行侦察任务外,还可用于火炮射击校正和探测无人机。

三、深入开展实战化演训

近几年,俄军在各类训练过程中注重提升3种能力:快速投送能力、精确打击能力和信息对抗能力,俄军认为这3种能力是现代军队战斗力的重要组成部分,并通过组织各种演习演练进行检验。2016年,俄陆军结合近年来战争实践经验,不断调整训练方法,特别突出跨军种和对抗类演习训练。

(一) 组训模式成熟化

俄陆军继续以机制化、常态化战备突查为牵引,组织各类演习训练活动,保障部队保持高水平战备状态,以军事竞赛方式推动单兵能力提升,保证部队保持较强的战斗能力。2016年,俄陆军继续组织和参加"坦克两项""苏沃洛夫冲击"

"炮兵能手"等国际军事竞赛项目,提升单兵素质,激发训练热情。一年来,俄陆军共参与2次大规模突击战备检查。6月中旬,陆军参加各军区联合开展的战备突查,重在检验指挥机关效能、部队战备水平及装备出动率、国防动员准备及军地协同状况。8月下旬,陆军参加西南方向诸军兵种战备突查,重在检验短时间内调集、部署军队应对危机的能力。实践证明,通过突击战备检查可以客观地反映俄军作战指挥体制效率和部队真实训练水平,暴露出俄军在编制体制等方面存在的深层次矛盾和问题。正如俄国防部长绍伊古所言:"我们所做的这些不是为了轰动的新闻效应,也不是为做表面文章,而是为了看清自己,检查自己。"

(二)对抗演习体系化

俄军将对抗性演练作为实战化训练的最高形式。目前,俄陆军的对抗演习已由过去单一连营分队规模逐步扩大到合成分队规模,由师旅内部对抗扩大到战役军团、军种军团间,甚至带有联合性质。4月,东部军区陆军集团军与海军太平洋舰队陆战旅举行登陆/抗登陆对抗演习。期间,陆军摩步旅为守方组织抗登陆防御;海军陆战旅为攻方,在数艘战舰及轰炸机和直升机掩护下实施登陆作战。8月,东部军区陆军2个集团军举行了俄军首次集团军规模首长司令部带部分实兵对抗演习。两个集团军共出动1万余名官兵和2 000件武器装备,在外贝加尔边疆区和阿穆尔州靶场进行了现地推演。东部军区驻阿穆尔州第35集团军摩步旅在不中断演训的情况下转移了野外营地。此种演练样式,是一种创新的训练方法,主要是将完成战备科目和训练大纲结合起来。在转移野外营地的同时,摩步旅还对核生化防护情况进行了突击检查,收到了双重的效果。地面摩步分队指挥员还首次在实践战斗中呼叫战斗直升机提供空中支援,通过地面、空中密切配合,陆空联合作战有效阻击了企图突破的敌方分队。

(三)联合演习常态化

为适应未来联合作战需要,提升陆军联合作战适应能力,俄陆军组织和参加了多层级、跨部门指挥机构协同,组织跨军兵种联合演练。4月,俄东部军区和南部军区陆军先后参加冬训考核演习,军区诸军兵种部队参加演习,重点演练各战役方向跨军种部队和兵力的协同。南部军区、中部军区、西部军区陆军参加"高加索-2016"战略性首长司令部演习。9月,俄东部军区陆军举行首长司令部演练,旨在研究混成分队在展开各类战术行动时的指挥问题,参演力量摩步分队、陆航部队和前线轰炸机,演习中陆军战役司令部地区防御指挥中心总体协调军兵种行动。同时,俄东部军区、西部军区年内还组织了大规模反恐演习,重点演练陆军反恐分队与联邦安全局、内务部、紧急情况部地区局等其他强力部门武装力量的协同。

(四) 基础演训基地化

俄陆军基础训练多依托综合训练基地。综合训练基地实现了指挥对抗和实兵对抗演练异地同步,加强了对抗难度、强度和精度。为提高部队基础训练效能,俄决定2017年底前在四大军区各建造一个战斗训练中心,每个中心由教学训练综合体和分队训练综合体组成。2016年底,俄西部军区穆里诺训练中心竣工,可保障大规模跨军种训练,模拟战役方向真实战役战术环境,缩短分队及指挥机关战斗合练周期。俄东部军区开始建设楚戈尔训练基地,将安装全套模拟训练系统,实现战场实战画面3D效果。基础演训基地化,不仅可提升部队的训练效能,而且还可大大降低训练成本。此外,俄陆军在演习中还注重物资技术保障科目的训练,演练内容多涉及机动行军、野外营地搭建、燃料及弹药补给、装备维修等。

四、积极拓展对外军事交流

俄陆军积极拓展与各国军队的演习和交流,促进与外军的相互了解,彰显军事存在,提升地区影响力。

一是参加集安组织框架内联演。集安组织是俄维系独联体国家的重要平台,通过集安组织框架演习,进一步拉紧俄与集安组织成员国关系,增强军事合作,维护俄地区战略利益。4月下旬参加集安组织在塔吉克斯坦境内举行的"搜索-2016"联合演习;8月下旬参加集安组织在白俄罗斯境内举行的"牢不可破的兄弟情谊-2016"联合反恐演习;10月上旬参加集安组织"边界-2016"联合反恐演习。

二是与周边邻国军队举行联演。近年,俄陆军不断拓展与邻国的联演。特别是以美国为首的北约在俄西部方向强化军事部署的背景下,俄着力加强其与东部方向和南部方向国家的军事合作关系,强化与中国及上合组织成员国的军事交流,寻求对抗以美国为首的北约的战略依托。3月中旬参加俄塔军队在塔阿边境地区举行的联合首长司令部反恐演习;8月末俄蒙在俄布里亚特共和国举行"色楞格-2016"联合反恐演习;9月上旬参加上合组织"和平使命-2016"联合反恐演习;9月下旬在符拉迪沃斯托克举行俄印"因陀罗-2016"联合演习;10月上旬参加俄巴两国特种部队在巴举行的"友谊-2016"联合战术演习。

三是组织和参与国际军事竞赛。俄积极组织参加国际军事竞赛,增强与周边国家的互信,彰显军事实力。继2015年首次举行"国际军事竞赛"后,俄军再次组织该赛事,规模和科目均有不同程度拓展。其中,参赛国由2015年的17个国家57支代表队扩大到22个国家127支代表队,比赛科目也由14项增加到

23项。

总体来看,俄陆军部队建设稳步推进,注重谋求作战能力的非对称优势,特别是准备组建完成能够自我保障的跨兵种军队集群,以有效应对北约军事压力,提升陆军的集群作战能力。2017训练年度,俄军将继续保持高强度训练。优先方向是提升以推广新的战术行动方式为基础的实践训练质量和以应对现代武装冲突为基础的作战经验。继续完善军事指挥机关(司令部)使用自动化指挥、通信系统在组织作战行动和指挥部队方面的方法能力,继续组织使用航空兵把军队集群投送到生疏靶场的跨兵种对抗演习,包括(合成)部队举行的突击战备检查。新训练年度,俄军将通过系统措施提高所有军人的专业训练水平,并提高军事指挥机关在完成预定任务的协同能力和战备水平。

参考文献

[1] 俄陆军司令谈俄陆军现状及未来发展[EB/OL].俄国防部网站.2016-12-7.
[2] "俄陆军总结2016年战备训练情况"[EB/OL].俄新社网站.2015-12-5.
[3] 俄防长主持召开俄军高层电视电话会议[EB/OL].俄罗斯塔斯社网站.2015-12-6.
[4] 俄国防部长总结近期装备更新及军事基础设施建设情况[EB/OL].俄罗斯新闻社网站:http://www.ria.ru/20161022.
[5] 俄总统普京谈俄罗斯军队建设等问题[EB/OL].俄罗斯新闻社网站:http://www.ria.ru/20161119.

日本陆上自卫队建设述评

张人龙

2016年度，日本陆上自卫队（以下简称"陆自"）继续贯彻2013年版《防卫计划大纲》精神，落实执行《2014—2018年度中期防卫力量发展计划》，围绕联合作战框架下快反、机动、多能的"强韧陆自"这一建设目标，对内强化重点作战能力，对外拓展海外活动空间，积极推动军种建设取得新的进展。同时，在2016年3月"安保法案"正式生效之后，陆自紧跟着迈出了海外参战的第一步。

一、围绕西南岛链作战打造重点能力

2016年度，陆自军费预算1.7489万亿日元，同比减少188亿，占总军费（4.86万亿）的35.98%；截至年度末，陆自定员达15.8938万人，其中，现役15.0863万人，快反预备役8075人，年均保持13.9853万人水平，另保持普通预备役4.6万人，候补预备役4600人。

年内，陆自继续紧密围绕核心预算项目"抗击对岛屿地区的进攻"，以西南岛链地区联合作战为牵引，积极打造各种相关战力（表1）。

表1 2016年度陆自重点能力建设概况

需求/举措		体 制	装 备	演 训
联合作战	指挥通信	● 朝霞兵营陆上总队司令部整建（92亿） ● 陆自参谋部改编（向海空趋同）	● 陆自网络管理系统整建（2亿） ● 岸舰导弹追加数据链（见下）	● 各级部队相关通信训练 ● 师、旅级通信军官集训
	联合防空		● 1/3个连份03式中SAM（189亿） ● 1套11式短SAM（40亿）	● 地空导弹赴美实射训练（16个连） ● 集团军对空战斗训练（北中西） ● 03式中SAM换装训练 ● 师、旅级对空实射训练

(续表)

需求/举措		体 制	装 备	演 训
联合作战	联合制海	● 陆海空及日美协同反舰战斗体制建设 ● 与那国沿岸监视部队设施整建(55亿) ● 南西警备部队配置(195亿) ● 奄美大岛施工及宫古岛用地采办	● 1套12式岸舰导弹(120亿) ● 12套中程多用途导弹(64亿) ● 1套岸导用战术数据交换终端(40亿) ● 岸导数据链相关技术支援(1亿)	● 岸导赴美实射(3个团,12式为首次) ● 师旅级移动监视集训 ● 集团军、师旅、团各级反舰射击训练
战略机动		● 西部集团军与船运公司协作备忘录	● 36辆机动战斗车(252亿) ● 4架V-22(447亿) ● V-22教育训练器材等(353亿)	● 1次师级"协同机动演习" ● 4次步兵团战斗群"协同机动演习" ● 1次坦克战斗群远程机动训练 ● 4次重炮/岸导团远程机动训练 ● 1次步兵团远程机动训练
两栖作战		● 水陆机动旅相关设施整建(106亿) 旅主力驻相浦,AAV-7部队驻崎边	● 11辆AAV-7(78亿)	● "铁拳2016"赴美训练 ● 冲绳美陆战队两栖训练研修 ● 美菲联合两栖作战训练研修 ● 西部集团军各级两栖战技训练 ● 其他集团军游泳集训

(一) 充实联合作战能力

年内,陆自继续以指挥、制海、防空为三大重点,积极充实联合作战能力。

在指挥通信方面,未来总揽陆自全体部队作战指挥的陆上总队建设进入实质性阶段,投资92亿日元整建司令部设施;并投资2亿日元建设陆自网管系统,通过监视通信网络支援陆自整体作战。与此相应,陆自参谋部于年度末调整了内部机构编组,在结构上与海/空自参谋部基本趋同(表2),与作战、训练相关的功能未来或将向陆上总队移交,陆自参谋部则突出"主建"功能;同时,国际活动主管部门的地位进一步提高。此外,伴随新型野战通信系统及师旅级指挥系统(FiCS)的逐步列装,各级部队积极组织开展相关教育训练,加速新装备的战斗力形成。例如,中部集团军及其下属第3师、第10师、第13旅年内相继组织了对所属通信部(分)队的训练检阅,第 14 旅于 5 月中旬组织了通信军官集训;西部集团军第 15 旅年内实施多次旅通信训练,演练野战通信系统与旅指、高炮、防化以及空自等的联网要领,集团军通信群还于 6 月上旬接待美陆战队通信军官研修,确认了日美间的通信协作要领。

表 2　陆自参谋部组织结构调整动向

陆自参谋部(原)	陆自参谋部(新)	海自参谋部	空自参谋部
① 监理部 　总务课 　会计课	① 监理部 　总务课 　会计课	① 总务部 　总务课 　经理课	① 总务部 　总务课 　会计课
② 人事部 　人事计划课 　补任课 　募集·援护课 　厚生课	② 人事教育部 　人事教育计划课 　补任课 　募集·援护课 　厚生课	② 人事教育部 　人事计划课 　补任课 　厚生课 　援护业务课 　教育课	② 人事教育部 　人事计划课 　补任课 　厚生课 　援护业务课 　教育课
● 运用支援·情报部 　运用支援课 　情报课	● 运用支援·训练部 　运用支援课 　训练课		
③ 防卫部 　防卫课 　国际协作室 情报通信·研究课	③ 防卫部 　防卫课 　防卫协作课 　设施课	③ 防卫部 　防卫课 　装备体系课 　运用支援课 　设施课	③ 防卫部 　防卫课 　装备体系课 　情报通信课 　设施课
④ 教育训练部 　教育训练计划课 　教育训练课	④ 指挥通信系统·情报部 　指挥通信系统课 　情报课 　情报保全室	④ 指挥通信情报部 　指挥通信课 　情报课 　情报班、情报保全室	④ 运用支援·情报部 　运用支援课 　情报课 　情报保全室
⑤ 装备部 　装备计划课 　军械·化学课 　通信电子课 　航空机课 　需品课 　设施课 　开发课	⑤ 装备部 　装备计划课 　军械·化学课 　通信电子课 　航空器课	⑤ 装备计划部 　装备需品课 　舰船·军械课 　航空器课	⑤ 装备部 　装备课 　维修·补给课
卫生部 　企划室	卫生部	首席卫生官	首席卫生官
监察官 法务官 警务管理官	监察官 法务官 警务管理官	监察官 首席法务官 首席会计监查官	监理监察官 首席法务官

在联合防空方面,年内陆自编列229亿日元预算,用于采购1/3个连份的03式中程地空导弹(189亿日元)、1套11式短程地空导弹(40亿日元)等武器装备;同时,新型对空战斗指挥控制系统(ADCCS)在第1、第3高射营等部相继列装。配合新装备的服役,陆自积极实施了各种相关教育训练。一是4月11日—7月15日,西部集团军第2高炮旅在饭冢兵营对下属部队的"霍克"导弹操作手,举行了"03式中SAM特技转换教育"。二是频繁组织协同演训,演练陆空协同要领和对空射击要领,9月26日—10月5日,北部集团军第1高炮旅在"北部地区三自卫队联合演习"中与北空部队协同,以实兵对抗方式组织实施了协同防空训练;10月24日—28日,第2高炮旅与东北集团军第6高射营及西空部队协同,组织实施了代号"西国对空2016"的年度集团军高射部队对空战斗训练;2017年2月28日—3月4日,中部集团军第8高射群与空自第6航空联队协同,实施了年度集团军对空战斗训练。三是10月—12月,派遣地导部队计16个连赴美实施年度例行的实弹射击训练,其中中部集团军第8高射群所属2个新换装03式的高射连,均成功拦截到目标。此外,师、旅级高炮分队也按预定规划参加了各类年度例行性实弹射击训练。

在联合制海方面,年内继续采购1套12式岸舰导弹系统(120亿日元)和12套用于反舟艇的中程多用途导弹(64亿日元),并开始采购岸导专用战术数据交换终端(1套、40亿日元)。同时,陆自积极组织实施各种反舰作战演训,除师旅级的反舟艇导弹实射训练和沿岸监视训练之外,主要有:9月26日—10月5日,北部集团军第1炮兵旅在"北部地区三自卫队联合演习"中,与海自协同实施协同反舰训练;10月,陆自3个岸舰导弹团赴美实施了年度例行的实弹射击训练,其中,率先在炮兵教导队6连列装的12式进行了首次部队实射,利用目标情报更新功能,在复杂海象条件下成功命中单舰目标;10月上旬—11月上旬的"镇西2016"演习中,陆自5个岸导团向西部防区集结,演练了陆海协同反舰与陆自单独反舰的攻击要领。其中有两个动向值得注意:一是陆自火箭炮等远程火力加入反舰作战,该构想于2014年度提出,在2015年的"镇西"演习中由西部集团军炮兵队进行了尝试,2016年进一步落实成为炮兵营层级上的日常训练,明显进入战术要领摸索阶段;二是鉴于近年反舰演训中,担负阵地构筑和水际布雷任务的工兵部队作用日益凸显,陆自对工兵演训活动有所增加,并于2016年度末恢复、扩编了十年前一度降格的北部集团军第3工兵旅。

(二)强化战略机动能力

年内,陆自继续强化战略投送能力建设。体制方面,2017年3月28日,西部集团军与西南地区船舶运输业的琉球海运等4家公司签订《关于灾害时的运输合作之备忘录》，为有事时的快反投送准备了扎实的物质基础。装备方面，一大重点是正式开始采购未来快反机动团的主战装备——16式机动战斗车，首次投入252亿、采购36辆；另一更大重点是投入447亿、采购4架"鱼鹰"运输机，并投入353亿采购相关教育训练器材，同时，富士重工木更津事业所作为该型机的日美通用维修设施于2017年1月12日在木更津兵营揭幕，并于30日迎来了首架接受定期维修的"鱼鹰"。需要着重强调的是，年内陆自的战略投送演训在传统"协同机动演习"的基础之上出现显著扩大。除1次师级和5次团级战斗群的"协同机动演习"之外，年内陆自还实施了5次重装部队远程机动训练，包括1次坦克团（第7师73团）、1次岸导团（第1炮兵旅岸导2团）以及3次重炮团（第3、8、10炮兵团），另有1次步兵团（第15旅51团）的远程机动训练，各部队机动距离少则数百、多则2 000千米。

（三）发展两栖作战能力

年内，陆自投入106亿日元用于建设"水陆机动旅"相关基础设施，预定旅主力驻地在相浦兵营，两栖突击车部队驻地在佐世保海军基地崎边地区；投入78亿日元，继续采购11辆AAV-7型两栖突击车；2016年末，西部集团军直属步兵团下辖的教育队改编为"水陆机动教育队"。以上述举措为标志，陆自两栖作战部队建设已经进入最后阶段。面向2017年末"水陆机动旅"的正式成军，年内陆自密集实施一系列两栖作战相关演训，呈现两线并进态势：一是技战术训练，主要包括2月下旬至3月中旬西部集团军第8师43团首次赴冲绳汉森兵营接受"洋上斥候"训练、5月中旬西部集团军第5工兵旅的水际排障训练、6月下旬至8月上旬赴夏威夷参加"环太2016"联合军演、7月上旬第14旅的滨大树登陆训练、10月上旬赴菲研修美菲陆战队共同训练"PhiblEx 2016"以及2017年初的"铁拳"训练；二是兵员选拔训练，主要包括5月下旬西部集团军后勤支援队的游泳技能检定、4师的4次"年度师水陆两栖集训"以及2017年2月上旬中部集团军的年度游泳集训等。这两类演训的一个共同特点是，均已超出西部集团军乃至陆自的框架，呈现扩展、普及势头，其中，赴菲研修扩大到联合参谋部和空自参谋部人员，选才训练范围则已扩大到中部集团军。

（四）调整总体军事部署

年内，陆自继续依据快反机动的思路，巩固本土纵深、推展西南前沿，优化由北至南的兵力配置。在巩固纵深方面，一是"北海道训练中心"（Hokkaido Training Center, HTC）建设继续稳步推进，年内参加试运行的单位，已从驻道部队扩大至实施机动演习赴道受训的部队（例如中部集团军第14旅）；二是前述北部集团军第3工兵旅在恢复建制的同时,还增编了1个工兵群,成为陆自最大的工兵部队;三是2017年3月27日,在中部集团军反勤支援队下属新编了第101补给营和第303弹药连,以强化集团军级别的伴随补给功能,这是陆自的首次尝试。在推展前沿方面,一是投入55亿建设与那国沿岸监视队的相关基础设施;二是投入195亿采办在奄美大岛及宫古岛驻军所需用地;三是以冲绳第15旅、对马警备队等一线守备部队为重点实施96式多用途导弹(MPMS)对海实射训练,并为未来水陆机动旅组建"后勤支援营"和"弹药营"成立准备室,以强化一线部队的重点战力和快反态势。

2015年度,陆自为强化联合作战、战略机动和两栖作战等急需能力,分别投入预算约547亿、1 052亿和284亿日元,联合与机动优先的格局保持不变,且陆自预算再次出现负增长,预计高新装备对其他建设预算的挤压作用有增无减,陆自有无解决这个问题的新举措,值得关注。

二、依托美日同盟框架强化海外活动

年内,陆自继续以美日同盟框架为根本依托,在东北亚—东南亚—南太平洋—中东—欧洲的泛亚太、大周边范围内积极拓展外部活动空间。综合其主要活动情况(表3),呈现出以下基本态势。

表3 2016年度陆自海外活动概况

美	高层	● 8.7—8,美太平洋陆军司令访日,与陆自参谋长会谈 ● 10.2—8,陆自参谋长赴美参加美陆军协会(AUSA)年度总会 ● 12.14—16,陆自参谋长主持第31次美日高级领导人研讨会(SLS) ● 2017.2.9,陆自参谋长与冲绳美军调整官共同视察北部集团军部队 ● 2017.3.1,驻韩美陆军第8集团军司令访日,与陆自参谋长会谈
	实务	● 扩大共同演训框架 ● 4.26,驻日美陆军司令访问陆自军官学校 ● 6.8—18,西部集团军通信群接待美陆战队军官来队研修通信业务 ● 6.13—15,驻日美陆军军士赴陆自中央快反集团直属队研修 ● 7.21,驻日美陆军司令访问陆自富士学校 ● 2017.1.11—12,驻日美陆军总军士长在座间兵营主办美军士交流 ● 2017.2.8—9,陆自参谋部主办美日兵站参谋会议
澳	高层	● 6.5—10,陆自参谋长赴夏威夷出席第4次美日澳高级领导人研讨会议(SLS) ● 9.4—8,陆自参谋长赴澳出席22国陆军总长会议(Chief of Army's Exercise)

(续表)

澳	实务	• 4.30,赴澳参加"2016 年度澳射击竞赛"(AASAM16),<u>首次在狙击组获得个人和综合第一</u> • 5.16—30,东北集团军派员赴澳参加美澳日共同训练"南部牛仔",<u>参训规模从排级扩大为连级</u>
英		• 10 月,富士学校游骑兵部队派员赴威尔士,与英军远程监视巡逻队、美陆战队举行首次合同训练
法		• 11.13—15,第 12 旅等部派员赴南太平洋法属新喀里多尼亚参加法军主办的"南十字星 16"多边共同训练
土		• 5.27—6.1,陆自参谋长应土耳其陆军司令邀请,时隔 14 年访土
东北亚	韩	• 4 月,日韩陆军军种高级别交流 • 5.31—6.3,西部集团军司令率团访韩,恢复与韩陆军第 2 作战司令部中断 4 年的部队间交流
	蒙	• 5.22—6.4,中央快反集团与东北集团军第 9 师派员赴蒙参加"可汗探索 16"多边联合军演,<u>首次参加指挥所训练</u>
东盟	缅	• 日缅将官级交流(缅军代表团访日)
	泰国	• 7.22 泰陆军训练司令部司令访问陆自富士学校 • 9.3—9,赴泰参加(东盟防长扩大会议框架下的)"人道支援·灾害救援·军事医学实兵演习"(AM‐HEx2016) • 2017.1.24—2.24,赴泰参加"金色眼镜蛇"多边联合军演
	印尼	• 4.21 印尼陆参长访日,赴陆自中央快反集团国际活动教育队研修
	东盟	• 2017.2.19,日政府决定向东盟国家无偿提供陆自所属老旧运输车辆
联合国		• 8.29,(原)陆自参谋部运用支援·情报部富永敦中校赴联合国总部维和行动局军事计划课工作(任期 2 年) • 须田道夫上校继续在联合国总部维和行动局非洲第 1 部工作(系第 2 次赴该局勤务)
北约		• 栗田千寿中校(女)继续在北约总部担任"女性·和平·安全保障"事务总长特别代表助理

(一) 全面充实巩固美日同盟

年内,美日地面军种间继续展开和加强全方位、多层次的交流。一是高层往来中,陆自参谋长的交流对象有所拓展,已扩大至美军主要前线部队的指挥官;二是实务级互动形式多样、内容丰富,已经到达部队基层兵员、业务的范围;三是随着陆自继续参加"北极光"和"环太 2016"联合军演,美日地面军种之间的联军演训也从"2 指参+6 实兵"的传统框架正式扩充为"2 指参+8 实兵"的新框架

(表4),如果将近年各集团军与美军的共同救灾训练计算在内,则此框架更为充实。

表4 2016年度美日地面军种共同演习概况

演习性质		演习代号(时间)	演习地点
指参	陆自与美陆军集团军级指挥所演习	山樱＋偶数(夏季)	夏威夷
		山樱＋奇数(冬季)	日本
实兵	陆自与美陆军	雷神(夏季)	美本土
		北极光(夏季)	阿拉斯加
		东方盾牌(秋季)	日本
		北风(冬季)	日本
	陆自与美陆战队	黎明闪电(奇数年、夏季)或环太(偶数年、夏季)	美本土 夏威夷
		森林之光01(秋季)	日本
		森林之光02(冬季)	日本
		铁拳(冬季)	美本土

(二)大力拓展双/多边军种交流

大洋洲方向,日澳交流稳中有进,在保持双方军种高层交流的同时,继续邀请澳陆军参与"北方救援""山樱"等重要演训,继续积极参与澳军主办的国际陆军射击大赛、"南部牛仔"多边训练等活动,并且参与力度又有新的增强。欧洲方向,一是打开日英军种交往通道,首次举行英美日的游骑兵共同训练;二是参加法军主办的"南十字星"多边训练;三是陆自参谋长时隔14年再访土耳其,以图恢复在该地区的影响力。东北亚方向,一方面保持和推进日蒙军种关系,在美蒙"可汗探索"多边维和训练中,首次参加了指挥所训练;另一方面,日韩军种关系也再有突破,继4月的双边军种高级别交流之后,5月又恢复了已中断4年的部队级交流。东南亚方向,陆自与泰、缅等有传统关系的对象军种继续保持高层到实务的各级交往,同时决定向东盟成员国提供老旧运输车辆,以强化与东盟的整体关系。

此外,陆自继续在联合国总部维和行动部门保持实务级军官的存在,在北约总部则继续保持外宣公关性质的存在。

(三)积极开展军事能力援建

自2012年启动以来,"能力构筑支援"已逐步成长为自卫队海外活动的一项重要内容。截至 2016 年初,自卫队共有 10 个军事能力援建对象国,其中陆自承担 5 国,分别是:1. 蒙军工兵、卫勤能力援建;2. 巴新军乐队及减灾能力援建;3. 东帝汶工兵及减灾能力援建;4. 柬埔寨工兵能力援建;5. 老挝减灾能力援建。2016 年内,陆自又启动实施了 3 个新的援建项目:一是 6—10 月,作为"联合国非洲工兵部队早期展开计划"的一环,派出工兵教官为肯尼亚军队连续举办 2 期重机操作培训;二是 2017 年 1 月 9 日—3 月 7 日,应吉布提政府要求,派出"救灾能力强化支援派遣团"对吉工兵进行培训;三是 2017 年 3 月 6 日起,派出陆自研究本部所属 2 名中校赴埃塞俄比亚"和平支援训练中心",协助埃塞军方制订维和活动的教育训练规程。

三、借助法制修订之势开启参战大门

2017 年 3 月 12 日,日本政府决定终止已经持续 5 年多的联合国南苏丹维和援建任务;4 月 19 日,参加任务的陆自第 11 批派遣队第一梯队已经回国。回顾此项活动,创下了自卫队海外任务的最长纪录,完成了首次实战性质的海外陆路撤侨(2016 年 7 月),曝出了围绕活动记录瞒报狡辩的打脸丑闻(2016 年夏),还发生了维和队员遭南政府军逮捕的乌龙事件(2017 年 3 月 18 日),可谓热点多多。但最应关注的还是其背后隐藏的一种"质变":依据 2016 年 3 月生效的"安保法案",11 月派赴南苏丹的第 11 批任务部队被授权遂行名为"驰援警护"与"宿营地共同防护"的新任务,这意味着,自卫队由此正式担负起了海外作战任务。陆自为此进行了多个方面的应急准备:

首先,全面开展相关任务训练。预定担任第 11 批派遣队的东北集团军第 9 师所部,从 5 月起即利用"可汗探索"演习的机会,考察并实施了与新任务非常接近的训练内容,8—9 月又在国内接受了相关课程教学和实兵训练;其他部队或者依托国际活动教育队用模拟装置实施的"状况判断训练",或利用自身训练平台,广泛实施了以城市巷战为想定的"至近距离射击"训练;2017 年初的"金色眼镜蛇"多边军演中,陆自实施了首次海外护侨训练,且保护对象已扩大至美国人。这些训练共同透露出的一个信息就是,陆自的护侨任务重心正从"输送"向"营救"悄然转变。

其次,鉴于未来任务对法务官会有超出以往的要求,陆自加紧做好相关法律准备。一是 8 月 9 日—10 日,陆自参谋部法务官轻部真和少将率队赴美国陆军法务学校,参加"多边法务官互操作性研讨会",与 24 国(地区)陆军法务军官代表就陆战法规、多国作战、交战规则等的实践教训交换意见,重点关注了"自卫"等敏感概念的定义区别;二是小平学校作为传统军官特技课程"法务"的上级课程,新开设"法务运用"课程,8月22日—10月5日,第1期正式开课;三是9月27日—30日,轻部参加了在韩军主办的第7次"安全保障及军事法规国际研讨会",与16国的法务军官或学者就反恐战争法律运用及法务部队建设等问题展开研讨。

第三,采取多项后勤措施,做好解决任务官兵后顾之忧的出兵准备。为保障派遣队员能够更好地专注于任务,年内,陆自东千岁(3月)、米子(5月)、高田(12月)、日本原(2017年3月)等兵营,相继与驻地政府或企业签订"留守家属支援协定"或"儿童寄养支援协定";12月10日,在新潟县高田兵营举行了代号"越后纽带"的大规模家属支援训练,确认支援要领,并计划向全国范围普及。另外,日本政府12月6日阁议决定,在原有"国际和平合作津贴"(1.6万日元/天)之外,对遂行"驰援警护"任务的队员另行追加0.8万日元/天的新任务津贴;同时,抚恤金也上调动至9 000万日元。

2016年可以说是自卫队海外作战的"任务元年",虽然陆自尚未有机会遂行真正的实战任务,但其质变已经开始。依托美日同盟框架或依托其他多边机制,或许在不远的将来,陆自就会迎来海外作战的"实践元年",有关动向需要持续关注。

参考文献

[1] 朝雲新社.朝雲(ASAGUMO)[N].2016年1~12月号.
[2] 日本防衛省.わが国の防衛と予算——平成28年度予算の概要[M/OL]. http://www.mod.go.jp/j/yosan/2016/yosan.pdf.

韩国陆军建设述评

冯铄宇

2016年度,韩陆军在"遏止战争爆发、打赢地面作战、支援国民利益、建设精锐强军"的建军目标指引下,通过革新作战理念、优化部队结构、突出实战演训、增配尖端装备,着力强化韩美联合防御机制及作战能力,不断打造战敌必胜的信息化陆军。

一、优化调整编制结构,突出朝鲜军事威胁

韩陆军继续配合国防改革进行人事、兵员及部门调整。年内,陆军在人事方面实施了两次将军级人事调整,多名要职将领履新;针对朝鲜核导等核心设施,着力打造特种作战战力;正式筹建预备军动员司令部,不断强化预备军动员训练。

(一)依例实施年度将官人事调整

韩国防部分别于4月22日和10月17日实施了年度将军级人事调整,主要是中将级以下军官晋升选拔和主要职位的任命,着眼于选拔国家观和安保观强、联合及合同作战遂行能力与德望兼具的优秀人员。在上半年人事调整中,有1名少将晋升中将,11名准将晋升少将,新晋少将人员将主要担任师长等主要职务;在下半年人事调整中,4名陆军少将晋升中将,12名准将晋升少将,59名上校晋升准将。

(二)筹建剑指朝核心设施的特战战力

韩陆军正推进建立有事时可从空中渗透至朝鲜核心设施的特种作战航空部队。据韩陆军特种战司令部资料显示,正着手培养专门人员并筹建特种作战航空部队,以备有事时渗透至朝鲜后方地区,对朝鲜指挥部、核导基地、大规模杀伤性武器相关设施等进行快速而准确的打击,努力打造韩军独立的特种作战能力。此外,还在推进建立能够遂行战略性特殊任务的特种作战部队。有分析解读,所谓"战略性特殊任务",是指有事时渗透入朝遂行清除朝鲜党政军高层的任务。为此,韩陆军将引进MH级直升机等空中渗透力量、小型卫星通信装备和用于

特种作战的机枪等。韩陆军特战司所属特战教育团首次启动特工和搜索高级课程教育计划,旨在加强有事时在敌后方地区执行特殊作战的特工和搜索部队的专业性。韩国陆军参谋总长张骏圭表示,特战战遂行能力是韩陆军正在推进的主要战力之一。

(三)推进创建预备军动员司令部

作为韩国国防改革的一部分,为了应对朝鲜的高强度威胁,韩国防部着手正式讨论创建预备军动员司令部,强化预备军动员训练的方案。首先,把动员训练时间延长三天两夜,推进强化训练的方案,且动员训练要在服役部队进行,以增进其与现役后辈官兵间的关系;其次,随着女兵数量破万且其职能增强,研究将退伍女兵纳入预备战力的方案。韩军计划借确定预备军战力强化方案的时机,在陆军创建预备军动员司令部,将预备军的战力提升至常备战力的水平。

二、依例实施年度演训,突出实战演习想定

韩陆军年内继续按年度训练计划组织或参与各项演训活动,如"关键决心·鹞鹰""乙支·自由卫士"等美韩联合演习,"花郎""护国""忠武""统一""双龙"等自主演训,同时积极开展赴外多国联演,如韩陆军特战司派员赴印度参与"Force18"联合演习等。开展各项演训活动时,更趋向于贴合实战背景与特点,对朝遏制与威慑意图愈发明显,其陆战能力不断提升。

(一)韩美联合军演

一是联合战时增援演习。韩陆军第2作战司令部年初与美第8军司令部实施了韩美联合战时增援(RSOI)演习,该演习旨在确保有事时快速向朝鲜半岛展开美军增援战力。该演习自1994年起利用计算机实施模拟指挥所演习,其后于2014年起转为实际演习。第2作战司令部所辖53师等4个师级航空团、国军运输司令部、美第19支援司令部以及铁道公社、公路公社、警察、地方自治团体等参与本次演习。

二是联合渡河演习。2016年,韩美先后两次实施联合渡河演习。3月16日,韩军第7工兵旅渡河大队和美军第2战斗航空旅工兵营位京畿道利川市渡河训练场举行联合渡河训练,检验联合渡河作战能力。训练假定韩军架设临时浮桥过程中遭敌方炮击受损,美军迅疾运送替换桥身至现场,与韩军共同完成浮桥架设作业。其后,韩陆军第7军机动部队的装甲车渡河开展夺取桥头堡的训练。训练共动员韩美工兵、化学、防空部队等130余名官兵,装甲车和对空制导武器"天马"等装备20余台,投入渡河装备60余套。这是首次检验韩美两国军队渡河装备互换性的训练,意味着韩美工兵部队在联合作战领域有了新的进步。

4月6日至8日,韩陆军第6工兵旅以及韩美联合师第1机甲旅位京畿道涟川郡全谷地区训练场一带实施了韩美联合渡河演习,旨在加强两国军队纽带关系、提高战术能力。

三是"柚木刀"特战联合训练。专门遂行敌地渗透作战的美国空军第353特种作战团10月份在群山基地与韩陆军特战司1个旅共同实施朝鲜内陆地区核心设施打击训练,两国空军集中实施了有事时以固定翼飞机空降特种部队潜至朝鲜内陆地区的演习。韩国陆军和美国空军的特种部队旨在培养联合破坏包括朝鲜核导基地在内的核心设施的力量。

四是空中突击与联合航空射击演习。6月22日,韩国陆军航空作战司令部与美第2师位京畿道杨平某射击场组织实施韩美联合航空射击演习,旨在检验韩美联合航空战力遂行作战的能力。韩陆军第1航空旅及第3机甲旅的AH-1S眼镜蛇直升机及K-1坦克,美第2师的AH-64阿帕奇攻击直升机、OH-58奇奥瓦直升机等参演。11月8日,韩陆军陆航司令部与驻韩美军第2航空旅位忠清北道和江原道实施了针对朝鲜内陆的韩美联合空中突击演习,旨在提升空中突击能力,以便在战时隐蔽地突破朝鲜防空体系并向其内陆纵深投送特种部队等地面兵力,破坏指挥中心等军事目标或占领据点击溃防线,进而赢得地面战争胜利。驻韩美军第2航空旅的UH-60、CH-47等6架直升机,韩军陆航司令部10架UH-60直升机、4架AH-1S"眼镜蛇"直升机和第30师250余名突击营官兵参加演习。

(二)兵种合同演习

韩陆军本年度主要实施了国家重要设施防护演练、军警联合反恐演习、局部挑衅渗透应对训练、联合登陆演习等主要以朝鲜渗透威胁为假想的诸兵种合同演习。陆军第51师与平泽海警、第2作战司令部与大邱警方、陆军36师与横城警方、陆军17师与仁川警方实施了军警联合反恐演习;陆军39师与海军镇海基地司令部、陆军第23步兵师与海军第1舰队、陆军第22师与束草海警实施统合港口防护演练;陆军53师与釜山警方、海军作战司令部联合开展釜山港反恐示范演习;陆军39师与第3训练飞行团、庆南政府等联合举行国家重要设施遭受导弹袭击应对综合演习,提升民官军警协同作战及灾害恢复能力等。此外,韩陆军4月18日—20日以陆32师为主力,联合海、空、海军陆战队等27支部队,投入3 300余名兵力、19架直升机、350余台车辆、空军CN-235海上巡逻机、海军P-3C巡逻机、低空航空侦察机和警备舰实施了局部挑衅应对训练。

(三)年度例行军演

年内,韩陆军依例参与韩美联合或单独组织的"鹞鹰""乙支·自由卫士"

"双龙""花郎""护国""忠武""统一"等演习。"花郎"演习期间,陆军第 23 师、36 师、37 师分别位江陵一带、江原道南部、忠清北道全境实施"花郎·2016"演习,该演习以检验各地区民、官、军、警统合防卫作战态势为重点,每两年举行一次。"护国"演习期间,陆军第 5 军位京畿道和江原道一带实施演习,演习由大规模兵力及装备机动、开设哨卡、使用武器等组成,旨在培养敌渗透及挑衅时的作战遂行能力。"统一"演习期间,陆军第 1 野战集团军司令部 6 月 24 日至 25 日位江原道全境动员该军所有部队实施演习,旨在检验应对战时状况的作战计划,熟练单兵战斗技能并完善战斗准备态势。"双龙"演习期间,陆军第 1 军 9 月 7 日—9 日位京畿道北部实施演习,旨在提升预备部队的战时作战遂行能力。此外,陆军年内还参与了政府组织的"忠武"演习,科目包括主要资源动员、国家基础设施修复等,对地区安保态势进行综合检验。

(四)军种内部演训

年内,韩陆军依据年度训练计划,分别组织前沿及后方部队实施了冬季训练、反恐反渗透、战术机动等科目演练。韩陆军第 1 军、8 军,第 1 师、15 师、26 师、27 师,第 2 炮兵旅等组织实施火炮射击训练;陆军第 2 作战司令部,第 2 军,第 17 师、20 师、26 师、28 师、36 师、50 师、65 师、102 师实施野外战术机动训练;陆军第 11 师、20 师、36 师、53 师、61 师、73 师,特战司"黑豹部队""黑色贝雷帽"特种部队参与野外战术、抗寒等冬季训练;韩陆军 4 月、11 月分别投入最新型 K-2 黑豹坦克、K-9 自行火炮等位南汉江实施无浮桥潜水渡河、浮桥架设渡河演习;陆军第 1 军、6 军,第 51 师组织实施陆上协同训练。此外,陆军特战司,第 1 军、6 军,第 20 师、22 师、27 师,第 5 工兵旅组织实施海上渗透、空降作战、统合动员训练、空地合同、反渗透综合演习、扫雷作战等科目演练。

(五)训练事故

韩陆军年内在推进各项演训计划的过程中,也发生了一系列训练事故。如陆军第 205 航空队所属 1 架 UH-1H 直升机 2 月 15 日位春川航空队近郊坠落;驻京畿道涟川郡的最前方陆军部队的一名现役中士 3 月 11 日持枪自杀未遂;陆军某部 3 名士兵 4 月 12 日巡逻时遭遇对朝传单气球爆燃致伤;陆军前线部队巡逻士兵位京畿道涟川郡汉滩江支流遭反步兵地雷爆炸事故致伤;陆军某部士兵位非军事区执行搜索作战任务时突发手榴弹爆炸致 1 人死;陆军第 7765 部队第 2 大队遇爆炸事故致 20 余人伤。

三、装备研发进程加快,突出攻势防御理念

为有效应对朝军日益加深的传统与非传统威胁,韩陆军年内不断增强其在

机动、陆航、防空及导弹领域的作战能力,一系列新型、尖端装备陆续列装或列入采购、研发计划。

(一) 机动战力

一是实战部署装甲型化生放侦察车。韩国自主研发的装甲型化生放侦察车计划自 2017 年起在陆军前方部队及海军陆战队实战部署。韩国防部长官韩民求主持召开第 93 次防卫事业推进委员会,会上处理了包括上述内容的"化生放侦察车-Ⅱ(装甲型)首度生产计划方案"。其研发目的在于应对朝鲜化生放战威胁及反恐、有毒气体泄漏事故。

二是开发完成步兵部队前沿指挥车。韩国现代 ROTEM 公司承揽的陆军步兵部队开发的轮式前沿指挥车系统已经完成。该公司 2012 年承揽了轮式装甲车系统项目,于 2016 年 5 月开发成功,并于年底投入量产。该指挥车具有以网络为基础的战斗指挥系统运用能力,能够适应现代战场环境,迅速有效地指挥部队。

三是计划引进大型车辆安全装置。韩陆军 10 月 6 日宣布,计划对正在使用的大型巴士、重型运输车(HET)等 3 000 余辆大型车辆加装安全行驶装置,预计 2017 年底前完成。

(二) 陆航战力

一是实战部署阿帕奇直升机。韩防卫事业厅 5 月将 4 架阿帕奇直升机移交给陆军,标志着韩军首次实战部署攻击直升机"阿帕奇·卫士"(AH-64E)。韩陆军拟利用该型直升机遂行攻击军事分界线一带朝军坦克、向西北岛屿渗透朝鲜气垫船的任务。韩军耗资 1.84 万亿韩元,计划从美国引进 36 架"阿帕奇·卫士",并将于 2017 年初全部移交给陆军。

二是计划配属登陆机动直升机。韩国航空宇宙产业公司(KAI)12 月 28 日宣布与防卫事业厅签订"完美鹰(surion)"直升机第 3 批量产及登陆机动直升机首批量产协议。韩军计划在 2022 年前给陆军追加配备 70 余架(15 593 亿韩元)"完美鹰(surion)"直升机。

(三) 防空战力

一是"天舞"多管火箭炮系统。韩军根据反火力战的概念,正努力推动构建统合"天舞"、陆军战术导弹系统等地对地及空对地能力实施打击的系统,以及统合运用监视及侦察资产,无人侦察机等反炮兵雷达的监视体系,构建能够应对朝鲜火箭炮和远程火炮威胁的应对体系。

二是"飞虎"复合防空系统。"飞虎"复合防空系统可用于应对 AN-2 飞机等朝鲜对韩渗透空中威胁。韩陆军 11 月 16 日位西海岸安兴射击场实施"飞虎"

实弹射击演练,隶属第 3 野战军的 3 个机械化步兵师防空大队、第 1 防空旅、导弹司令部等 5 个部队参演。"飞虎"复合防空系统属自主研发,是由 30 毫米自主对空炮"飞虎"与地对空弹道武器"神弓"结合而成的强化型武器体系,自 2015 年起实战部署。

(四) 导弹战力

一是"天马"中低空短程防空制导武器。韩首都防卫司令部第 1 防空旅等 9 支防空部队 12 月 7 日在忠清南道大川射击场实施"天马"导弹的实弹射击演练,此次演练假想敌机实施空中渗透,从 20 千米处开始追踪时速 300 千米的目标,并在射程内将其击落。这是陆军时隔 4 年再次实施该型导弹的实弹射击演练。自 1999 年实战部署以来,该型导弹共实施 28 次实弹射击,对靶机的命中率达 100%。"天马"导弹可对 AN-2 飞机或无人机等由中·低空渗透的朝鲜飞机实施拦截。

二是"匕弓"海岸防御制导武器系统。韩国 LIGNEX1 公司 12 月 29 日与防卫事业厅签署协议,首次量产 100 多亿韩元规模的"2.75 英寸口径制导火箭(车载型)系统"。该系统属于海岸防御制导武器系统,搭载 2.75 英寸口径制导火箭"匕弓",用于应对登陆艇等小型高速舰艇威胁。预计未来 6 年内,将分阶段配属至陆军、海军和海军陆战队,"匕弓"量产规模将达 1 200 亿韩元。

四、对外军合稳步推进,军地共建成果丰硕

2016 年,韩陆军对外高级别交流活动不断,尤其是美韩陆军间军合关系密切,美国陆军多支强战斗力部队实现在韩轮换部署,美韩同盟关系不断向更高层级推升。此外,韩陆军积极推进军地合作与共建,同时在海外维和、多国演习等非战争军事行动中建树颇多。

(一) 韩陆军对外军事交流合作密切。年内,美韩两国陆军间军事交流密切,高层互访不断。先是韩国陆军参谋长张骏圭上将于 4 月 11 日至 16 日展开为期 6 天的访美行程,商讨加强两国军事交流合作的相关方案。其后,美国陆军参谋长马克·米利上将 8 月 17 日至 19 日访问韩国,并于 19 日与韩陆军参谋长张骏圭上将举行会晤。访韩期间,米利上将会见驻韩美军司令布鲁克斯上将等,听取了驻韩美军的部署计划,以及有关末段高空区域防御系统"萨德"部署计划的报告。然而,因受"总统闺蜜干政门"事件影响,韩陆军参谋长张骏圭上将 10 月 31 日至 11 月 8 日原定访问澳大利亚、新西兰、印度尼西亚等国的计划延期。

(二) 美国陆军多支部队轮换部署至韩。美军快速机动部队"斯特赖克旅"

在韩美"关键决心·鹞鹰"联合演习之际于 3 月 15 日抵达韩国京畿道抱川市罗德里格斯训练场,进行实战性的城市战斗训练。"斯特赖克旅"是具有很强战斗力的美国陆军机械化部队,有事时能够利用飞机在 96 小时内抵达世界任何地方,具有高度的机动性。演训期间,该旅作为增援部队,与驻韩美第 8 集团军的部队进行合同训练。美国陆军 2016 年夏把第 82 空降师下属的第 82 航空旅第 1 大队的 OH-58D 基奥瓦勇士直升机和 400 多名兵力轮换部署到韩国,该型武装侦察直升机具备卓越的目标探测、夜间侦察能力。美国陆军 10 月下旬将驻屯于得克萨斯州胡德堡的第 1 机械化步兵师下属的第 1 装甲旅所属的 3 500 余名官兵派遣至韩,该部队计划在韩循环部署 9 个月。该兵力将和部署在韩国的第 1 机甲师第 1 旅战斗组兵力轮换,且大多数已经抵达韩国东豆川凯西兵营。此次部署的兵力是拥有坦克、装甲车和直升机的混成部队,机动性能卓越、火力强悍。

此外,韩陆军年内积极推进军地交流活动,在学术、反恐、安保、防疫等领域开展军地共建与合作。韩美两国首支混编部队韩美联合师 2 月 5 日与陆军军官学校签订了"强化韩美同盟及扩大军事组织与训练合作关系谅解备忘录(MOU)",双方将围绕战斗技术、历史文化等方面开展教育培训与支援。陆军第 5 军与京畿北部警察厅签署旨在反恐及应对朝挑衅的业务协定,建立反恐突发情况常态合作体系并另设热线电话。江原道与陆军第 1 集团军司令部召开 2016 年上半年官军协议会,目的是讨论对地区内主要悬案的合作基础,双方围绕新兵直接入营制度、军地视频会议系统、军人希望基金、军事设施保护区域、平昌奥运会等议题展开协商。此外,陆军本部等还设立灾难对策本部,实时监控禽流感疫情,积极开展疫情防治与对民支援。

综上所述,韩陆军年内继续按计划推进国防改革计划,通过调整编制体制结构、贴合实战组织演训、武器装备升级换代、推动对外军事合作等,配合美韩联合防御机制,积极提升对朝遏制力与军事优势。

参考文献
[1] Naver 新闻[N/OL]. http://www.news.naver.com,[2016-01-01 至 2016-12-31].
[2] 联合新闻[N/OL]. http://www.yna.co.kr,[2016-01-01 至 2016-12-31].

德国陆军建设述评

狄予兴　李振峰

2016年7月13日,德国国防部公布了新版国防白皮书。白皮书将德国安全政策视野扩展到全球范围,并首次将俄罗斯由伙伴国转为竞争对手,同时强调德军在北约和欧盟架构内的军事能力,希望以"框架国家"的身份在联盟和伙伴国中占主导地位并担负更多责任,协调欧洲各国分散的军事力量,在共同框架下开展永久性合作。陆军从人员、预算和装备三方面强化战斗力,并重点加强网络空间与特种作战部队力量。陆军年度建设目标是打造一支"多能、现代化、有吸引力"的部队。在此目标指引下,陆军各部队抓训练搞演习打造多能,更新装备加速现代化,改革兵役制度提高吸引力,并积极开展高层互访和维和行动扩大国际影响力。

一、适应新形势,推进部队改革与建设

(一)落实国防部改革计划

冷战后首次按计划扩军。德国国防部长冯·德莱恩5月10日表示,"目前明显的信号是,维持四分之一个世纪之久的联邦国防军军力收缩政策已经成为过去。"这是冷战结束,两德统一以来德国首次宣布扩军。德军计划在2023年前扩军7000人、新增军队文职人员4400人。2016年底,陆军现役部队兵力为60101人,较2015年增加近千人。

推出多项兵役改革政策。主要是推行士兵弹性服役制度、减少每周工作时间并增加士兵月薪。新兵服役6个月后,可自由选择延长至7～23个月。自实行此项兵役制度以来,陆军中服自愿兵役的人数已达到1万人。军人每周工作时长减少到41小时,被媒体戏称为"武装公务员",工作超时将不再领取奖金,但可作为调休形式给予补偿。士兵津贴平均增加近300欧元。在这些政策影响下,2016年共有10.6万人报名参军,是实际入伍人数的4倍。

(二)按计划调整人事编制

陆军主要领导有如下人事调整。4月17日,德荷军团主要领导两国轮换,

司令由荷方接任,副司令由德方斯蒂芬·托马斯少将接任。9月27日,赖因哈德·沃尔斯基少将任陆军发展局局长。10月25日,第10装甲师原副师长米歇尔·普都斯接任师长。

继续落实"陆军2011"编制案。11月29日新成立预备役第1作战保障营,隶属第1装甲师。撤编陆航UH-1D紧急援助行动大队,成立第7飞行团,并将SAR救援司令部由巴伐利亚州迁往巴登—符腾堡州下斯特滕市。第1装甲师21旅第7侦察营将营地由奥古斯多夫迁往北威州阿伦市。德法旅第295炮兵营将营地由伊门丁根迁往施特滕阿姆卡尔滕马尔克特。

(三)陆军装备进一步改善

陆航装备得到更新。12月13日,德军陆航部队BO-105型直升机完成最后一次飞行任务后光荣退役。装备该机型的快反师第36武装直升机团现已装备22架"虎"式武装直升机,至2018年将达到32架。3月3日,位于德国的国际直升机培训中心落户NH90运输机模拟训练系统,缩短了该机型形成战斗力的时间。

新型特种车辆投入使用。自2014年以来,德军已装备500辆"鹰"式指挥通信车,5月13日,3辆新型"鹰"-Ⅳ指挥通信车在阿富汗投入作战使用。9月19日,新型"美洲狮"装甲运输车在荷兰卑尔根训练场通过作战测试。

在亚洲与非洲执行作战任务的德军已开始换用新式作战服装。新设计的作战服装历经3年研制,符合《军队作战服装法》的指标要求,通过了奥地利山地和挪威北极圈极寒气候、美国得州沙漠和法属圭亚那酷热气候条件下的测试,具有36个外衣号型,23个男女内衣号型,7个防寒防潮配件号型。新型防弹背心和作战手套都做了大幅改良,受到一线官兵广泛欢迎。军绿迷彩外衣是以深绿、浅绿和棕色配色,可防夜视器材侦察,领先世界先进水平。雪地迷彩则采用新的伪装图案,适合丘陵山地与绿色植被环境。

二、训练全方位,着力提高部队战斗力

(一)根据单位特点与任务需求开展多种形式科目训练

快反师第1空降旅以"打造全面战备、全时拉动、全球范围的作战旅"为目标,所辖第26伞兵团在博登湖完成了水上跳伞科目训练,第31伞兵团完成了高原地区人员与装备机降训练。第10运输直升机团组织新列装的NH90直升机试用飞行训练。第30运输直升机团组织山地复杂地形机降和SAR援救训练。第36武装直升机组织新型"虎"式直升机重点演练步空协调战术行动。

第1装甲师所辖第9装甲教导旅组织全旅军官赴德累斯顿陆军军官学校,

开展为期1周的战术手工作业集训。第41装甲步兵旅展开"泻湖"系列演习,第一阶段演练迟滞行动的司令部筹划作业,第二阶段实施旅指挥所实兵演练,由325炮兵教导营提供布雷封锁和联合火力支援,并在演练中使用了新型数字化陆军指挥与情报系统(FISH),第三阶段将在2017年3月开始实施。步兵1营开展联合火力支援训练以及城市作战训练,第411装甲步兵营开展指挥所对抗训练,都收到了应有的效果。

第10装甲师所辖第23山地步兵旅组织网上模拟特战行动演练和冬季考核,在阿尔卑斯山区开展了为期2周的山地行军耐力测试。第37装甲步兵旅组织了60天实战实训,为下属分队赴海外执行作战任务作准备。第232山地步兵营在战斗训练中心开展山林地进攻作战科目训练,并分阶段实施数字化指挥所模拟训练和实兵演练。

德法旅在荷兰卑尔根训练场开展为期2周基于多国联合作战背景下的高强度战斗综合训练,锻炼参训部队联训与联战能力,优化全旅各要素单元的指挥流程和作业程序。第291步兵营在立陶宛训练期间,使用了MG3通用机枪、榴弹发射器、3型反坦克榴弹、G36机枪等步兵射击武器,检验了"拳击手"装甲运输车上FLW 200轻型遥控武器站的作战效果,同时达成了所属侦察分队"96小时独立侦察和70千米范围的侦察能力"的作战目标。

(二)以形成作战能力为目标广泛开展军兵种联合训练

10月,德国陆军部队国防军联合医疗部队和联合后勤部队,共1 800名官兵、百余件大型装备,在德国北部明斯特训练中心及贝尔根地区举行年度地面作战部队汇报演习,重点演练侦察、电子战、海外联合作战行动、后勤综合保障、伤员后送等科目,对外展示德国陆军的作战能力。第1装甲师第325炮兵营、第92装甲步兵营、第130重型工兵营以师医疗分队在蒙斯特射击训练中心展开联合实兵对抗训练,锻炼连级军官的指挥作战能力。第1空降旅陆航兵与陆军特战分队依托NH90直升机展开空中机动作战训练,依次开展了NH90作战培训、营救被分割与孤立的我方人员、空降后发起进攻行动。

(三)以多国演习交流为背景积极参与外军联合训练

快反师主导"红色格里芬"演习,与荷兰第11空中机动旅联合建立步兵特遣部队指挥所,组织远程通信、协调各方指挥流程和计划流程,完成兵棋推演、地理信息保障、空中后送等关键任务。第26伞兵团赴荷兰参加"秋日猎鹰2016"军演,赴法国参加"蜂鸟2016"军演,与荷兰第11空中机动旅开展直升机基础训练并检验后勤保障能力,与法国海军陆战队第8伞兵团开展伞降训练。第1装甲师第1重型工兵营与英第130两栖工兵营开展河上浮桥架设训练。第401装甲步兵营、第 803 重型工兵营在波兰萨根训练场首次与波兰陆军部队开展了为期 4 周的联合演习。德法旅第 292 步兵营与第 1 步兵团在步兵训练中心开展步兵攻防战术训练。第 31 伞兵团以海外侨民紧急保护行动为年度训练重点,参加了德军组织的"蓝色格赖夫"海外侨民紧急保护演习,检验部队后勤保障及空中后送能力,并赴比利时参加英比荷德四国"风暴潮 3 号"联合演习。

三、走向全世界,不断增强国际影响力

(一) 加强国际军事合作与融合

加深德美军事同盟。陆军监察长布鲁诺·卡斯多夫中将 5 月访美,会见美国陆军参谋长并在陆军军事学院演讲。10 月又率领陆军高级代表团再次访美,参加美国陆军协会学术年会,参观北美高科技地面武器展览,进一步促进了两国陆军的合作。

推进德荷、德波陆军融合。3 月 17 日,荷兰 43 机械化旅正式隶属德陆军第 1 装甲师,同时,荷兰第 43 机械化旅新组建第 414 坦克营,驻地卑尔根,由德方 2 个连和荷方 1 个连混编而成,德荷两国陆军合作又开启了新的一章。根据德波双边军事协定,德第 41 装甲步兵旅所辖的第 411 装甲步兵营将隶属波兰第 34 骑兵旅,同时,波兰第 34 骑兵旅所辖的 1 个营将隶属第 41 装甲步兵旅。荷兰第 43 机械化旅将隶属德军第 1 装甲师,并装备"豹Ⅱ"A6 新型坦克。

开始在立陶宛驻防。根据 7 月北约峰会上关于加强北约在中欧军事存在的决定,德国将负责在立陶宛部署 1 个营。该营以第 10 装甲师第 122 装甲步兵营为基础组建,设有营部、保障连、紧急支援分队和 2 个以上的作战连,另外还加强有至少 1 个国际连,目前为荷兰籍步兵连,以后还将编入 1 个法国或韩国籍步兵连。

(二) 积极参加北约重大演习

"军刀出击 2016"为北约自冷战以来最大规模联合军演,由美军驻欧司令部领导,美国、德国等 19 个北约国家和 5 个北约伙伴国参演。第一阶段为"龙骑士Ⅱ"行军演习,参演部队在德国东南部菲尔塞克集结后,向东北穿越波罗的海沿岸国家波兰、立陶宛、拉脱维亚,直至爱沙尼亚北部城市塔帕,全长 2 500 千米。德第 12 装甲旅第 8 侦察营、第 4 重型工兵营参加此次演习,人员与装备经受了长距离行军的考验。第二阶段演习代号"蟒蛇 2016",地点为波兰,由德军第 130 重型工兵营领导的工兵多国部队,在波兰海乌姆诺 380 米宽的维斯瓦河上架设了 2 座浮桥,渡河通行能力达到 250 辆/小时。第三阶段演习代号"铁狼 2016",地点为立陶宛。德军 291 步兵营参加了此次演习,重点演练计划、集结、

侦察等科目。第四阶段演习地点为爱沙尼亚,德国陆军主要承担地面侦察和战斗保障任务。在联合兵种实弹射击行动中,第 8 侦察营出动"非洲小狐"侦察车前出阵地实施侦察行动,第 4 重型工兵营则配合美军部队完成架桥任务。

德国陆军参加的其他北约演习还有:"快速反应 16"多国联合空降作战演习;"杰出跳跃 16"美军驻欧部队东北军团应急演习;"三叉戟接点 16"盟军快速反应部队北约司令部指挥所演习;在土耳其举行的北约 15 国"埃费斯"海陆空大型演习。德军第 1 空降旅、第 31 伞兵团等部队参加了演习。

（三）积极投入国际维和行动

1 月 6 日,德国派出以第 41 装甲旅为主的约 400 名军人参加联合国马里综合稳定团,监督马里政府军与反政府武装停火,同时负责训练马里政府军。4 月和 8 月,陆军总监和陆军副总监分别视察了驻马里北部的德军部队。11 月 16 日,德国政府通过了继续在阿富汗执行"坚定支持"维和任务的决定案,陆军作为承担此项任务的德军主要力量,人数最多可增至 980 人。

参考文献

[1] 德国联邦国防军[EB/OL]. http://www.bundeswell.de,[2016 - 01 - 01 至 2016 - 12 - 31].
[2] 德国陆军[EB/OL]. http://www.bundesheer.de,[2016 - 01 - 01 至 2016 - 12 - 31].
[3] 德国国防部.德国联邦国防军 2016 年度国防白皮书[M].2016.
[4] 胡晓剑,陈赟.国防白皮书阐明德军未来走向[N].中国国防报:2016 - 07 - 22(16).

法国陆军建设述评

熊世英 邱 健

法国认为,当今世界并非不可预测,未来形势或具有不确定性,但将一直是危险的。法国必须提前预见风险,打造有效应对威胁的国防工具,从而保持决策的独立自主。2016年7月,法国再度经历恐怖袭击,国内安全形势依然严峻,军队被置于内外双重压力之下。在此背景下,陆军同时需要完成转型重任,实现组织结构的整体优化。

一、陆军新模式改革全面展开

法国陆军"接触"模式改革于2015启动,2016年进入了全面转型阶段。陆军新模式改革实现了指挥体制的优化重组,减少作战指挥层次,更为紧凑化,确保有效使用现有资源,实现指挥、信息控制和部队之间的顺畅连接,提升地面部队指挥系统的反应性、统一性和可用性。

陆军参谋长将直接领导六大部门:人力资源部、地面物资战备部、国土司令部、特种部队司令部、陆军航空兵司令部、地面部队司令部。

人力资源部通过改革人力资源政策,适应现役和预备役人员需求的变化,体现个性化的职业管理。

地面物资战备部下设3个物资保障基地,完善保障模式,更准确地关注作战需求,有效控制保障成本,提升地面物资的可利用程度。

国土司令部包括巴黎消防旅、3个地方安全训练干预分队、志愿军事单位以及预备役力量。主要任务是预防国土范围内的系统性威胁,准备展开集体行动,促使陆军在内部行动中得到最大化使用。

特种部队司令部下辖第4特种直升机团、第13龙骑兵伞兵团和第1陆战队伞兵团。该司令部将集中资源,使特种力量具有更快速的反应能力,实现与其他部门之间的顺畅衔接,强化与常规力量间的协同作战。

陆军航空兵司令部下辖第4空战旅、1个空中机动支援营和陆军航空兵学院。第4空战旅下设3个战斗直升机团。陆航司令部可加强直升机使用的协调性，便于组织陆军空地力量的合同战术训练和作战。

地面部队司令部构成了陆军作战力量的主体，下设2个师（6个合成旅）、合同战斗院校司令部、战备中心司令部、四大专业司令部。合同战斗院校司令部领导5所院校，分别是参谋学院、步兵学院、装甲兵学院、炮兵学院和工程兵学院，负责合成战术和参谋技能培训。战备中心司令部领导陆军各战备训练中心，确保训练的协调实施，使各部队获得最优训练条件，直属于地面力量司令部。四大专业司令部分别对应情报、信息通信、维护和后勤，横向集中与作战相关的少数专业资源，实现统一调配。

二、内外战场行动平衡兼顾

法国认为自身在国际社会上占有特殊地位，并希望向世界传递信息：在涉及全球的重大问题的解决上，法国是负有责任的，法国并不仅仅关注本土和海外领地。在这一认识下，2016年陆军继续在非洲和中东地区执行反恐任务，同时军队参与国内安全行动成为常态。

（一）海外行动延续传统

海外战场是陆军长期以来的传统行动领域。2016年陆军在海外行动中的主要部署如下：

（1）萨赫勒-撒哈拉地带军事行动3 500人，以"新月沙丘"行动为主。马里的"薮猫"行动之后，法军于2014年调整兵力部署，与毛里塔尼亚、马里、尼日尔、布基纳法索和乍得5国展开军事合作，针对该地区的国际恐怖主义势力。

（2）伊拉克"夏马风"行动400人。伊拉克任务部队法军分队为当地安全力量提供军事支援，包括培训、军事及武器装备顾问、火力支援。2014年以来，法军已经培训了6 000多名伊拉克士兵，被认为是西方打击"伊斯兰国"中仅次于美国的第二大力量。

（3）黎巴嫩DAMAN行动900人。法军作为联合国驻黎巴嫩临时部队的紧急预备队，监管黎南部地区停火协定的执行。

（4）中非350人。法军于10月底正式结束了为期3年的中非"红蝴蝶"行动，只留守少数兵力为联合国和当地安全部队提供支援。

（二）国内行动常态化

国土范围自2015年恐怖袭击以来成为陆军重兵投入的领域。2016年，陆军继续履行国土安全和民众保护使命。军队对境内重点目标采取全天警戒巡逻，发挥保护、威慑、安抚作用。在"哨兵"行动框架下，陆军建立完全的地面保护态势，每天在本土部署7 000至1万兵力，其中展开1万人的天数达到100天，大大超出 2013 版《国防与国家安全白皮书》规定的 1 个月。为聚合陆军各单位力量,发展军种间和部门间的合作关系,7 月创建了国土司令部,专门负责国内行动。

三、增兵强训,提升陆军作战能力

(一) 兵力大幅扩充,恢复师级编制

2016 年,陆军出现了历史性的兵力扩充。2009—2015 年的持续裁军对部队的日常运行、战备活动、官兵士气都产生了影响。2016 年征兵数量比 2014 年增加 2 倍,比 2015 年增加 1.5 倍,地面作战力量从 6.6 万人增加至 7.7 万人。为接收新增人员,陆军新增 2 个团,各步兵团新增 1 个战斗连,各装甲团新增 1 个侦察连。改革后,每个团约 900 人;每个旅由 8~10 个团组成,约 8 000 人;每个师下辖 3 个旅,约 2.4 万人。

陆军恢复 1999 年取消的师级编制,在原第 1 和第 3 参谋部基础上,建立第 1 师和第 3 师,下辖 6 个诸兵种合成旅,轮换执行战备训练和作战任务。第 1 师总部位于法国东部的贝桑松,下辖第 7 装甲旅、第 9 陆战队步兵旅、第 27 山地步兵旅,另加上法德合成旅。第 3 师位于南部的马赛,下辖第 2 装甲旅、第 6 轻型装甲旅和第 11 伞兵旅。6 个旅中重型旅、中型旅、轻型旅各 2 个,具备执行各类任务的能力。重型旅将装备升级的"勒克莱尔"坦克,中型旅将接收新型"猎犬"多功能装甲车和"美洲豹"装甲战斗侦察车,轻型旅将主要集中伞兵部队和阿尔卑斯猎兵部队。此外,原有 3 个专业保障旅中的情报旅和通信旅被撤销,建立情报司令部和信息通信司令部,仅保留后勤旅。

(二) 调整训练模式,提升作战实力

战备训练直接关系到战场应对能力、行动效率和人员安全,是决定能否克敌制胜的重要因素。2016 年陆军战备训练在时间紧、任务重的压力下,针对不同战场环境和任务,确保完成了兵力投送前的战备训练。

一是战备训练周期适应于部队使用节奏。陆军新模式改革、新兵增加、国内安全保卫行动、海外战场作战等诸多因素迫使陆军调整作战行动节奏,以保证士兵和指挥员具备执行任务的能力。相应地,所有参与战备训练组织的单位,以地面力量司令部为首,必须使战备训练计划适应于部队使用节奏。训练周期既不能影响作战任务的执行,又必须满足训练水平的恢复。

二是新兵训练以尽快投入使用为目标。2016 年的大幅征兵对新兵训练提出了相应要求。在人员培训方面,法军经历多年来的调整精简,军事培训机构的培训任务相对饱和,在新增单位的训练上必然面临不小的压力。陆军创建了初

级军事训练中心,并加大人员投入,优化新兵训练各个阶段,实施完整的训练项目,保证战斗能力逐级上升,实现新兵的快速投入使用。

三是瞄准战场任务加强适应性训练。为"哨兵"行动和海外任务做准备是训练活动的主要目标。法军托各训练中心,在近似实战的环境中培养部队适应战场、随时投入的能力,尤其是在复杂战场条件或陌生自然环境下的适应能力,如城市、人群聚集地、山地、沙漠等。"哨兵"行动的准备活动包括:任务投入的原则指导、武器射击、近距离作战技能训练、战斗救援、力量使用原则、司法框架介绍等。海外行动的准备主要是加强反恐、反暴行动训练。

四是驻地训练与中心训练并重。2015年以来,陆军在国内外军事行动压力下被迫调整训练计划,陆军平均战备训练天数为65天,远低于90天的标准。鉴于此,2016年陆军积极采取非集中化的训练模式,在组训上加大灵活性,优化时间使用,简化日常运行,增加驻地训练时间。同时,训练中心不断改进,加强与部队使用条令中心合作,结合战场经验反馈,实现与部队需求的对接。训练中心根据部队的规模调整训练内容,并增加了合同战斗的基本训练内容。

(三) 加速推进装备更新进程

2016年陆军继续实施装备更新计划。新交付的装备主要包括:用于作战投入的5架"虎"式战斗直升机;用于机动投送支援的4架NH90直升机、5架新型AS532"美洲狮"直升机、1 650套单兵跳伞装备、281辆陆军多功能运载卡车;用于单兵作战的4 000套轻型FELIN单兵一体化武器系统;1 000套用于"哨兵"行动通信联络的Auxylium终端设备。装备采购方面,"重头戏"是陆军订购9.3万支德国制造的HK416F突击步枪,替换于1979年装备至今的FAMAS无托突击步枪。HK416F是法国从国外采购的第一种制式步枪,是未来单兵作战的重要武器,将于2017年首批交付,直至2028年。

四、巩固军事同盟,加强多国合作

(一) 积极参与北约重大演习

北约法国快速反应军团司令部积极扮演指挥角色。该司令部成立于2005年7月,由来自14国的430名军人组成,以一个符合北约标准、有能力指挥5 000至6万人多国部队的参谋部。2月28日至3月18日,该司令部在"CITADEL JAVELIN"演习框架下展开,指挥以陆军为主导、陆海空三军联合的低强度行动。11月21日至12月2日,法军司令部再次在法国和波兰举行"CITADEL BUNUS 2016"指挥所联合训练演习。此次演习意义重大,是法军司令部参加北约认证程序的重要步骤,旨在检验法军司令部投送以地面部队为主导的初始力量到达陌生战场（设定在波兰）的能力。同时，法军部队积极参加北约重大军演。6月12日至21日，法德合成旅第1步兵团参加了北约在立陶宛举行的"铁狼"军演。6月15日至25日，法军参加德国境内组织的北约8国5 000人规模的"急速反应2016"联合军演。

（二）推动欧盟共同防务建设

法国作为欧盟中既担任安理会常任理事国又拥有核威慑力量的国家，在推动欧盟共同防御事务发挥主导作用，积极投入到欧盟范围联合军演。9月22日至28日，法军主办了欧洲军团工兵"EUROTEX 2016"演训。9月18日至30日，法国西南部举行了1962年以来的第48次法德"蜂鸟"演习，主要针对两国空降部队战法进行交流。10月1日至9日，第2海军陆战队步兵团参加了意大利撒丁岛海域举行的欧洲8国"EMERALD MOVE 2016"演习，旨在检验欧洲盟国间的两栖协同作战能力。12月末，法德两军在德国北部举行旅级联合军演，旨在确认法德部队在各个层级的共同训练和战斗能力。

（三）加大非洲军事培训力度

2016年1月，法国总统在马里举行的第27届法非首脑会议上提出，为应对非洲地区面临的安全威胁，协助打击恐怖主义，法军计划未来3年每年培训2.5万名非洲士兵。法军在非洲的军事培训活动基本依托于预先部署的海外驻军，其中塞内加尔350人、科特迪瓦900人、加蓬350人、吉布提1 450人，均以陆军为主。海外驻军作为地区合作中心，通过培训、训练和援助等形式，加深地区军事合作，配合非洲国家军队加强地区稳定和集体安全。

总体来看，2016年法国陆军顺利完成了新模式改革：加强了指挥机构的战斗力，确保掌握主动权；集中了空战力量和特种力量，便于高效利用；依托"蝎子"装备计划加强了步兵、装甲兵、炮兵等核心作战力量；完善了情报、通信、维护和后勤功能，提升综合作战实力。然而陆军目前仍处于过度使用状态，存在训练不足的问题。预计到2017年中期，陆军将恢复作战和训练之间的原有平衡。

参考文献

[1] Amées d'aujourd'hui [J]. 2016.1 - 12.
[2] Terre information magazine [J]. 2016.1 - 12.
[3] 法国陆军[EB/OL]. http//www.defense.gouv.fr/terre.

中亚国家陆军建设述评

王玉丽

2016年,哈萨克斯坦、吉尔吉斯斯坦、塔吉克斯坦、乌兹别克斯坦和土库曼斯坦等中亚国家陆军继续推进全面建设,通过深化军事改革,强化军事演训,拓展军事交流等有效措施,逐步提升整体建设水平,各国陆军建设均取得积极进展,部队作战能力进一步增强。

一、完善军事法规,继续优化编制体制

中亚国家军队的主体力量为陆军,自独立以来,从未停止过对陆军编制体制的优化,并通过完善相关法规加以明确和"定型"。2016年,哈萨克斯坦、塔吉克斯坦、土库曼斯坦等国军队均对相关军事法规进行了进一步明确,阐述了军事思想,优化其相关指挥体制。

(一)继续深化改革,明确军事思想

土库曼斯坦于2016年1月颁布第三部军事学说。新军事学说提出了全面改革军队以保障国家安全的新要求,重申了其防御性质和永久中立原则,强调不参与他国战争和军事冲突、不参加军事集团和联盟、不在本国境内部署外国军事基地。土总统别尔德穆哈梅多夫指出,制定新军事学说的目的是提高土作为中立国家的国防实力,并据此继续推进军队的全面改革。乌兹别克斯坦前总统卡里莫夫曾于2016年1月14日就建军24周年发表讲话,也阐述了其军事思想,明确了乌军建设方向,强调将通过继续深化改革,大幅提高军队战斗力。

(二)完善军事法规,修改兵役制度

哈萨克斯坦于2016年下半年对相关国防法和兵役法进行了修改,将民兵部队纳入武装力量结构。塔吉克斯坦国防部2016年8月宣称,其正推动对现行兵役法进行修改补充,并在相关网站上进行了公布,明确定期服役士兵和军士服役期限为18个月,而受过高等教育者为12个月,与之前兵役法规定相比,定期服役军人包括士兵、军士的服役期限均由24个月减少至18个月以下。塔国防部指出,塔兵源充足,从中可挑选出足够数量符合体力、脑力要求的新兵。2016年

9月27日,乌兹别克斯坦当时的代理总统米尔济约耶夫批准了兵役法修正案,将合同制军人最低服役年限从3年提高至5年。此前合同制列兵和军士的服役年限为3年,军官为5年。

(三)继续优化体制,强化力量建设

据哈萨克斯坦国防部公开网站2016年5月透露,哈将在阿拉木图市、阿斯塔纳市和14个州组建16个国土防御旅指挥部,指挥官为现役军人,主体人员为预备役军人。哈总统纳扎尔巴耶夫已于当年12月签署总统令,将新组建的上述部队纳入国防体系。2016年3月,塔吉克斯坦总统拉赫蒙做出大幅增加塔武装力量编制员额的决定,计划将军人数量增加至2万人。据此,当年塔新建了多支部队,在杜尚别组建了一个特种营,并于当年6月4日举行了成立仪式,授予了战旗。当年8月,塔还在杜尚别组建了一个保障营,要求按常规陆军部队训练大纲进行训练,同时还需要掌握农机操作、土地耕作和畜牧业方面的技能。此外,据掌握,2016年,塔吉克斯坦还组建了一个特种侦察分队,部署在塔阿边境地区;吉尔吉斯斯坦也在卡拉日加奇组建了一支营级部队。

二、注重基础投入,不断提升建军质量

由于经济发展相对落后,中亚各国陆军基础设施建设也相对滞后,一定程度影响了军队建设的质量。2016年度,各国开始加大新式武器装备的列装力度,提升装备水平,加强工程建设,完善军事设施,陆军综合保障能力和武器装备的运用水平均得到不同程度提升。

(一)更新武器装备,提升运用能力

哈萨克斯坦将推动军事装备更新换代作为2016年军队建设的重中之重。当年5月6日,哈总统宣布,政府已制定新计划,对部队装备进行新一轮更新,在今后几年内,将至少要对现有装备的70%进行更新换代,部分重点部队将实现100%的换装。随着哈军工企业能力的不断增强,哈自产装备开始批量列装。首批"阿尔兰"装甲车已于2016年8月份列装部队,一些靶场射击训练、坦克射击训练、装甲运输车射击训练等配合设施装备也已开始列装部队。吉尔吉斯斯坦和塔吉克斯坦两国陆军主要依托俄援助加强装备建设,吉陆军2月从俄接收了一批БТР—70M改进型装甲运输车和配套训练装备。乌兹别克斯坦陆军于2016年初开始分阶段实施新式武器和技术装备列装计划,以大幅提高军队现代化水平和部队的机动性和灵活性。乌军方强调,在分阶段配备现代化武器装备情况下,要不断更新军事专业科目设置,并根据武装冲突特点调整战斗编成和结构。

（二）重视训练保障，加强基础建设

2016年，哈萨克斯坦陆军将完善军事设施，特别是训练基础设施建设作为重点，不但新批准了大量国防用地，还展开了大规模系统化建设。当年，哈军对近卫军镇、"斯帕斯克"训练中心等进行了大规模改造，修建了一系列训练设施和生活保障设施。其中，对"斯帕斯克"训练中心坦克教练场、战术场地、军供站、通行检查站等设施进行大规模改造。为强化军事训练保障水平，塔吉克斯坦也加强了训练基础设施建设。2016年3月26日，塔总统拉赫蒙参加某军事训练中心启用仪式，并强调指出，为提高军事训练水平，塔政府已做出了关于加强训练设施建设的重要决定。

（三）注重日常战备，实施突击检查

借鉴俄军做法，中亚国家军队也开始通过"战备突击检查"的方式提高日常战备水平。哈萨克斯坦军方高层2016年初即明确，将通过实施战备突击检查、战备周等活动，检验战备建设成果，检查部队战备水平。当年1月9日，哈军总参谋部对全军部队实施了一次战备突击检查，重点检查各级指挥机构和部队在规定时间内完成作战任务的协同性。当年7月4日至10日，哈军在全军范围内开展了战备周活动，重点检验部队在夜间条件下进入最高等级战备状态。当年11月7日至11日，根据哈总统纳扎尔巴耶夫指示，哈军对陆军所属空中机动部队进行了战备突击检查。当年，土库曼斯坦也对全军实施了一次战备突击检查。当年3月26日凌晨，土总统命令全军进入战备状态，要求各军兵种司令及时报告情况，接受突击检查。

三、保持演训力度，不断提升实战能力

为了保持和不断提高部队的实战化水平，2016年，中亚各国陆军继续频繁举行基础科目军事训练、各类军事演习，以及与外军的大规模联合演习。演习科目仍然是以反恐为主，并十分注重联合行动和吸收外军经验。

（一）重视基础训练，提高基本技能

哈萨克斯坦陆军各部队积极通过举行日常训练、集训、野外作业、拉练、比武竞赛等开展基础科目训练，取得较好效果。吉尔吉斯斯坦武装力量总参谋部积极组织各类集训，重在通过集中组训、交流经验、教授技术，提升官兵军事素质和体能技能。特别是在当年6月和7月，分别组织北部和南部地区部队实施了山地集训，以提升部队协同作战水平，锻炼官兵体能和意志，巩固单兵在克服高山障碍时的经验和技能。中亚其他国家陆军重点通过战备等级转换、实弹射击、野外机动、加密通信、目标跟踪等基础科目训练，不断提升军人基本军事素质和适

应能力。

（二）举行军事演习，强化作战能力

举行各级各类军事演习，是中亚国家陆军提高和强化部队作战能力的主要举措。2016年2月，哈陆军组织所属东部地区司令部、阿斯塔纳地区司令部、空中机动部队司令部等部队在哈中东部地区举行了代号为"战斧—2016"战役战术首长司令部演习。当年4月，哈陆军组织所属南部地区司令部、西部地区司令部等部队在哈西南部地区举行了代号为"卡拉套—2016"军事演习，在最大范围内对相关任务部队进行了拉动、组织了协同。吉尔吉斯斯坦武装力量也先后于当年4月13日至15日、4月25日至27日在吉南部和北部地区分别举行了较大规模的军事演习，演练了执行联合任务过程中的组织协调、方案制定、联合指挥等科目。

（三）注重多边联演，强调联合作战

2016年，中亚国家陆军不仅重视与其他国家军队的两边演习，也高度重视多国参与的多边演习。关于双边演习，主要是与俄、印等国军队联合举行。2016年3月，塔吉克斯坦与俄罗斯两国军队在塔境内举行大规模首长司令部演习，双方投入各类人员超过5万。当月，吉尔吉斯斯坦与印度两国陆军在印境内举行代号为"弯刀—2016"联合演习，就山地条件下消灭非法武装问题实施了联合行动。当年9月，哈萨克斯坦与印度两国陆军在哈境内举行了代号为"强大友谊"联合反恐演习，主要演练了在联合国授权下打击恐怖活动的联合行动等内容。关于多边演习，主要是在集体安全条约组织、上海合作组织、独联体、北约和平伙伴关系计划框架下举行。在集体安全条约组织框架下，哈吉塔三国陆军参加了2016年4月在塔境内举行的"搜索—2016"联合演习、8月在俄境内举行的"协作—2016"联合首长司令部演习、8月在白俄罗斯境内举行的"牢不可破兄弟情谊—2016"联合维和演习、10月在吉境内举行的"边界—2016"联合反恐演习；在上海合作组织框架下，哈吉塔乌四国陆军参加了2016年9月在吉境内举行的"和平使命—2016"联合反恐演习；在独联体框架下，哈吉塔乌四国陆军参加了2016年10月至11月举行的联合演习，以及"纯净天空—2016"首长司令部演习；在北约和平伙伴关系计划框架下，哈吉等国陆军参加了2016年4月和7月在哈境内和英国境内分两阶段举行的"草原之鹰—2016"国际维和演习，以及当年9月下旬在美国举行的"地区合作—2016"的联合维和演习。

四、拓展对外合作，谋求军事交流红利

2016年，中亚国家陆军继续保持对外军事交流与合作的力度，旨在通过军事外交增进了解、学习借鉴和争取援助。主要对象仍然是以俄为主,俄美并重,通过独联体、集安组织、"北约和平伙伴关系"等多边或双边框架下进行,以期合作利益最大化。

(一)深化传统合作,密切军事交流

与俄罗斯的军事交流与合作,仍是中亚国家陆军的优先方向,也是"牢不可破"的传统优势,主要通过各种已经固化的合作框架来进行。在独联体框架下,2016年9月29日在俄举行成员国参谋长理事会会议,就完善和发展成员国武装力量通信系统和统一军用地理信息系统,以及组建联合人道主义排雷工程兵部队问题进行了研究。在集体安全条约组织框架下,2016年10月14日在亚美尼亚举行集体安全理事会会议,就未来军事合作发展优先方向、组建危机反应中心、扩大集体快速反应部队编制、调整联合司令部组织结构等事宜进行了研究,通过了《2025年集体安全战略》《集体快反部队员额编制议定书》《中亚快反部队各国部队(员额)编制和部署议定书》等一系列重要文件。2016年,俄对驻吉军事设施进行整合。根据协议,俄驻吉设施将改编为联合基地。该协议将于2017年1月29日生效。同时,俄驻塔第201军事基地当年也完成了优化部署,编制级别由师级降为旅级,将驻库利亚布部队迁至杜尚别,并加强了其装备建设,新配发了100辆БТР-82А装甲运输车等一批新装备。

(二)拓展与美合作,争取外来援助

中亚各国陆军与美的军事交流与合作主要是在"北约和平伙伴关系计划"框架下进行的。2016年,哈萨克斯坦强化了与美的长期军事合作关系,双方开始落实哈美2016至2017年军事合作计划,制定了新的《军事合作五年计划》。美武装力量中央司令部司令2016年6月中旬出访中亚,受到了乌原总统卡里莫夫、塔总统拉赫蒙等领导人的接见,并就双边军事合作事宜进行了讨论。同时,根据之前合作计划,当年,美向乌兹别克斯坦军队提供了大批军事装备,包括308辆防地雷反伏击装甲车和20辆装甲维修疏散车,并就技术交流、教育培训等多个军事领域进行了互动。此外,美方还承诺,将向土库曼斯坦提供援助,包括提供军事装备及技术援助,相关项目仍在落实过程中。

(三)立足多元合作,扩大交流范围

2016年,中亚各国进一步加快了对外多元军事合作的步伐,交流范围逐步扩大。当年1月,哈萨克斯坦国防部长访问约旦,签署了双边军事技术合作协议。根据协议,约旦将购买哈生产的"阿尔兰"轮式装甲汽车,以及夜视仪、机枪、雷达和通信设施等。当年8月,哈与以色列达成联合生产无人机的协议,将由以方提供技术在哈组织生产,首批无人机将于2017年装备部队。其间,哈根据与印2015年达成的军事合作协议,开始向印提供相关武器装备,并筹划与印建立联合国防企业;吉尔吉斯斯坦总统2016年4月批准了吉印政府间军事合作协议,两国将开始扩大军事技术和国防工业领域合作,开展军事技术交流,联合生产军工产品并向第三国出口等。吉总统还批准了关于在吉巴雷克奇建立吉印联合山地训练中心的协议。该项目将由印外交部出资建设,斥资6.5万美元。建成后,印将向该中心派驻由1名军官和3至4名教员组成的训练小组。此外,土耳其方面宣布,2016年开始,将斥资至少3 000万美元在吉比什凯克援建一所亚洲最现代化的军事学校。学校占地20公顷,将按土耳其军校样式建造,主体设施包括教学楼、体育场、军官和教师公寓等,可容纳600名学员。

总体来看,2016年度,中亚国家陆军建设的总体思路没有发生大的变化,做法共性较多,大都通过不断完善军事法规,修改兵役制度;继续深化军事改革,优化编制体制;注重武器装备及基础设施投入,不断提升建军质量;保持与往年同等的军事演训力度,不断提升部队实战化水平;普遍重视对外军事交流与合作,争取为本国军事建设和发展谋求利益,各国陆军的作战能力和水平有了进一步提升。但是,由于中亚各国陆军在部队管理、后勤保障、基础建设等方面仍较为薄弱,不同程度影响了部队的正规化发展,其部队建设动向需我们继续跟踪关注。

参考文献

[1] 中国社会科学院俄罗斯东欧中亚研究所[J].俄罗斯东欧中亚研究:2016(1—4).
[2] 上海外国语大学[EB/OL].中国中亚研究网:http://www.ccas.shisu.edu.cn/.

越南陆军建设述评

何俊良　朱　杰

2016年1月20日至28日,越南共产党第十二次全国代表大会在河内举行,大会继续强调坚持党对军队的全面、直接、绝对领导,提出越南国防安全建设主要目标是"发挥全民族和整个政治体系强大的综合力量,最大化争取国际社会同情支持,牢固保卫国家主权独立和领土完整,保卫社会主义制度……"在对国际国内形势的分析上,越共认为当前维护海上安全利益与反"和平演变"仍是军队主要任务,因此应大力发展海空新型作战力量,巩固"全民国防"体系。基于这一分析,越陆军在相对其他军兵种低投入背景下继续着眼职能任务,加强基层建设、优化编制体制、改善装备性能、保持战备演训水平。

一、强化基层建设,巩固"全民国防"体系

(一) 完成兵役制度改革调整

兵役制度改革是越当前以国内经济建设为中心,推动社会经济与国防安全协调发展的重要举措之一,旨在提高征兵服役效率,保障充足战备力量。2016年1月1日,越《兵役法》(修正案)正式生效,该法自2014年以来由越国防部牵头组织修订,对服役义务、机关职能、兵役政策等进行了详细规定和解释说明。其中规定,"越南公民不分民族、社会成分、信仰、宗教、学问水平、职业、居住地方,凡符合服役年龄者都要执行法案规定",并将年度征兵次数由2次改为1次。2月23日,越各省市统一举行年度交接兵仪式,全面推进年度征兵工作,河内、广宁、海阳、岘港等各地青年按要求应征入伍。

(二) 加强预备役及民兵力量组织建设

为适应新形势下军队职能任务需要,越陆军近年不断探索改革部队规模结构,加强旅级作战单位和预备役力量组织建设,以保持常备作战力量水平,巩固"全民国防"体系。年内,越陆军继续在各地推进预备役力量建设和民兵训练,在部分地区对预备役力量编成进行改革试点。9月14日,越国防部组织召开加强新形势下常备架子单位与预备役力量组织建设相关决议总结会议,梳理"全面加

强常备架子单位建设"相关文件落实情况,并决定结束在永福、富安、后江三省的预备役单位建设试点工作,要求全军各单位在下阶段继续明确任务,各军区根据预备役和常备架子单位建设任务进行编制调整。同时,要求总参谋部继续对各项文件和指示进行研究补充和调整,向政府报告预备役编制调整计划,制定预备役训练方法和时间,重点加强干部人员训练,继续推进新形势下常备架子单位与预备役力量调整,巩固后备国防力量建设,根据实战需求对编制进行调整。

二、立足自主研发,提升现有装备技术水平

由于国防预算多向海空军和新型技术作战力量倾斜,越陆军大项对外军购项目较少,武器装备更新换代速度相对较慢,主要立足自主研发,通过对现有装备维修、改装等局部模块升级来提升性能,延长使用寿命。

年内,越国防工业部门与各军种、军区和部队配合完成部分装备的升级改造与研发,取得了一定成果。其中,越军技术总局军用机械技术院牵头完成了 T-55 型坦克弹药自动装填系统研究工作,应用后将大幅提升坦克射击速度,降低炮手负担;越军化学兵司令部军事化学环境研究院研制完成 KH-01 型烟雾伪装车,其喷放的烟雾可有效掩护和伪装目标,尤其是针对电磁波、微波侦察具有较好伪装效果,目前已逐步列装全军;越军技术总局完成对苏联制 BM-1 型火箭炮的升级改造,加装了目标自动识别和发射装置,具备自动识别、校正和控制能力,提高了射击速度和精度,结合通信和资料传输系统可遂行全天候作战任务。升级后,车组从 5 人减至 4 人,作战准备时间从 14 分钟减至 90 秒,人工填弹 40 枚需 10 分钟,全部发射需 20 秒,射程 15 至 40 千米;越国防工业总局武器院与 Z121、Z113、Z129 厂共同设计研制新型 6 管自动速射炮,并于 9 月上旬通过实弹射击测试。该型速射炮由 4 轮挂车运载,为舰载 AK-630 型 6 管自动炮翻版,在需要时可迅速装备陆军,为陆军单位提供火力掩护,对敌阵地、目标特别是装甲目标进行火力压制。

此外,越年内还从俄罗斯军工部门购买装备了多批重型军用卡车,逐步替代当前 20 世纪 60 至 90 年代引进的苏制军卡,用于坦克、火炮、人员运送,其中包括可运载 T-90MS 型坦克的 KZKT-7428 型重型军卡,其最大运载量达 200 吨,满载时速 65 千米,具有良好的越野性和复杂地形运输能力。据俄媒此前报道,越拟向俄采购多辆 T-90 系列坦克。

三、聚焦职能任务,紧贴实战开展战备演训

2016 年,越军各级各部门继续落实中央军委 2012 年颁布的关于"提高

2013—2020年及后续几年训练质量"的第765号决议,要求部队紧贴战斗任务、目标和辖区实际情况,全面提高独立作战和协同作战能力,满足各种规模、情况下作战要求。越新任国防部长吴春历大将强调,军队应继续革新训练内容方法,按照同步、深入、紧贴实际的方向展开训练,提高正规化程度和依法治军水平。

在单边演习方面,按照"陆守海进"的总体战略思路,越陆军聚焦积极防御的职能使命组织相应演训活动,先后组织指挥—参谋图上演习、军兵种协同实弹射击演练、区域防御演习等,主要演练战备等级转换、跨区机动及单兵技战术等内容。5月上旬,越军2军区组织开展年度图上单边两级指挥参谋演习,辖区内河江、莱州、老街等省军指和316师、168旅、297旅、543旅、406旅、604旅等单位参演,主要演练战备等级转换、防御作战部署及实施等内容;9月12日至15日,越装甲兵司令部在同奈省组织开展单边两级指挥—参谋图上及实地演习,装甲兵种所属各机关单位、院校及南部地区各装甲旅等部参演;9月16日至26日,越2军区316步兵师牵头组织"TM-16"演习,该系列演习每年举行一次,主要演练山地丛林作战相关科目。此次演习主题为"步兵师机动进入战斗区域,与军种部队及地方武装力量协同配合,攻敌位山区构建的临时防御阵地",除316师外,406装甲旅、168炮兵旅、297防空旅、543工兵旅、604通信旅及安沛省地方武装力量参演。11月21至25日,越首都司令部组织开展"单边两级"图上及实地指挥机关演习,预备役力量、301步兵师等直属单位参演,主要演练战备状态转换、动员及接收预备役力量、战斗准备、战斗实施、丘陵地形反空降作战等内容。此外,越各省驻军年内相继组织区域防御演习,根据辖区实际情况演练相关科目,以提升维稳安保、应急处突能力。

在双(多)边演习方面,3月2日至8日,越军派出27人参加东盟防长扩大会议成员国在印度举行的"力量·18"演习,主要参与人道主义排雷、维和相关行动和军事医疗科目。越军媒宣传报道称,参加此次演习旨在促进地区国防军事合作,展示越方地位作用,并借机与各国学习交流演习组织筹备、维和力量部署及遂行排雷任务等行动经验。

据越军总参军训局和各军区训练部署,下阶段越陆军将继续加强夜训、野外训练和反恐训练;加强信息技术和新装备应用,创新改进训练设备;革新训练内容与方法,并集中组织各单位开展对抗演习、合成演习。

四、拓展国防外事交流,加强对外军事合作

年内,越陆军继续配合"积极融入国际"的总体外交方针下推动对外军事交流合作,以反恐、维和、救灾等非传统安全议题为切入点,使军队走出国门,更多参与地区与国际涉军事务。

（一）强化与邻国军事战略互信

一是保持对华军事互信交流。中越陆地边界勘界立碑工作结束以来,越注重以边境管控为重点加强与我合作交流,建立了日常管理巡逻和各级定期会晤交流机制,以维护提升两军战略互信。2016年3月底,时任越防长冯光清率团赴广西参加第三届中越边境高层会晤,强调两军良好合作和双方传统友谊;7月28日,越河江省边指和我云南省文山州公安边防支队在越南河江省渭川县清水口岸和中国云南省文山州天保口岸,举行"天清—2016"联合反恐演习,演习科目包括图上推演、联合巡逻、边境封锁及反恐等,旨在加强双方边管合作。二是维持与老柬国防军事合作。与老挝方面,越老年内在陆地边界勘界立碑上取得较大进展,两国于3月1日至2日在河内举行陆地边界勘界立碑联合委员会会议,签署《越老国界界碑和边界线议定书·附录》,并建议政府尽早举行越老国界界碑系统维修改造项目完成典礼、签署上述议定书和边境口岸和边界线管理制度协定;5月下旬,越防长吴春历访问老挝,强调越老国防合作有利于增进两党两国及两军战略互信,推动两国关系发展;10月3日,老丰沙里省军指指挥长率团赴越2军区访问交流,4日,老军总参边防局长西潘·普塔冯率团访越,分别与越军副总长武文俊、边防部队司令黄春战就边境安全形势、基层单位管理交流等问题举行会谈。与柬埔寨方面,越柬两国陆军年内多次展开各级互访交流,并于10月21日在越举行第2次越柬国防政策对话,柬国防部国务秘书宁帕大将率团与越副防长阮志咏会晤,双方表示应继续保持和加强各级交流,早日签署和落实边境地区搜救协议,努力巩固最高级别政治互信,同时两军应加强在各类地区和国际论坛、安全合作框架内的配合。

（二）巩固拓展与域外大国军事合作

一是以俄为首维持军事合作力度。俄素为越对外军合首要对象,近年来越对俄制装备采购占对外军购量九成以上,其在大力引进海空武器装备的同时也积极寻求俄在坦克、装甲车辆和火炮枪械方面的对越军售和技术援助,双方国防军工部门频繁接触交流,并在维和反恐、基础设施建设等方面广泛合作。2016年3月21日,两国在俄莫斯科举行第二届国防部副部长级战略对话,越副防长阮志咏率团与俄副防长安东诺夫就双边合作、地区及国际形势等展开交流,并就未来国防关系和技术合作具体事宜进行了协商。同时,越新任防长吴春历上任后首次外访选择俄罗斯,于4月下旬率团赴俄参加国际安全会议,并与俄防长会晤讨论双边合作。二是积极拓展与美军事合作。近年来,随着美持续推进"重返亚太"政策和越提升国际地位、借外力在南海制华的战略布局,越美军事合作不断取得突破。5月23日,美总统奥巴马访越期间宣布全面解除对越武器禁售令,成为越美关系发展的里程碑事件。8月8日至31日,美国陆军根据越国家排雷行动中心相关计划,向越军工兵力量提供排雷培训,该计划为期四年,美军还将于2017年夏继续对越军提供专业技能培训;10月17日,越美第七次国防政策对话在越举行,双方表示当前越美防务合作富有成效,希望继续纵深发展。此外,越陆军还保持与日本、印度等国交流合作。1月19日,越日举行第三届陆军军官参谋会议,其间,越军副总长阮国庆会见日陆上自卫队官员,表示希望加强爆炸物处置、维和、排雷等领域合作;7月上旬,印度青年军官代表团赴越老街省等地参观访问,交流边防工作经验。印方表示,印越均与中国接壤,越方实际工作经验对印具有实质借鉴意义。

(三) 深度参与联合国维和行动

2016年8月9日,越军在胡志明市175医院框架下完成组建参与联合国维和行动的二级野战医院,标志着其在深度参与联合国维和行动上取得重要进展。越国防部维和中心主任黄金奉表示,将继续完善该野战医院和维和工兵队伍的训练计划,提高参与维和行动的能力水平。这是越近年不断探索推动军队参与维和行动的重大进展之一,越当前将维和视为其国防外事工作的重要任务,多措并举推动力量建设,逐渐加深参与程度,以充分体现越军地位作用。年内,越党政军高层还利用各类互访交流场合寻求中美俄英印日等大国对其参与联合国维和行动支持,希望各国在人员培训、装备技术等方面给予援助。

总体看来,在"优先推进部分军种力量现代化"的建军思路下,越南陆军并非发展投入对象,当前虽在各方面取得了一定成就,但仍存在诸多问题。一是武器装备水平相对落后。从坦克装甲车辆到常备枪械等主战装备总体老旧,性能低下、完好率低,难以满足大规模作战需求,难以达到新形势下信息化作战要求;二是日常战备演训和组织指挥水平较低。虽进行了多年的旅级作战单位改革调整,但陆军没有设立专门领导机构,作战部队依靠各驻地军事指挥部、各军种司令部等多重机制指挥,对兵种合成遂行作战任务的行动效率形成了一定影响。

参考文献

[1] [越] 陈维江.越第1军提升综合演训质量[J].[越] 全民国防:2016(8).
[2] 人民军队报[EB/OL]. http://www.quandoinhandan.org.vn:[2015-01-01至2015-12-31].
[3] [越] "第2军区"网站.
[4] [越] 越南国防电视台.

菲律宾陆军建设述评

吴森松　邹家明

2016年,菲律宾陆军积极融入世界新军事变革大潮,紧跟武装部队整体转型步伐,因应国内外环境变化,以发展成为"一支世界级陆军"为目标,以更新高层人事、调整部队设置、优化武器装备为主要抓手,训练与作战并举,以训养战、以战促训,大力推动部队建设发展。

一、部队建设

菲律宾陆军围绕高层人事、部队设置、武器装备积极推进部队各领域建设,旨在激发部队建设活力,践行军种"转型路线图",提高现代化水平。

(一)更新高层人事,激发建设新活力

由于2016年系菲大选年,前后横跨两届政府,军方高层人事出现较大调整。其中,新当选总统杜特尔特任武装部队总司令。武装部队总参谋长历经4任,现为爱德华多·阿诺(Eduardo Ano)上将。此前,阿诺中将自2015年7月16日至2016年12月7日任陆军第57任司令,晋升后陆军司令一职由副总长格洛廖索·米兰达(Glorioso V. Miranda)中将代理。阿诺生于1960年,1983年入伍,历任武装部队情报部部长、第10步兵师师长等职。米兰达为菲军事学院83届学员,历任北吕宋指挥部司令、副总长、代理总长等职。陆军其他职务调整方面,潘吉里南任陆军副司令;第1步兵师师长巴里恩托斯少将任苏禄联合特遣部队司令并在西棉兰老指挥部辖区遂行作战行动,原司令阿罗嘉杜准将留任第501步兵旅旅长;原分管作战的副总长加尔维兹少将调任第6步兵师师长;第10步兵师第1002步兵旅旅长罗纳德·比利亚努埃瓦准将调任武装部队情报部部长。

(二)调整部队设置,践行转型路线图

根据菲陆军2010年推出的旨在到2028年打造成为"一支世界级陆军"的"陆军转型路线图2028",陆军将职能任务由国内安全转向领土防御作为其转型的一项重要内容及指标。2016年,菲陆军提出将其下属的1个师转变为领土防御师。目前,菲陆军师级部队包括10个轻型步兵师(第1-10师)和1个机械化步兵师。其中,机步师由原轻型装甲师转型而成,兵力5 800人,配备各型装甲车辆超过300辆并辖一个陆航营(团)。菲陆军还有意于2020—2028年组建一个配备主战坦克的装甲师。从"领土防御师"这一称呼看,该部队将有别于陆军其他部队国内安全任务与领土防御职能并重甚至更专注前者,转而专司后者,不参与国内各类维安行动。年内,菲陆军还受令将其反恐实战经验丰富的第5特种部队营调入菲总统卫队,负责保护新任总统杜特尔特的安全。另外,根据计划菲陆军年内征兵2 575人,同时招募300名大学毕业生和年轻的专业人员以扩充军官队伍。

(三)优化武器装备,提升现代化水平

菲陆军重点引进运输车辆和单兵武器系统,加强战场兵力投送能力和兵员生存能力。菲军将从韩国起亚汽车公司引进的717辆全新KM450型军用卡车分批次配发三军以提高军事行动和灾害响应能力。其中第一批327辆,陆军获得219辆。同时,菲陆军接收完毕由美雷明顿武器公司制造的、用于替换老旧M16步枪的56 853挺M4步枪。1月26日,菲陆军第4步兵师向所属第8、26、29、30、36、58步兵营配发共2 819支新的美制"雷明顿R4"突击步枪和200部"哈里斯"电台。2月4日,菲陆军通过"国防剩余产品"等项目合作,正式接收美援助的114辆二手M113A2型装甲运兵车。上述车辆新安装了机枪、无线电系统等,有助于提高菲军行军速度、火力支援和运输能力。菲还与美哈里斯公司合作,后者将为菲陆军机械化步兵师提供RF-7800V作战网络无线电,为士兵提供先进的指挥控制和实时态势感知能力。年内,菲陆军还接收了部分155毫米牵引式榴弹炮、60毫米迫击炮、40毫米枪榴弹发射装置等装备。

二、训练交流

菲律宾陆军注重训练,在立足自身开展好各项基础训练的同时,依托"美盟"这一特殊身份积极开展对外交流,大力提升专门领域能力。

(一)举行菲美联演,增强特种作战能力

根据菲律宾和美国两军年度计划安排,双方陆军特种部队于2016年11月16日起在菲西部巴拉望省普林塞萨和黎刹军营举行为期一个月、代号为"平衡活塞"(Balance Piston)的联合军事演习。演习旨在测试双方参演士兵的基本作战能力,增强两军协同能力,改善并促进两国武装力量的关系。其中,菲陆军特种作战司令部派出56人、美军派出18人参演。演习重点演练人权事务专家交换训练、战术战斗伤亡护理、射击训练、河川暨海岸环境小单位战术训练、海上拦截、战斗泅渡等内容。与以往同类演习不同,本年度演习取消了实弹演习/野战实弹射击内容,仅保留军营内射击训练活动。这一变化主要源于菲新任总统杜特尔特上台后,采取独立、自主、务实、平衡的对外政策,改善与其他大国军事关系的同时在对美军事关系及合作上采取"收缩"政策,包括取消部分联合军演、降低部分联演层级、取消联演实弹科目等。本年度"平衡活塞"联演就属于取消实弹科目范畴。

(二) 开展基地合作,增强训练保障能力

2016年1月12日,菲最高法院裁定《菲美加强防务合作协议》符合该国宪法规定。该协议签订于2014年4月28日,历经8轮谈判,为期10年,系继1951年《共同防御条约》、1998年《部队访问协定》之后,两国签署的又一重要军事合作文件。根据协议,菲将向美开放5个军事基地,并允许后者军队在基地进行轮换驻扎、修建设施、存放物资等,其中包括吕宋岛巴萨、巴拉望岛安东尼奥·包蒂斯塔、宿务岛麦克坦-本尼托·埃布恩、棉兰老岛伦比亚共4个空军基地和1个陆军基地即吕宋岛中部新怡诗夏省帕拉延市的马格赛赛堡。马格赛赛堡系菲最大的陆军基地,现驻有菲陆军特种作战司令部及第7步兵师。作为协议中唯一的陆军基地,该基地将被改造为1个战斗训练场,不仅将承接菲美国陆军大部分的联合演训任务,还将承接菲美大部分的综合性演训活动,包括"肩并肩"等大型演习。据菲军高层透露,2016年菲美联合军演超过260场,2017年计划场次虽有减少,但也多达258场。

(三) 扩展对外交流,增强国际接轨能力

菲陆军积极开展各类对外交流活动,旨在汲取外军建设经验、扩大军种领域合作、提高国际地位与影响。2月26日,菲陆军司令爱德华多·阿诺访问柬埔寨并与柬王家军总司令波尔萨龙举行会谈。菲方表示希望能够学习柬民族和解政策,以便用于解决菲国内的民族矛盾。阿诺认为,柬首相洪森的"双赢政策"有许多值得菲借鉴的地方,有助于解决菲国内安全问题。12月4日至8日,菲在马尼拉组织举行包括第17届东盟陆军司令会议和第26届东盟军用枪射击赛的年度东盟陆军系列活动。在陆军司令会议上,各国代表对恐怖活动、跨国犯罪、拐卖、毒品走私、自然灾害、气候变化、传染疾病等非传统安全威胁深表担忧并认为,为及时有效应对上述挑战,各国陆军需加大情报分享力度,加强军事演习、人道主义援助和救灾等领域的合作关系。其间,菲方提出关于成立东盟陆军司令会议工作小组的建议,并与越南等国代表团会晤,就加大陆军乃至国防领域的合作力度达成共识。

三、作战行动

菲律宾陆军聚焦国内安全职能,积极参与遏控各类反政府组织、严厉打击各类恐怖袭击活动,以及总统大选安保作战,行动强度大、密度大、范围广。

(一)战和并举,遏控菲共反对活动

菲律宾共产党是当前菲国内主要反政府力量,成立于1930年,主张通过武装斗争和建立统一战线,夺取国家政权。1969年,菲共建立新人民军开展武装斗争。据菲军方估计,新人民军在20世纪80年代一度达到2.6万人,后因政府军打击于2010年缩减至1.1万人,2016年初则再缩减至约3000人。在菲政府军与新人民军缠斗的40多年里,双方曾多次和谈但一直未能实现永久停火。2016年上半年阿基诺三世执政,菲当局"主战",以陆军步兵营为主的安保部队多次与新人民军交火。据不完全统计,2月双方仅在棉兰老岛东北部地区就已交火40多次,有19名政府军士兵及民兵阵亡。下半年杜特尔特执政,菲当局"主和",积极推动与菲共及新人民军和谈停火。8月22日至26日,双方在挪威奥斯陆举行和平谈判并签署无限期停火协议,并拟在6个月内达成首份经济和社会改革实质性协议。双方还于10月8日至12日在奥斯陆举行了第二轮谈判。

(二)聚力清剿,严打恐怖组织活动

目前,菲国内存在阿布沙耶夫、伊斯兰祈祷团、邦萨摩洛伊斯兰自由战士、马巫德集团等多支恐怖组织。其中,阿布沙耶夫组织活动频繁、力量较强、影响较大,成立以来曾策划和实施多起重大恐怖袭击事件,包括2002年袭击驻菲美军、2008年刺杀菲时任总统阿罗约等政要、2016年多起针对外国人(包括中国人)的绑架事件。2016年,菲陆军对其实施多次清剿,抓获和击毙该组织大量成员,但也付出了沉重代价。4月9日,菲陆军在巴西兰省提普提普镇与该组织武装分子爆发激烈交火,造成军方18死53伤。4月中旬至6月中旬,针对该组织处决2名遭绑架的加拿大人质,菲出动以陆军为主的安保部队至少10个营共5000人对该组织实施清剿。8月下旬,菲总统下令武装部队和国家警察全面歼灭阿布沙耶夫组织。截至8月底,菲军已在苏禄省集结6500至7000人围剿实力约480人的阿布沙耶夫组织,这是近年来菲军方反恐战动员人数最多的一次。另外,8月20日,菲陆军等力量在南部地区还击毙3名疑似"伊斯兰国"恐怖分子,缴获部分枪支及"伊斯兰国"黑旗。

(三)联动响应,切实维护大选安全

针对菲5月9日举行大选选举新一届总统及政府,菲陆军与其他军种及警方全力保障全国 81 个省的大选进程,主要执行护卫、巡逻、清场和安全等任务,与警方协作开展联合检查行动,重点确保投票设备安全送达全国各投票点。5 月 2 日,菲军宣布共派遣 12.5 万名人员参与保障大选并部署至选举热点地区,如三宝颜、苏禄省和塔威塔威省等。菲军在亚银那洛军营启动一个国家选举监察中心,以收集和协调进行安全公平选举的重要信息。菲陆军第 6 步兵师成立 1 支由 1 000 人组成的安全特遣部队,旨在保障棉兰老岛中部地区的大选。该特遣部队被命名为"公正、诚实、有序及和平大选特遣部队",配备坦克、摩托艇等装备并有一远程狙击手小队。5 月 6 日,菲军将安全警戒级别调整至最高的红色警戒级别,要求所有军人必须留营待命,做好应对任何状况的准备,同时各指挥官将定时集合所有人员进行清点。5 月 11 日,针对杜特尔特当选新一任总统,菲军将安全警戒级别从红色降为蓝色,结束大选安保任务。

总的看来,菲律宾陆军年内建设、训练、作战"三头"并进,高层人事有序调整、力量架构渐进转型、武备水平趋于现代、军事训练走向多元、作战行动持续高密、内外结合、综合施策,不断推动部队整体实力取得新突破、迈向新阶段、实现新发展。

参考文献

[1] 费昭珣.大盟友与小伙伴——美菲与美泰同盟研究[M].北京:世界知识出版社,2014.
[2] 中国银行股份有限公司,社会科学文献出版社.菲律宾[M].北京:社会科学文献出版社,2016.

老挝陆军建设述评

赵 锋 陈 渝

2016年度，老挝陆军在以"将国防安保工作与社会经济建设、国际合作协调发展"为核心的国防政策方针指导下，适时调整高层人事和机构设置，以适应现代化、正规化军队建设要求。特别是老挝在本年度担任东盟轮值主席国，在该平台上，其进一步加大对外军事交往力度；同时也正因为该特殊、重要的年份（除担任东盟轮值主席国外，本年度还是老挝的换届选举年，老党召开"十大"并进行第八届国会选举），为确保国内各项政治活动以及东盟相关重要事务和会议的顺利举行，老政府加大了对反武的打击力度，其中老挝陆军在执行和完成安全保障任务方面发挥了突出作用。

一、政府加强思想指导掌控，确保军队建设、性质的连续性

一方面，老挝政府高度重视以陆军为主的军队建设，继续秉持建设现代化、正规化人民军队的发展目标。2016年1月，老党第十次全国代表大会召开，时任老党中央总书记、国家主席朱马利·赛雅颂做政治工作报告时表示："坚持深入贯彻全民国防治安政策，积极加强人民武装力量正规化、现代化建设。要把正规部队建设成为强大的骨干力量，使其具有在任何形势下取得作战胜利的能力。"2016年12月22日，老党新一任总书记本扬·沃拉吉在"2016年国防工作总结暨2017年国防工作计划会议"上再次强调，各级要加强执行党的国防战略政策路线，完善军队体制编制，建设一支现代化、正规化的革命军队。在执行维护国家安全和促进国家发展两项战略任务中发挥中坚力量，能够坚决完成党和人民赋予的各项任务，维护国家安全和社会安宁稳定，为经济社会发展与提升人民生活水平创造良好环境。从而为下步部队建设和发展进一步提供了明确、坚定的指导思想。

另一方面，强调和注重对军队的政治理想信念教育，旨在加强老挝人民革命党对武装力量的直接、绝对领导，使其政治思想可靠，忠诚于民族，忠诚于党，忠诚于祖国，忠诚于社会主义理想，不断发扬革命优良传统和品质，积极训练、熟练

掌握并努力提高战术技能。其中，在部队建设中特别强调对领导指挥干部的培养，将能力和作风建设作为培养干部的重要内容，以建设一支立场坚定、政治素质和道德品质过硬的后备干部队伍。2017年2月7日，老挝国防部第五次全军党组织干部工作会议召开，会议在讨论今后党建工作目标等内容时再次强调应加强公正廉洁建设，以适应党在新形势下军队政治使命要求。此外，老政府也注重改善部队人员生活水平，重视后勤保障工作和落实部队的优抚政策，如积极发展社会保障制度，深入实施社会福利政策，给予老革命、民族英雄、老英模、退休干部、伤残军人和军警人员适当、公正、透明的补助，以提高军人物质生活保障和表达对其的感激之情。上述举措一定程度上对培育军人的政治性、荣誉感和使命感有利。

二、实施人才培养、机构调整系列举措，切实向发展目标迈进

（一）增加专业机构设置

为完善和精细化相关职能并加强专业人才培养，老军增加了专业机构的设置。继老军成立隶属国防部的总技术局以主要负责全军军事技术和武器装备的指导、管理工作后，2016年4月19日，老挝人民军参谋指挥学院举行更名挂牌仪式，正式更名为后勤学院，专门为人民军培养后勤干部。同时，老人民军边防业务学校已在建设中，将来通过正规化培训，老挝专职保卫边境力量能力和素质将加速提升。此外，2017年初，老挝人民军民族医药研究所正式成立，隶属于总后勤部卫生局。该研究所的四大任务是：1.制定短期与长期的民族医药战略发展规划；2.与国内外医药组织进行联系；3.发展科学、系统的民族医药，制定民族医药教科书服务军队与社会；4.调查研究自然资源中的民族医药，通过科学的研究实验并制成药品面向军队与社会。此举对老军医疗卫生水平的提升将起到较好的基础性推动作用。

（二）调整完善编制体制

为应对老挝国防安全新情况和新要求，老军近频繁增设或扩大编制，并进行一定的人事调整。一方面，近期，由于打击反武取得一定成效，老军开始将原来分配至军指的剿匪部队和力量重新归置到相关步兵师，扩大编制和力量，回归师建制，进行正规国防建设。比如，2016年10月28日，老军一师将原661坦克营升级为661坦克团，任命赛龙·赛亚苏中校为团党委书记兼政委，任命坎班·平潘中校为团党委副书记兼团长。同时，老军又新增多个边防连，2016年8月26日，老军南塔省军指新成立134边防连；9月14日，沙湾拿吉省军指新组建327边防连。此外，11月3日，在沙湾拿吉省军指驻地举办了35地炮连的成立

仪式。旨在加强边防管控和进行现代化军队建设。另一方面，2016年以来，老军对从高层到基层的相关人事也进行了一定调整。2016年4月，在第八届国会首次会议上，占沙蒙·占雅拉当选为国防部长。6月17日，老军五师师长退休，对此，该师原参谋长万通·布达翁中校接任师长，参谋长则由坎替·沙琅翁中校接任。9月14日，老国防部举行国防部副部长任命仪式，任命总后勤局局长富冯·冯蓬少将、国防部办公厅主任温西·盛苏少将、总技术局局长艾沙迈·郎万赛少将3人担任国防部副部长。10月21日，老国防部举行国防部党委、党委常委人员任命仪式。其中，任命苏温·勒本米少将为国防部党委副书记。任命翁坎·鹏玛贡准将(博士)为人民军总后勤局局长，本松·雅托杜上校为总后勤局副局长；坎西·丰坎绍少将为国防部办公厅主任；帕龙·林通准将和翁颂·因班平上校为国防部总政治局副主任；邢沙瓦·蓬玛沙准将为国防部总参谋局副总参谋长；空沙万·明占巴班上校为总技术局副局长；盛友·拉沙弥上校为一师政委。11月2日，老军晋升7名准将。11月22日，任命万赛·赛沙蒙上校为工兵局局长。12月12日，老挝国防部办公厅原主任温西·盛苏少将被任命为国防部副部长。2017年1月24日，任命温西·盛苏少将为国防部纪检委员会主席；坎登·平威莱准将为国防部总后勤局副局长。2017年4月5日，老军266人从少校晋升为中校。

三、扩大对外军事交流合作，提高战斗力和国际地位

老挝将国防安全与对外交往工作统筹结合实施，要求国防安全力量广泛深入地加强同东盟各战略合作伙伴及其他友好国家在国防安全领域的合作。在上述思想指导下，老军对外军事交流合作步伐日益扩大。近年来，老挝先后与中国、越南、俄罗斯、印度、韩国、美国、日本等拓展军事交流与合作内容，积极参与地区和国际国防安全领域交流与合作，特别是2016年充分利用东盟轮值主席国这一平台，进一步实施上述举措，从而通过接受外军装备、技术等援助促进老军自身发展，共同应对各种传统和非传统威胁并提升老国际地位。

（一）不断深化中老合作

两军高层互访频繁，如2016年7月18日，老防长占沙蒙·占雅拉访华，我时任国防部长常万全在会见时表示中国军队愿与老挝军队加强各领域合作，不断深化两军友好合作关系。中方还结合老军实际和其军队发展要求，向其提供军事援助，主要用于购买武器装备、医疗设备、军训器材及院校建设、培训老军学员等方面。同时，两军在人员培训、院校建设和军队建设经验交流等领域合作也取得积极进展。如2016年8月，在老挝凯山国防学院召开了军事院校与中国军

事技术人员工作例会,会议对2016—2017年度教学工作进行计划安排,国防学院政委对中国军事技术人员在老的教学工作给予高度评价和赞扬,指出其充分体现了两军友谊。另外,两国边境管控合作进一步加强,双方在共同维护边境地区以及湄公河流域的和平、稳定与良好秩序,保障地区人员、经贸往来安全方面成效显著。如9月13日,中老首次联合反恐演练"云岭利剑—2016"在云南西双版纳州成功举行。西双版纳公安边防支队和老挝南塔省公安厅在演练中采取情报互通、联合指挥、联合封控、联合抓捕移交等警务合作机制,对暴恐分子实行联合打击。

(二)巩固老越"特殊关系"

老越两军高层同样互访频繁;两国每年都制定相关国防部合作计划,在该合作框架下,越每年均派多名军事专家赴老进行军事教育、战术技能等方面的援助培训,并向老提供军事技术装备和军事工程援建。2016年4月25日,越防长吴春历与老防长占沙蒙·占雅拉就加强双边合作举行会晤,越方建议双方继续推动边界交流活动、人力资源培训工作等;老方希望越继续为老提供帮助。6月20日,越共中央总书记阮富仲会见到访的老挝防长,老方表示在任何情况下,老挝国防部都愿同越南国防部紧密配合,出色完成两党、两国政府和人民所交付的任务。9月29日,老挝凯山·丰威汉国防学院代表团对越南政治军官学校进行工作访问,双方就政治干部培训经验进行交流,希望继续推动培训和研究领域合作。10月3日,老挝丰沙里省军指指挥率团赴2军区访问。越方表示,一直以来,2军区与老挝北部各省保持了紧密团结关系,经常交流信息,严格管理边界线等。老方表示,希望今后2军区继续在干部、专业技术人员训练工作中提供帮助。10月4日,越军副总参谋长武文俊会见来访的老挝边防局长。越方表示高度重视越老边防合作,希望继续推进两国国防合作。

(三)扩大与俄韩日等国军事合作关系

俄罗斯是老挝购买新式武器等的合作对象,同时,俄方还向老军提供军事培训,包括飞机和坦克操作、导弹制造、通信技术等。2016年,双方签署相关协议,包括老拟向俄采购教练攻击机以及俄为老军维修升级直升机等内容。2017年3月13日,俄罗斯陆军总司令奥列格·萨柳科夫中将访老,双方一致决定继续组织各级别军事互访,扩大两军合作内容,俄方还表示继续为老军提供短期与长期军事培训。老挝和韩国的军事合作关系也有进一步提升的趋势,2016年6月底,韩国国防部副部长黄仁武访老,双方就韩国—老挝互设武官处签署谅解备忘录。韩方表示将为老人民军提供教育资金,以提高老军人员的军事水平。此外,随着老挝和美国整体关系的提升,双边军事合作关系也有了进一步发展的基础。

2016年9月,美总统奥巴马访老,双边建立全面伙伴关系,在国防安全方面,两国表示将在维护地区和平稳定方面加强合作,将解决战争遗留问题以深化互信;申明两国将继续通过双边防务对话等开展国防安全合作;强调加强非传统安全事务领域合作的重要性并申明了双方将在反恐、打击包括毒品走私、人口贩卖等跨国犯罪以及应对高科技犯罪和网络安全问题上开展更加紧密的合作。与日本方面,11月27日至29日,日本自卫队海上幕僚长率团访老,老方提议日本自卫队给予老军日语培训和资金帮助,派军事代表团进行互访。此外,两军表示将建立相互谅解、相互合作的关系,尤其是在人道主义救援、抗击自然灾害、在"东盟＋3"的区域会议上等加强合作。

（四）维系与其他东盟国家友好关系

与柬埔寨,近年来,老柬两军通过参加会议、互访和互派学员等不断提升合作关系。2016年9月22日,柬埔寨国防大臣迪班会见到访的老挝防长。老方表示,柬老两军关系良好,对柬王家军给予老军的支持表示感谢。在访问期间,老防长参观了柬911伞兵特种旅。与泰国,11月16日,泰军总司令素拉蓬上将会见老挝驻泰大使,老方表示两国有密切的军事合作关系,希望不断在培训、互访及边境维安管控方面加强合作。泰方表示其支持进一步密切深化两军之间的合作关系和友谊。与缅甸,2016年3月,缅国防军总司令明昂莱大将在老挝出席第13届东盟国家武装部队首脑非正式会议期间强调老缅两国在陆、海、空均相连接,需要加强两军间关系与合作。与新加坡,2016年8月8日,老挝国防部副部长接见新加坡驻老挝武官,其希望后者为继续深化两军间的良好关系尽最大努力。与印尼,11月15日,印尼防长访老,老防长表示希望与印尼扩大军事合作,特别是在武器进口等国防工业方面,印尼方面表示赞同,希望老挝能购买印尼武器装备,扩大现有合作。

此外,老挝充分利用东盟这一平台,与东盟相关伙伴国展开交流,积极参加东盟与其伙伴国在国防安全领域合作框架如东盟防长扩大会议下的具体合作。2016年,老挝更是有效借助其作为东盟轮值主席国的机会,主持召开东盟国家武装部队首脑非正式会议、东盟国防高官会、东盟防长会议、东盟防长扩大会议等各重要会议,旨在进一步提升老挝国家和老挝军队在东盟和国际舞台上的影响力和作用。如,9月1日至11日,"东盟16-3"(ASEAN Exercise 16-3)演习在泰国春武里府举行。演习重点是军方间军事行动规划、管理、协调,以加强东盟成员国在印度—亚洲—太平洋地区的联合作战和救灾能力。此次演习是一个小规模人道主义援助演习,由泰国、日本、老挝和俄罗斯联合组织。

四、根据国内现实客观形势,着力应对两大安保问题

2016年以来,老军在维护国防安全方面的重要任务主要体现在以下方面。

(一)重点打击国内反武,取得一定成效

2016年以来,老挝反武在老国内制造破坏活动更为频繁。一方面,老反武分子气焰更为嚣张,频繁在老北部实施破坏活动,包括沿道路袭击行人车辆、对军事据点和哨所发动偷袭等,意图在老党"十大"、第八届国会和省级人民议会选举、泼水节以及东盟相关会议召开期间制造混乱,扰乱局势。期间,老军与反武多次发生小规模交火,老军方面有所伤亡。另一方面,发生两起恶性袭击事件,引起国际社会高度关注。2016年3月1日,老琅勃拉邦省普昆县附近发生不明身份暴力分子持枪袭击事件,造成中国公民1死3伤;3月23日,老万象省卡西县发生枪击过往车辆事件,1辆中国大巴及1辆老挝皮卡车被不明身份武装分子袭击,造成大巴内6名中国人受伤。对此,老军相关部队采取一系列应对措施,包括一直处于高度戒备状态,实施严格安保措施,其部署特别优先考虑13号公路,实行24小时不间断训练与警戒,并向相关村寨派驻不少于50人的兵力。同时,重点整治反武最为猖獗的省份——赛宋奔省。2016年2月16日,老副防长通洛·西里冯改任赛宋奔省省长,加大对反武打击力度。8月27日,老副防长、总参谋长视察该省,指示必须保持辖区反武清剿高压态势。11月28日,任命本万·赛绍雅上校为该省军指党委书记、省军指政委;任命波纳潘·苏万纳鹏上校为省军指党委副书记、省军指指挥;任命维纳赛·宋萨中校为省军指党委纪委书记兼省军指政治部主任;任命坎英·丁乔中校为省军指参谋长;任命苏萨外·潘通中校为省军指后勤部部长。以进一步完善该省军指人员配置,利于军事活动的统一、有效指挥。2017年3月30日,老军对该省军指指挥进行了调换,任命坎英·丁乔中校为该省军指指挥;同月,老军101步兵团在该省建立军营。其他相关省份,如南塔省、沙耶武里省、博乔省、琅勃拉邦省、川圹省、玻利坎赛省等也继续加强安保力度。如2016年6月,通拜·洛万赛上校被任命为玻利坎赛省新的军指指挥,老国防部表示,此次新的人事任免是新阶段政治任务的需要,鉴于玻利坎赛省当前反武势力猖獗,下阶段省军指将加大对该所属区域反武分子的打击力度,从源头上加以清剿。从目前形势看,虽然反武还在进行零星活动,但国内安全形势得到一定控制,未继续恶化。

(二)加强边境管控合作,解决与柬边境矛盾

2016年以来,老军在自身能力有限、边境形势复杂等情况下,积极加强与邻国的边防合作。如2016年5月7日,第二届"友谊边疆"交流活动在越南召开,

越国防部副部长阮志咏在会见来访的中国、老挝、柬埔寨三国边防力量代表时表示,近期四国边防力量在边境保卫和管理过程中密切配合,采取了多种有效措施,维护了边境地区和平、友谊、稳定与发展;有效阻止和打击了跨国犯罪活动,尤其是边境毒品走私、人口买卖、商品走私和商业欺诈等。2017年2月16日,老越召开"加强管边界理、阻止非法移民"的会议。要求两国边境保护力量继续紧密配合,共同维护与建设老越两国和平友谊的边境线。2017年1月26日,第23次"泰老全面维护边境安全稳定合作委员会会议"举行,双方表示将进行情报共享,并基于两国法律框架下制定并推动措施落实,以及推动双方在制定边境秩序上的实质性合作;将共同预防和打击贩毒、贩卖人口、非法偷渡行为,以及共同解决劳工、双重国籍和威胁两国安全人员的问题。

此外,老挝与柬埔寨在边境问题上发生矛盾,目前该问题还未得到完全、妥善解决。2017年初,柬方在上丁市冬各洛至暹邦县的乌达老之间修建边境公路,老方认为该边境公路修到了老方境内,因此,老军方在柬上丁省乌达老地区对面的老挝阿速坡省增派兵力并试图阻止柬方修建边境公路。对此,柬方也在边境地区增派部队以确保修建工作继续,双方一度发生对峙。此后,虽然柬方表示上述问题是误会而不是对峙,双方正本着东盟成员国和好邻邦的名义积极寻求解决方案;双方还一致同意加快两国边境立碑工作,争取早日确定柬老全部边境线,把柬老边境地区建设成友谊、和平与发展的地区。但截至2016年4月,上述问题还未妥善解决,且4月6日,老方还在两国未正式勘界立碑边境地区新建一处哨所,或将增加新的矛盾。

总体来看,尽管存在反武和边境问题,本年度老挝国内总体安全形势良好,特别是全力保障老党"十大"和第八届国会选举、东盟相关会议等各类大型会议和活动的顺利进行和100%安全。

参考文献

[1] 老挝"人民报"[EB/OL]. http://www.pasaxon.org.la;[2016-01-01至2016-12-31].
[2] 老挝人民军[EB/OL]. http://www.kongthap.org.la;[2016-01-01至2016-12-31].

第二部分

2016 年度美国陆军兵种建设

美国陆军野战炮兵建设发展述评

程 刚 张 韬

对于美国陆军野战炮兵而言,2016年是非常重要的一年。这一年,野战炮兵建设与发展的多项举措得到落实,在条令、编制、训练、装备、领导者培养、人员、设施和政策等领域里的工作均取得令人瞩目的成就,其中最核心的成就是制订并发布《野战炮兵构想》,为野战炮兵的未来发展指明了方向。

一、发布野战炮兵构想,明确未来发展方向

为了给野战炮兵各领域的工作确立统一的发展方向,美国陆军野战炮兵于2016年7月发布了《野战炮兵构想》,明确了野战炮兵的战略远景是:"努力建设一支世界一流的野战炮兵部队,这支部队具有现代化装备、合理的编制且训练有素,时刻准备在多个领域内整合和运用陆军、联合和多国部队的火力,以取得联合地面作战的胜利。"该构想明确了野战炮兵未来5个努力的方向,并为每个努力方向制定了相应的计划和具体举措,以达成最终的建设目标,即野战炮兵能够通过有效的目标处理、一体化和投射火力,使机动作战指挥官在联合地面作战中获得压倒性优势。

第一个努力方向是确保作战部队的战备水平,相应的措施包括:使陆军和联合领导者们参与相关的野战炮兵核心要务;巩固野战炮兵/火力在总体陆军中的地位;收集和分发吸取的经验教训;简化/增加火力知识网信息库和用户界面;提供兵种范围内讨论和协作的机会;充分利用外国联络军官以增强多国间的相互了解。

第二个努力方向是通过教育和训练培养具有较强适应能力的合格专业人才,相应的措施包括:吸收、评估和保留高质量的学员;调整炮长与火力支援车课程;在所有训练领域强调野战炮兵核心技能;将军职专业131A野战炮兵准尉军官转变为系统一体化专家;更新野战炮兵上尉职业课程教学计划;对第428野战炮兵旅实施转型,使其成为火力卓越中心转型计划的一部分。

第三个努力方向是实现部队的现代化,相应的措施包括:为直至2030年野

战炮兵兵种现代化制定一份长期的"条令、编制、训练、装备、领导力、人员、设施和政策"路线图;在射程、性能、数量和精度方面获得优势;通过战略组合评估审查(SPAR)提升野战炮兵的相关性;为野战炮兵/火力编队(师炮兵、野战炮兵旅、战场协调分遣队和野战炮兵营)赋能;改进和整合视距外传感器精确能力。

第四个努力方向是继续改善目标处理和实现联合火力及多国部队火力的一体化,相应的措施包括:制定并编撰陆军目标处理工作规范;修建火力卓越中心设施,以加快陆军目标处理中心建设进程;向联合目标处理政策、训练和条令提供陆军信息输入;提升联合火力和多国火力一体化和互操作性。

第五个努力方向是继续加强人才培养和管理,相应的措施包括:在整个野战炮兵范围内优化人才管理;持续不断地改进13系列军职专业;吸引和保持一支高质量的野战炮兵力量;增加自我培养场所并提供资格认证。

二、采取多种有效措施,全面提升战备水平

到2016年初,美国陆军历时近两年的野战炮兵旅和师炮兵重组工作按期完成,相应单位的部署也调整到位。此外,第51任野战炮兵主任兼野战炮兵学校校长威廉·A.特纳准将于2016年4月卸任,第52任野战炮兵主任兼野战炮兵学院校长斯蒂夫·马拉尼安上校随之走马上任。根据美国陆军《火力》杂志2017年"红皮书"公布的数据,美国陆军野战炮兵现编有10个师炮兵(分别为第1装甲师师炮兵、第1骑兵师师炮兵、第1步兵师师炮兵、第2步兵师师炮兵、第3步兵师师炮兵、第4步兵师师炮兵、第10山地师师炮兵、第25步兵师师炮兵、第82空降师师炮兵、第101空中突击师师炮兵,均为现役)、14个野战炮兵旅(其中,现役为第17、18、75、210、428和434野战炮兵旅,共计6个;国民警卫队为第45、65、115、130、138、142、169、197野战炮兵旅,共计8个)、99个野战炮兵营(其中现役45个营,国民警卫队54个营)、2个骑兵团野战炮兵中队(现役和国民警卫队各1个)和5个战场协调分遣队(分别是第1、3、4、5、19战场协调分遣队,均为现役)。随着编制部署调整到位,美国陆军野战炮兵在2016年积极采取多种措施,以全面提升野战炮兵部队的战备水平。

一是野战炮兵学校与作战部队的火力和机动领导者建立和保持对话机制。为了探索野战炮兵确保战备水平的途径,美国陆军野战炮兵学校于2016年举办了多次火力和野战炮兵论坛,以便集思广益,总结宝贵的经验教训。2016年5月2日至4日,年度火力研讨会按期举行,本年度的研讨主题是"整合和投射火力以实现机动",重点是如何进行有效的目标定位和处理,如何投射火力以击败敌军并保持行动自由,如何训练未来的领导者以便最大限度地使火力与机动

相结合。2016年7月16日,野战炮兵高级指挥官论坛顺利召开。野战炮兵学校认为,该论坛是向高级指挥官提供及时且相关的材料以及讨论对兵种而言重要事项的极好场所,因此决定未来每季度都将开展一次此类活动。

二是继续更新条令,为野战炮兵作战和训练提供依据。在2015年修订并颁布5本野战炮兵条令的基础上,2016年又有4本条令经修订后正式颁布,分别是:2016年1月21日颁布的ATP 3-09.32《联合火力多军种战术、技术与作业程序》;2016年2月16日颁布的ATP 3-09.02《野战炮兵测地》;2016年3月1日颁布的ATP 3-09.42《旅战斗队的火力支援》;2016年5月4日颁布的ATP 3-09.50《野战炮兵身管炮兵连》。下一步,还将更新野战炮兵旅技术出版物,定稿完成师炮兵技术出版物,并大量介入"纵深作战"技术出版物的制定。

三是按照野战炮兵必训科目表全面施训,进行严格的考核与鉴定,以此提升野战炮兵核心能力。一年中,各野战炮兵部队围绕所承担的任务,依据能力生成需求,在驻地、训练中心和部署地进行了大量的演训活动,训练内容涉及单兵技能训练、炮兵技能熟练度训练、野战炮兵必训科目表 I—XVIII 的考核鉴定等。各师师炮兵均把师炮兵战备检验和炮兵营战备检验作为年度训练工作重点,以确保各炮兵营、连保持整体战备水平,如第1装甲师师炮兵所属3个野战炮兵营的所有连均参加了师炮兵战备检验,且在达到野战炮兵核心射击标准方面表现优异。一些野战炮兵营和连在美国陆军各训练中心参与轮训并完成大量保障任务,其中值得一提的是第2步兵师师炮兵所属的第2—17野战炮兵营,该营一年内2次保障国家训练中心的轮训,完成2轮必训科目表 XVIII 训练,还支援了大量合成兵种实弹射击演习,全年安全准确地发射了8 531发155毫米炮弹;第10山地师师炮兵所属的第2—15野战炮兵营,在完成阿富汗的部署任务后,其B连和A连的1个排为西点军校的学员夏季训练提供保障,其间共发射7 000多发105毫米炮弹。

四是积极参与联合和多国部队训练与演习,以加强各军兵种、多国部队之间的合作和了解,提升联合和多国火力的协调与协同能力。一年中,野战炮兵参与了大量联合与特种作战训练及实弹射击演习,以此提升在多域环境中整合联合火力支援的能力,如第1装甲师师炮兵与第2—14海军陆战队野战炮兵营和第66战斗机中队在比利斯堡实施的2次联合实弹演习;第18野战炮兵旅第3—27野战炮兵营与第7运输旅第724特种战术群的多边演习、与空军武器学校的2次强行进入攻击演习等;第17野战炮兵旅在亚基马训练中心与空军、特种作战司令部一同进行的"翡翠头盔行动"和"红旗—阿拉斯加"训练演习等。此外,为了加强美国与盟国和伙伴国的合作与了解,提高部队战备和应急部署能力,野战炮兵还参加了大量的多国训练演习,如"斯巴达盾牌行动""坚定决心行动""关键决心 2016""乙支自由卫士 2016""太平洋路径""大西洋决心行动""升雷 2016""联合决心 VII"等。

三、调整教育训练内容,培养合格专业人才

美国陆军野战炮兵指出,作为合成军队的重要组成部分,火力支援部队的首要任务是到达接收单位后,就能立即发挥巨大的作用。为此,野战炮兵 2016 年采取多种措施,不断提高各级火力支援部队的士兵和领导者的训练质量,培养具有较强适应能力的合格专业人才。

一是在职业军事教育中设置联合火力观察员训练。美国陆军野战炮兵在 2016 年重新确定了联合火力观察员(13F)应该掌握的技能,包括更加重视准度和精度,适当增加了一些重要训练内容,扩展了联合火力观察员高级单兵训练课程。通过该课程的学习,学员能够掌握如何使用各种火力支援装备以获取精确的目标位置,熟悉联合火力观察员作业方法,利用真实、虚拟和推演手段组织实施重要的实际操作训练。从 2017 年秋季开始,联合火力观察员(13F)将被授予资格证书,同时参加高级单兵训练,以通过各自单位的鉴定。此外,在军官及领导者基础课程的教学大纲中增加了联合火力观察员资格鉴定的内容。所有通过课程学习的学员都是合格的联合火力观察员,只需要接收单位通过综合实际演习对其进行鉴定。

二是调整和加强炮长课程。为了帮助火力支援人员理解并达到训练通报 TC3-09.8《野战炮兵射击》中的任务和标准,野战炮兵学校在炮长课程中增加了 13F 联合火力支援的模块。通过该课程的学习,学员能够协调、组织和实施火力支援鉴定大纲中的联合火力支援训练,能够担任火力支援协调官和主要的联合火力主题事件专家(SME)。为了延续这种发展势头,野战炮兵学校正努力将炮长课程的学制延长到 8 周左右,以使 13 系列的军职专业人才可通过三个途径学习该课程。

三是重建联合作战火力与效果课程。随着师联合空地一体化中心的发展,为了填补该中心人员的训练空白,野战炮兵正在分配资源并用一系列现代化的火力课程重建联合作战火力与效果课程。经过改进和更新以反映最新条令和战术、技术与作业程序的联合作战火力与效果课程,将使火力领导者具备联合火力应用知识并完全了解联合目标处理周期。该课程将于 2017 年 1 月开课,计划的授课对象包括:从师至战区司令部以及战场协调分遣队内从事火力/效果和目标处理工作的高级领导者们。

四是继续开设旅战斗队火力方向预备指挥课程。在 2016 年的两次成功的试点之后,美国陆军部队司令部司令要求火力卓越中心保留旅战斗队火力方向预备指挥课程,每年为所有现役和后备役部队旅战斗队指挥官开设三门培训课程。这些课程中已经纳入了关键的火力训练和指挥官的指示,火力支援协调措施及空域控制措施的运用,以及火力支援协调组与防空空域管理/旅防空兵分队之间进行协调的作用、职责和重要性等内容。

五是向女性开放所有野战炮兵军职专业。美国陆军野战炮兵兵种曾长期不允许女性任职,直至美国防部长卡特宣布所有的军事工作和单位于 2015 年 12 月毫无例外地向女性开放,这种情况才得以改变。作为美国陆军"士兵 2020"倡议计划的一部分,2016 年初,美国陆军野战炮兵开始将所有军职专业陆续向女兵开放。威斯康星州陆军国民警卫队第 1158 运输连的补给专业兵尼科尔·梅伯里陆军上士,于 1 月底成为首名完成 13J 火控专业课程的女兵;上等兵凯瑟琳·贝蒂于 3 月成为首名完成 13B 身管火炮班组人员高级单兵训练的女兵;来自第 63 战区航空兵旅旅部与旅部连的比利·雅各布陆军中士,于 4 月成为首名完成 13F 火力支援专业课程的女兵。

六是为野战炮兵人员提供从地方大学获得更多职业军事教育学分的机会。之前,野战炮兵人员无法从地方大学获得其军职专业对应的职业军事教育学分,但这种状况目前已发生了改变。2016 年在一个美国教育委员会军职专业评估小组前往西尔堡对野战炮兵职业军事教育可能的大学学分进行了再评估后,野战炮兵人员于 8 月开始可以从地方大学获得其职业军事教育学分。目前,13B、13D、13F、13M、13P、13R、13T 等军职专业的中士和上士都可获得更多的大学学分,军职专业 13Z 野战炮兵军士长和指挥军士长、131A 野战炮兵准尉的学分获取方式也获得了更新。

四、提升目标处理能力,增强火力协调协同

美国陆军野战炮兵指出,未来必须继续协调和协同陆军、联合、跨机构和多国部队的火力,在各领域进行目标处理,以便在各种军事行动中击败敌人,并保持机动自由和行动自由。2016 年,野战炮兵在改善目标处理、增强联合火力及多国部队火力的协调和协同方面开展了以下工作。

一是继续发展和完善最新命名的陆军目标处理中心。火力目标处理中心投入运行后,使火力卓越中心能够描绘火力部队的进程,从而给予火力部队在何时及如何执行任务方面的发言权,也为火力部队在联合、机构间和国际间司令部内提供了代表。2016 年,美国陆军参谋长批准将火力目标处理中心命名为陆军目

标处理中心,使之成为当前陆军目标处理方面的权威机构。其中心工作是制定联合训练的政策、条令和进行协调,其作用范围更是扩大到战役单位,协助这些单位执行和维持联合目标处理的认证与鉴定计划。未来,陆军目标处理中心,将可为战役部队提供评估能力,以解决各种目标处理需求。

二是对军职专业131A实施转型,即将野战炮兵131A准尉转型为任务式指挥目标处理系统协调专家。为了保持目标处理程序的发展势头,美国陆军野战炮兵认为,131A准尉必须成为目标处理任务式指挥系统的系统协调人,以充分利用野战炮兵的传感器和数据。作为目标处理专家,131A准尉必须全面掌握各种技术数据和资源,了解如何整合目标处理程序。目前,这一转型工作正按计划推进,具体方法是在2017年前通过让131A准尉承担任务式指挥系统和传感器集成员职责来完成。这一转变将使准尉军官能够更便利地使用现代化的"阿法兹"先进的野战炮兵战术数据系统进行目标处理和火力支援计划,从而投射准确、及时的火力以支援指挥官的机动方案。此举将极大地提升建制和联合目标处理传感器的一体化能力,以及陆军和联合任务指挥系统的有效数据共享。

三是继续推进联合空地一体化中心的建设与运行。该中心是一个模块化、规模可调整的执行单元,将空中支援作战中心的能力与陆军师当前作战一体化单元内的火力单元、防空导弹防御、陆军航空兵和空域分队配置在一起,旨在整合和协调陆军高级战术梯队(通常是师)指定空域内的联合火力和空中行动。从2011年开始,美国空军开始惯常地将其空中支援作战中心与每个现役陆军师相配对,至2019年,计划中的12个空中支援作战中心(每个现役师配1个,陆军国民警卫队配2个)将全部开始运作。该中心具体的职能包括火力、空域控制、拦截协调、己方识别和信息搜集,其火力职能负责将师的火力与其他补充和加强职能相结合以达成空地一体化。在空中支援作战中心内,火力单元人员通过与必要的空中和地面部队进行协调从而快速且有效地响应联合火力请求,以便及时地投射联合火力。空中支援作战中心主任通常是副火力支援协调官或助理火力支援协调官。2014年6月版陆军技术出版物ATP3-91.1《联合空地一体化中心》正在修订之中,计划于2017年正式发布。

五、实施现代化战略,提升精确火力能力

为了能够在未来作战环境占据优势,并在大量的应急事件中取得胜利,美国陆军必须拥有一支能够投射和整合杀伤性与非杀伤火力的战役级远征野战炮兵部队。野战炮兵现代化战略通过为陆军作战挑战17(整合火力)和挑战18(投射火力)提供解决方案,对战区司令进行直接支援。美国陆军野战炮兵继续关注的装备现代化工作包括：增强火力平台和弹药的精确度；提升打击更远距离目标的能力；具备在全球定位系统能力降低或无法使用环境中执行任务的能力；实现传感器能力现代化，以便更为精确地定位和跟踪目标，从而更好地使用精确武器。美国陆军野战炮兵火力装备组合包括四个领域的火力支援能力：传感器、投射平台、弹药和任务式指挥系统。2016年，美国陆军野战炮兵在这四个领域开展了以下工作：

一是在传感器方面，继续研发联合效果目标处理系统并装备给前方观察员和特种作战部队；实现轻型激光指示测距仪的现代化，以提升乘车和徒步前方观察员的精确作战能力；继续采购 AN/TPQ-53 雷达，并完成 AN/TPQ-50 反迫击炮雷达的采购任务。

二是在投射平台方面，继续采购 M109A7"帕拉丁"综合管理炮，并对部队剩余"帕拉丁"火炮的火控系统进行现代化更新，以维持其杀伤性和生存性；继续更新"海玛斯"高机动性炮兵火箭系统和 M270A1 多管火箭发射系统的发射装置，以提升其生存性并更新火控系统；大力发展下一代远程精确火力平台，为战区司令提供增强的远程火力杀伤性。

三是在弹药方面，实施陆军战术导弹系统－服役寿命延长计划，以重新利用和延长当前远程导弹的使用期限，从而弥补远程精确火力开发和装备前的能力差距；采购制导多管火箭发射系统－备用弹头火箭弹，以提供一种区域效果弹药；继续开发和采购精确制导组件，以便为身管炮兵连提供增强的杀伤性；通过完整采购"神剑 1b"炮弹实现其现代化。

四是在任务式指挥系统方面，对"阿法兹"先进的野战炮兵战术数据系统软件进行重要升级，此次软件升级后的主要更新包括：指挥官指示管理、3D 图像显示能力、火力支援计划与攻击分析、空中打击列表和空中控制命令管理、与任务指挥系统和情报系统/数据库的接口、精确打击套件兼容性、现代化的集成数据库等。升级后的 V6.8.1.1 版射击任务指挥系统软件将于 2017 年第一季度下发部队使用。

参考文献

[1] H.Q.U.S. Department of the Army. Fires[EB/OL]. http://sill－www.army.mil/Firesbulletin/May-Jun,Jul.-Aug,Sep.-Oct,Nov-Dec. 2016.

[2] H.Q.U.S. Department of the Army. Army Equipment Program in support of President's Budget 2017[EB/OL]. http://www.g8.army.mil.

美国陆军防空炮兵建设述评

杨占全　陆　宁

美国陆军防空炮兵部队为做好应对发展迅速、变化多样的空中威胁，在2016年度，美国陆军防空炮兵部队着重从"发展现代化，提高系统性能"入手，开始试验综合防空与导弹防御作战指挥系统，这将转化和从根本上改变美国陆军防空炮兵人员、训练和编队的方式。随着部队改革和防空与导弹防御（AMD）系统现代化程度的提高，美国陆军防空炮兵的全面建设不断推进。

一、任务为先、以人为本，持续推进防空炮兵部队的转型与现代化建设

正如美国的巴顿将军说过的那样："打仗靠的是武器，赢得战争却要靠人。"美军认为，指挥官的培养是防空炮兵部队改革最重要的一方面。学校秩序和指挥官发展战略，嵌套在陆军人力维度（HD）战略中。该战略旨在使官兵不仅可以在未来复杂战场环境中高效作战，还能在复杂和未知的环境中顺利作战。

（一）教育模式与部队转型相适应，以保证官兵灵活适应未来战争的需要

鉴于一体化防空反导作战指挥系统将于2018财年实施部署，在第30防空炮兵旅的吉姆·佩恩上校和指挥军士长汤姆·伊根的领导下，美国陆军防空炮兵学校已经启动了相关训练、教育和领导者培养方案的转变。伴随防空炮兵部队信息化建设工作而来的，还有新的条令编写和组织机构调整。同时，不断演变的空中和导弹威胁，更加凸显出对防空炮兵各级领导者的培养的重要性。他们必须能够在复杂的空中威胁环境中高效地计划、运用并领导防空炮兵部队。可以说，领导者培养将成为防空炮兵转型中最为重要的方面。未来的空中和导弹威胁环境将与机动指挥官面临的环境一样复杂。为应对这一新的环境，必须做好准备——教育训练官兵和领导者，使之具有更为批判性和更为敏捷的思维，在复杂的态势中做出更佳的决策，具备打赢未来防空作战所必需的身体和心理韧性。为此，美国陆军正在改进防空炮兵学校的基础军官领导力课程和上尉军官职业课程。从2016年2月开始，已在职业管理领域14个士官教育系统课程启动武器跟踪阶段，同时调整了准尉军官基础和高级课程，以使准尉军官的培训回

归更多的技术训练。

(二)根据地区作战需求牵引现代化建设,遂行关键防空反导任务

2016年对防空炮兵来说意味着重要的发展进步,证明了美国陆军防空炮兵在全球遂行的防空反导任务,对于各战区指挥官乃至整个美国来说,仍是十分关键的。全球范围对于防空炮兵部队的需求仍然强烈,从欧洲,到中东,以及太平洋地区,东北亚地区,从阿拉斯加到华盛顿特区,防空炮兵模范遂行着十分关键的防空反导任务。凭借陆基中段防御拦截系统、末端高空区域防御系统("萨德")、"爱国者"系统、陆基"密集阵"武器系统、挪威先进地空导弹、"复仇者"导弹以及前沿配置模式的AN/TPY-2雷达,为应对具有挑战性和紧迫性的空中威胁提供了至关重要的作战能力。

防空炮兵部队目前是美国陆军中进行战斗部署最多的部队。陆军的高层领导,参联会乃至国防部长,仍然十分关注防空炮兵部队持续进行海外任务的影响。按照美军项目目标备忘录17-21,陆军2017年和2018年将投入约106亿美元用于防空反导的现代化建设,其中大部分资金将用于"爱国者"导弹的现代化升级。这其中包括"现代人员站"、雷达的硬件升级、软件升级以及"爱国者"PAC-3分段增强系统的列装。现代化建设中最为关键的就是一体化防空反导作战指挥系统的部署,这仍将是防空炮兵部队现代化建设的头等项目。一体化防空反导作战指挥系统将打通防空炮兵所有的探测设备和发射装置之间的连接,形成单一的一体化火力控制网络(IFCN)。将部队接入由通用战斗人员机器界面控制的单一一体化火力控制网络,美国陆军将更加有效地部署防空炮兵部队,同时也能拓展遂行防空作战任务的能力范围。

(三)继续调整防空炮兵的战略性部署,探索实现最大化效益的方式

对于末端高空防御系统(THAAD)来说,2016年也是忙碌的一年。随着防空炮兵学校的"萨德"相关训练的增加,以及测试和更多"萨德"连的建立,"萨德"系统在防空炮兵的部署持续增长。美国陆军建立起了"萨德"研究性训练基地,开设了一套最先进的训练设施,同时开始通过实用课程班次向防空炮兵官兵教授相关课程,顺利完成课程将会获得"萨德"额外技能标识。在关岛,第2防空炮兵团B组替换了D连。第3防空炮兵团E连完成了新装备训练,替换了第2防空炮兵团D连,关岛成了他们的永久驻地。第4防空炮兵团A连和第2防空炮兵团A连承担偶然性行动。在武装力量发展方面,第62防空炮兵团E连和B连分别于1月和10月在得克萨斯州胡德堡陆军基地活动。第62防空炮兵团E连的新装备训练大致完成了三分之一。第62防空炮兵团B连将在2017年开展新装备训练。5月,第2防空炮兵团B连完成了软件2.2.1的使用,这在现代化

进程上是一个里程碑。美国陆军已开始了萨德便携计划的守备进程,这将在未来几年内继续建设萨德整体武装力量。

属于陆军国民警卫队的防空炮兵继续执行保护国家首都地区的防空任务。这些士兵来自第678防空炮兵旅,南卡罗来纳陆军国民警卫队,和佛罗里达陆军国民警卫队第265防空炮兵旅第3营。另外,俄亥俄陆军国民警卫队第174防空炮兵旅第1营支援欧洲方面演习。第100导弹防御旅和第49陆基中程防御组织协同配合,迎来了巨大的成功,为执行国家北部防空任务做出了巨大贡献。此外,佛罗里达州国民警卫队动员并部署了第265防空炮兵团第1营赴阿富汗,执行反火箭炮、火炮和迫击炮任务,保持着国民警卫队与现役部队之间的长期协作关系。

二、积极迎接挑战并全力准备提升,与革命性的改变相适应

防空炮兵部队目前是美国陆军中进行战斗部署最多的部队,为积极应对包括先进的弹道导弹、越来越普遍的巡航导弹、无人机、火箭弹、火炮和迫击炮等威胁,同时为保持全球范围内服务于美国和盟友的防空反导存在及维持现有的优势,美国陆军防空炮兵已为迎接未来的挑战做好了准备。

（一）积极参与、协调和战略实施反无人机系统

目前,世界上有80多个国家共有超过600种无人机在不同的领域发挥着重要作用。在美国,仅2016年就有70万个新的无人机系统将出售给商业和娱乐用户。在克里米亚,乌克兰和叙利亚开展的最近的作战行动中,无人机系统的固定和旋翼机能力已经成功地纳入军事行动,为士兵、装备和基础设施提供侦察、监视、情报和目标获取能力,往往具有致命的影响。美国陆军反无人机系统行动官隆达·威廉斯中校说:"在整个乌克兰的冲突中,俄罗斯支持的分离主义分子不仅使用侦察无人机向他们的部队报告有关对手的行动和阵地,而且还成功地将无人机系统用于提高治理火灾的瞄准能力。"

2016年12月6日至8日在俄克拉荷马州的西尔堡举行了第三次陆军反无人机系统(C-UAS)峰会。会议被分为两天的政府会议和一天的行业部分,吸引了来自各个陆军火力卓越中心(COE)、联合和服务机构的人员和科学、技术和收购社区成员的300多名与会者。此次峰会旨在探测、识别和击败日益增长的无人机对战斗机及地面防空的威胁。美国海军、海军陆战队、空军、海岸警卫队和联合参谋人员就其各自的反无人机系统发展情况进行了讨论。会议上,美国陆军防空炮兵队训练和指导指挥官道格·怀特说:"我们的分析使我们得出结论,反无人机系统任务必须被视为一个相互联合的军备行动……没有一个单一

的部队能够打败无人机系统的威胁。"他还讲道："我们不能将反无人机系统视为独家的防空火炮或火力问题……军队现有的能力和正在进行的对抗威胁无人机系统的工作必须与促进全方位军事评估的努力结合起来……各国军队在首脑会议和综合能力发展小组进程中积极参与,为协调和战略实施提供了协同效应和整体方法。"截至 2016 年 5 月,关于反无人机措施的文件已在美国陆军总部,由美国陆军参谋长开始签署并逐步实施,陆军防空炮兵训练计划草案就将印发参谋部,为各级指挥官们指明应对无人机威胁的基本准则。

(二)积极探索火力支援模式,有效协调统一作战进程

2016 年 4 月,防空炮兵主任办公室的领导与野战炮兵主任办公室进行合作,为现役的 12 名旅战斗队(BCT)旅长和国民警卫队执行首个"火力导向战斗部队战备队"指挥课。每名旅战斗队旅长前往俄克拉荷马州的西尔堡(Fort Sill),接受 3 天的火力支援小组(FSC)开展的如何适应旅战斗队的课程。课程结束后,旅长不仅增加了对火力支援小组工作原理的了解,而且可以在协同努力中提供潜在价值并防止自相残杀。为了回应越来越多的需求,火力卓越中心领导人再次在 9 月为 15 名旅战斗队旅长开展了课程。4 月至 9 月,第 2 防空炮兵旅第 6 防空炮兵团第 30 防空炮兵大队的防空管理/旅基地航空部队(防空炮兵团 M/BAE)空地一体化课程的教官开展了两小时的空域管理课,其重点是空地操作适合于旅战斗队的五个功能单元。此外,教官还提供了对旅战斗队火力支援小组有机的战术数据系统和强大的自动化功能的演示。

该课程将火力支援小组作为旅战斗队内的一个单一实体,可以在战场上达到致命的效果,方便联合火力整合、及时准确地清除敌火力和进行旅级空域管理。综合来看,火力支援小组是旅战斗队旅长采取的行动,能够尽量减少肢体伤害,最大限度地发挥作战能力,有效地协调统一的陆地作战,可以使旅战斗队指挥官有效地利用其组合的武器团队完成任务。正如乔治·巴顿将军所说:"为了和谐的音乐,每个乐器都必须支持别人;要在战斗中得到和谐,每个武器都必须协同配合。团队才能胜利。"

(三)积极组织与盟友进行军事演习,密切合作弹道导弹防御

2016 年度,多国防空演习在美国欧洲司令部的责任领域展开,提出了测试爱国者信息与协调中心的完美场景,包括美国陆军爱国者航空和导弹防御连的服役和训练。作为欧洲唯一的美国防空部队,第 10 陆军防空和导弹防御司令部负责支持超过 50 个盟友和合作伙伴,并在整个欧洲保持良好的表现。执行这些任务的大部分是第 4 防空炮兵团第 5 营。第 5 营目前是分配给美军欧洲作战司令部的唯一爱国者营。2016 年 9 月 14 日至 29 日,第 10 陆军防空和导弹防御司

令部（AAMDC）的士兵在斯洛伐克的勒斯特,对爱国者信息与协调中心（DPICC）进行了第一次现场测试。在整个测试过程中,防空炮兵团的第57信息与协调中心以及B炮兵连,第57防空炮兵团在斯洛伐克的勒斯特,与15个合作伙伴国家进行互操作性测试。爱国者信息与协调中心成功通过战术数据链接整合鲍姆霍尔德尔（Baumholder）的当地部队和斯洛伐克的空中飞行照片,并将这些常见的战术图片分享给两地的指挥官。除了相互分享空中情报外,参与测试爱国者信息与协调中心的爱国者部队还能够利用现场直播教练模式和在线训练模式进行空战管理。

在2016年春天,第43防空炮兵团D炮兵连被选为全球应急部队的一部分,从得克萨斯州的布利斯堡部署到朝鲜半岛,他们进行了紧急部署准备工作。该单位部署在韩国的奥桑空军基地,并预演了在数小时内进行防空作战。这项工作验证了在最少知情人前提下将爱国者炮兵连移动到世界各地的能力。在抵达奥桑之后,D连附属于第52防空炮部队第6炮兵连,花了三个多星期参加野战训练、半岛防空和导弹防御演习。第8集团军司令托马斯·万达尔中将（Thomas Vandal）表示,韩美联合部队的任务重点是来自朝鲜的真正威胁:"朝鲜继续发展弹道导弹,反对国际社会表达的意愿,这就要求韩美联合部队保持有效和及时的弹道导弹防御。这样的练习确保我们随时准备防御来自朝鲜的攻击。继续密切合作弹道导弹防御,反映出这一联盟共同致力于促进亚太地区的和平与安全。"

在2016年中,第43防空炮兵团第2营也取得了巨大的成就。其中包括7月联合荷兰"爱国者"直播演习,以及11月与日本空军自卫队的联合发射训练。2016年对于第31防空炮兵旅来说也是重要的一年。本年度,该旅总部开始部署在美国中央控制区,负责监督多个营在该地区执行防空和导弹防御任务。除了为分散在多个国家的单位提供任务指挥和维持日常行动的支持之外,该旅还领导了防空和导弹防御演习16-02,这是跨越5个波斯湾国家的广泛联合演习,涉及陆军、空军和海军的防空和导弹防御要素。在2016年,第174防空炮兵旅旅部带指挥连、第1营以及一个发射连参加了"巨蟒"行动,即北约与欧洲战区在波兰举行的联合训练演习。旅部和所辖单位将为演习提供对空防御,参与实弹射击环节,提高在困难条件下的作业效率。

三、敢于面对困境与挑战,调整战略发展、探索"回到未来"

当前,限制美军防空炮兵最重要因素是资源的缺乏。基于对美国空军在应对固定翼和旋翼飞机威胁中能够取得空域控制权的期望,美国陆军在十年前就从装备清单中减少了毒刺和复仇者武器系统的装备数量。随着防空和导弹防御的转型升级,陆军预测在未来作战中的主要对手是弹道导弹和巡航导弹,因此研发了爱国者和萨德系统用以抗击。但是,大部分近程防空武器的流失导致部队易受固定翼、旋翼飞机的攻击,使得空军不能获得足够安全的空域控制权,地面部队也易遭受空中威胁的打击。美国陆军旅战斗队(BCT)通常可以利用重机枪、坦克主炮等对空武器保护自己,但是在多国联合战备中心训练时,旅战斗队却很难将同盟或者友邻防空资源纳入他们的计划当中。这种失败的一部分原因是因为美军和多国盟友几乎没有联络。通常下级部队也不会提供联络,或者联络的声音不会在任务规划过程中被听到。指挥官不懂或者不关心防空炮兵武器系统的价值,结果也是一样的。一些失败则只是因为简单的忽视所引起的。苏联解体后,美国陆军就再也没有遇到过来自敌人航空器的实在威胁,但是这种威胁现在正转变为小型无人驾驶航空器。这种小型无人驾驶航空器价格低、易操作,能够产生较大威胁,而且美国陆军防空炮兵目前的装备对这种威胁却很难发现和截获。随着这种装备不断地增多,将会导致敌人增加对它的使用数量,这将改变战争格局,而且随着美国陆军现阶段近距和中距防空炮兵武器装备越来越少,对于这种威胁还处于束手无策的阶段。

美国陆军高层领导正积极寻求改善方案,以及缓解部队的压力,并且他们始终致力于减轻防空炮兵部队面临的挑战。面临现实威胁,也必须为未来的威胁做好准备。美国陆军已经开始设计"复仇者"防空导弹系统的替代品,其最终将是陆基"密集阵"武器系统。这一项目被称为"间瞄火力防卫能力"(IFPC),其将于2020财年启动,极大提高抗击巡航导弹和无人机的能力。利用现有的装备如"哨兵"雷达,AIM-9X导弹,即将部署的一体化防空反导作战指挥系统(IBCS),以及陆军设计建造的"多功能发射装置"产品,基于不同的威胁,"间瞄火力防卫能力"将有能力从多功能发射装置上发射多种拦截弹。2016年已经过去,部队改革和防空与导弹防御(AMD)现代化依然是摆在美国陆军防空炮兵工作的前两位工作。然而,随着其他国家的竞争对手造成了更加致命的威胁,规划和发展防空与导弹防御武装力量的工作也会一直相伴。在未来一段时间,防空炮兵将持续不断地努力去实现现代化、维持现有的优势,力争"回到未来"!

参考文献

[1] Christopher Spillman. Air defense Artillery 2016, Beyond [J]. Fires, 2016(7—8).
[2] Randy McIntyre. The focus of Air defense future [J]. Fires, 2016(9—10).
[3] Gary Sheftick. Short range Air defense back in demand [J]. Fires, 2016(11—12).

美国陆军航空兵发展述评

秦国强 李 东 罗 敏

在美国调整军事战略重心和美国陆军预算逐年削减的大背景下,作为本军种投入最大的一个兵种,美国陆军航空兵于 2016 年步入了完善部队结构、调整作战训练目标和兵力部署、淘汰与升级武器装备的关键期。

一、继续落实《航空兵结构调整倡议》,进一步完善部队结构调整方案

为在缩减预算的同时保持关键的航空能力,美国陆军航空兵 2016 年继续围绕 2014 年提出的《航空兵结构调整倡议》实施部队结构调整,并根据陆军未来全国委员会调研报告提出的建议,进一步完善了如下部队结构调整方案。

(一)关于削减陆军现役战斗航空旅

根据《航空兵结构调整倡议》,美国陆军现役作战部队的 13 个战斗航空旅将削减至 10 个,削减对象包括第 159 战斗航空旅、第 12 战斗航空旅和第 2 战斗航空旅。2015 年,美国陆军撤销了驻肯塔基州坎贝尔堡的第 159 战斗航空旅,同时开始重组驻德国的第 12 战斗航空旅,到 2016 年秋,该旅(包括轮换部队在内)已削减至 1 000 人左右,其中包括 1 个旅部与旅部连、1 个攻击侦察营(第 3 航空团 1 营)、1 个全般支援航空营(第 214 航空团 1 营)和 1 支参与轮换的地区定向支援部队(2016 年参与轮换的部队先后是第 1 空中骑兵旅第 227 航空团 3 营和第 1 装甲师战斗航空旅第 501 航空团 3 营)。此外,以轮换部队替代第 2 战斗航空旅常驻部队的计划则遭到了搁浅。美国陆军未来全国委员会在 2016 年初发布的调研报告中,建议保留第 2 战斗航空旅常驻韩国的作战部队,以满足预期的战时能力需求,并得到了美国国会的支持和美国陆军部的认可。

(二)关于战斗航空旅编制结构调整

美国陆军作战部队的战斗航空旅原先分为 4 类:重型(现役 4 个,后备役 2 个)、中型(现役 8 个)、全频谱(现役 1 个)和远征(后备役 6 个)。根据《航空兵结构调整倡议》,这些战斗航空旅将统一改编为模块化的战斗航空旅和远征战斗航空旅(表1)。

表 1 《航空兵结构调整倡议》确定的模块化战斗航空旅编制结构

战斗航空旅	远征战斗航空旅
旅部与旅部连	旅部与旅部连
全般支援航空营 (8架UH-60、12架HH-60和12架CH-47)	全般支援航空营 (8架UH-60、30架HH-60和12架CH-47)
突击直升机营(30架UH-60)	突击直升机营(30架UH-60)
攻击侦察营(24架AH-64)	突击直升机营(30架UH-60)
重型攻击侦察中队 (24架AH-64和12架RQ-7)	航空支援营
航空支援营	—
无人机系统连(12架MQ-1无人机)	—
2 830人	2 102人

美国陆军现役战斗航空旅于2015年启动改编,包括将RQ-7B"影子"无人机编配至每个重型攻击侦察中队,以确保有人机和无人机在运动接敌、攻击、侦察和警戒任务中的有效协同。目前这项工作已基本完成。陆军后备队于2016年将驻新泽西州迪克斯堡的第244战区航空旅改编为第244远征战斗航空旅,又在科罗拉多州卡森堡新成立了第11远征战斗航空旅,并将第11战区航空司令部升格为陆军后备队航空司令部,统辖分驻美国东西海岸的这两个远征战斗航空旅。陆军国民警卫队在陆军未来全国委员会相关建议得到全面落实之后,将编有8个远征战斗航空旅和2个战斗航空旅。

(三) 关于阿帕奇直升机移交问题

美国陆军后备队的两个攻击侦察营已先后于2015年和2016年向陆军现役部队移交AH-64"阿帕奇"直升机,并顺利转型为突击直升机营。美国陆军国民警卫队则极力反对向陆军现役部队移交所有"阿帕奇"直升机,认为此举将使自己丧失全频谱作战能力。美国陆军未来全国委员会调研后认为,《航空兵结构调整倡议》虽然能够在减少费用的同时,使"阿帕奇"直升机部队保持合理的战时能力水准,但也会导致陆军国民警卫队缺乏战时应急出动能力,从而使航空兵部队失去战略纵深,因此建议陆军保留24个"阿帕奇"直升机营,其中陆军现役部队20个(每营装备24架"阿帕奇"),国民警卫队4个(每营装备18架"阿帕奇"),并提议通过陆军国民警卫队减少2个UH-60"黑鹰"直升机营、减缓整陆军的"黑鹰"直升机采购进程,或将陆军国民警卫队员额削减至33.5万人来抵消由此增加的费用。

二、调整作战训练目标,积极发展跨域协同与多域作战能力

随着美国军事战略重心由反恐转向应对其他大国"挑战",美国陆军航空兵亦开始针对"实力相当或相近的威胁"调整作战训练目标,并按照多域作战要求,发展新的战术战法。

(一)作战训练目标由广域安全防卫转向合成兵种机动

过去15年里,美国陆军航空兵主要发挥着广域安全防卫的作用,通常是从固定基地出发,为陆军连排以下级别反暴乱作战行动提供支援,在直升机编组运用方面积累了丰富的经验。随着美国军事战略重心的转变,面对"实力相当或相近的威胁",美国陆军航空兵开始以合成兵种机动为主要作战方式,研究和训练如何在合成兵种机动过程中,运用"较大型编队"来威慑和打赢对手。

美国陆军航空兵卓越中心于2016年1月发布《陆军航空兵训练战略》,指出航空兵训练应着眼预期的作战方式,即作为合成兵种团队的航空机动力量实施空地协同作战,融入统一地面行动。2015—2016财年,美国陆军在联合多国战备中心先后举行了6次决定性行动演练,由航空特遣部队与旅战斗队相互配合,"重新学习"如何针对"实力相近的威胁"有效实施空地协同作战行动,并从中得出结论:在对美军战法有一定研究,且具备较强防空能力的"实力相当或相近"的对手面前,不能拘泥于过去的经验,仍然将攻击和运输飞机留在预备队,以类似于近距空中支援或火力任务的方式规划运用攻击直升机,而应当在师、旅层级融合航空机动力量,将攻击、效用和货运直升机当作坦克和装甲运兵车来运用,并着重提高航空兵在周密任务规划、有无人机协同、电子战和贴地飞行等方面的能力。

(二)积极发展跨域协同与多域作战能力

美国防部于2015年修订了"亚太再平衡"战略中的"空海一体战"概念,并将其命名为"全球公域进入与机动联合概念"。美国陆军航空兵认为,将陆军航空资产纳入"全球公域进入与机动联合概念"概念,有助于实现跨域协同,极大提高联合部队针对"反介入/区域拒止"威胁的战斗力。为此,美国陆军航空兵积极参与各种多域作战演练,以提升跨域协同与多域作战能力。2016年7月"环太平洋"演习期间,第25战斗航空旅第6骑兵团2中队派出2架"阿帕奇"直升机,在瓦胡岛附近海域参与舰船击沉演练,以不同方式对靶舰实施了8次攻击,以此检验和提升在沿海环境中运用直升机实施打击的能力。

三、加强美盟联合演练，提升东欧、亚太等重要战略方向的战备水平

随着美国军事战略的调整，美国陆军航空兵亦将目光投向亚太和东欧等地区，并通过与盟军频繁开展联合空地协同演练，加强与盟军在战术、技术和程序上的交流，不断加强东欧、亚太等重要战略方向的战备能力。

（一）东欧地区

2014年俄乌冲突之后，为了遏制"咄咄逼人的"俄国，美国在2015财年国防预算中提出了《欧洲安全保障倡议计划》，并于2016财年再次投入7.89亿美元，主要用于美国陆军在欧洲开展各种演习和部队轮换。作为常驻欧洲的战斗航空旅，第12战斗航空旅尽管在兵力规模上有所精简，但却通过积极参与"大西洋决心行动"系列军演，加强了与欧洲盟国尤其是东欧国家的协同作战能力。2016年度，该旅参与了"盟军精神IV"、"蟒蛇2016"（波兰）、"充分打击2016"（捷克）、"黑天鹅2016"（匈牙利）和"盟军精神V"等一系列双边或多国联合军演，参演国家不仅包括加拿大、英国、德国、意大利、比利时等传统北约盟国，更有波兰、匈牙利、捷克、斯洛文尼亚、克罗地亚、拉脱维亚、立陶宛等中东欧国家，演练形式以实兵对抗为主，涉及攻击、突击、医疗撤运和补给维修等多项内容。同年，美国陆军还确定了2017年初以轮换部队形式，向东欧地区增派第10战斗航空旅的计划。

（二）亚太地区

在加速推进"亚太再平衡"战略的大背景下，美国陆军航空兵在2016年不仅积极参与美国太平洋司令部组织的各种多域作战演练，试图在"全球公域联合介入与机动"中发挥更大作用，而且确定了在韩国继续常驻1个战斗航空旅的方案，并频繁与韩日开展联合演练，包括4月美韩在韩国临津江实施的大规模渡江演习、9月美日在华盛顿州亚基马训练中心实施的地狱火导弹演练以及10月美韩在韩国忠州实施的夜间空中突击训练等。所有此类演练都是为了强化美日、美韩军事同盟，进而威慑中、朝两国。

此外，为了遏制俄罗斯在北极地区的军事存在，美国陆军于2015年在阿拉斯加成立了首个攻击侦察营，隶属第25步兵师战斗航空旅。2016年7月，该营派出阿帕奇直升机参与美加"北极之砧"联合演习中的紧急部署战备演练，检验了美军快速部署关键航空资产，向北极及太平洋地区实施力量投送的能力。

四、淘汰更新武器装备，提升航空兵作战效能

2016年，美国陆军共拥有各类飞机4 000余架，包括近592架攻击直升机、

3005 架效用或运输直升机、268 架教练机以及 317 架担负情监侦或通信功能的有人机和无人机。根据计划,美国陆军近年拟陆续淘汰 UH－1、OH－58A/C、TH－67、OH－58D、UH－60A、CH－47D 等机型,升级现有的 AH－64D、UH－60L 等机型,最终留下来的主要机型将包括 AH－64E 攻击直升机、UH－60M、HH－60M、UH－60V、H－60V(医疗撤运)和 UH－72A 等效用机以及 CH－47F 运输直升机。

（一）攻击直升机

截至 2016 年底,美国陆军已经基本淘汰了 OH－58D 直升机,留在韩国的最后 30 架也将于 2017 年初淘汰完毕。根据《航空兵结构调整倡议》,由此留下的能力空白,将由阿帕奇直升机与 RQ－7"影子"无人机来填补。2016 年,美国陆军共拥有 592 架阿帕奇直升机,其中大部分为 AH－64D。根据计划,这些 AH－64D 将于 2026 年前全部升级为 AH－64E。相对于 AH－64D 而言,AH－64E 的速度、作战范围、续航能力和性能均有大幅提升,并能够更好地操控无人机传感器、武器和平台本身,从而拓展有无人机协同能力。目前,美国陆军已有 160 多架 AH－64E 阿帕奇直升机装备到以下部队：第 16 战斗航空旅的第 229 航空团 1 营和第 6 骑兵团 4 中队、第 101 战斗航空旅的第 101 航空团 1 营和第 17 骑兵团 2 中队、第 11 空骑旅的第 17 骑兵团 7 中队和陆军航空卓越中心。

（二）效用机

截至 2016 年底,美国陆军已淘汰了所有 UH－1 型直升机,OH－58A/C 和 TH－67 也将于 2019 年淘汰完毕,其教练机功能将由采用双发动机和数字式操纵面板的 UH－72A 轻型效用直升机来替代。美国陆军目前共拥有 376 架 UH－72A,其中有 212 架为陆军国民警卫队所有,主要执行边境巡逻和救灾等任务。2016 年 1 月 8 日,美国陆军航空卓越中心开办了首个 UH－72A 培训班,使用 UH－72A 培训新飞行员。2016 年 10 月,美国陆军武装侦察直升机项目办公室与 UH－72A 产品办公室合并为轻型直升机产品办公室。该办公室至今已向美国陆军航空卓越中心提供了 130 多架 UH－72A,用于替代 TH－67 和 OH－58A/C 实施旋翼机入门培训,还为三个作战训练中心的假想敌部队各改装了一架 UH－72A,通过安装"回射"仿真系统,使其可以运用多用途集成激光作战训练系统来"搜索和摧毁"目标,显著提升了训练的逼真程度。

H－60"黑鹰"是美国陆军数量最多的直升机,现有 UH－60A、UH－60L、UH－60M 等多个型号。美国陆军计划于 2023 年前淘汰所有的 UH－60A,期间将继续采购 UH/HH－60M,研发全数字式座舱的 UH－60V,并计划于 2018 财年开始将 UH－60L 升级为 UH－60V,以实现 1 375 架 UH/HH－60M

和760架UH-60V的最终目标。截至2016年10月13日,西科尔斯基公司已交付了1000架H-60M。UH-60V的原型机亦于2016年底基本竣工,并计划于2017年初进行首飞。

(三) 运输直升机

CH-47F重型运输直升机是美国陆军运输部队与补给,提供战斗支援与战斗勤务支援的重要手段,同时还担负医疗撤送、飞机救援、伞降、救灾、搜救等各种任务。截至2016年12月,美国陆军已经接收了344架CH-47F,首架采用"先进支努克人旋翼桨叶"的布洛克Ⅱ型CH-47F原型机也于2016年12月在波音公司的梅萨工厂进行了试飞。

(四) 无人机。

截至2016年年底,陆军已部署了15个"灰鹰连"中的第11个"灰鹰"连,还额外部署了24套RQ-7Bv2型"影子"战术无人机系统(排)。目前,美国陆军的"影子"无人机系统已有三分之二完成了向v2型系统的转换。

此外,为提升航空兵的多域作战效能,美国陆军还不断研发各种新型武器弹药,加强攻击直升机和无人机的打击能力。2016年,美国陆军航空兵开始部署最新型的"罗密欧"地狱火导弹。该型导弹改进了软硬件,提高了精准度,采用了多功能弹头,并针对AH-64D/E和MQ-1C平台进行了优化。同时部署的改进型"长弓"地狱火导弹,针对非传统目标优化了能力,能够更有效地打击海上/沿海威胁和反无人机目标。美国陆军还在测试下一代导弹"联合空地导弹",该型导弹采用激光和雷达制导双寻的模式,可有效地打击采用主被动防护措施的高级威胁装甲系统,最终将取代所有各型地狱火导弹。

参考文献

[1] H.Q.U.S. Department of the Army. Record of Environmental Consideration: 2014 Aviation Force Structure Realignment [M]. 2014.

[2] H.Q.U.S. Department of the Army. National Commission on the future of the Army: Report to The President and the Congress of the United States [M]. 2016.

[3] H.Q.U.S. Department of the Army. Annual Aviation Inventory and Founding Plan Fiscal Years 2017-2046 [M]. 2016.

美国陆军化学兵建设述评

刘志亮 王永红 冯长启

近几年,美国陆军逐渐重视化学兵的地位与作用。美国陆军化学兵强调,必须始终将化生放核战备和部队生存力摆在首要位置。美军认为,当前,大规模杀伤性武器威胁在不断增加,而并不是像某些人认为的在减少。依据这一基本判断,美国陆军化学兵不断加强自身建设,努力发展和提升应对大规模杀伤性武器能力。2016年,美国陆军化学兵重点在以下几方面进行了建设。

一、制定化学兵 2025 年发展战略

2016年,美国陆军化学兵制定了"化学兵2025年发展战略",明确提出"我们保障部队"的口号,为化学兵未来10年的发展指明了方向(表1)。

表 1 美国陆军化学兵 2025 年发展战略

序号	项 目	主 要 内 容
1	使命任务	化学兵部队实施化生放核行动,保护军队和国家免遭大规模杀伤性武器或化生放核威胁与危害。
2	司令愿景	龙士兵,美国化生放核反击力量。应对大规模杀伤性武器领域的世界领导者,保卫部队,保护国土。
3	核心能力	(1) 向指挥官提供化生放核防御和应对大规模杀伤性武器使命方面的建议; (2) 实施化生放核侦察与监视; (3) 遮蔽或保护己方部队免遭化生放核危害; (4) 实施后果管理。
4	作战计划	计划线1:训练化学兵士兵、部队和参谋; 计划线2:培养化学兵部队领导; 计划线3:提升和拓展应对大规模杀伤性武器或化生放核防御能力; 计划线4:重视自身职业; 计划线5:建立和维护国际伙伴能力。
5	最终状态	建成一支训练有素、准备充分的能实施全谱应对大规模杀伤性武器使命行动的部队。

该战略提出了5条计划线(line of effort)。美国陆军化学兵要求所有层级的领导与士兵必须充分理解这5条计划线,确保部队训练有素,准备充分,能实施全谱应对大规模杀伤性武器使命行动。美国陆军化学兵的以下措施有助于理解该战略的计划线。

2016年3月,美国陆军化学兵启动了关于军士任命的试点计划,提议采用类似军官任命的方法来任命军士。在这一新计划中,军士通过电子邮件接收通知,被告知他们是潜在的计划候选人,为这些军士提供参与任命的机会。化生放核兵种团队评估这些军士的文档,确定这些军士需要哪些岗位来获得进步,将这些信息与士兵所期望的职业途径结合起来,共同确定这些军士所能获得的最佳任命。军士当然不会一直获得他们想要的任命,但是兵种团队努力尝试使所任命的岗位有助于军士获得进步。截至2016年底,美国陆军化学兵已经为军士长和上士开放了新的助理监察长岗位,并且首次在美国陆军军事学院任命了女性军职专业(MOS)74D士兵,担任战术军士。(计划线1,计划线2)

为满足不断增长的斯特赖克核生化侦察车乘员认证的需求,美国陆军化学兵于2016年制定了一份分阶段实施的计划,支持预备役士兵的训练需求。从2017财年开始,将在两个阶段中开设附加技能标识符L6课程。(计划线3)

化生放核学校于2016年完成了美国教育委员会的鉴定评估。以下班次被评定为可授予大学文凭:基础军官领导培训班、上尉任职培训班、分析实验室系统操作员培训班、统一指挥装备操作员培训班、徒步侦察培训班和旅战斗队化生放核侦察培训班。对MOS 74D和MOS 740A实施了评估,以确定推荐大学文凭。(计划线4)

2017财年协同训练更新主要包括:(1)《合成部队训练战略》已经出版;(2)2016财年,在数字训练管理系统中发布了《合成部队训练战略》更新;(3)化生放核连(危害响应)、司令部及其直属连、化生放核营、化生放核连(区域保障)、化生放核连(生物)、化生放核协调分队、化生放核侦察分遣队(特种部队)、化生放核爆连(技术护送)、化生放核旅、化生放核爆作战司令部、核废除分队和大规模杀伤性武器协调分队的合成部队训练战略目前还处于征求意见和审查阶段。一旦意见反馈并经过处理,这些训练战略将陆续发布于数字训练管理系统和陆军训练网。(计划线4)

二、初步完成化生放核部队规划改革和新装备列装

美国陆军化学兵司令兼化生放核学校校长玛丽亚·R.格瓦伊斯准将于2016年夏季宣称,"近几年的化生放核部队规划改革和核生化侦察车与徒步侦

察工具箱的列装是化学兵过去30年进展最大的变化。这些变化提升了我们保卫部队、保护国土和完成新兴应对大规模杀伤性武器使命的能力"。

为适应陆军转型需求,美国陆军化学兵于2014年制定了"化生放核部队编制更新",主要有三大举措:一是在陆军现役部队、陆军国民警卫队、陆军后备队中建立标准化化生放核营;二是重组现有的45个机动保障化生放核连,形成多功能危害响应连;三是在战略预备资源中保留部分大范围生物一体化探测系统和重型洗消能力。2015年,美国陆军化学兵开始发展与之配套的条令、编制、训练、装备、领导与教育、人员、设施(DOTMLPF)以及政策落实计划。同年10月1日,美国陆军化学兵正式实施"化生放核部队编制更新",开始建立标准化化生放核营。2016年相继完成了现役陆军和预备役陆军机动保障连向危害响应连的转换。至此,美国陆军化生放核部队规划改革告一段落。玛丽亚·R.格瓦伊斯准将称,化生放核部队规划改革改变了美国陆军化学兵冷战时期的力量结构(主要由洗消和生物探测力量组成),这使得化学兵能够采取先发制人而不是被动反应的方式应对大规模杀伤性武器威胁。

美国陆军化生放核部队规划改革促进了美军化生放核部队现代化装备的列装。一是全面列装斯特赖克核生化侦察车。该侦察车是美军目前化生放核能力最强的装备,已于2016年全面列装。二是在韩国军事基地列装徒步侦察工具箱。该工具箱之前已列装陆军所有化生放核部队,含个人防护装备,具备探测、标识、采样、分析和技术洗消能力。美国陆军化学兵采取了系列措施以适应新装备的列装。一是修正了基础训练和供给模型,提高操作精准度;二是逐渐增加生物一体化探测系统/联合生物点源探测系统修理人员和核生化侦察车传感器维修技师数量;三是结合修订的准尉职业军事教育计划实施化生放核准尉计划,为化学兵部队提供技术专家;四是计划于2018年对核生化侦察车传感器进行升级改造,提高可靠性,降低成本,并引入化学表面探测器。

三、积极探索实践化生放核爆特遣部队概念

为了评估有效多功能化生放核爆编成运用的可能性,美国陆军第20化生放核爆司令部发展和实施了多功能化生放核爆特遣部队概念,以同步化生放核部队和爆炸物处理部队及核废除分队之间的协同能力。

第20化生放核爆保障司令部主要由现役爆炸物处置部队和化生放核部队组成,这些部队当前在职能上被编制成3个旅级司令部。美军认为,当前第20化生放核爆司令部跨越16个州和19个基地的分布属性使得任务式指挥效率低下,对战备造成了负面影响,在考虑如何最好地向要求同时运用爆炸物处置

与化生放核力量的紧急突发事件提供资源时,容易导致产生未经充分准备的解决方案。多功能化生放核爆特遣部队概念提出,通过任务式编制将职能型编制的司令部重组为3个多功能化生放核爆旅特遣部队。每个特遣部队将被赋予强大的化生放核爆计划与协同专业知识,以及由结盟的化生放核爆协调单位提供的技术反馈能力。将该司令部由现在的1个化生放核旅和2个爆炸物处置团重组为3个相似建制的化生放核爆旅编成,可在人员保持不变的情况下,实现国家和军队能力的直接增长。无论是训练或应急行动,还是作为持久的编制,任务式编制成3个区域协同的多功能化生放核爆旅特遣部队将确保这些部队被正确地组织、集中、部署和准备,在全球范围内响应不断演化的化生放核爆威胁。这种任务式指挥的调整能够在不迁移部队驻地的情况下被实现,它将立即生成更加灵活和具备区域聚焦能力的化生放核爆力量。

化生放核爆旅特遣部队概念将使单一指挥官指挥下的化生放核爆部队训练有素,准备充分。每个化生放核爆旅将和陆军军种司令部进行区域协同,支持美国本土的3个军,与陆军部队区域协同概念相一致。第71特遣部队(化生放核爆),驻扎在美国西部,将通常协同支援美国第1军,关注美国太平洋司令部辖区。第48特遣部队(化生放核爆),驻扎在美国中部,通常支援美国第3军,关注美国中央司令部、美国非洲司令部和美国欧洲司令部辖区。第52特遣部队(化生放核爆),驻扎在美国东部,通常协同支援美国第18空降军及其全球响应任务。通过统一指挥、统一计划,以及在第20化生放核爆司令部和被支持的部队之间加强"像战斗一样训练"力度,任务式编制和区域协同第20化生放核爆司令部下级编成,将显著改善战备情况。通过任务式编制,第20化生放核爆司令部的领导、士兵和文职人员将更好地获悉其所处的潜在的主要作战环境,能够更好地以他们所支持的机动编成的习惯进行训练。这反过来又将增强互操作性,提高威胁判断能力。

化生放核爆特遣部队概念在陆军作战训练中心和全陆军网络一体化评估期间得到持续评估。为了评估此概念,在2016年的9个战斗训练中心轮训期间,第20化生放核爆司令部组织和运用了不同结构的支持旅战斗队的化生放核爆营级特遣部队编成。化生放核与爆炸物处置营已经作为一体化司令部,用来指挥化生放核、爆炸物处置与化生放核爆响应分队,核废除分队,以及已经集结的远征实验室。为了增强训练的真实性,第20化生放核爆司令部与国家训练中心、联合战备训练中心和得克萨斯州布利斯堡堡旅现代化司令部合作,建立一系列新型化生放核爆目标站点。依赖来自橡树岭国家实验室和其他合作机构的装备,这些目标将化生放核爆训练的真实性复制到了史无前例的程度。

四、更换化生放核学校领导层

2016年5月26日,第28届美国陆军化学兵司令兼化生放核学校校长玛丽亚·R·格瓦伊斯准将离任,詹姆斯·E.博纳准将继任,成为第29届美国陆军化学兵司令兼化生放核学校校长,他们在华盛顿林肯演讲大厅完成了交接仪式。

玛丽亚·R.格瓦伊斯准将于2014年夏季担任美国陆军化学兵司令兼化生放核学校校长。在其近两年的领导下,美国陆军化学兵主要取得了如下成绩:一是化生放核学校发展壮大了现有文凭制度,通过与应急管理者国际协会合作,使学员有机会获得应急管理者准学士毕业证书。二是化生放核学校开设了为期14周的化生放核准尉基础培训班,近期又完成了首批次化生放核准尉高级培训班的培训任务。三是初步完成美国陆军化生放核部队规划改革,全面列装核生化侦察车与徒步侦察工具箱,这可谓是美国陆军化学兵过去30年进展最大的变化。

詹姆斯·E.博纳准将上任后,基于条令、编制、训练、装备、领导与教育、人员、设施和政策考虑,提出了一系列美国陆军化学兵发展计划,旨在增强由人员配备、装备编配、训练和领导发展这四方面决定的战备。这些计划归纳如下。

一是计划出版陆军技术出版物ATP 3-90.40《合成部队应对大规模杀伤性武器》。该出版物将为战术级指挥官、参谋和重要机构提供计划、协同、集成和实施合成部队应对大规模杀伤性武器行动的基本参考。参与编写此出版物的单位包括机动卓越中心、机动保障卓越中心、情报卓越中心、火力打击卓越中心、美国陆军核与应对大规模杀伤性武器局和非对称战争组。2016年10月份已完成该出版物的草稿,计划于2017年第二季度正式出版该条令。(基于条令考虑)

二是计划针对提升陆军应对大规模杀伤性武器后果管理响应能力开展研究,该计划已获得陆军副参谋长批准。该研究动用全国资源,确保现有国防部化生放核力量结构有效和高效运用于国内响应行动。(基于条令考虑)

三是化生放核学校联合实验与分析处于2016年4月实施了战术洗消计划线,其结果被用于为机动部队实施的扩展式即时洗消创造14步洗消程序,用来代替战役洗消或彻底洗消。这一概念和相关技术已被纳入"2017陆军远征勇士实验"计划。(基于条令、训练考虑)

四是计划同所有战斗训练中心合作,在旅战斗队范围内重建化生放核被动防御能力。(基于编制、训练考虑)

五是化生放核学校团队将和陆军参谋合作,通过新的战略档案分析评估计划来审查关键的化生放核能力与需求。此外,作为化生防护计划的执行机构,陆军还将评估联合能力。(基于编制、装备考虑)

六是负责核生化沾染规避的联合项目管理者计划对核生化侦察车的传感器进行升级改造,主要是升级下一代化学探测器系统平台,升级放射性/核探测器,执行工程改造,更换临时的化学毒剂探测自动报警装置。(基于装备考虑)

七是为了做好担任旅战斗队初级军官的准备,每个化生放核基础军官领导培训班中毕业的、随后由机动营任命的前一名或两名中尉在向新单位报到前,将赴加利福尼亚州欧文堡国家训练中心参加岗位任职锻炼。(基于领导与教育考虑)

八是化生放核学校正与缅因州麦德福德的塔夫茨大学和乔治亚州亚特兰大的埃默里大学进行紧密合作,为化生放核军官建立专门的奖学金。一旦建立,两名上尉或少校军官将会被选拔参加这些大学的化生放核奖学金。学习的课程将以外交、反扩散和制定基于计划的复杂问题的解决方案为主。该计划将于2017年秋季进行试点,选拔已经开始。(基于领导与教育考虑)

九是化生放核学校当前正在指导、促进和集成对于陆军使命的学习,以支持国土防御和对地方当局的国防支援需求。(基于人员、条令、装备考虑)

十是实施化学防护训练设施实毒训练转型计划,其唯一的目的是为美国及其盟友作战力量以及联合/多国院校训练计划扩大和提高应对大规模杀伤性武器训练的质量。危害范围将由当前使用的化学毒剂(沙林等)扩展至可选的2级生物安全类生物物质和可选的有毒工业化学品和有毒工业危害物清单。(基于设施考虑)

十一是詹姆斯·E·博纳准将代表美国陆军化生放核学校参加了在英国举办的第11届化生放核司令与指挥员国际会议。除美国外,与会国还包括捷克、丹麦、法国、德国、意大利、日本、挪威、波兰、新加坡和英国等。会议讨论的焦点是当前与未来的洗消能力。(基于政策考虑)

另外,除了更换化学兵司令兼校长,化生放核学校2016年还相继更换了司令部军士长和一级准尉两名领导。

五、稳步推进化生放核准尉计划

为解决技术人才不足的问题,美国陆军化学兵从2011年8月份开始实施化生放核准尉计划,预计2027年完成。为此,美国陆军化生放核学校开设了化生放核准尉任职培训班,分为化生放核准尉基础培训班和高级培训班。化生放核准尉基础培训班为化生放核准尉提供技战术业务知识,使其胜任危害响应连技师和技术护送小组领导助理职责。2015年之前,在美国海军陆战队的协助下,美国陆军化生放核学校成功开设6轮化生放核准尉基础培训班,2015年6月,美国陆军开始自主开设化生放核准尉基础培训班,不再由海军陆战队授课。

2016年9月，美国陆军独立完成了第2轮化生放核准尉基础培训班。化生放核准尉高级培训班为化生放核准尉提供技战术业务知识，使其胜任营至旅级或更高级化生放核准尉职责。2016年4月，第一轮化生放核准尉高级培训班12名学员顺利毕业。至2016年底，化生放核准尉计划已为美国陆军培养了85名化生放核准尉，分布于现役陆军、陆军后备队和陆军国民警卫队。

为继续稳步推进化生放核准尉计划，美国陆军化学兵于2016年采取了一系列措施。

一是在即将修订出版的陆军部手册600-3《军官职业发展与任职管理》中增加相关内容，明确定义连至军级岗位化生放核准尉的角色与职责。

二是化生放核学校致力于建立准尉中级教育技术阶段，这与"陆军准尉2025战略"中提出的计划线2（"发展"）相符合。建立准尉中级教育技术阶段的目的是确保中级和高级准尉在其职业领域接受最新的技术和功能更新。核武器短训班和战区核行动班已经向化生放核准尉开放。完成这两个班的学员可获得5H技术标识符。军级化生放核准尉岗位将被编为5H。最近，化生放核学校已经和美国教育委员会合作，评估化生放核准尉职业军事教育，确定为化生放核准尉基础培训班和高级培训班毕业学员推荐大学准学士和学士学位文凭。

三是将于2017年第二季度举行首批一级三等化生放核准尉晋衔仪式。当化生放核准尉晋升为一级三等准尉时，军级化生放核准尉岗位将转换为一级四等准尉岗位，师级化生放核准尉岗位仍将保持一级三等准尉级别。化生放核学校将提交军事职业分类和构成建议以巩固一级四等准尉岗位。该建议将提供职业分类和构成指南，以规范化生放核准尉的一级四等准尉岗位的分类标准。

四是化生放核学校正在扩大一级三等准尉的任命机会，包括到联合计划执行办公室、埃奇伍德化生中心和橡树岭实验室等单位任职。接受工业训练的人选将参加为期1年的工业训练，并作为需求确认处的职员担任2年装备研制人员。这一计划与"陆军准尉2025战略"中提出的计划线2（"发展"）相符合。

六、举办各种活动增加化学兵影响力

2016年，美国陆军化学兵联合军地机构，举办了各种活动，有效地宣传了化学兵的作用和地位，增加了化学兵的影响力。

一是举办化生放核展。2016年5月2日—4日，美国陆军化生放核学校在伦纳德·伍德基地的纳特室内田径场主办了2016年度化生放核展。展览将企业和用户齐聚一堂，旨在展示化生放核防护领域的最新科技。另外，展览还发挥着论坛的作用，为参展各方提供了分享交流的机会与平台。

二是组织一系列化学兵年度纪念活动。2016年6月23日,化生放核学校组织了长跑活动,校长詹姆斯·E.博纳准将领跑,带领各军种化学兵官兵、国际留学生、家庭成员、文职人员和离退休人员一起参加了跑步活动。6月24日,组织了"亡灵日出服务"活动,化学兵官兵在化学兵纪念园集体向牺牲的战友默哀,敬献花圈,随后校长詹姆斯·E.博纳准将在贝克讲堂发表讲话,举行传统的切蛋糕仪式,最后向塞伯特奖章获得者和名人堂成员、化学兵杰出人员颁发证书。6月25日,举办化学兵舞会。

三是举办化学武器销毁展览。2016年秋季,美国陆军化学兵博物馆举办了一场临时展览,详细展出了美国销毁化学武器库存的有关情况,向参观者提供了了解这一段特殊历史的机会。展览展出了大量图片和地图,结合解释面板,指出了储存和销毁地点,并借助储存和销毁设施模型,详细介绍了化学毒剂销毁的复杂流程。此外,还展出了防护装备和惰性装药教练弹。

四是组织了"散兵坑中的科学家"倡议活动。2016年初,第20化生放核爆司令部与国防威胁降低局合作,组织了该活动。活动邀请到了整个化生放核爆领域的高级领导,包括负责采购、技术与后勤的副国防部长办公室,国防威胁降低局,联合需求监督委员会,陆军负责项目的副参谋长办公室,美国陆军部队司令部,化生防护联合项目执行办公室,研究与发展司令部,埃奇伍德化生中心,美国陆军核与应对大规模杀伤性武器局,以及爆炸物处置委员会等的代表。该活动为化生放核爆领域的高级领导和科学家提供了会见和观察在实战化力量对抗训练环境中实施化生放核爆战术行动的士兵和文职人员的机会,有助于化生放核爆领域的领导层认清能力差距。

参考文献

[1] Chief of Chemical and Commandant. U.S. Army Chemical, Biological, Radiological, and Nuclear School [J]. Army Chemical Review, winter 2016.
[2] Chief of Chemical and Commandant. U.S. Army Chemical, Biological, Radiological, and Nuclear School [J]. Army Chemical Review, summer 2016.
[3] 美陆军化生放核学校[EB/OL]. http://www.wood.army.mil/newweb/chemical/index.html:[2016-01-01至2016-12-31]

美国陆军特种作战建设述评

李 东　郭宏冠　张清华

美国陆军特种作战司令部是美国特种作战司令部下属最大的组成司令部，陆军特种作战部队一直是美国特种部队的主体。在应对局部战争、地区冲突、反恐等任务中发挥了重要作用。近年来，随着全球形势的变化带来的美国整体军事战略的调整，陆军特种作战部队也正经历着一次较大规模的变革。本文重点从作战理论、指挥机制、部队结构、作战演训，以及后装保障5个方面来阐述近两年来美国陆军特种作战的主要调整情况。

一、制定并落实新的顶层作战概念

2014年，美国陆军特种作战司令部发布《美国陆军特种作战部队作战概念2022》，其主要背景是过去以伊拉克、阿富汗为主的中东两大战场随着美军的逐步撤离而趋于平稳，东欧和朝鲜半岛两大方向局势紧张带来了关注重点的变化。同时，财政紧缩促使美国陆军特种部队寻求小规模的精兵路线，并保持敏捷性、灵活性与更佳的准备状态。

该概念的提出，被视为陆军特种作战部队一次重组，概念对陆军特种作战部队的指挥、地位、作用、任务等进行了更加精准的定位。一是明确了美国陆军特种作战部队所承担的主要任务。此次概念对陆军部队的任务定位更加清晰，将其主要任务划为两类：即外科手术式打击和特种作战。其中，外科手术式打击主要是以精确打击的方式夺取、摧毁、俘获、利用、救援或损坏指定的目标，包括斩首行动以及对C4I、后勤节点，关键基础设施、防空系统等目标的打击等。特种作战主要涉及非常规作战、外国反颠覆行动、军事信息支援行动、反恐以及反暴乱等任务。二是进一步凸显了特种作战部队与常规部队、跨机构组织间的相互依存性。概念强调通过多种措施拉近特种作战部队、常规部队以及跨机构伙伴之间缝隙，要求陆军特种作战部队为联合行动提供更为有效帮助，并促进与跨机构组织间的能力融合。其中最为重要的措施就是明确了特种作战部队在不同类型作战中的角色定位及任务，并明确通过构建全球特种作战部队网络来增强相互依存性，以便必要时通过全球特种作战部队网络来弥补兵力、能力等方面的短板。三是进一步强化美国本土基地对于未来作战行动的支援作用。提出了运转美国本土基地的概念，要求在不增加前沿部队部署的情况下，依托美国本土基地加大对前线的支援。通过建立相关机制并利用先进的信息技术，充分利用陆军特种作战部队、美国政府机构、非政府组织、学术界与智库的各类知识、经验、情报、分析等，及时向前线特种作战部队提供军事情报、民事任务支援与咨询、东道国治理等支援，确保任务完成。四是发展特种作战部队战役层面的整体能力。明确陆军特种作战部队必须提高自身两方面的能力。纵向方面，要求特种作战部队必须加大对战役级任务的计划，明确特种作战部队的贡献度，并确保这些活动能将特种作战部队的战术能力与战略目标连接起来。横向方面，要求特种作战部队必须使特种作战部队行动与"联合、跨机构、政府间与多国"战役级行动实现无缝整合。陆军特种作战部队必须关心危机应对行动或有限应急行动期间发生的事情，同样必须关心开展稳态安全合作活动期间发生的事情。

此外，需要重点提升的领域还包括：将陆军特种作战司令指定为陆军参谋长的首席陆军特种作战官；制定和整合陆军特种作战部队作战艺术，以及相关研发、测试与评估项目；对整个陆军的政策进行全面审议，以确保对相关政策进行调整以适应特种作战需要。

二、指挥体制上突出任务式指挥能力

陆军特种作战部队整体作战理念的变化，首先体现在其指挥体制的变化上，《陆军特种作战部队2022》提出加强任务式指挥体制的构建，重点是通过构建战役级的任务式指挥架构来完善特种作战指挥体制。总体上看，主要有以下三个方面的动向。

（一）组建新的司令部，理顺隶属关系

对美国陆军特种作战司令部的隶属关系进行了诸多调整，其指挥关系向着专业化、集中化的趋势发展。主要变化为：裁撤军事信息支援作战司令部，新组建少将级的第1特种部队司令部，2016年正式调整到位。该司令部除管理原特种部队司令部下属的7个特种作战大队（含2个国民警卫队特种作战大队）外，还吸纳了原军事信息支援作战司令部的2个军事信息支援大队（即心理战大队），以及由特种作战司令部直属的第95民事旅和第528保障旅。调整后的第1特种作战部队司令部负责为部署于全球的联合部队司令部提供全面的、具有地区专业性的特种部队能力，所辖部队包括特种部队，以及军事信息支援作战、民事和特种作战保障等部队共2.1万人。

（二）优化指挥模式，构建"特常"混合型的任务式结构

重点解决两个方面的问题，一是改变过去突出战术级任务指挥的模式，将关注重点放在战役级任务式指挥。明确将特种作战部队在新成立的第 1 特种部队司令部和特种作战航空司令部框架下编组、训练、装备和运用，两个司令部有权部署不同规模的特种作战联合特遣队司令部，这些司令部既可根据战区司令特种作战需求而提供不同规模部队，也担负了陆军的任务式指挥节点，并尝试探索可扩展的指挥结构，便于执行全球特种作战任务。二是解决联合、多国、多机构作战中对于特种作战任务的指挥与协调问题。注重特种作战部队与常规部队在战略战役层面新型联合指挥关系的构建，要求美国陆军特种作战司令部、陆军、海军陆战队通过运行特种部队-常规部队"混合型"军、师层级指挥机构开展演练和试验，以便处理非常规战争中诸多挑战。此外还充分考虑伙伴、跨机构与政府间组织之间的关系，以更有效开展反暴乱、人道主义援助、国外反颠覆与有限的联合兵种机动活动。

三、优化兵力配系，根据战略重心的转移调整兵力部署

目前，陆军特种作战司令部下辖 1 个少将级的第 1 特种部队司令部、1 个少将级肯尼迪特种作战中心与学校、1 个准将级的特种作战航空司令部，以及 1 个司令部直属的游骑兵团，总兵力约 2.7 万人。为了应对形势和任务的变化，近年来，陆军特种部队在部队结构、力量配系以及部署重点等方面不断进行调整，主要变化如下。

一是优化部队结构。主要做法包括，将原先独立的第 3 军事信息支援营划归第 4 军事信息支援大队；增加各战区特种作战司令部编制员额，包括新增 71 人的现役编制，并向各战区派遣 16 人的特种作战计划分遣队，此项工作于 2016 年启动，计划 2019 年完成。削减现役特战民事部队人数；以及全面向女性开放特战作战岗位，招贤纳士的同时，也有效解决了征兵难问题。

二是加强在朝鲜半岛的长期存在。美国陆军在韩国原先长期驻守第 1 特种部队第 1 大队 1 个分遣队。随着半岛局势的持续紧张，自 2014 年起，美国陆军特种作战司令部又通过轮驻的方式向韩国增派一个特战连，由 75 游骑兵团派遣。到位后，这些部队与第 8 集团军其他部队、其他军种特种部队以及韩军长期开展联合演训，确保美韩在朝鲜半岛拥有一支实施精确突袭打击的力量。

三是重新将欧洲列入重点地区。鉴于乌克兰局势紧张以及中东局势相对缓解，将原先同时承担伊拉克、阿富汗和非洲地区的任务的第 10 特种部队大队转为专门负责欧洲战区任务，其原有任务由第 3 特种部队大队承担。调整后，第

10特种部队大队在情报搜集、语言需求、伙伴关系拓展,以及与常规部队整合方面将以欧洲战区为重点。此外,自2015年起,陆军特种作战司令部还在欧洲开始实施一项长期存在接触战略,重点是采取轮换的方式在爱沙尼亚、拉脱维亚、立陶宛、波兰、罗马尼亚5国保持5支特种作战分遣队(每支12人),每支部队轮换时间为6个月。

四是持续打击暴力恐怖势力。成立专门的"坚定决心行动"特种作战联合特遣队,负责对"伊斯兰国"实施打击,任务是培训伙伴国部队,提升其能力,并在必要时对恐怖势力实施直接打击。自2015年起,第75游骑兵团派遣1个连赴阿富汗协助打击恐怖主义。同时加大对黎巴嫩打击极端分子的支持力度,并援助伊拉克安全部队从伊斯兰国手中夺回各城市。

四、作战演训更加突出任务需求变化

(一) 突出特种作战科目演训

首先演练的频次和强度不断加大,例如,在2016年美国陆军特种作战司令部参加了16次作战训练中心轮训和4次任务式指挥培训项目。而在2017年,这一数目将分别增加至18次和5次。其次,更加注重围绕两大任务来开展针对性演训,在2016年举行的"鹞鹰"演习中,美国陆军75游骑兵团重点演练了5015作战计划相关内容,包括对朝核设施和导弹发射装置实施"外科手术"式打击,以及对领导人实施"斩首"等。在欧文堡国家训练中心开展的联合演习中,演练了特种部队的联合进攻、压制和摧毁敌方防空系统、远程联合火力、空降和空中突击、快速消灭稍纵即逝目标、非常规战、非战斗人员撤运以及广域警戒行动等。

(二) 加大与常规部队间的联演联训

与常规部队的融合主要表现在:大力推进特种作战部队与常规部队间在各地的联合演训,特别是陆军部队司令部2015年8月在欧文堡国家训练中心组织的近10年来最为复杂的联合演训中,重点演练了常规与特种作战力量的协同与整合。演习中,参演的第75游骑兵团,以及第10特种作战大队第3营与第18空降军、82空降师等单位开展联合演习。演练科目除了特种作战相关科目外,还演练了特种作战部队与一般任务部队在战术层级的联合行动,还首次演练特种作战部队战役·层级的任务式指挥架构。此外,在与常规部队的交流协作方面也更加深入。例如,肯尼迪特种作战中心与学校为拟部署的常规部队开设外国武器课程,内容涉及拟部署地区可能遇到的各种小型武器、轻重型机枪等;加大特种作战卓越中心与陆军其他卓越中心的协作与交流;陆军特种作战航空司令部与第 10 战斗航空旅在行动中联合制定作战计划。

（三）加大对伙伴国的特种作战交流与培训

一是加大全球特种部队的交流。举办每季度一次的全球特种部队培训、教育与条令电视电话会议，共有 74 个国家参与。由肯尼迪特种作战中心与学校主持，旨在交流各国特种部队相关的最佳做法、标准作战程序以及各种能力，并以此增进各国关系、协同能力等。以此加强构建全球特种作战部队训练、教育与条令利益共同体。二是加大在各大战区特战交流力度。在西太平洋和印度洋地区，除与韩国开展伙伴培训外，还先后与泰国、尼泊尔、柬埔寨、斯里兰卡、菲律宾和日本等部队展开演训。在欧洲，重点对乌克兰等国特种部队进行能力培训，以应对俄罗斯威胁。在非洲，陆军特种作战部队重点协助索马里、毛利塔尼亚、尼日尔和乍得等国打击暴力极端组织。在南美洲，特种部队、军事信息支援作战以及民事部队重点对洪都拉斯、萨尔瓦多、危地马拉和哥伦比亚等国的特种部队进行培训。在中北美洲，重点对墨西哥伙伴部队提供培训、顾问和援助，帮助其打击跨境犯罪组织。

此外，美国陆军特种作战航空司令部通过开展接触，帮助非洲、中央、欧洲和南方总部的伙伴国提升航空能力。例如，为突尼斯部队进行直升机攻击战术培训。为黎巴嫩部队进行有关近距离空中支援、任务计划和空地一体化等方面的培训；与英国部队开展技战术交流；与巴西部队进行任务计划交流，使其更好地应对里约奥运会安保需求。

五、加大后勤保障力度

一是不断变化特种作战后勤保障模式。按照旅战斗队保障模式新组建特种部队大队支援营，下辖营部连、4 个前方支援连、1 个运输与分发连、1 个卫生连、1 个修理连。其中，4 个前方支援连分别为大队下属 4 个特战营提供直接支援，特战营原下属的建制支援连被撤销。运输与分发连、卫生连、修理连则统一为各营提供全般支援。采用新的模式后，各前方支援连平时由支援营统管，战时及执行演训等任务时伴随特战营行动并受其作战控制。二是加大基础工程建设力度。对布莱格堡 360 万平方米的设施进行改造，改造后，将作为陆军特种作战司令部与陆军多个下属司令部的共同驻地，以确保进一步提高作战效能。所驻部队包括第 82 空降师、第 3 特种部队大队、第 95 民事旅、第 528 保障旅，以及肯尼迪特种作战中心与学校。相关设施的改造和现代化工作将有助于提升对于这些部队和机构的保障。整个工作拟于 2023 年完成，预计耗资 10 亿美元。

三是加大新型特战装备的研制配发力度。将网络、电子战、定向能、信息技术、动能穿甲弹、非致命弹药、机器人技术、隐身技术等 13 项领域作为技术研发的重点。目前正在积极推进的工作包括加快 MQ－1C"灰鹰"无人机的装备速度,研发并配备新型中型战术地面机动车辆,在主要机型内配备新型战术机载无线电系统和小型机载网络无线电等。

参考文献

[1] U.S. Army Special Operations Command,ARSOF 2022［M］.2014.
[2] U.S. Army Special Operations Command,2017 FACT book［M］.2016.
[3] Special Warfare Center and School［J］.Special Warfares.2016(1—6).

美国陆军工程兵力量建设述评

王 昔

2015年1月8日,五角大楼正式将"空海一体战"概念更名为"全球公域进入与机动联合概念",美国陆军力量建设开始聚焦于远程、机动、小型、多能、精干等方面。美国陆军工程兵以一贯的敏锐,迅速从陆军战略全局出发,在稳步推进编制体制改革的同时,针对未来作战需求,对工程兵力量建设进行了创新探索,计划在2013年至2017年期间,按照"战术、战役与战略"三个层级,完成对陆军工程兵力量体系的重塑。2016年重点推进"开路"型、"领路"型、"指路"型、"特战"型以及"合作"型工程兵力量的建设工作。

一、重点建设"开路"型工程兵力量

清除障碍、开辟通路,是保障地面部队实施机动的关键,特别是在信息化战争时代,依靠轰炸、炮击等手段已难以为机械化部队打开通路。因此在经历了近几场局部战争,特别是阿富汗战场的惨痛教训后,"开路"这项工程兵传统职能的重要性,对美国陆军工程兵来说变得日益突出。

为了适应未来机动作战的需要,有效提升工程兵一线战斗支援能力,2013年美国陆军工程兵力量结构调整优化的重点,就是加强其一线战斗支援的力量,扩建旅战斗队工程兵分队。除了为美国陆军10个现役师各编1~3个工兵营外,另以原旅战斗队工兵连为基础,为每个旅战斗队扩编1个工兵营。截至2016年底,已成功扩编组建轻、中、重型旅战斗队工兵营,所有旅工兵营都按标准化模块配置,但其下辖的两个战斗工兵连编制不固定,两个连队都可以根据任务需要随时进行模块化重组,主要配备了突击破障车、AVLB冲击桥、M71远程雷场控制系统、探雷器、爆破组件、无人地面车辆、扫雷铲、扫雷辊等装备。中心任务集中于开辟通路、克服障碍等战斗工程支援方面,确保"开得通",体现了工程兵力量在战术层面的运用。

二、稳步建设"领路"型工程兵力量

"领路"是美国陆军工程兵下一步继续稳步提升的职能,要求工程兵能独立完成低强度威胁环境下的战术行动,为后续部队的开进与行动创造条件,主要由其战斗工兵与通用工程兵部队联合完成。

与战斗工程不同,通用工程贯穿于作战行动的全过程,在所有工程支援中所占比例最大,涵盖对工程兵所有专业的应用。为了确保在联合地面作战行动中能"领得了",美国陆军工程兵在力量结构调整优化方案中,将负责"领路"的工程兵力量统一编组于集中待命的模块化工程兵部(分)队,包括基础工兵分队和专业工兵分队,如水平建筑连、垂直建筑连、混凝土排、沥青排、采石排等分队。这些分队在战时或在应急军事行动中,负责增强旅工兵营等战术级建制工兵分队,完成通用工程和地理空间工程保障任务,是工程兵力量在战役、战术层面的运用。新型"领路"专业力量的建设还突出强调了工程兵作为战斗兵种的属性,改变了传统理念下,工程兵仅提供战斗支援的观点。

三、着力建设"指路"型工程兵力量

美国陆军工程兵特别指出,在未来联合地面作战行动中,工程兵在负责"开路""领路"的同时,还要负责为联合地面部队"指路"。

所谓"指路",就是通过提供精确的地理空间信息和产品,为联合地面部队该"往哪儿走"提供决策咨询。"指路"是新版条令重点拓展的工程兵新型职能,是作战工程保障和通用工程保障的基础。为了确保"指得准",美国陆军工程兵在2016年力量结构调整方案中,为所有队属工程兵和联合作战司令部编配了地理空间工程兵分队,配备数字地形支援系统、小型无人机以及充气式侦察舟等装备。并在工程兵学校专门增设了"地理空间技师"培训课程,旨在为其工程兵部队持续培养输送优秀的地理空间工程保障专业力量。"指路"型工程兵力量主要负责为联合部队司令部机关提供地理空间信息,阐明地形的军事作用,支援上级机关决策,同时还担负塑造有利态势,战场情报准备等任务,是工程兵在战略层面的运用。

四、创新建设"特战"型工程兵力量

通过伊拉克和阿富汗战争实践,尤其是对阿富汗战争惨痛教训的总结与反思,美国陆军工程兵认识到,快速搜索、发现、排除、摧毁简易爆炸装置,能大大提升己方部队的战斗力。另外城市作战中涉及的特种爆破等行动也迫切需要一支更具专业化的工程兵力量。由于工程兵从诞生之初,就具备作战和保障两种属性,不仅在支援军队作战方面具有独特的工程破袭、特种侦察、爆炸物处理等特种属性,而且还能以独有的工程技术支援民事建设,如关键基础设施恢复与重建、灾害恢复、应对核生化威胁等，因此工程兵特战能力建设被迅速提上日程。

根据美国陆军一体化机动作战的要求，美国陆军工程兵在此次力量结构调整优化中，为4个步兵(空降)旅和3个步兵(空中突击)旅各扩编一个工兵营，工兵人数占50%。同时为美军第18空降军编一个工兵旅，并计划组建特种作战工兵部(分)队。这类工兵旅或工兵营是工程兵逐步实现立体化、空中化的重要力量，也是空降军(旅)和空中突击旅实施空降与突击作战的重要技术保障力量，主要负责遂行工程侦查、扫障、排雷、开辟和维护前方作战地域简易作战道路等任务，并在需要时遂行空降步兵战斗任务。主要配备有M71远程雷场控制系统、探雷器、爆破组件、伪装遮障系统以及各类轻武器和模块化装备。通过建设"特战"型工程兵力量，使美国陆军工程兵远程机动和兵力投送能力大幅上升，进一步提高了工程兵在联合地面部队作战行动中的作战效能。

五、专项建设"合作"型工程兵力量

新版美国陆军工程兵《作战行动》对工程兵的职能任务进行了大幅拓展，明确指出，未来的决定性行动中，工程兵不仅要承担"确保机动、加强防护、开发基础设施、保障后勤"等传统任务，还要肩负起"兵力投送"和"建立合作伙伴关系"等新职能。

为了有效履行新使命，大力促进国内和国际间合作与交流，为美军全球战略利益拓展提供支援，美国陆军工程兵专门提出进一步加强"合作"型工程兵力量的建设，赋予其执行全球范围内的应急救援、战后重建、稳定行动、前沿军事基地建设等任务。这类任务以国家间合作的方式展开，强调跨领域合作，重视建立多元伙伴关系，突出域外用兵，将为美军战略利益拓展和部队远程投送能力的加强提供坚实的基础，同时也对美国陆军工程兵官兵的交流能力、合作能力以及临机应变能力提出了更高的要求。

目前，为大幅提升工程兵官兵在该方面的能力素质，美国陆军工程兵不仅将交流与合作能力作为工程兵学校人才培养新目标之一，并计划利用其校内训练基地，配备专项装备开展国外应急救援、战后重建等专项训练。

参考文献

[1] Headquarters, Department of the Army. FM 3-34 Engineer Operation [M]. 2014.
[2] U.S. Department of the Army. A Statement on the Posture of the U.S. Army [M]. 2016.

第三部分

2016 年度外国陆军武器装备建设

外国陆军装备发展动向分析

岳松堂

综合分析各方面资料,2016年度外国陆军装备发展动向主要体现在相关国家进一步明确了陆军装备未来发展方向、继续大力推进网络一体化发展、新型作战车辆研发取得重大进展、拓展有人/无人协同作战能力、炮兵装备实现与电磁炮技术的融合、防空反导系统向跨国一体化联合作战发展等6个方面。

一、相关国家进一步明确了陆军装备未来发展方向

(一)美国陆军确定了需优先发展的八大装备能力,并提出"下一代战车"设想

美国陆军训练与条令司令部陆军能力集成中心3月透露,在分析所面临的挑战及能力缺口后确定了陆军需优先发展的八大装备能力:未来垂直起降能力;先进防护能力;跨域攻击能力;作战车辆;机器人及自主系统;远征任务指挥能力;赛博战;单兵/兵组作战能力。八大装备能力经评估后,陆军能力集成中心将根据最大缺口制定近期(项目目标备忘录阶段)、中期(21世纪20年代)和远期(2030年以后)解决方案。最终,陆军需求监督委员会将以更加有效的方式,推动这些能力需求倡议转变成采办项目。

在八大装备能力之一的作战车辆方面,陆军卓越机动中心地面战车需求分析部11月提出了研发"下一代战车"设想,它可能是与2009年6月下马的未来战斗系统类似、计划2035年前开始列装以逐步取代"艾布拉姆斯"主战坦克、"布雷德利"步兵战车、"斯特赖克"轮式装甲车等现役作战车辆的全新战车家族。陆军计划2017—2021年开展分析论证工作,并于2021年征求工业部门的设计研发建议,与此同时开展相关科技研究,在2025年前将有发展应用前景的技术准备就绪。

在2016年,美国陆军还发生了:成立新的装备采办机构——"快速能力办公室"、发布未来30年科技发展计划——《2016—2045年新兴科技趋势报告》、提出并研讨"多域战"概念等与装备发展直接或间接相关的重大动态。

（二）俄罗斯 70% 现代化装备目标取得阶段性进展，并在加里宁格勒部署了陆军"撒手锏"装备

总结 2008 年俄格冲突经验教训后，俄罗斯于 2010 年底制定了《2011—2020 年国家武器装备发展纲要》，决定为装备建设投入 21.7 万亿卢布（约 6 800 亿美元），使装备现代化比例至 2020 年提高到 70%。

普京总统 2016 年 11 月 15—18 日主持召开系列国防会议，会议透露从 2015 年 11 月至 2016 年 11 月，俄军新列装了 20 枚陆基洲际弹道导弹、190 架飞机、800 辆坦克和装甲车、60 套防空反导系统、55 套雷达系统和 42 艘水面舰艇和潜艇。到 2016 年底按计划接收完毕 5 700 件新装备后，装备现代化比例将从 2015 年底的 47% 提高到 50%。

由于美国及其为首的北约与俄罗斯在东欧和中东的持续对抗进一步加剧，俄于 2016 年 10 月初在其飞地加里宁格勒（距美国在波兰的贝斯基德导弹基地仅 300 多千米）部署了能携带战术核弹头和常规弹头的"伊斯坎德尔-M1"战役战术导弹系统（最大射程 480 千米）。俄陆军到 2018 年共计划部署 10 个"伊斯坎德尔-M1"导弹旅，每旅编 3 个导弹营，每营装备 4 套"伊斯坎德尔-M1"导弹系统（每套系统备弹 4 枚）。

（三）法国陆军详细披露了"蝎子"计划

法国陆军"蝎子"计划旨在改造现役营级诸兵种战术群（GTIA）的装备和联网性能，有关方面在 2016 年详细披露了第一阶段"蝎子"计划的未来发展：2021 年前部署首个"蝎子"GTIA，2023 年前部署首个"蝎子"作战旅（3 个 GTIA），2025 年前部署 2 个"蝎子"作战旅。届时，现役 GTIA 的 5 种战场管理系统将统一为单一的 SICS 指挥信息系统，3 个种类/30 个型别的车辆将统一为 2 个种类/6 个型别的车辆，新型车辆间将具备 70% 的通用性。第二阶段"蝎子"计划将于 2035 年完成。

（四）德国防部年初提出了陆军受益最大的 1 300 亿欧元国防采购计划

该计划要求立即增加现役陆战装备数量："豹 2"坦克从 225 辆增至 320 辆；"非洲小狐"轮式装甲侦察车从 217 辆增至 248 辆；"拳击手"轮式装甲输兵车从 272 辆增至 402 辆；PzH2000 自行榴弹炮从 89 门增至 101 门；计划采购的 342 辆新型"美洲狮"履带步兵战车（包括 8 辆训练车共 350 辆，已于 2016 年 12 月底交付 109 辆步兵战车和 5 辆训练车，从 2017 年开始进行 66 辆/年的全速生产，到 2020 年全部完成交付）与现役 192 辆"黄鼠狼"履带式步兵战车并存装备使用，不再是取代和被取代关系。该计划将使陆军作战部队达到 100% 齐装满员率（当前为 70%）。

二、陆军装备的网络一体化发展继续得到大力推进

2016年,美国陆军继续进行网络集成鉴定(NIE)的同时,创新性地开展了首次陆军作战评估(AWA),使NIE鉴定和AWA评估相互补充,共同致力于提高陆军未来部队的创新能力和战备水平,进而实现基于一体化网络系统的更加机动、根据作战任务可灵活编组的远征作战能力。英国则开始改进其三军通用型"弓箭手"无线电与战场管理系统。

为了与快速发展的通信技术保持同步以具备一体化网络与任务指挥能力,美国陆军从2011年6月到2016年5月已进行了11次每年两度的NIE鉴定。通过NIE鉴定,陆军将士兵的反馈意见及时应用到旅战斗队即将列装的远征任务指挥网络装备的系统设计、性能提高、功能拓展和训练使用中,持续提高陆军遂行远征作战任务的网络指挥能力。5月2日—14日,陆军进行了第11次网络集成鉴定(NIE16.2),使士兵对最新改进型的陆军战术网络装备进行操作使用,提高部队的战术通信能力、远征网络能力和任务指挥能力。以历次NIE鉴定为基础,NIE16.2继续对陆军战术网络装备(共16种)进行试验、鉴定和改进,鉴定内容包括网络的使用简便性和超视距通信能力。NIE16.2的一个关键目标是网络简化与管理,进行的战术级作战人员信息网"增量3"系统的网络作战试验检验了网络的适用性是否提高、赛博防御能力是否增强,同时使网络管理更加便捷高效。NIE鉴定从NIE16.2开始将改为每年春季进行NIE,秋季进行AWA评估以补充NIE,并于10月在得克萨斯州布利斯堡进行了首次AWA(AWA17.1)。今后每年春季的NIE将聚焦于陆军网络装备项目的正式试验与鉴定,而秋季的AWA将提供试验环境,以帮助评估装备作战效能并完善需求,改进在未来军种联合及多国盟军作战环境所需的网络能力。

英国国防部3月10日宣布,已签订1.75亿英镑合同用于改进"弓箭手"无线电与战场管理系统,主要包括生产1.2万部新的耐磨型"弓箭手"数据终端,并升级"弓箭手"战场管理系统软件,将其改进成BCIP5.6版"弓箭手"系统(目前为2013年5月开始服役的BCIP5.5版),进一步提高系统的操作简便性、反应快速性、性能可靠性和网络互通性,计划2018开始交付。

三、陆军作战平台发展步伐加快,新型作战车辆研发取得重大进展

以乌克兰危机和叙利亚内战为标志,以联合打击"伊斯兰国"为旗号,美国及其为首的北约与俄罗斯在东欧和中东的对抗近几年持续加剧,以坦克装甲车辆为主的陆军作战平台发展在相关国家重新受到重视,尤其是德国和俄罗斯。德

国因乌克兰危机于 2014 年底对国防需求进行了重新审查,决定加强陆军作战平台发展,并在 2016 年初提出了陆军受益最大的国防采购计划。俄罗斯 2015 年 5 月在红场阅兵式上首次公开展示 T-14"阿玛塔"主战坦克、T-15 重型步兵战车、"联盟-CM"152 毫米自行榴弹炮等全新平台,在 2016 年 9 月宣布签约采购 100 多辆"阿玛塔"主战坦克,俄陆军共计划采购 2300 辆"阿玛塔",将全部取代现役 T-72、T-80、T-90。

美、英、法、德、意等国的新型作战车辆研发在 2016 年都取得重大进展,有些还在 6 月法国巴黎萨托利国际防务展上进行了首次实装或样车展出,如美联合轻型战术车(9 月底进行了首批 7 辆交付)、法"狮鹫"装甲输兵车、德"山猫"多功能履带步兵战车、意"人马Ⅱ"轮式反坦克炮等。德国莱茵金属公司还展出了全新研制的 130 毫米滑膛坦克炮及弹药,计划集成在现役和未来主战坦克上,以对抗俄现役 T-90 和全新"阿玛塔"。另外,英国"埃阿斯"装甲侦察车在 4 月成功完成靶场静止状态下 40 毫米埋头弹武器系统的实弹射击试验,7—8 月完成一系列无人发射试验。

美国陆军首辆多功能装甲车(AMPV)原型车(2014 年 12 月签订的工程与研发合同规定生产 29 辆原型车供陆军进行试验使用)于 2016 年 12 月下线。AMPV 为一种完全现代化的高度机动灵活的作战车辆,研制成功列装后将用于取代现役老化的 M113 车族。根据计划,该车将于 2019 财年第二季度开始小批量初始生产,共计划采购 2 897 辆。

2016 年取得较大进展的新研平台还有印度未来步兵战车、土耳其反坦克导弹发射车、以色列"卡梅尔"坦克和"艾坦"装甲输兵车等。

可以看出,陆军作战平台发展近几年确实受到很大重视,也取得了重大进展,但如果据此判断它已迎来全新发展的"第二春",却既有为时尚早之感,又有以偏概全之嫌。

四、陆军航空兵装备进一步拓展有人/无人协同作战能力

美国陆军目前的有人/无人协同作战能力仅是 AH-64E"阿帕奇·卫士"武装直升机与"灰鹰"无人机和 V2 型"影子 200"无人机之间的协同,它在 6 月 7 日透露正在研发新型的有人/无人全面协同作战能力,使 AH-64E 机组人员能够控制美国陆军、空军、海军、海军陆战队所有装备了 C-、L-、S-波段战术数据链的无人机,并达到 LOI 4 级协同水平。陆军计划采购 691 架 AH-64E,包括 V1、V2、V3、V4、V5、V6 六种型别(V6 型 491 架),到 2027 年完成列装。最先进的 V6 型升级组件计划 2019 年完成研发,有人/无人全面协同作战能力增强组

件大约同时完成研发。能够在直升机部队驻地进行改装的 V6 型升级组件包括新型海上目标探测装置及目标探测/分类辅助组件、多模激光成像合成组件、雷达频率干涉仪、无源测距/距离拓展组件、火控雷达增强组件、士兵无线电波形嵌入式诊断组件。

2016 年陆军航空兵装备取得的其他重要进展：2 月，诺思罗普·格鲁曼公司宣布成功完成 UH‐60V"黑鹰"通用直升机数字化座舱改进项目的关键设计评审；8 月 22 日，美国陆军分别授予先进涡轮发动机公司和通用电气公司改进型涡轴发动机项目（ITEP）的两年期初始设计合同，与现役 T700 相比，ITEP 发动机功率增大 50% 的同时，燃油率降低 25%，使用寿命延长 20%，能在高温/高原环境（35℃/1 830 米）执行任务；7 月 11 日，英国陆军宣布投资 23 亿美元直接从波音公司采购 50 架 AH‐64E 武装直升机，以取代现役 66 架 AH.1 型"阿帕奇"（16 架处于封存状态）；9 月 6 日，印度自行研制的轻型战斗直升机成功完成首次飞行试验。

五、常规炮兵装备继续平稳发展，并正在实现与电磁炮技术的融合

2016 年，常规炮兵装备继续平稳发展，如美国陆军启动了射程不超过 500 千米的"远程精确火力"导弹项目，俄罗斯在西部军区装备了射程达 120 千米的"狂风‐S"300 毫米多管火箭炮、在东部军区装备了"狂风‐G"122 毫米多管火箭炮，德国和法国在萨托利国际防务展上分别推出了"拳击手"RCH 轮式榴弹炮和"凯撒"8×8 车载榴弹炮等"组合创新"的 155 毫米自行榴弹炮，法国还展出了新型"巨石"155 毫米远程精确制导炮弹等。除此之外更为重要的是，常规炮兵装备发展出现了与既能用电磁炮发射也能用常规火炮发射的"超高速炮弹"（HVP）实现融合的颠覆性技术发展趋势。

2016 年 3 月 28 日，美国战略能力办公室（SCO）透露，在电磁炮和 HVP 研究基础上，该办公室在 2017 财年预算申请中新设立了 2.46 亿美元的颠覆性技术项目"超高速火炮武器系统"（HGWS），将已在 2015 年完成了关键部件设计、弹载电子器件开发等工作的 HVP 与海军、陆军大口径火炮结合，扩展常规火炮的任务范围，使其同时具备防空、反导、反舰、对陆打击、火力压制等多任务能力。2016 年 1 月，使用陆军"帕拉丁"155 毫米自行榴弹炮对 HVP 进行的发射试验显示，射程达到 80 千米（现役炮弹 40 千米），射速达到 6 发/分（现役炮弹 4 发/分）。HVP 及 HGWS 项目的颠覆性影响主要是：一是将大幅提高美军常规火炮的作战效能；二是将大幅降低作战成本；三是将可能使现有防护措施失效。

六、防空反导系统向跨国一体化联合作战发展

国外陆军防空反导系统的现役装备改进、新型系统研发和一体化建设在2016年继续取得重大进展,尤其是美国陆军,除继续对一体化防空反导作战指挥系统(IBCS)进行实弹试验、为"爱国者"防空反导系统研制成功PDB-8版软件、完成首枚增程型先进中程空空导弹的研制生产、改进TPQ-53反火力目标探测雷达使其兼备防空能力外,还与以色列成功进行了首次防空反导系统跨国综合集成试验,使防空反导一体化建设由本国陆军各种防空反导装备的一体化联合作战向跨国一体化联合作战发展。

6月22日,美国和以色列成功对相距数千千米的反导系统进行了首次综合集成试验,参试防空反导系统包括以色列的"箭"和"大卫·投石索"系统及部署在美国本土的"宙斯盾"系统、"萨德"系统和"爱国者"系统,目的是检验美、以防空反导系统之间的实时集成能力。试验方案包括以色列面临多种导弹和火箭弹袭击,美、以防空反导系统实施模拟拦截,并摧毁了模拟威胁,测试了防空反导系统的部分"作战性能"。

以前所谓的跨国一体化防空反导建设主要是由相关国家直接采购列装美制防空反导系统或美国直接在相关国家部署防空反导系统来实现,这次却是美国直接与他国研制列装的防空反导系统进行一体化联合防空反导试验,开启了防空反导一体化建设向跨国一体化联合作战发展的先河。

另外,俄罗斯10月17日透露已完成新型"铠甲-CM"弹炮合一防空系统的设计,使其最大探测距离从40千米扩展到75千米,最大射程从20千米扩展到40千米。10月26日,俄国防部长宣布,1个装备了最新改进型"山毛榉-M3"中程防空导弹系统的防空营开始服役,与现役老式系统的发射车携带4枚裸露型防空导弹相比,新系统的发射车携带6枚筒装式9M317M防空导弹,新型导弹重量更轻、速度更快、射程更远,对付快速机动目标的能力更强。

经过15个月的讨论权衡,波兰政府2016年9月6日宣布,决定从美国采购8个连套的最新型"爱国者"PAC-3防空反导系统,价值约30亿~56亿美元,计划采用数量分期、性能螺旋升级的交付方式,2025年完成交付:2019年交付2个连套的"过渡标准"的"爱国者"PAC-3防空反导系统;2022年交付2个连套的采用有源电子扫描阵列(ASEA)和氮化镓(GaN)天线雷达,具有360°探测能力的"爱国者"PAC-3系统;2025年交付另外4个连套,同时将最初交付的2个连套"过渡标准"PAC-3系统升级为最新标准。

2016年10月,立陶宛决定从挪威采购2个连套的"那萨姆"防空导弹系统,

计划于 2020 年完成交付。

七、启示与思考

从近些年尤其是 2016 年国外陆军装备发展动向可以得出两点主要启示：一是陆军装备的网络一体化联合作战能力建设很重要，如美国陆军的网络集成鉴定、一体化防空反导作战指挥系统研发和有人/无人协同作战能力建设，法国陆军的"蝎子"计划等；二是陆军装备的远程精确打击能力建设很重要，如美国陆军启动研发射程接近 500 千米的"远程精确火力"导弹，并正在努力实现常规火炮在射程和作战功能上的"颠覆性突破"，俄罗斯陆军射程达 480 千米的"伊斯坎德尔-M1"导弹成为对付美国及北约挤压俄战略空间的"撒手锏"等。

所有这些，都值得我陆军根据自身作战需求、科技发展水平、经济承受能力进行辩证分析、深入思考和科学谋划，以期在我陆军网络一体化的联合作战能力、远程精确化的火力打击及防空反导能力建设方面尽快取得突破，尽快建成一支具备全域机动作战、立体联合攻防能力的现代化新型陆军。

参考文献

[1] 中央军委装备发展部综合计划局.2016 年国外陆军装备发展动向分析[R].北京：中央军委装备发展部综合计划局,2017.
[2] The Association of the United States Army [J]. Army：2016(12).
[3] Jane's Information Group [J]. Jane's Defense Weekly：2016(11).
[4] Jane's Information Group [J]. Jane's Defense Weekly：2016(9).

外国陆军火炮装备发展概况

张珊珊

2016年，世界各国加快炮兵装备的更新换代，新型装备的机动性更强、信息化程度更高。

一、榴弹炮

2016年，多个国家通过引进与自研的方式促进本国榴弹炮装备发展。俄罗斯陆军正在致力于研制和装备可供快速部署部队使用的榴弹炮装备，美国陆军正着手研究新的远程精确打击榴弹炮装备方案，印度正加紧实施大规模的野战炮兵换装计划以提升其山地作战能力。

1. 俄罗斯将研制2S35-1"联盟"-KSh轮式自行榴弹炮

2016年6月，俄罗斯国防部要求在2S35"联盟"-SV火炮的基础上研制2S35-1"联盟"-KSh轮式自行榴弹炮。

榴弹炮采用"卡玛斯"6560型卡车底盘，并集成2S35榴弹炮的无人作战模块。2S35榴弹炮的最大射速超过10发/分，有效射程超过40千米，携弹量约为70发152毫米炮弹；配有先进的火控系统，可自动选择最合适的弹药类型；由于集成了身管冷却系统，射速超过了德国PzH2000和美国M109A7"帕拉丁"PIM自行榴弹炮；引进了弹道计算机，2S35榴弹炮在射击试验中的精度极高。俄罗斯武装部队已经测试了用于2S35榴弹炮的新型火箭弹（射程70千米）。据称，该炮还具有多发同时弹着能力。

2. 俄罗斯新型Zauralets-D空降自行榴弹炮计划量产

2016年8月，俄罗斯中央精密机械研究所计划从2019年中期开始为空降兵批量生产新型Zauralets-D空降自行榴弹炮，将替换现役的2S9"诺纳"-S自行榴弹炮。

Zauralets-D空降自行榴弹炮是在2S25M"章鱼"-SDM1空降自行反坦克炮基础上研制的。已完成初步试验，其射程比初始要求提高了2倍，火力和机动能力也得到了提升。俄罗斯国防部已发布了针对Zauralets-D榴弹炮更加严格的指标要求。

3. 土耳其推出新型 MKE 105 毫米空降牵引榴弹炮

2016 年 6 月,土耳其 MKE 公司首次展出了最新研制的 MKE 105 毫米空降轻型牵引榴弹炮。该榴弹炮采用低轮廓结构,不含火控系统的总重为 1 600 千克,易于移动并快速部署至野外,从而能够以更轻的战斗全重提供最佳的火力。配有分离式大架和带双室炮口制退器的 30 倍口径身管,可由多种轻型轮式或履带式车辆进行牵引,通常可由降落伞空降,还可由 CH-47 支奴干、UH-60"黑鹰"、S-70"黑鹰"(中国代号)直升机吊运。可为参与诸兵种联合作战行动的部队提供直瞄和间瞄火力支援。可发射所有符合北约标准的弹药,2 分钟内的最大射速为 6 发/分钟,由 5 名乘员进行操作。

4. 韩国提出新型 155 毫米遥控榴弹炮概念

2016 年 6 月,韩国国防采办项目管理局提出新型火炮概念,该方案在减少操作人员的同时还提高了射速。该炮将改装到现役 K9"雷鸣"52 倍口径 155 毫米自行榴弹炮上。

全自动榴弹炮将配备 2 名乘员,并只在更换火炮位置时需要乘员,而在实施发射任务时不需乘员操作。炮塔通过网络连接到有人射击指挥车上,该车也将通过网络连接到反炮兵雷达或其他目标捕获系统上。全自动弹药装填系统采用了由韩华公司研制的韩国现役模块化装药,符合联合弹道谅解备忘录要求,可用于药室容积为 23 升的 K9 榴弹炮上。K9 榴弹炮发射配用韩华公司 K676 大号装药的 K307 底排弹时的射程约为 41 千米,初速为 928 米/秒。

5. 美国国民警卫队测试改进型 M777A2 和 M119A3 牵引榴弹炮

2016 年 7 月,美国国民警卫队和皮卡汀尼兵工厂开展合作,对 M777A2 式 155 毫米和 M119A3 式 105 毫米牵引榴弹炮进行了实弹射击试验。

升级后的 M777A2 和 M119A3 榴弹炮配装了先进的数字化火控系统,能够定位榴弹炮的具体地理位置并确定射角。与之前的型号相比,升级后的火炮装备能够使步兵旅级战斗队更快、更精确地打击目标,并确保士兵安全,使其在完成任务的同时免受敌人炮火攻击。

6. 阿联酋和 BAE 系统公司合作开展 M777 榴弹炮"奇谜"项目

2016 年 5 月,英国 BAE 系统公司与阿联酋防务技术公司签订了一份合作协议,为阿联酋武装部队提供 M777 式 155 毫米轻型牵引榴弹炮,并进一步合作开展"奇谜"项目。

M777 榴弹炮易于部署且经过实战检验,重量仅是其他同类牵引榴弹炮的一半,具有快速反应能力,在持续作战环境下可提供决定性火力支援能力。目前,美国、加拿大和澳大利亚地面部队装备的M777榴弹炮超过1 000门。该炮还将嵌入新的火炮前沿技术以确保在未来使用。

"奇谜"项目旨在将8×8通用底盘("奇谜"模块化装甲战车)与M777结合,为阿联酋地面部队提供新型的自行火炮系统,将机动间瞄火力与行进中射击和精确打击能力相结合。

7. 德国推出"拳击手"RCH155遥控自行榴弹炮

德国克劳斯-玛菲·威格曼公司在2016年展示了"拳击手"RCH 155自行榴弹炮。该炮是新型155毫米遥控榴弹炮,采用了"拳击手"8×8高防护轮式装甲车底盘,配装全自动无人炮塔以及"阿格姆"155毫米火炮身管,通过车内遥控可实现全自动装填和射击。具备多发同时弹着和"打了就跑"的能力,战斗行军转换时间在90秒以内,炮塔可360°旋转,还具备防地雷、简易爆炸装置和弹道导弹袭击的能力。

"阿格姆"火炮曾被集成到MLRS多管火箭炮系统履带式底盘上成功地进行了测试。此外,通用动力欧洲地面系统圣·芭芭拉系统公司研制的"多纳尔"自行榴弹炮也采用了将"阿格姆"火炮集成到轮式底盘上的结构。

8. 印度"阿塔格斯"155毫米牵引火炮完成实弹射击测试

2016年7月,印度国防研发组织对"阿塔格斯"(ATAGS)155毫米52倍口径先进牵引火炮系统进行了实弹射击测试。该火炮系统主武器由身管、炮闩、炮口制退器和反后坐装置组成,可发射所有155毫米炮弹,具有射程远、精度高、火力猛等特点。采用全电驱动,维修性好,且可操作时间长。此外,还具有高机动、可快速部署能力,配备的辅助动力装置、先进通信系统以及自动化指控系统使其具有间瞄射击模式下的夜间射击能力,射程可达40千米。

9. 印度陆军接收新型"丹努什"155毫米牵引榴弹炮

2016年7月,印度陆军接收了3门测试用"丹努什"155毫米牵引榴弹炮。该榴弹炮在不同气候条件下共发射了近2 000发炮弹,测试试验成功后,另外3门"丹努什"也在随后交付陆军。据称,印度陆军共订购了114门"丹努什"榴弹炮。

"丹努什"榴弹炮是在"博福斯"火炮阶段Ⅰ技术转让的设计文件提交之后研制的,称为"本土博福斯"。该炮采用电动瞄准系统,与"博福斯"相比,射程增加了11千米,达到38千米。

10. 美国陆军重视发展远程精确打击火力支援能力和防护性机动火力平台项目

2016年6月,美国陆军与国防部秘密战略能力办公室联合研究新的远程精确打击火力解决方案。当前,为了实现传统武器装备的远程精确打击能力,

M142"海玛斯"多管火箭炮可发射精确制导火箭弹,最大射程达 70 千米,而美军现役的 M109A7 式"帕拉丁"PIM 可发射 M982 式精确制导炮弹,射程超过 40 千米。

2016 年,美国陆军正在制定防护性机动火力平台的具体需求,明确要求后向工业界寻求设计方案。在 2017 财年预算申请中,陆军为该项目申请了 967.8 万美元的启动资金,要求车辆能够快速部署,后勤负担小,能为步兵旅级战斗队提供足够的防护和火力,并确保部队行动自由。

11. 美军发明拆卸炮口制退器的工具可节省大量资金

2016 年 10 月,美国一名士兵发明了一种拆除轻型牵引榴弹炮炮口制退器的装置,可以大幅提高拆卸炮口制退器的工作效率。美国军方已经批准采纳该设计。

该设计消除了可能会破坏榴弹炮炮管及膛线的外力,使得只需很小的力就能拆除被卡紧的炮口制退器,这不仅能延长轻型牵引榴弹炮炮管及炮口制退器的寿命,同时还能保证士兵工作时的安全性。

12. 美国海军陆战队进行 M777A2 榴弹炮新炮管射击试验

2016 年 8 月,美国海军陆战队使用 6 根 M777A2 式 155 毫米轻型牵引榴弹炮配用的试生产型 M776 镀铬炮管进行了射击试验。重点测试了该炮管在发射 M232A1 的 5 号发射药(最大号装药)时是否可防止形成膛内残余物。

美国现役榴弹炮均配用钢制炮管,最新设计的炮管集成有镀铬层,这有助于使身管寿命延长 2~3 倍,并且还能在收集数据试验期间预防膛内残留物的形成,从而使火炮能够连续发射最大号装药,无须发射更小号装药来清理炮管。

13. 美国陆军重新设计 M119A3 式牵引榴弹炮的反后坐装置

2016 年 9 月,美国陆军皮卡汀尼兵工厂完成了对 M119A3 式 105 毫米牵引榴弹炮反后坐装置的重新设计,使榴弹炮的安全性更高、结构更简单、可靠性更好,还降低了反后坐装置的成本。

二、火箭炮

2016 年,多个国家加快了对现役多管火箭炮装备的升级换代,新型多管火箭炮在导航与瞄准系统、勘探与导航技术的帮助下,作战效能大幅提升。此外,海军为了提升对陆攻击能力以及海岸火力支援能力,开始尝试将多管火箭炮配装到舰船上。

1. 俄罗斯东部军区装备"狂风-G"122 毫米多管火箭炮

2016 年 2 月,俄罗斯东部军区发言人称,东部军区摩步师将接收 9K51M 式

"狂风-G"122毫米多管火箭炮,以替换"冰雹"多管火箭炮。该火箭炮是在9K51式"冰雹"(БМ-21)多管火箭炮基础上研制的,在"中央-2011"战略演习中,其射程达90千米,整体作战效能是"冰雹"的2.5~3倍。

2. 俄罗斯试射БМ-30"旋风"多管火箭炮

2016年4月5日,俄罗斯东部军区对БМ-30"旋风"多管火箭炮进行了实弹射击演习。"旋风"属重型多管火箭炮,发射300毫米火箭弹最大射程达70千米,用于对抗战术导弹系统、火箭炮、火炮和迫击炮营及连、指挥所以及人员聚集地。"旋风"多管火箭炮连通常包括6辆发射车和6辆输送/供弹车。

3. 法国陆军现役LRU多管火箭炮投入实战部署

2016年2月,法国陆军驻马里对抗非洲伊斯兰教恐怖分子的"新月沙丘"部队调用了3门LRU多管火箭炮投入战场使用,这是该火箭炮自2014年服役以来首次用于实战部署。该火箭炮配装了改进型火控系统和发射机械装置,采用了改进型M993式"布雷德利"履带式装甲步兵战车底盘,最大行驶速度为64千米/小时,最大行程为483千米。可发射新型M31式整体战斗部式制导火箭弹,可摧毁关键点目标且附带毁伤低。

4. 伊拉克接收俄制TOS-1A"喷火坦克"

2016年2月,伊拉克武装部队从俄罗斯接收了基于T-90主战坦克底盘的改进型TOS-1A式"喷火坦克"(也可称为重型自行多管火箭炮)。该火箭炮战斗全重为44.3吨,射程为400~6000米,能在6秒内发射全部24枚火箭弹,可由3名乘员进行操作;配备了内装24根定向管的发射箱,可发射MO.101.04非制导火箭弹;配装的"康塔克特-5"爆炸反应装甲和侧装甲板,可通过伊拉克TZM供弹车进行再装填;配备了4具"图卡"烟幕弹发射装置。

5. 印度正在批量生产"皮纳卡"多管火箭炮

2016年,印度在完成用户辅助试验之后,正在批量生产"皮纳卡"Ⅱ多管火箭炮。该火箭炮是印度自行研制,采用"太脱拉"卡车底盘,能够在-10℃~+55℃条件下使用,具备"打了就跑"能力,反应速度快,且能够配装多种战斗部,可在44秒内同时射出12枚火箭弹,火力覆盖范围为3.9平方千米。可采用自主、遥控和独立多种模式。

6. 多国海军计划将陆军多管火箭炮安装上舰

2016年,法国武器装备总署与空客防务与空间公司签订了价值约36万美元的合同,开展将多管火箭炮与"西北风"级两栖攻击舰集成的相关研究,目标是改进整体式火箭炮火控系统以适用于"西北风"级两栖攻击舰。

美国海军近期表示出对智能化舰炮弹药的类似需求,国防工业界致力于研究多种解决方案,如雷声公司的"神剑"N5,BAE系统公司的制式制导弹丸和超高速弹丸,以及BAE系统公司与洛克希德·马丁公司共同研制的远程对陆攻击炮弹等。

俄罗斯海军部分"暴徒"级护卫舰均在船尾安装有A-215"冰雹-M"122毫米40管火箭炮。

三、迫击炮

2016年,迫击炮装备的发展更加突出高机动以及多任务作战能力。大口径、车载自行式迫击炮系统发展迅速,通过采用新材质减轻重量的中小口径迫击炮受到青睐。

1. 俄罗斯研制新型"福禄考"120毫米车载自行迫榴炮

2016年,俄罗斯海燕中央研究所披露了新型"福禄考"(Phlox)120毫米车载自行迫榴炮。该迫榴炮采用升级型"乌拉尔"-4320型卡车底盘,有效射程为10千米,最小射程仅为100米;配装了独立作战所需的所有系统,包括保护乘员不受炮弹破片和轻武器射击威胁的装甲防护驾驶室;可采用自动模式进行射击,能够360°旋转并锁定目标,初始弹药供应量为80发以上;安装在卡车顶部的一挺12.7毫米遥控机枪可用于近战防御;配装了可袭扰反坦克导弹的光电干扰机,以及激光测距机和目标指示器。

2. 乌克兰推出BTR-3M2式120毫米自行迫击炮

2016年5月11日,乌克兰工业部门宣称开始生产BTR-3M2式120毫米自行迫击炮,该炮安装在改进型BTR-3E1式8×8两栖装甲人员输送车上。

BTR-3M2式120毫米自行迫击炮是两栖型装备,其最大水上速度为10千米/小时,可由5名乘员进行操控,包括1名车长、1名驾驶员、1名炮手和2名装填手。

3. 美国陆军将装备新型81毫米轻型迫击炮

2016年2月,美国沃特弗利特兵工厂宣布获得价值460万美元的合同,用于启动新型81毫米迫击炮生产线。该新型迫击炮将于2018年进行首次交付,主要作为步兵间射武器,射程超过5 800米,能满足高射角打击敌方部队、装备物资和阵地的要求,可降低步兵在越野地形中的疲劳程度和移动时间。

参考文献

[1] Jane's Information Group [J]. Jane's Defense Weekly:2016(1-52).
[2] Jane's Information Group [J]. Jane's International Defense Review:2016(1-12).

附录1 2015—2016年度外国陆军部分现役上将

肖石忠

美国陆军参谋长马克·A.米利上将

马克·A.米利 1960年9月出生于马萨诸塞州,1980年6月毕业于普林斯顿大学并获得政治学学士学位,接受后备军官训练团训练后被任命为少尉军官。后来获得哥伦比亚大学国际关系硕士学位和美国海军军事学院国家安全与战略研究硕士学位。

接受的教育(军事教育)还包括:美国陆军步兵学校步兵军官初级课程班和高级课程班、美国陆军指挥与参谋学院、美国海军军事学院、麻省理工学院21世纪国家安全研究项目班等。

1981年2月至1990年2月,历任驻北卡罗来纳州布雷格堡的美国第82空降师第68装甲团第4营助理维护官、排长,美国第5特种部队大队分队长、连长,驻佐治亚州本宁堡的美国陆军步兵学校步兵军官高级课程班学员,驻加利福尼亚州奥德堡的美国第7(轻型)步兵师作战支援旅助理作战官、连长、第21步兵团第5营作战官(任内先后参加驻埃及西奈的联合国维和行动和对巴拿马的入侵行动)。1990年4月至10月,为驻加利福尼亚州蒙特雷堡的国防语言学院学员。1990年10月至1991年12月,为哥伦比亚大学学员。1992年1月至7月,为驻哥伦比亚波哥大的美国国防武官处外国地区军官训练项目班学员。1992年8月至1993年6月,为驻堪萨斯州利文沃思堡的美国陆军指挥与参谋学院学员。1993年6月至1996年6月,任驻纽约州德拉姆堡的美国第10山地师第2旅作战官、执行官(任内参与武装干涉海地行动)。1996年7月至1998年7月,任驻韩国的美国第2步兵师第506(空中突击)步兵团第1营营长。1998年7月至1999年7月,任驻路易斯安那州波尔克堡的美国陆军联合战备训练中心作战大队高级营特遣部队观察员兼控制员。1999年8月至2000年6月,为驻罗德岛州纽波特的美国海军军事学院学员。2000年6月至2002年

3月,任驻夏威夷州斯科菲尔德兵营的美国第25(轻型)步兵师作战官、参谋长。2002年3月至9月,任驻波黑的美国第25(轻型)步兵师暂编旅旅长兼北部多国部队师"鹰"特遣部队司令。2002年9月至2003年5月,任美国第25(轻型)步兵师负责转型的副参谋长。2003年5月至2005年7月,任美国第10山地师第2旅战斗队旅长,任内率部参加伊拉克战争。2005年7月至2006年12月,先后任美国参谋长联席会议联合参谋部作战部全球部队管理处处长、负责联合作战的副部长助理。2006年12月至2007年7月,任美国国防部长的军事助理。2007年7月至2009年6月,任驻肯塔基州坎贝尔堡的美国第101(空中突击)空降师负责作战的副师长,任内于2008年4月至2009年6月兼任驻阿富汗东部地区司令部副司令。2009年6月至2011年11月,任美国参谋长联席会议联合参谋部作战部负责地区作战的副部长。2011年11月至2012年12月,任驻纽约州德拉姆堡的美国第10山地师师长兼德拉姆堡驻军司令。2012年12月至2014年8月,任美国第3军军长兼胡德堡驻军司令。在此任内,2013年5月至2014年2月,任驻阿富汗美军司令部副司令兼北约阿富汗国际安全援助部队联合司令部司令,参与组织指挥阿富汗战争。

2014年8月至2015年8月,任驻北卡罗来纳州布雷格堡的美国陆军部队司令部司令。2015年8月,任美国陆军参谋长。

2008年6月晋升为准将,2011年3月晋升为少将,2012年12月晋升为中将,2014年8月晋升为上将。

美国陆军第一副参谋长丹尼尔·B.阿林上将

丹尼尔·B.阿林　1959年9月出生,1981年毕业于美国军事学院(西点军校)并获得学士学位,被任命为少尉军官。后来获得美国海军军事学院战略与国家安全学硕士学位。

接受的教育(军事教育)还包括:美国陆军步兵学校步兵军官初级课程班和高级课程班、美国陆军指挥与参谋学院和美国海军军事学院。

担任过从连级至师级的各级指挥职务和从营级至联合参谋部的各级参谋职务。曾在驻韩美军服役,参加过入侵格林纳达的作战部署,两次参加西奈半岛维和部署,参加过入侵巴拿马的"正义事业行动",参加过海湾战争、阿富汗战争和伊拉克战争。担任过美国国防部联合反简易爆炸装置机构和美国参谋长联席会议联合参谋部作战部的联合参谋职务。先后在美国第2步兵师、第82空降师和第75别动团任职。曾任美国第3(机械化)步兵师第3旅(旅战斗队)旅长,率部参加伊拉克战争。2007年至2009年,任驻北卡罗来纳州布雷格堡的美国第18空降军参谋长,任内于2008年2月至2009年4月兼任伊拉克多国军参谋长,参加伊拉克战争。2009年6月至2010年4月,任美国第18空降军副军长,任内于2009年8月至2009年11月任美国第18空降军代理军长。2010年4月至2012年6月,任驻得克萨斯州胡德堡的美国第1骑兵师师长,任内兼任驻伊拉克的第1联军联合特遣部队司令,率部参加伊拉克战争;2011年5月至2012年4月兼任驻阿富汗的第1联军联合特遣部队司令(北约阿富汗国际安全援助部队东部地区司令部司令),率部参加阿富汗战争。2012年6月至2013年5月,任美国第18空降军军长兼布雷格堡驻军司令。2013年5月至2014年8月,任驻北卡罗来纳州布雷格堡的美国陆军部队司令部司令。

2014年8月,任美国陆军第一副参谋长。

2007年晋升为准将,2009年4月晋升为少将,2012年6月晋升为中将,2013年5月晋升为上将。

美国陆军部队司令部司令罗伯特·B.艾布拉姆斯上将

罗伯特·B.艾布拉姆斯 1960年11月18日出生于德国,1982年毕业于美国军事学院(西点军校)并获得学士学位,后来获得中密歇根大学管理学硕士学位和美国陆军军事学院战略学硕士学位。

接受的教育(军事教育)还包括:装甲兵基础课程和高级课程、美国陆军指挥与参谋学院和美国陆军军事学院等。

先后在美国第3装甲师、美国第1骑兵师、美国第3装甲骑兵团和美国第3步兵师等作战部队服役。曾任美国第1骑兵师第8骑兵团第1营连长(任内率部参加海湾战争)、营长、第1旅战斗队旅长(任内率部参加伊拉克战争)等指挥职务;中队作战官、团作战官和师作战官、美国陆军装甲兵学校教官、条令编写参谋和训练开发参谋,驻德国的美国陆军欧洲暨第7集团军司令部司令的执行官等参谋职务;美国参谋长联席会议联合参谋部作战部中央司令部处参谋、美国国防部联合反简易爆炸装置机构下辖的反简易爆炸装置卓越中心主任等联合职务。2009年3月至2010年2月,任驻加利福尼亚州欧文堡的美国陆军国家训练中心司令兼欧文堡驻军司令。2010年2月至2011年4月,任驻堪萨斯州利文沃思堡的美国陆军联合兵种中心负责训练的副司令。2011年4月至2013年8月,任驻佐治亚州斯图尔特堡的美国第 3 步兵师师长。任内于 2012 年 10 月至 2013 年 3 月兼任北约阿富汗国际安全援助部队南部地区司令部司令,率部参加阿富汗战争。2013 年 10 月至 2015 年 9 月,任美国国防部部长的高级军事助理。

2015 年 9 月,任驻北卡罗来纳州布雷格堡的美国陆军部队司令部司令。

2008 年 8 月晋升为准将,2011 年 7 月晋升为少将,2013 年 10 月晋升为中将,2015 年 9 月晋升为上将。

美国陆军训练与条令司令部司令戴维·G.珀金斯上将

戴维·G.珀金斯　1958 年 11 月出生,1980 年毕业于美国军事学院(西点军校)并获得学士学位,被任命为少尉军官。后来获得密歇根大学机械工程硕士学位和美国海军军事学院国家安全与战略研究硕士学位。

1996 年至 1998 年,任美国第 63 装甲团第 1 营营长。2001 年至 2003 年,任美国第 3(机械化)步兵师第 2 旅旅长,任内率部参加伊拉克战争和联合国马其顿维和行动。2004 年至 2005 年,任美国参谋长联席会议副主席的执行助理。2005 年 8 月至 2007 年 4 月,任驻德国的美国欧洲陆军暨第 7 集团军联合多国训练司令部司令。2007 年 4 月至 2008 年 6 月,任美国欧洲陆军暨第 7 集团军历任负责作战的副参谋长。2008 年,在"伊拉克自由行动"中任伊拉克多国部队司令部负责战略影响的副参谋长,代表司令部负责协调有关政治、经济和传播事务,兼任伊拉克多国部队发言人。2009 年 7 月至 2011 年 11 月,任美国第 4(机械化)步兵师师长。任内还在"新黎明行动"中兼任北部师师长,率部参加伊拉克战争。2011 年 11 月至 2014 年 2 月,任美国陆军训练与条令司令部负责联合兵种的副司令兼驻堪萨斯州利文沃思堡的美国陆军联合兵种中心司令、美国陆军指挥与参谋学院院长、国际安全部队援助联合中心主任。

2014 年 3 月,任驻弗吉尼亚州尤斯蒂斯堡的美国陆军训练与条令司令部司令。

2005 年 8 月晋升为准将,2009 年 6 月晋升为少将,2011 年 11 月晋升为中将,2014 年 3 月晋升为上将。

美国陆军器材司令部司令丹尼斯·L.维亚上将

丹尼斯·L.维亚　1958 年出生,1980 年毕业于弗吉尼亚州立大学并获得工业艺术学士学位,接受后备军官训练团训练之后被任命为少尉军官。后来获得波士顿大学人力资源硕士学位。

接受的教育(包括军事教育)还包括:通信兵军官初级课程班和高级课程班、波士顿大学、陆军指挥与参谋学院、陆军军事学院。

1980年5月至1990年7月,历任驻佐治亚州戈登堡的美国陆军通信学校通信兵军官初级课程班学员,驻北卡罗来纳州布雷格堡的美国第25通信营排长、营维护官、分队长、营后勤官、连长,美国陆军通信学校通信兵军官高级课程班学员,驻意大利那不勒斯的北约南欧盟军司令部参谋、参谋长的副官,武装部队就职委员会指挥、控制、通信与计算机系统部作战官,驻弗吉尼亚州亚历山德里亚的美国陆军人事司令部(作战运筹与系统分析专业)任免官。1990年8月至1991年6月,为驻堪萨斯州利文沃思堡的美国陆军指挥与参谋学院学员。1991年6月至1992年12月,任美国第82空降师助理通信官。1992年12月至1994年3月,任美国第82空降师第82通信营作战官、执行官。1994年3月至1996年6月,任美国陆军参谋部指挥、控制、通信与计算机系统部计划与项目处参谋、执行官。1996年7月至1998年7月,任驻北卡罗来纳州布雷格堡的美国第82空降师第82通信营营长。1998年8月至1999年6月,为驻宾夕法尼亚州卡莱尔兵营的美国陆军军事学院学员。1999年6月至2000年6月,任驻得克萨斯州胡德堡的美国第3军负责通信的助理参谋长。2000年6月至2002年6月,任美国第3军第3通信旅旅长。2002年6月至2003年9月,任美国陆军负责项目的副参谋长办公室所属的联合需求监督委员会管理处处长。2003年9月至2005年7月,任美国国防部国防信息系统局负责全球信息栅格行动的副局长兼全球行动处处长兼美国战略司令部全球网络作战联合特遣部队副司令。2005年8月至2007年6月,驻德国的美国欧洲陆军暨第7集团军司令部负责通信的副参谋长兼首席信息官兼美国第5通信司令部司令。2007年7月至2009年6月,驻新泽西州蒙茅思堡的美国陆军通信-电子全寿命管理司令部司令兼蒙茅思堡驻军司令。2009年8月至2011年4月,任美国参谋长联席会议联合参谋部指挥、控制、通信与计算机系统部部长。2011年5月至2012年8月,任美国陆军器材司令部副司令兼参谋长。

2012年8月至2016年9月,任驻阿拉巴马州红石兵工厂的美国陆军器材司令部司令。

2005年晋升为准将,2007年10月晋升为少将,2009年8月晋升为中将,2012年8月晋升为上将。

美国中央司令部司令约瑟夫·L.沃特尔(第三)上将

约瑟夫·L.沃特尔(第三) 1958年2月出生于明尼苏达州,1980年毕业于美国军事学院(西点军校)并获得学士学位,被任命为少尉军官。

接受的教育(军事教育)还包括:步兵军官基础课程班和高级课程班、美国陆军指挥与参谋学院和美国陆军军事学院。

曾任驻德国的美国第3(机械化)步兵师第4步兵团第1营步兵排长、连执行官、营人事官、连长,驻乔治亚州本宁堡的美国第75别动团计划联络官、计划官(任内参加入侵巴拿马),驻意大利那不勒斯的南欧盟军司令部参谋,北约科索沃和平执行部队司令部参谋,驻纽约州德拉姆堡的美国第10山地师第22步兵团第2营营长等职。1998年8月至2000年7月,任美国第75别动团第1别动营营长。2001年7月至2003年8月,任美国第75别动团团长,任内率部参加阿富汗战争和伊拉克战争。2003年8月至2006年2月,任美国国防部联合反简易爆炸装置机构副主任。2006年6月至2008年6月,任美国第82空降师负责作战的副师长兼驻阿富汗的第76联军联合特遣部队副司令(任内参加阿富汗战争)。2008年6月至2010年6月,任驻北卡罗来纳州布雷格堡的联合特种作战司令部副司令。2010年6月至2011年5月,任美国特种作战司令部参谋长。2011年6月至2014年8月,任联合特种作战司令部司令兼美国特种作战前方司令部司令。2014年8月至2016年3月,任驻佛罗里达州麦克迪尔空军基地的美国特种作战司令部司令。

2016年3月,任驻佛罗里达州麦克迪尔空军基地的美国中央司令部司令。

2003年8月晋升为准将,2008年10月晋升为少将,2011年6月晋升为中将,2014年8月晋升为上将。

美国特种作战司令部司令雷蒙德·A.托马斯(第三)上将

雷蒙德·A.托马斯(第三) 1958年10月6日出生于宾夕法尼亚州,1980年毕业于美国军事学院(西点军校)并获得学士学位,被任命为少尉军官。

曾在驻北卡罗来纳州布雷格堡的美国第75别动团服役。曾任美国陆军"三角洲"部队连长、中队作战官、分队执行官、中队长等职。2007年至2009年8月,任驻得克萨斯州布利斯堡的美国第1装甲师负责支援的副师长,任内于

2007年至2008年参加伊拉克战争。2010年8月至2012年7月,任驻北卡罗来纳州布雷格堡的联合特种作战司令部副司令。2012年7月至2013年7月,任美国阿富汗特种作战联合特遣部队司令部暨北约阿富汗特种作战组成司令部司令,率部参加阿富汗战争。2013年7月至2014年7月,任驻弗吉尼亚州兰利的美国中央情报局负责军事支援的副局长。2014年7月至2016年3月,任驻北卡罗来纳州布雷格堡的联合特种作战司令部司令。

2016年3月,任驻佛罗里达州麦克迪尔空军基地的美国特种作战司令部司令。

2008年6月晋升为准将,2011年12月晋升为少将,2013年7月晋升为中将,2016年3月晋升为上将。

美国欧洲司令部司令兼北约欧洲盟军司令部最高司令柯蒂斯·M.斯卡帕罗蒂上将

柯蒂斯·M.斯卡帕罗蒂 1956年3月5日出生于俄亥俄州洛根,1978年毕业于美国军事学院(西点军校)并获得学士学位,被任命为少尉军官。后来获得南卡罗来纳大学教育学硕士学位。

接受的教育(军事教育)还包括:步兵军官初级课程班和高级课程班、南卡罗来纳大学、美国陆军指挥与参谋学院、美国陆军军事学院。

1988年至1989年,为美国陆军指挥与参谋学院学员。1989年至1992年,任美国第10山地师第87步兵团1营作战官、师作战科长。1992年至1994年,任美国陆军军事人事司令部参谋,美国陆军参谋长办公室参谋。1994年5月至1996年,任驻意大利的美国第325空降团战斗队3营营长。1996年至1997年,任美国第10山地师参谋长。1997年至1998年,为美国陆军军事学院学员。1998年至1999年,任美国陆军负责计划与作战的副参谋长办公室陆军创新小组组长。1999年至2001年,任美国第82空降师第2旅旅长。2001年至2003年,任美国参谋长联席会议联合参谋部作战部负责联合作战的副部长。2003年7月至2004年7月,任美国第1装甲师负责作战的副师长,率部参加伊拉克战争。2004年8月至2006年6月,任美国军事学院(西点军校)学员队司令。2006年7月至2008年10月,任美国中央司令部作战部部长。2008年10月至2010年8月,任美国第82空降师师长。2010年10月至2012年7月,任驻华盛顿州刘易斯—麦科德联合基地的美国第1军军长兼驻军司令(任内曾兼任驻阿富汗美军司令部副司令兼驻阿富汗的北约国际安全援助部队联合司令部司令，参与组织指挥阿富汗战争）。2012年8月至2013年8月，任美国参谋长联席会议联合参谋部主任。2013年10月至2016年4月，任"联合国军"司令部司令、驻韩国美军司令部司令、韩美联合部队司令部司令。

2016年5月，任驻德国的美国欧洲司令部司令兼驻比利时蒙斯的北约欧洲盟军司令部最高司令。

2004年1月晋升为准将，2007年7月晋升为少将，2010年10月晋升为中将，2013年10月晋升为上将。

美国太平洋陆军司令部司令罗伯特·B.布朗上将

罗伯特·B.布朗　1959年4月14日出生于宾夕法尼亚州，1981年5月毕业于美国军事学院（西点军校）并获得学士学位，被任命为少尉军官。后来获得弗吉尼亚大学教育学硕士学位、国家军事学院国家安全与战略硕士学位。

接受的教育（军事教育）还包括：弗吉尼亚大学（研究生）、美国陆军指挥与参谋学院、美国国家军事学院等。

1991年至1992年，为驻堪萨斯州利文沃思堡的美国陆军指挥与参谋学院学员。1992年6月至1993年，任美国太平洋陆军司令部军事计划官、负责作战的副参谋长。1993年，任美国第25（轻型）步兵师第21步兵团1营作战官、执行官。1996年，任美国陆军总体人事司令部步兵科少校军官任免官。接着，任美国陆军第一副参谋长的副官兼助理执行官，美国陆军负责作战与计划的副参谋长办公室作战计划处参谋。1998年5月至2000年5月，任美国第1骑兵师第5骑兵团2营营长，率部赴波黑地区参加维和行动。2000年6月至2001年6月，任美国参谋长联席会议联合参谋部部队结构、资源与评估部联合地面机动计划分析员。2001年至2002年，为驻华盛顿特区麦克奈尔堡的美国国家军事学院学员。2002年至2005年，任美国第25步兵师第1旅旅长，任内率部参加"伊拉克自由行动"。2005年至2007年，任美国太平洋司令部司令的执行助理，美国太平洋司令部训练与演习部部长。2007年12月至2009年12月，任美国第25（轻型）步兵师负责支援的副师长，任内于2008年率部参加"伊拉克自由行动"。2010年1月至10月，任驻德国的美国欧洲陆军司令部参谋长兼北约美国陆军副司令。2010年11月至2012年6月，任美国陆军作战卓越中心司令兼本宁堡驻军司令。2012年7月至2014年2月，任美国第1军军长。2014年2月至 2016 年 4 月,任美国陆军训练与条令司令部负责联合兵种的副司令、美国陆军联合兵种中心司令兼美国陆军指挥与参谋学院院长。

2016 年 4 月,任驻夏威夷州沙夫特堡的美国太平洋陆军司令部司令。

2010 年 4 月晋升为少将,2012 年 7 月晋升为中将,2016 年 4 月晋升为上将。

"联合国军"司令部司令、韩美联合部队司令部司令、驻韩美军司令部司令文森特·K.布鲁克斯上将

文森特·K.布鲁克斯 1958 年 10 月 24 日出生于阿拉斯加州安克雷奇,1980 年毕业于美国军事学院(西点军校)并获得学士学位,被任命为少尉军官。后来获得美国陆军指挥与参谋学院军事学硕士学位。

接受的教育(军事教育)还包括:步兵军官初级课程班和高级课程班、美国陆军指挥与参谋学院、哈佛大学肯尼迪政府学院。

1990 年 8 月至 1992 年 5 月,为美国陆军指挥与参谋学院学员。1992 年 5 月至 1993 年 5 月,任美国第 1 骑兵师作战科计划与演习官。1993 年 5 月至 1994 年 5 月,任美国第 1 骑兵师第 5 骑兵团 2 营作战官。1994 年 5 月至 1995 年 1 月,任美国第 1 骑兵师第 1 旅作战官。1995 年 1 月至 6 月,任美国陆军负责作战与计划的副参谋长办公室部队发展处步兵系统一体化官。1995 年 6 月至 1996 年 4 月,任美国陆军第一副参谋长的副官。1996 年 4 月至 1998 年 5 月,任驻韩国的美国第 2 步兵师第 9 步兵团 2 营营长。1999 年 6 月至 2000 年 6 月,任美国第 3 集团军暨美国中央陆军司令部作战处计划与规划科科长。2000 年 7 月至 2002 年 6 月,任美国第 3(机械化)步兵师第 1 旅旅长。2002 年 6 月至 2003 年 5 月,先后任美国参谋长联席会议联合参谋部战略计划与政策部负责军政事务的副部长、美国中央司令部作战部副部长兼作战发言人。2003 年 5 月至 2004 年 7 月,任联合参谋部战略计划与政策部负责反恐战争的副部长。2004 年 7 月至 12 月,任美国陆军公共事务局副局长。2004 年 12 月至 2006 年 6 月,任美国陆军公共事务局局长。2006 年 7 月至 2008 年 4 月,任美国第 1 骑兵师负责支援的副师长。2009 年 4 月至 2011 年 5 月,任美国第 1(机械化)步兵师师长。2011 年 6 月至 2013 年 6 月,任美国第 3 集团军司令兼美国中央陆军司令部司令。2013 年 7 月至 2016 年 4 月,任驻夏威夷州沙夫特堡的美国太平洋陆军司令部司令。

2016 年 4 月,任驻韩国的"联合国军"司令部司令、韩美联合部队司令部司

令、驻韩美军司令部司令。

2004年5月晋升为准将,2007年8月晋升为少将,2011年6月晋升为中将,2013年7月晋升为上将。

北约阿富汗"绝对支持任务"部队司令、驻阿富汗美军司令部司令约翰·F.坎贝尔上将

约翰·F.坎贝尔　1957年4月出生,1979年毕业于美国军事学院(西点军校)并获得学士学位,被任命为少尉军官。后来获得金门大学公共管理硕士学位。

接受的教育(军事教育)还包括：美国陆军步兵学校步兵军官基础课程和高级课程、美国陆军指挥与参谋学院、美国陆军军事学院。1980年1月至1991年6月,历任驻德国的美国第8(机械化)步兵师第28(机械化)步兵团第3营C连步兵排排长、武器排排长、连执行官、作战支援连反坦克排排长,驻佐治亚州本宁堡的美国陆军步兵学校步兵军官高级课程班学员,驻北卡罗来纳州布雷格堡的美国陆军肯尼迪特种作战中心特种作战军官资质课程班学员,驻北卡罗来纳州布雷格堡的美国陆军第5(空降)特种作战部队大队第1营人事官、民事官、A分队分队长,驻北卡罗来纳州布雷格堡的美国第82空降师第505空降步兵团第3营B连连长、师航空作战官。1991年8月至1992年6月,为驻堪萨斯州利文沃思堡的美国陆军指挥与参谋学院学员。1992年6月至1994年5月,任驻北卡罗来纳州布雷格堡的美国第82空降师第2旅训练官、作战官。1994年5月至1996年5月,任驻北卡罗来纳州布雷格堡的美国第18空降军军长的副官、作战处训练科长。1996年6月至1998年6月,任驻夏威夷州斯科菲尔德兵营的美国第25(轻型)步兵师第5步兵团第2营营长。1998年8月至1999年6月,为驻宾夕法尼亚州卡莱尔兵营的美国陆军军事学院学员。1999年7月至2001年5月,任美国参谋长联席会议联合参谋部作战部当前作战处作战官。2001年5月至2003年6月,任驻北卡罗来纳州布雷格堡的美国第82空降师第1旅旅长,率部参加阿富汗战争。2003年7月至2005年6月,任美国陆军参谋长的执行官。2005年7月至2008年2月,任驻得克萨斯州胡德堡的美国第1骑兵师负责作战的副师长。2008年2月至2009年7月,任美国参谋长联席会议联合参谋部作战部负责地区作战的副部长。2009年7月至2011年8月,任驻肯塔基州坎贝尔堡的美国第101(空中突击)空降师师长。在此任内,2010年

6月至2011年5月,兼任第101联军联合特遣部队司令,率部参加阿富汗战争。2011年9月至2013年3月,任美国陆军负责作战、计划与政策的副参谋长。2013年3月至2014年8月,任美国陆军第一副参谋长。2014年8月至12月,任北约国际安全援助部队司令部司令兼驻阿富汗美军司令部司令。

2015年1月至2016年3月,任北约阿富汗"绝对支持任务"部队司令兼驻阿富汗美军司令部司令。

2005年10月晋升为准将,2008年11月晋升为少将,2011年9月晋升为中将,2013年3月晋升为上将。

北约阿富汗"绝对支持使命"部队司令兼驻阿富汗美军司令部司令小约翰·R.尼科尔森上将

小约翰·R.尼科尔森 1957年5月7日出生于马里兰州,1982年6月毕业于美国军事学院(西点军校)并获得学士学位,被任命为少尉军官。后来获得乔治敦大学历史学学士学位、美国陆军指挥与参谋学院军事学硕士学位和美国国防大学国家安全研究硕士学位。

接受的教育(军事教育)还包括:乔治敦大学、陆军指挥与参谋学院和国防大学。

1992年至1994年,为美国陆军指挥与参谋学院学员。1994年至1996年,先后任美国第3步兵师作战计划官、美国第1(机械化)步兵师第26步兵团1营作战官。1996年,任美国欧洲陆军司令部司令的特别助理。1997年至1999年,任美国欧洲司令部马歇尔欧洲战略研究中心战略计划与政策官。1999年至2001年,任美国第2步兵师第3旅1营营长。2001年至2003年,先后任美国陆军参谋长的战略分析员、美国陆军部长的高级军事助理。2003年至2004年,为美国国防大学学员。2004年7月至2007年6月,任美国第10山地师第3旅战斗队旅长。在此任内率部参加阿富汗战争。2007年7月至2008年10月,任美国参谋长联席会议联合参谋部作战部负责国家军事指挥中心的副部长。2008年10月至2009年9月,任驻阿富汗的北约国际安全援助部队南部地区司令部副司令。2009年11月至2010年10月,任美国联合参谋部巴基斯坦阿富汗协调组组长。2010年12月至2012年1月,任驻阿富汗美军司令部负责作战的副司令兼驻阿富汗的北约国际安全援助部队司令部负责作战的副参谋长。2012年1月至2012年10月,任美国国防部联合反简易爆炸装置办公室副主任。2012 年 10 月至 2014 年 10 月，任美国第 82 空降师师长，任内率部参加阿富汗战争。2014 年 10 月至 2016 年 2 月，任驻土耳其伊兹密尔的北约欧洲盟军地面部队司令部司令。

2016 年 3 月，任北约阿富汗"绝对支持使命"部队司令兼驻阿富汗美军司令部司令。

2008 年 6 月晋升为准将，2012 年 10 月晋升为少将，2014 年 10 月晋升为中将，2016 年 3 月晋升为上将。

俄罗斯联邦国防部第一副部长兼武装力量总参谋长瓦列里·瓦西里耶维奇·格拉西莫夫大将

瓦列里·瓦西里耶维奇·格拉西莫夫　1955 年 9 月 8 日出生于喀山，1973 年毕业于喀山苏沃洛夫军事学校，1977 年毕业于喀山高等坦克指挥学校。

接受的教育（军事教育）还包括：马利诺夫斯基装甲兵军事学院（1984 年至 1987 年），俄罗斯联邦武装力量总参谋部军事学院（1995 年至 1997 年）。

1977 年至 1984 年，历任赴驻波兰的苏联北部军队集群第 90 近卫坦克师第 80 坦克团坦克排排长、坦克连连长、坦克营参谋长，苏联远东军区坦克营参谋长。1987 年毕业于马利诺夫斯基装甲兵军事学院。1987 年至 1993 年，历任波罗的海沿岸军区坦克团副团长兼参谋长、坦克团团长、摩托化步兵师副师长兼参谋长。1993 年至 1995 年，任西北军队集群所属的摩托化步兵师师长。1997 年毕业于俄罗斯联邦武装力量总参谋部军事学院。1997 年至 1998 年，任俄罗斯莫斯科军区某集团军第一副司令。1998 年至 2001 年，任俄罗斯北高加索军区第 58 集团军副司令兼参谋长。2001 年 2 月至 2003 年 3 月，任俄罗斯第 58 集团军司令。2003 年 3 月至 2005 年 4 月，任俄罗斯远东军区参谋长。2005 年 4 月至 2006 年 12 月，任俄罗斯武装力量总参谋部战斗训练与部队队务总局局长。2006 年 12 月至 2007 年 12 月，任俄罗斯北高加索军区参谋长。2007 年 12 月至 2009 年 2 月，任俄罗斯列宁格勒军区司令。2009 年 2 月至 2010 年 12 月，任俄罗斯莫斯科军区司令。2010 年 12 月至 2012 年 4 月，任俄罗斯武装力量副总参谋长。2012 年 4 月至 11 月，任俄罗斯中央军区司令。

2012 年 11 月，任俄罗斯联邦国防部第一副部长兼武装力量总参谋长。

1994 年 8 月晋升为少将，2002 年 2 月晋升为中将，2005 年 2 月晋升为上将，2013 年 2 月晋升为大将。

参加过第二次车臣战争和叙利亚军事行动。荣获"俄罗斯联邦英雄"称号和勋章、三级"在武装力量中为祖国服务"勋章、军功勋章等多枚勋章和奖章。2009年、2010年、2011年和2012年连续4次任卫国战争胜利日红场阅兵总指挥。

俄罗斯陆军总司令奥列格·列昂尼多维奇·萨柳科夫上将

奥列格·列昂尼多维奇·萨柳科夫　1955年5月出生。

接受的教育(军事教育)主要包括：乌里扬诺夫斯克高等坦克指挥学校(1973年至1977年)、马利诺夫斯基装甲坦克兵学院(1982年至1985年)、俄罗斯联邦武装力量总参谋部军事学院(1994年至1996年)。

1977年至1982年,历任基辅军区排长、连长、营长和团参谋长。1985年至1994年,历任莫斯科军区坦克教导团副团长、团长、第4近卫坦克师副师长。1996年至1997年,任俄罗斯第18炮兵师师长。1997年至2000年,任俄罗斯第81近卫摩托化步兵师师长。2000年至2005年4月,先后任俄罗斯第35集团军参谋长、司令。2005年4月至2008年12月,任俄罗斯远东军区参谋长。2008年12月至2010年12月,任俄罗斯远东军区司令。2010年12月至2014年5月,任俄罗斯联邦武装力量副总参谋长。

2014年5月,任俄罗斯陆军总司令。2014年5月任莫斯科红场阅兵总指挥。2006年6月晋升为上将。

俄罗斯中央军区司令弗拉基米尔·鲍里索维奇·扎鲁德尼茨基上将

弗拉基米尔·鲍里索维奇·扎鲁德尼茨基　1958年2月出生。

1979年至1987年,任驻德苏军集群排长、连长、营长。1991年至1994年,任俄罗斯远东军区团参谋长、团长。1994年至1997年,任某军事基地司令。1997年至1998年,任俄罗斯北高加索军区第131独立摩托化步兵旅参谋长。1998年至1999年,任第131独立摩托化步兵旅旅长。2003年至2005年1月,任俄罗斯伏尔加河沿岸—乌拉尔军区第27近卫步兵师师长。2005年1月至2007年2月,任俄罗斯西伯利亚军区第一副司令兼参谋长。2007年2月至

2009年4月,任俄罗斯西伯利亚军区第36集团军司令。2009年4月至2011年3月,任俄罗斯莫斯科军区第一副司令兼参谋长。2011年3月至2011年9月,任俄罗斯南部军区副司令。2011年9月至2014年6月,任俄罗斯联邦武装力量副总参谋长兼总参谋部作战总局局长。

2014年6月,任俄罗斯中央司令部司令。

2012年12月晋升为上将。

俄罗斯东部军区司令谢尔盖·弗拉基米罗维奇·苏罗维金上将

谢尔盖·弗拉基米罗维奇·苏罗维金 1966年10月出生,1987年毕业于鄂木斯克高等合成军队指挥学校,赴驻阿富汗的苏联第40集团军任职。1991年8月,代理塔曼近卫摩托化步兵师机械化步兵营营长。1995年毕业于伏龙芝军事学院,先后任驻塔吉克斯坦的机械化步兵营营长、第92步兵团参谋长、第149近卫步兵团副团长兼参谋长、第201摩托化步兵师参谋长。2002年毕业于俄罗斯联邦武装力量总参谋部军事学院。2002年至2004年,任驻叶卡捷琳堡的俄罗斯第34摩托化步兵师师长。2004年至2005年,任驻车臣的俄罗斯第42近卫步兵师师长。2005年至2008年,任驻沃罗涅日的俄罗斯第20近卫集团军副司令兼参谋长。2008年4月至2008年11月,任俄罗斯第20近卫集团军司令。2008年1月至2010年1月,任俄罗斯武装力量总参谋部作战总局局长。2010年1月至2010年12月,任驻叶卡捷琳堡的俄罗斯伏尔加河沿岸—乌拉尔军区参谋长。2010年12月至2012年10月,任驻叶卡捷琳堡的俄罗斯中央军区参谋长。2012年10月至2013年10月,任驻哈巴罗夫斯克的俄罗斯东部军区第一副司令兼参谋长。

2013年10月,任俄罗斯东部军区司令。2013年10月晋升为上将。

俄罗斯西部军区司令安德烈·瓦列里耶维奇·卡尔塔波洛夫上将

安德烈·瓦列里耶维奇·卡尔塔波洛夫 1963年11月9日出生于德意志民主共和国魏玛,1985年毕业于莫斯科高等诸兵种指挥学校,1993年毕业于伏龙芝军事学院,2007年毕业于俄罗斯联邦武装力量总参谋部军事学院。

先后在(苏联)驻德苏军集群、苏联西部军队集群和俄罗斯远东军区历任排长、连长、营长、团长、师长等职。2007年至2008年,任俄罗斯西伯利亚军区集团军副司令。2008年至2009年,任俄罗斯莫斯科军区第22近卫集团军参谋长。2009年至2010年,任俄罗斯武装力量总参谋部作战总局副局长。2010年5月至2012年1月,任驻北高加索的俄罗斯第58集团军司令(后为俄罗斯南部军区第58集团军司令)。2012年1月至2013年2月,任俄罗斯南部军区副司令。2013年2月至2014年6月,任俄罗斯西部军区参谋长。2014年6月至2015年11月,任俄罗斯武装力量总参谋部作战总局局长。

2015年11月,任俄罗斯西部军区司令。

2015年6月晋升为上将。获得三级"为祖国服务"功绩勋章、四级"为祖国服务"功绩勋章、勇敢勋章、军功勋章等。

俄罗斯南部军区司令亚历山大·维克托罗维奇·加尔金上将

亚历山大·维克托罗维奇·加尔金 1958年3月22日出生于北奥塞梯共和国弗拉基高加索市。1979年毕业于奥尔忠尼启则高等合成指挥学校后,历任苏军驻德集群和远东军区摩托化步兵排排长、摩托化步兵连连长、摩托化步兵营副营长兼参谋长、摩托化步兵营营长。1990年毕业于伏龙芝军事学院后,在外高加索军区和远东军区历任摩托化步兵团副团长、摩托化步兵团团长、摩托化步兵师副师长兼参谋长。2003年毕业于俄联邦武装力量总参谋部军事学院后,历任俄罗斯第41集团军副司令、俄罗斯第36集团军第一副司令兼参谋长。2006年1月至2008年4月,任俄罗斯第41集团军司令。2008年4月至2010年1月,历任俄罗斯西伯利亚军区副司令、第一副司令兼参谋长。2010年1月至2010年7月,任俄罗斯北高加索军区司令。2010年7月至2010年12月,任俄罗斯南部军区代理司令。

2010年12月,任俄罗斯南部军区司令。

2011年6月晋升为上将。荣获三级"在武装力量中为祖国服务"勋章、"军事功绩"勋章和多枚奖章。

驻叙利亚俄军司令亚历山大·弗拉基米罗维奇·德沃尔尼科夫上将

亚历山大·弗拉基米罗维奇·德沃尔尼科夫上将 1961年8月22日出生于苏联（今俄罗斯）滨海边疆区乌苏里斯克市。1978年毕业于乌苏里斯克苏沃洛夫军事学校,1982年毕业于莫斯科高等军事指挥学校,1991年毕业于伏龙芝军事学院,2005年毕业于俄罗斯武装力量总参谋部军事学院。

1992年至1994年,任俄罗斯第6近卫摩托化步兵旅第154独立营营长。1995年至2000年,任俄罗斯莫斯科军区塔曼师第1步兵团参谋长、团长。在此任内,1999年11月至2000年4月率部参加在车臣共和国实施的反恐行动,特别是在格罗兹尼的攻坚战。2000年至2003年,任俄罗斯北高加索军区摩托化步兵师参谋长、师长。2005年至2008年,任俄罗斯西伯利亚军区第36集团军副司令、参谋长。2008年6月至2010年12月,任俄罗斯远东军区第5集团军司令。2011年1月至2012年4月,任俄罗斯东部军区副司令。2012年4月至2015年9月,任俄罗斯中央军区第一副司令兼参谋长。在此任内,2012年11月9日至12月24日代理中央军区司令。

2015年9月至2016年7月,任驻叙利亚的俄罗斯联邦武装部队司令。

2014年晋升为上将。2016年,被授予"俄罗斯联邦英雄"称号。

埃及国防部长兼武装部队总司令西德基·苏卜希上将

西德基·苏卜希 毕业于埃及军事学院并获得军事学学士学位。后来获得埃及联合指挥与参谋学院军事学硕士学位。

接受的教育（军事教育）还包括：埃及军事学院高级课程班和专业课程班,埃及联合指挥与参谋学院（研究生）,纳赛尔高等军事学院;美国陆军步兵学校基础课程班、高级课程班、训练计划课程班,美国陆军军事学院,德国多国部队课程班。

曾任机械化步兵营营长,机械化步兵旅参谋长、旅长,机械化步兵师参谋长、师长,埃及第3集团军作战处处长、参谋长,埃及第3集团军司令。2012年8月至2014年3月,任埃及武装部队参谋长。

2014年3月,任埃及国防与军工生产部长（即国防部长）兼武装部队总司令。

2014 年 3 月晋升为上将。

巴基斯坦参谋长联合委员会主席拉沙德·马哈茂德上将

拉沙德·马哈茂德　1979 年被任命为俾路支团少尉。

接受的教育(军事教育)包括：法国陆军连长课程班、加拿大陆军指挥与参谋学院、巴基斯坦国防大学。

担任过多种指挥、参谋和教育训练职务。曾任巴基斯坦军事学院排长，步兵旅旅长的副官，巴基斯坦陆军指挥与参谋学院教官，国防大学教官；巴哈瓦尔布尔军参谋长，巴基斯坦总统的军事秘书；2 个步兵营营长，2 个步兵旅旅长，联合国刚果维和部队司令，杰赫勒姆的巴基斯坦第 23 步兵师师长，巴基斯坦三军情报局局长等职。2010 年 4 月至 2013 年 1 月，任驻拉合尔的巴基斯坦第 4 军军长。2013 年 1 月至 11 月，任巴基斯坦陆军参谋部主任。

2013 年 11 月，任巴基斯坦参谋长联合委员会主席。

2013 年 11 月晋升为上将。

巴基斯坦陆军参谋长拉希勒·谢里夫上将

拉希勒·谢里夫　1956 年 6 月出生。毕业于拉合尔行政学院。1976 年 10 月毕业于巴基斯坦军事学院，被任命为边防团第 6 营少尉。

曾任巴基斯坦军事学院副官长，2 个步兵旅旅长。2002 年，任巴基斯坦陆军参谋长佩尔韦兹·穆沙拉夫上将的军事秘书。后任驻拉合尔的巴基斯坦第 11 步兵师师长(任期 2 年)，驻加古尔的巴基斯坦军事学院院长，驻古治兰瓦拉的巴基斯坦第 30 军军长(任期 2 年)，巴基斯坦陆军训练与评估部长。

2013 年 11 月，任巴基斯坦陆军参谋长。

2013 年 11 月晋升为上将。

德国国防军总监察长沃尔克·威克尔上将

沃尔克·威克尔　1954 年 3 月出生于下萨克森州代尔门霍斯特，1974 年

7月加入联邦德国国防军,在第 315 装甲炮兵营服役。1987 年至 1989 年,为驻汉堡的德国联邦国防军指挥与参谋学院学员。1991 年至 1992 年,为驻堪萨斯州利文沃思堡的美国陆军指挥与参谋学院学员。1992 年至 1993 年,任驻奥古斯特多夫的第 21 装甲旅作训官。1993 年至 1996 年,任驻奥古斯特多夫的第 215 装甲炮兵营营长。1996 年至 1997 年,先后任德国国防部副处长、北约波黑和平执行部队所属德国陆军部队作训官、作战中心主任。1997 年至 1999 年,任德国国防部长的高级军事助理。1999 年至 2002 年,历任德国陆军指挥参谋部陆军发展处处长、第 40 装甲旅旅长、驻科索沃的南部多国旅旅长。2002 年至 2004 年,任驻科隆的德国陆军局办公室主任。2004 年 3 月至 2007 年 10 月,任驻波恩的德国陆军指挥参谋部主任。2007 年至 2008 年,任驻德国蒙斯特的第 1 德国—荷兰军团副司令。2008 年 7 月至 2010 年 1 月,任第 1 德国—荷兰军团司令(2009 年 10 月至 2010 年 1 月兼任驻阿富汗喀布尔的北约国际安全援助部队参谋长)。

2010 年 1 月,任德国国防军总监察长。

2002 年晋升为准将,2004 年晋升为少将,2008 年晋升为中将,2010 年 1 月晋升为上将。

法国国防参谋长(法国三军参谋长)皮埃尔·德维利耶上将

皮埃尔·德维利耶 1956 年 7 月 26 日出生于旺代省布洛涅,1973 年至 1975 年,为拉弗莱什国家军事学院学员。1975 年至 1978 年,为圣西尔军事专科学校(圣西尔军校)学员。毕业后任法国第 2 龙骑兵团 AMX30 主战坦克排排长。1979 年至 1987 年,历任法国第 4 龙骑兵团坦克排长、中队长、机械化步兵营营长,曾参加科索沃维和行动。后任法国陆军总部参谋和国防部参谋。2003 年 9 月至 2004 年 6 月,任法国高等国防研究院暨高级军事研究中心审计长。2004 年 7 月至 2006 年 7 月,任法国总理军事办公室副主任。2006 年 8 月至 2008 年 8 月,任法国第 2 装甲旅旅长。在此任内,2006 年 12 月至 2007 年 4 月,兼任驻阿富汗喀布尔的北约国际安全援助部队司令部首都地区司令部司令。2008 年 9 月至 2010 年 3 月,任法国总理军事办公室主任。2010 年 3 月至 2014 年 2 月,任法国副国防参谋长。

2014 年 2 月,任法国国防参谋长(法国三军参谋长)。

2005 年 12 月晋升为准将,2008 年 7 月晋升为少将,2009 年 11 月晋升为中将,2010 年 3 月晋升为上将。

法国陆军参谋长让—皮埃尔·博瑟上将

让—皮埃尔·博瑟　1959 年 11 月出生于凡尔赛。1979 年至 1981 年为圣西尔军事专科学校(圣西尔军校)学员。毕业后被任命为海军陆战队军官,在蒙彼利埃步兵学校接受训练。1982 年至 1985 年,任法国第 8 海军陆战队空降步兵团排长。1986 年至 1990 年,任该团副连长、连长。2001 年至 2003 年,任法国第 8 海军陆战队空降步兵团团长。1990 年至 1992 年,任法国国防参谋部驻新喀里多尼亚作战中心司令。1996 年毕业于法国三军防务学院(法国联合参谋学院)。1996 年至 2001 年,任法国陆军参谋部研究处参谋。2001 年至 2003 年,任法国第 8 海军陆战队空降步兵团团长。2003 年至 2005 年,任法国圣西尔军事专科学校学员队司令。2005 年至 2007 年,任法国陆军参谋部军事人事处处长、研究处处长。2007 年 8 月至 2008 年 7 月,任法国陆军参谋部负责人力资源的副参谋长。2008 年 8 月至 2010 年 8 月,任驻图卢兹的法国第 11 伞兵旅旅长。2010 年 8 月至 2012 年 11 月,任法国陆军参谋部负责能力集成的副参谋长。2012 年 11 月至 2014 年 8 月,任法国国防安全局局长。

2014 年 9 月,任法国陆军参谋长。

2007 年 8 月晋升为准将,2010 年 8 月晋升为少将,2012 年 11 月晋升为中将,2014 年 9 月晋升为上将。

韩国参谋长联席会议主席李淳镇上将

李淳镇　1954 年 10 月 3 日出生,1973 年毕业于大邱高级中学,1975 年和 1977 年两次获得文学士学位,1983 年获得庆北国立大学教育学士学位;1987 年毕业于陆军步兵学校,1989 年毕业于陆军机械化学校,1992 年获得国防大学公共管理硕士学位,2001 年获得忠南大学公共管理研究生院安全政策博士学位。

1977 年 3 月至 1979 年 12 月,任韩国第 6 步兵师新兵教育营士兵。1980 年 1 月至 1983 年 12 月,任韩国第 6 步兵师第 19 团第 2 营连长。1984 年 1 月至 1987 年 12 月,任韩国第 1 装甲旅第 628 炮兵营人事主任。1988 年 1 月至

1990年12月,任韩国第1装甲旅105机械化步兵营第3中队中队长。1991年1月至1992年7月,任韩国第103旅作战科长。1992年8月至1994年11月,任韩国第25步兵师第70团团长。1994年11月至1997年1月,任韩国第5集团军作战处教育科长。1997年1月至1998年4月,任韩国第66步兵师师长。1998年4月至1999年12月,任韩国陆军教育司令部计划部副部长。1999年12月至2002年5月,任韩国陆军学院防务专家。2002年5月至2003年12月,任韩国第71预备役步兵师师长。2003年12月至2004年12月,任联合作战总部训练处处长。2004年12月至2005年12月,任联合作战总部主任。2005年12月至2006年1月,任韩国陆军第2作战司令部作战处教育训练科科长。2006年1月至2007年4月,任韩国第7步兵师副师长。2007年5月至2008年3月,任韩国陆军第2作战司令部参谋长。2008年3月至4月,任韩国第15步兵师副师长。2008年4月至2009年4月,任韩国陆军副参谋长助理。2009年4月至2011年5月,任韩国第2步兵师师长。2011年5月至2012年6月,任韩国参谋长联席会议军事支援部部长。2012年6月至10月,任韩国参谋长联席会议代表。2012年11月至2014年4月,任韩国陆军首都防卫司令部司令。2014年4月至8月,任韩国陆军航空作战司令部司令。2014年8月至2015年10月,任韩国陆军第二作战司令部司令。

2015年10月,任韩国参谋长联席会议主席(合同参谋本部议长)。

2014年晋升为上将。

韩国陆军参谋长金曜焕上将

金曜焕 1956年出生于韩国全罗北道扶安郡,1978年毕业于韩国陆军学院(韩国陆军士官学校)第34期。

1991年11月至2002年11月,任韩国第1军作战参谋。2002年11月至2003年11月,任韩国陆军总部情报作战参谋部部队计划课长。2003年11月至2004年11月,任韩国第2军参谋长。2004年11月至2005年5月,任韩国陆军步兵学校教授部长。2005年5月至2006年11月,任韩国联合参谋部负责战备态势检阅的副部长。2006年11月至2008年11月,任韩国 第3师师长。2008年11月至2009年11月,任韩国陆军总部情报作战参谋部部长。2009年11月至2011年4月,任韩国首都军军长。2011年5月至2012年10月,任韩国陆军副参谋长。2012年10月至2014年8月,任韩国陆军第2作战司令部司令。

2014年8月至2015年9月,任韩国陆军参谋长(第45任)。

2012年10月晋升为上将。

韩国陆军参谋长张骏圭上将

张骏圭上将　1957年出生,毕业于韩国陆军学院(韩国士官学校)第36期,后来先后毕业于陆军步兵学校、陆军机械化学校和国防大学公共管理系(1992年)。

担任过的主要职务包括:2009年4月至2011年4月,任韩国第21步兵师师长。2011年4月至2012年4月,任韩国陆军总部信息作战部部长。2012年4月至2013年10月,任韩国陆军特种作战司令部司令。2013年10月至2014年9月,任韩美联合部队司令部参谋长。2014年9月,任韩国第1集团军副司令。2014年9月至2015年9月,任韩国第1集团军司令。2015年9月,任韩国陆军参谋长(第46任)。

2014年9月晋升为上将。

葡萄牙武装部队总参谋长阿图尔·内维斯·蒙特罗上将

阿图尔·内维斯·蒙特罗　1952年出生,1974年毕业于葡萄牙军事学院。

接受的教育(军事教育)还包括:葡萄牙联合军事与参谋学院、美国陆军步兵学校步兵军官高级课程班、巴西军事学院参谋课程班。

1974年至1985年,在驻亚速尔群岛蓬塔德尔加达的步兵训练学校和步兵团等军事单位服役。1986年至1988年、1998年至1999年,先后在葡萄牙陆军参谋长办公室任职。1988年、1991年至1994年,先后任葡萄牙联合军事与参谋学院战术教官、战略学教官。1994年至1995年,任国防大臣负责对外防务关系的军事助理。作为中校,1997年至1998年,任葡萄牙独立机械化旅第2机械化步兵营营长,率部参加波黑地区的军事行动。作为上校,1999年至2002年,任驻比利时蒙斯的北约欧洲盟军司令部作战处政策科科长。作为少将,2003年至2006年,任葡萄牙陆军参谋长办公室主任。2006年至2007

年,任葡萄牙武装部队总参谋长办公室主任。作为中将,2007年至2009年,任葡萄牙陆军作战司令部司令。2009年至2011年,任葡萄牙驻北约军事委员会和欧盟军事委员会军事代表。2011年12月至2014年2月,任葡萄牙陆军参谋长。

2014年2月,任葡萄牙武装部队总参谋长。

2011年12月晋升为上将。

葡萄牙陆军参谋长卡洛斯·安东尼奥·科巴尔·赫南德斯·热罗尼莫上将

卡洛斯·安东尼奥·科巴尔·赫南德斯·热罗尼莫 1955年8月出,1977年毕业于葡萄牙军事学院并获得学士学位。

接受的教育(军事教育)还包括:步兵课程班(1973年至1977年)、上尉课程班(1981年)、指挥与参谋课程班(1986年至1987年)、参谋课程班(1991年至1992年)。2004年获得指挥与管理硕士学位。

1979年至1981年,任葡萄牙陆军伞兵基础学校(教导营)教官。1981年至1982年,任葡萄牙陆军伞兵基础学校(教导营)连长。1982年至1986年,任葡萄牙陆军伞兵基础学校(第31伞兵营)连长。1987年至1990年,任葡萄牙陆军伞兵基础学校副校长(空降作战大队副大队长)。1990年至1991年,任葡萄牙陆军伞兵基础学校参谋长。高等军事研究学院战术系教授。1994年至1995年,任葡萄牙伞兵学校校长(空降支援营营长)。1995年至1998年,任葡萄牙驻摩洛哥、突尼斯武官。1998年至1999年,任葡萄牙陆军独立空降旅参谋长。1999年至2000年,任葡萄牙陆军伞兵学校副校长。2000年至2002年,任葡萄牙陆军伞兵学校校长。2000年至2003年,兼任驻东帝汶特遣部队司令。2003年至2004年,任葡萄牙陆军独立空降旅副旅长。2006年至2007年,任葡萄牙陆军作战司令部副司令。2007年至2008年,任葡萄牙陆军快速反应旅旅长。2009年至2010年,任葡萄牙陆军副监察长。2010年1月至2013年9月,任葡萄牙国防参谋部电子信息和军事安全中心主任。2013年9月至2014年2月,任葡萄牙陆军作战司令部司令。

2014年2月,任葡萄牙陆军参谋长。

2014年2月晋升为上将。

日本陆上自卫队参谋长岩田清文上将

岩田清文　1957年2月出生,1979年3月毕业于日本防卫大学第23期。

2001年6月,任日本第71坦克团团长。2003年3月,任日本陆上自卫队参谋部装备部装备计划处处长。2004年8月,任日本陆上自卫队富士学校装甲兵系主任。2006年8月,任日本陆上自卫队中部军区(中部方面总监部)副参谋长。2008年8月,任日本陆上自卫队参谋部人事部部长。2010年7月至2011年8月,任日本第7师师长。2011年8月至2012年7月,任日本联合参谋部副联合参谋长。2012年7月至2013年8月,任日本陆上自卫队北部军区司令(北部方面总监)。

2013年8月至2016年7月,任日本陆上自卫队参谋长。

2013年8月晋升为上将。

日本陆上自卫队参谋长冈部俊哉上将

冈部俊哉　1959年2月5日出生于福冈县。1981年3月毕业于日本防卫大学(第25期),加入日本陆上自卫队。

1982年3月进入日本第2师第9步兵团服役。1984年8月,转入第1空降团空降步兵群服役。1987年9月,进入空降教育团服役。1989年8月至1991年8月,为日本陆上自卫队干部候补生学校学员。1991年8月至1993年8月,为日本陆上自卫队干部学校学员(指挥与参谋课程)。1993年8月至1995年3月,任日本第40步兵团中队长。1995年3月至1998年3月,任日本陆上自卫队参谋部教育训练部参谋。1998年3月至2001年8月,任日本陆上自卫队参谋部防卫部参谋。2001年8月至2003年8月,任日本陆上自卫队参谋部人事部人事任免处第一科科长。2003年8月至2005年3月,任日本第28步兵团团长兼驻地司令。2005年3月至2006年3月,任日本陆上自卫队参谋部防卫部运用处处长。2006年3月至2006年8月,任日本陆上自卫队参谋部运用支援与情报部运用支援处处长。2006年8月至2008年8月,任日本第1空降团团长兼驻地司令。2008年8月至2010年7月,任日本陆上自卫队西部军区副参谋长。2010年7月至2012年7月,任日本陆上自卫队参谋部教育训练部部长。2012年7月至2013年8月,任日本第6师师长。2013年8月至

2014年8月,任日本防卫大学干事(此职务为防卫大学二号人物)。2014年8月至2015年3月,任日本联合参谋部副联合参谋长。2015年3月至2016年7月,任日本陆上自卫队北部军区司令。

2016年7月,任日本陆上自卫队参谋长。

2016年7月晋升为上将。

土耳其武装部队总参谋长胡卢西·阿卡尔上将

胡卢西·阿卡尔 1952年3月12日出生,1972年毕业于土耳其军事学院,1973年毕业于陆军步兵学校,1982年毕业于土耳其陆军指挥与参谋学院,1985年毕业于土耳其国家军事学院,1987年毕业于美国武装部队参谋学院。

1973年至1980年,在土耳其陆军部队先后任排长、连长、营长等职。1982年至1998年,历任第7步兵团营长、第12步兵师后勤部参谋、土耳其总参谋部规划官、土耳其军事学院教官、北约南欧盟军司令部情报部情报官、土耳其陆军司令部计划官、驻波黑地区的土耳其部队副司令。1998年至2002年,先后任土耳其第51国内安全步兵旅旅长、北约南欧盟军司令部计划与政策部部长。2002年至2007年,先后任土耳其军事学院院长、土耳其陆军指挥与参谋学院院长。2007年至2011年,先后任土耳其陆军后勤司令部司令、土耳其第3军军长。2011年8月至2013年8月,任土耳其武装部队副总参谋长。2013年8月至2015年8月,任土耳其陆军司令部司令。

2015年8月,任土耳其武装部队总参谋长。

2011年8月晋升为上将。

土耳其陆军司令部司令萨利赫·泽基·索拉克上将

萨利赫·泽基·索拉克 1954年7月20日出生,1974年毕业于土耳其军事学院并获得少尉军衔,1975年获得炮兵与导弹学校中尉军衔。

1975年至1988年,在土耳其陆军炮兵部队历任排长、连职参谋和连长。1988年毕业于土耳其陆军指挥与参谋学院,成为一名参谋。1988年至2001年,历任步兵师作战与训练科参谋、步兵营营长、财务规划计划部项目官、驻布鲁塞尔的西欧联盟的土耳其军事代表兼参谋长、炮兵司令部处长、公共关系与宣传部新闻秘书。2001年至2009年,先后任土耳其第19步兵旅旅长、土耳其陆军司令部人事部部长、总参谋部秘书处处长、土耳其装甲兵学校校长和土耳其陆军教育与训练司令部某部部长。2009年至2011年,任土耳其第7军军长。2011年8月至2013年8月,任土耳其陆军司令部参谋长。2013年8月至2014年8月,任土耳其陆军训练与条令司令部司令。2014年8月至2015年8月,任土耳其第1集团军司令。

2015年8月,任土耳其陆军司令部司令。

2013年8月晋升为上将。

意大利国防参谋长克劳迪奥·格拉齐亚诺上将

克劳迪奥·格拉齐亚诺 1953年11月出生。1972年至1974年为意大利军事学院学员。1974年至1976年,为陆军战术学校学员。1974年,成为步兵军官。1976年,任驻都灵附近的山地部队"苏萨"营步兵排排长。

接受的教育(军事教育)还包括:意大利陆军参谋学院基础和高级指挥与参谋课程班、驻宾夕法尼亚州卡莱尔兵营的美国陆军军事学院、罗马天主教大学和的里雅斯特大学。获得美国陆军军事学院军事战略硕士学位、罗马天主教大学人类学硕士学位和军事战略硕士学位。

1977年,任驻都灵的"都灵人"亚平宁山地旅反坦克连副连长。1980年至1983年,先后任驻蒙圭尔福的特里登蒂纳旅"特伦托"山地营迫击炮连连长、步兵连连长。1983年至1986年,先后任驻奥斯塔的山地部队学校学员连连长、总部连连长。1988年晋升为少校,任驻罗马的陆军参谋部后勤部系统发展处参谋。1990年晋升为中校,任陆军参谋长的军事助理。1992年6月,任驻皮内罗洛的"苏萨"山地营营长,此后率该营参加在莫桑比克的"联莫"行动。1993年末,任陆军参谋部行政与协调处处长。1996年晋升为上校,任驻库内奥的第2山地团团长。1998年,任陆军参谋部计划与政策办公室主任。2001年9月,任意大利驻美国大使馆武官。2004年8月至2006年2月,从美国返回,任"都灵人"亚平宁山地旅旅长。2005年7月至2006年2月,任驻阿富汗的北约国际安全援助部队喀布尔多国旅旅长。2006年3月,任意大利联合作战总部负责作战的副参谋长,负责所有作战任务的计划、部署和兵力使用。2007年1月至2010年1月,任联合国驻黎巴嫩临时部队(UNIFIL)任务团团长兼部队司令。2010年2月至2011年12月,任意大利国防部长办公厅主任。2011年12月至

2015年2月,任意大利陆军参谋长。

2015年2月,任意大利国防参谋长。

2002年1月晋升为准将,2006年1月晋升为少将,2010年1月晋升为中将,2015年2月晋升为上将。

印度陆军参谋长达尔比尔·辛格·苏哈格上将

达尔比尔·辛格·苏哈格　1954年12月出生于东旁遮普邦哈格尔,1974年6月毕业于印度初级国防学院并获得学士学位,在印度第5廓尔喀步兵团第4营服役。后来获得印度国防管理学院管理与战略研究硕士学位。

接受的教育(军事教育)还包括:印度国防管理学院(1997年至1998年)、国防学院(2006年)、驻美国夏威夷的美国太平洋司令部亚太安全研究中心国家安全执行人员课程班(2005年)和驻肯尼亚内罗毕的联合国维护和平行动中心特派团高级领导课程班(2007年)。

曾任驻德拉敦的印度军事学院教官、步兵连长,印度第33步兵团团长,印度第53步兵旅旅长。2007年10月至2008年12月,任驻卡吉尔的印度第8山地师师长。还曾任印度特别边防部队监察长。2009年至2012年,任驻迪马布尔印度第3军军长。2012年6月至2013年12月,任印度陆军东部军区司令。2013年12月至2014年7月,任印度陆军第一副参谋长。

2014年7月,任印度陆军参谋长。

2014年7月晋升为上将。

印度尼西亚国民军总司令慕耳托科上将

慕耳托科上将　1957年7月出生,1981年毕业于印度尼西亚武装部队学院。

接受的教育(军事教育)还包括:陆军指挥与参谋学院(1994年)、武装部队指挥与参谋学院(2001年)、国家复兴学院(2001年)。

曾任印度尼西亚第7军区排长、连长。1996年至2005年,先后任第501军分区司令部作战科科长、步兵武器中心教育与训练处处长。2005年至2006年,任该军区教育与训练团团长。2006年,任第141军分区司令。2007年,任印度尼西亚陆军参谋长的经济专家。2008年,任印度尼西亚陆军条令、教育与训练司令部教育部长。2008年至2010年,任军区参谋长。2010年,任印度尼西亚第1步兵师师长。2010年至2011年,先后任印度尼西亚第12军区司令、第3军区司令。2011年至2013年,任印度尼西亚国家复兴学院副院长。2013年2月,任印度尼西亚陆军副参谋长。2013年5月,任印度尼西亚陆军参谋长。

2013年8月,任印度尼西亚国民军总司令。

2013年5月晋升为上将。

英国国防参谋长尼古拉斯·R.霍顿(爵士)上将

尼古拉斯·R.霍顿(爵士) 1954年10月出生,1974年毕业于英国桑赫斯特皇家军事学院,被任命为少尉军官。1977年毕业于牛津大学圣彼得学院并获得现代史学士学位。

曾任英国莱茵河集团军参谋长的军事助理、军事科学学院参谋等职。1991年至1994年,任英国"格林·霍华兹"步兵团营长。1994年至1997年,任英国地面部队司令部助理参谋长的助理。1997年6月至1999年12月,任英国第39步兵旅旅长。1999年12月至2002年7月,任英国国防部军事作战部部长。2002年7月至2004年,任英国国防参谋部负责作战的助理国防参谋长。2004年至2005年,任北约欧洲盟军快速反应军团司令部参谋长。2005年10月至2006年3月,任驻美国中央司令部的英国高级军事代表兼伊拉克多国部队副司令,率部参加伊拉克战争。2006年3月至2009年3月,任英国常设联合司令部联合作战司令。2009年5月至2013年5月,任英国第一副国防参谋长。

2013年7月,任英国国防参谋长。

1997年12月晋升为准将,2002年7月晋升为少将,2005年10月晋升为中将,2009年5月晋升为上将。

英国陆军参谋长尼古拉斯·P.卡特(爵士)上将

尼古拉斯·P.卡特(爵士) 1959年2月出生于肯尼亚内罗毕,1978年4月毕业于英国桑赫斯特皇家军事学院,被任命为少尉军官。先后在北爱尔兰、塞浦路斯、德国和英国服役。1992年毕业于坎伯利参谋学院,任连长。1994年至

1996年,任英国陆军参谋长的军事助理。1996年至1998年,任坎伯利参谋学院教务处处长。1998年至2003年,任英国皇家绿衣团第2营营长,率部参加波黑、科索沃维和行动。2004年至2005年12月,任英国第20装甲旅旅长,率部参加伊拉克战争。2006年至2009年,任英国国防部陆军资源与计划处处长。2009年1月至2011年1月,任英国第6步兵师师长。2011年1月至11月,任英国国防部地面作战局局长。2011年11月至2012年1月,任英国野战集团军司令。2012年1月至2013年11月,任英国地面部队司令部副司令。在此任内,2012年10月至2013年7月兼任北约国际安全援助部队副司令,率部参加阿富汗战争。2013年11月至2014年9月,任英国地面部队司令部司令。

2014年9月,任英国陆军参谋长。

2014年9月晋升为上将。

北约组织军事委员会主席彼得·帕维尔上将

彼得·帕维尔 1983年毕业于驻维什科夫的陆军军事大学,任伞兵排长。1988年至1991年,为布尔诺军事学院(现为国防大学)学员。1991年至1993年,任军事情报局军事情报官。曾在联合国波黑保护部队所属的捷克斯洛伐克部队中任职。在波黑行动后在捷克军队的不同岗位任职。曾任捷克驻比利时副武官,捷克特种部队旅旅长。2002年,任驻美国中央司令部的捷克军事代表。代表捷克武装部队在不同的国际和国家组织中任职。

接受的教育(军事教育)包括:坎伯利参谋学院、皇家国防研究学院和伦敦国王学院(获得国际关系硕士学位)。2011年7月至2012年6月,任捷克武装部队副总参谋长。2012年7月至2015年5月,任捷克武装部队总参谋长。

2015年5月,北约组织军事委员会主席。

2014年5月晋升为上将。

北约欧洲盟军司令部副司令阿德里安·J.布拉德肖上将

阿德里安·J.布拉德肖 1958年出生,1979年毕业于雷丁大学并获得理学士学位,1991年毕业于伦敦大学国王学院并获得国防研究硕士学位,2005年获得伦敦大学国王学院国际关系硕士学位。

1980年被任命为皇家骠骑兵团少尉军官。1994年,任驻波斯尼亚的英国皇家骠骑兵团作战大队大队长。2003年3月至2006年,任英国第7装甲旅旅长,率部参加伊拉克战争。2006年至2009年,任英国国防部特种部队处处长。2009年3月至2011年10月,任英国第1装甲师师长,任内于2009年5月率部参加在捷克共和国境内举行的重大演习训练。2011年11月至2012年10月,任北约阿富汗国际安全援助部队副司令兼驻阿富汗的英军特遣部队司令,参加阿富汗战争。2013年1月至2013年11月,任英国陆军地面部队司令部司令。

2014年3月,任北约欧洲盟军司令部副司令。

2014年3月晋升为上将。

北约布林瑟姆盟军联合部队司令部司令萨尔瓦多·法里纳上将

萨尔瓦多·法里纳 1957年11月18日出生。

接受的教育(军事教育)主要包括:摩德纳军事学院、都灵陆军战术学校、英国陆军坎伯利参谋学院,拥有都灵大学—都灵陆军战术学校战略学学位、帕多瓦大学电气工程学位、的里雅斯特大学国际政治与外交关系学位、加利福尼亚州蒙特雷美国海军研究生院国防资源管理硕士学位。

1980至1989年,先后任步兵连和电子战营排长、连长。1989年至1990年,任驻维罗纳的北约司令部参谋。1990年至1991年,为奇维塔韦基亚军事学院第115期课程班学员。1992年,进入英国陆军坎伯利参谋学院学习。在学习期间,1992年12月曾任英国第3师作战参谋。1994年,任驻波代诺内的意大利"Ariete"旅司令部参谋,并参加高级课程班学习。1995年9月到1996年9月,任驻奇维塔韦基亚的转型营营长,任内率部部署至波斯尼亚地区执行任务。1996年10月至1999年9月,意大利国防参谋部联合作战中心主任,负责计划和指导意大利武装部队在波斯尼亚、阿尔巴尼亚、马其顿、科索沃和东帝汶的所有军事行动。2000年至2001年,任驻米兰的意大利第1转型团团长,负责现代化和向北约快速反应部队提供意大利部队的工作。2001年至2004年,任意大利陆军参谋部总体规划办公室主任。2004年至2007年,任驻英国的意大利大使馆国防武官。2007年至2008年,任驻安齐奥的意大利转型旅旅长。2008年10月至2010年1月,任意大利国防参谋部军事政策与规划部副部长。2011年7月至2013年8月,任意大利国防参谋部军事政策与规划部部长。2013年9月至 2014 年 9 月,任北约科索沃维和部队司令。2014 年 9 月至 2015 年 5 月,任意大利陆军军事转型部部长。2015 年 5 月至 2016 年 2 月,任意大利国防参谋部白皮书执行委员会主席。

2016 年 3 月,任北约布林瑟姆盟军联合部队司令部司令。

2016 年 3 月晋升为上将。

附录2　2015—2016年度美国陆军集团军司令和军长

肖石忠

美国第1集团军司令迈克尔·S.塔克中将

迈克尔·S.塔克　1972年作为列兵参加美国陆军,1979年毕业于美国陆军候补军官学校并被任命为少尉军官。

接受的教育(军事教育)还包括:马里兰大学(心理学学士学位)、美国陆军指挥与参谋学院(军事学硕士学位)、美国陆军军事学院和施彭斯堡大学(公共管理硕士学位)。

1979年至2001年,历任驻德国的美国第35装甲团第1营坦克排长、营汽车官、连长、营部副官、营作战官,美国陆军指挥与参谋学院学员,美国军事学院(西点军校)助理教授,驻阿拉巴马州马克斯韦尔空军基地的美国空军指挥与参谋学院联合网络模拟处处长,美国第3(机械化)步兵师第64装甲团1营营长,美国陆军军事学院学员,美国第3(机械化)步兵师作战官等职,参加过海湾战争。2001年3月,任驻德国的美国第1装甲师第1旅旅长,任内率部参加伊拉克战争。此后,任驻德国的美国欧洲陆军暨第7集团军司令部司令的执行官。2004年8月至2005年7月,任驻德国的美国第1装甲师负责作战的副师长。2005年7月至2006年6月,任驻德国的美国第1装甲师负责支援的副师长。2006年6月至2007年4月,任驻佐治亚州本宁堡的美国陆军步兵中心副司令兼美国陆军步兵学校副校长。2007年4月,任美国陆军沃尔特·里德医疗中心副主任,负责该中心发生医疗护理丑闻后的整改。此后,任北约阿富汗国际安全援助部队负责作战的副参谋长,参加阿富汗战争。2009年10月至2011年9月,任驻韩国的美国第2步兵师师长。2011年10月至2012年7月,任美国陆军第一副参谋长的特别助理。2012年7月至2013年8月,任美国陆军负责作战与计划的副参谋长助理。

2013年8月,任驻伊利诺伊州罗克岛兵工厂的美国第1集团军司令。

2004年8月晋升为准将,2008年12月晋升为少将,2013年8月晋升为中将。

美国第2集团军司令兼美国陆军网络司令部司令爱德华·C.卡顿中将

爱德华·C.卡顿　出生于得克萨斯州，1982年毕业于美国军事学院（西点军校）并获得学士学位，被任命为少尉军官。

接受的教育（军事教育）还包括：美国军事学院（西点军校，理学士学位）、美国陆军工程兵学校工程兵军官初级课程班和高级课程班、美国海军指挥与参谋学院（国家安全与战略研究硕士学位）、美国武装部队参谋学院和美国国家军事学院。

曾任驻得克萨斯州胡德堡的美国第2装甲师第17作战工兵营排长、营维护官，驻德国的美国第5军第130工兵旅训练参谋，驻德国的美国第3装甲师第3旅工程师、连长，美国陆军国家训练中心教官，美国陆军工程兵学校教官，美国海军指挥与参谋学院学员，第3步兵师（机械化）助理师工程师、第1（机械化）步兵师第82工兵营执行官，北约中欧地面部队司令部参谋，北约波黑执行部队/稳定部队司令部处长，美国第4步兵师第588工兵营营长，美国陆军参谋长的特别助理等职。从国家军事学院毕业后，2003年至2004年，任美国第3步兵师工兵旅旅长，率部参加伊拉克战争。2004年至2006年，任美国第3步兵师第4旅战斗队旅长，率部参加伊拉克战争。包括部署到伊拉克。2006年至2008年，任美国第3步兵师负责支援的副师长，率部参加伊拉克战争。2008年8月至2010年7月，任驻堪萨斯州利文沃思堡的美国陆军指挥与参谋学院副院长兼美国陆军联合兵种中心负责领导发展与教育的副司令。2010年至2011年，任驻伊拉克美军负责支援的副司令。2011年9月至2013年6月，任驻韩国的美国第2步兵师师长。

2013年9月，任驻弗吉尼亚州贝尔沃堡的美国第2集团军司令兼美国陆军网络司令部司令。

2006年晋升为准将，2010年6月晋升为少将，2013年9月晋升为中将。

美国第3集团军司令兼美国中央陆军司令部司令詹姆斯·L.特里中将

詹姆斯·L.特里　1957年出生于佐治亚州，1978年毕业于北佐治亚学院，接受后备军官训练团训练后被任命为少尉军官。

接受的教育(军事教育)还包括：北佐治亚学院(市场营销与管理工商管理学士学位)、韦伯斯特大学(工商管理硕士学位)、美国国防大学(国家安全战略与政策硕士学位)；美国陆军空降兵学校、美国陆军别动队学校、美国陆军空中突击学校、美国陆军步兵学校步兵军官初级课程班和高级课程班、美国陆军指挥与参谋学院、国家军事学院。

曾任驻德国的美国第3步兵师第15步兵团第1营排长、连执行官,驻肯塔基州坎贝尔堡的美国第101(空中突击)空降师第327步兵团第1营后勤官、作战官,北佐治亚学院军事学助理教授兼学员队副司令,驻韩国的联合国军安全部队营执行官,美国第101(空中突击)空降师副作战官、旅执行官,美国陆军监察长的执行官,驻弗吉尼亚州诺福克的美国联合部队司令部倡议办公室主任兼联合作战中心副司令,驻科威特的美国中央陆军司令部暨联军地面部队组成司令部作战官。1981年,任美国第101(空中突击)空降师连长。1994年6月,任美国第10山地师营长,率部参加"坚持民主行动"(海地)。1998年4月至2000年7月,任驻夏威夷的美国第25(轻型)步兵师第2旅旅长。此后,任驻路易斯安那州波尔克堡联合战备训练中心作战大队司令。2004年8月至2007年2月,任驻纽约州德拉姆堡的美国第10山地师负责作战的副师长。在此任内,2006年1月至2007年2月,兼任第76联合特遣部队司令,参加阿富汗战争。2009年9月至2011年11月,任美国第10山地师师长,率部参加阿富汗战争。2012年1月至2013年6月,任驻德国的美国第5军军长。在此任内,2012年6月至2013年5月,任驻阿富汗美军司令部副司令兼北约阿富汗国际安全援助部队联合司令部司令,参与组织指挥阿富汗战争。

2013年6月,任驻南卡罗来纳州肖空军基地的美国第3集团军司令兼美国中央陆军司令部司令。

2005年晋升为准将,2008年9月晋升为少将,2012年1月晋升为中将。

美国第5集团军司令兼美国北方陆军司令部司令佩里·L.威金斯中将

佩里·L.威金斯　1983年毕业于默瑟大学并获得学士学位,接受后备军官训练团训练后被任命为少尉军官。

接受的教育(军事教育)还包括：美国陆军步兵学校步兵军官基础课程班、

美国陆军航空兵学校航空兵军官高级课程班、美国陆军指挥与参谋学院和美国陆军军事学院(战略研究硕士学位)。

曾在北美洲、欧洲、拉丁美洲和中东地区服役。是陆军航空兵飞行员。作为连长,参加过海湾战争。作为第229攻击直升机团执行官,参加过波黑地区的"共同努力行动"。作为美国空军第93空中控制联队的一员,参加过"沙漠之狐行动""沙漠惊雷行动""守望南方行动"等。在美国第82空降师第82航空旅旅长任内,率部参加伊拉克战争。在美国参谋长联席会议联合参谋部任职之后,2008年7月至2009年8月,任驻赖利堡的美国第1(机械化)步兵师负责支援的副师长。2008年7月至2009年3月,任美国第1(机械化)步兵师代理师长兼赖利堡驻军司令。2009年4月至2011年10月,任美国第5集团军副司令兼美国北方陆军司令部副司令。2011年10月至2013年1月,任美国第1集团军西部训练支援师师长。2013年1月至9月,再任美国第5集团军副司令兼美国北方陆军司令部副司令。

2013年9月,任驻得克萨斯州圣安东尼奥联合基地的美国第5集团军司令兼美国北方陆军司令部司令。

2007年7月晋升为准将,2010年9月晋升为少将,2013年9月晋升为中将。

美国第6集团军司令兼美国南方陆军司令部司令约瑟夫·P.迪萨尔沃少将

约瑟夫·P.迪萨尔沃 1981年毕业于美国军事学院(西点军校)并获得学士学位,被任命为少尉军官。

接受的教育(军事教育)还包括:美国空军理工学院(运筹学硕士学位)、美国陆军军事学院(国家安全与战略研究硕士学位)。

主要在美国以及欧洲和亚洲任职。曾任美国第3装甲骑兵团第1中队中队长,美国第3(机械化)步兵师第2旅战斗队旅长(任内率部参加伊拉克战争),美国陆军国家训练中心高级训练官等职;美国陆军参谋部参谋,美国参谋长联席会议联合参谋部战略计划与政策部伊拉克处处长、负责本土防御与西半球事务的副部长;波黑稳定部队司令部作战处副处长、司令的副官,驻伊拉克战争美军司令部负责安全移交的副参谋长,驻得克萨斯州胡德堡的美国第3军参谋长、副军长。2012年7月至2013年6月,任驻佛罗里达州迈阿密的美国南方司令部参谋长。

2013年6月,任驻得克萨斯州圣安东尼奥联合基地的美国第6集团军司令兼美国南方陆军司令部司令。

2008 年 7 月晋升为准将,2012 年 7 月晋升为少将。

美国欧洲陆军暨第 7 集团军司令部司令弗雷德里克·B.霍奇斯中将

弗雷德里克·B.霍奇斯 1958 年 4 月 16 日出生于佛罗里达州杰克逊维尔,1980 年 5 月毕业于美国军事学院(西点军校)并获得学士学位,被任命为步兵少尉军官。

接受的教育(军事教育)还包括:美国陆军步兵学校的步兵军官基础课程班和高级课程班、美国陆军指挥与参谋学院(军事学硕士学位)、美国国家军事学院(国家安全与战略研究硕士学位)。

1981 年 2 月至 1991 年 6 月,历任美国第 2 装甲师第 41(机械化)步兵团第 3 营排长、连执行官,美国陆军步兵学校步兵军高级课程班学员,美国第 101(空中突击)空降师第 1 旅的助理后勤官、助理作战官、第 327 步兵团第 1 营连长、营作战官、旅助理作战官,美国陆军步兵学校教官、战术教学主任。1991 年 8 月至 1993 年 6 月,为美国陆军指挥与参谋学院及其高级军事研究学院学员。1993 年 6 月至 2000 年 7 月,历任美国第 2 步兵师作战科计划主任,美国第 101(空中突击)空降师第 327 步兵团 3 营执行官,北约欧洲盟军司令部最高司令的副官,美国第 327 步兵团 3 营营长,美国陆军立法联络局国会联络官。

2000 年 8 月至 2001 年 6 月,为美国国家军事学院学员。2001 年 7 月至 2002 年 6 月,任驻路易斯安那州波尔克堡的美国陆军联合战备训练中心作战大队高级营观察员兼导调员。2002 年 6 月至 2004 年 8 月,任驻肯塔基州坎贝尔堡的美国第 101(空中突击)空降师第 1 旅旅长,任内率部参加"伊拉克自由行动"。2004 年 8 月至 2006 年 7 月,任驻北卡罗来纳州布雷格堡的美国第 18 空降军负责作战的助理参谋长、伊拉克多国军负责作战的助理参谋长。2006 年 7 月至 2007 年 8 月,任美国第 18 空降军参谋长。2007 年 8 月至 2009 年 8 月,任美国陆军立法联络局副局长。2009 年 8 月至 2010 年 12 月,任驻阿富汗的北约国际安全援助部队南部地区司令部负责稳定的副司令。2010 年 12 月,任美国参谋长联席会议联合参谋部巴基斯坦阿富汗协调指挥所主任。2012 年 11 月至 2014 年 10 月,驻土耳其伊兹密尔的北约欧洲盟军地面部队司令部司令(第一任)。

2014 年 11 月,任驻德国的美国欧洲陆军暨第 7 集团军司令。

2008年5月晋升为准将，2011年2月晋升为少将，2012年9月晋升为中将。

美国第8集团军司令伯纳德·S.尚普中将

伯纳德·S.尚普　出生于北卡罗来纳州布雷格堡，1976年圣安瑟姆学院并获得社会学学士学位，1977年毕业于候补军官学校并被任命为少尉军官。

接受的教育（军事教育）还包括：美国陆军步兵学校步兵军官基础课程班、美国陆军装甲兵学校装甲兵军官高级课程班、美国陆军指挥与参谋学院、美国陆军军事学院、联合将官课程班、陆军战略领导发展项目班。

曾任排长、连长，驻夏威夷州斯科菲尔德兵营的美国第25步兵师第27步兵团第1营营长，驻纽约州德拉姆堡的美国第10山地师第2旅旅长，美国第25步兵师负责作战的副师长兼第76联军联合特遣部队副司令（2003年10月至2005年6月），北约阿富汗国际安全援助部队负责安全的副司令兼负责作战的副参谋长；营、团作战官（3次），营、团、旅作战官，美国南方司令部总司令的执行官，美国参谋长联席会议副主席的执行助理，美国陆军立法联络局副局长等职务。2008年至2009年12月，任美国陆军立法联络局局长。2010年2月19日至2012年4月，任驻夏威夷州斯科菲尔德兵营的美国第25步兵师师长。2012年5月至2013年6月，任驻韩国的联合国军司令部/联合部队司令部/驻韩美军司令部负责作战的助理参谋长。

2013年6月，任驻韩国的美国第8集团军司令兼联合国军司令部/联合部队司令部/驻韩美军司令部参谋长。

2005年6月晋升为准将，2008年3月晋升为少将，2013年6月晋升为中将。

参加过"坚持民主行动"（海地，1994年），波黑维和行动（1999年至2000年期间），阿富汗战争（2004年至2005年和2007年至2008年期间）和伊拉克战争（2010年至2011年期间）等。

美国第9集团军司令兼美国非洲陆军司令部司令兼美国陆军南欧特遣部队司令帕特里克·J.多纳休（第二）少将

帕特里克·J.多纳休（第二）　1980年毕业于美国军事学院（西点军校）并获

得学士学位,被任命为少尉军官。后来获得哈佛大学公共管理硕士学位和美国陆军军事学院战略研究硕士学位。

接受的教育(军事教育)还包括:美国陆军步兵学校步兵军官基础课程班和高级课程班、别动队学校、美国空军指挥与参谋学院和美国陆军军事学院。

担任过空降和空中突击部队的连、营、旅级指挥职务和营、旅、师、军、陆军司令部、陆军部、作战司令部参谋职务,主要包括:1998年至2001年,任驻韩国的美国第2步兵师第506(空中突击)步兵团第1营作战官、营长。2002年至2003年,任美国第5军作战处处长兼作战指挥训练项目作战大队大队长。2003年至2006年,任美国第82空降师第1旅旅长。2008年至2010年,任驻佐治亚州斯图尔特堡的美国第3(机械化)步兵师负责作战的副师长。2010年至2012年,任美国陆军训练与条令司令部负责作战的副参谋长。

2012年8月,任驻德国的美国第9集团军司令兼美国非洲陆军司令部司令兼美国陆军南欧特遣部队司令。

2008年7月晋升为准将,2011年6月晋升为少将。

美国第1军军长斯蒂文·R.兰扎中将

斯蒂文·R.兰扎 1980年毕业于美国军事学院(西点军校)并获得学士学位,被任命为少尉军官。后来获得中密歇根大学管理硕士学位和国家军事学院国家安全与战略研究硕士学位。

接受的教育(军事教育)还包括:美国陆军指挥与参谋学院及其高级军事研究学院、中央密歇根大学和美国国家军事学院。曾任麻省理工学院国家安全研究员。

曾任美国欧洲陆军司令部总司令兼北约波黑稳定部队司令的副官,驻堪萨斯州赖利堡的美国第1(机械化)步兵师第5野战炮兵团第1营营长,美国陆军负责作战的副参谋长办公室作战概念科科长,驻得克萨斯州胡德堡的美国第1骑兵师第5旅战斗队旅长(率部参加伊拉克战争),美国参谋长联席会议联合参谋部联合能力处处长等职。2007年至2008年,任驻德国的美国第5军副军长。2008年至2009年,任驻德国的美国欧洲陆军暨第7集团军司令部作战部部长。2009年6月至2010年9月,任伊拉克多国部队司令部战略影响部部长兼驻伊拉克美军司令部发言人;2010年9月至2012年8月,任美国陆军公共事务局局长。2012年8月至2013年2月,任驻华盛顿州刘易斯—麦科德联合基地的美国第 7 步兵师师长。

2014 年 2 月,任驻华盛顿州刘易斯—麦科德联合基地的美国第 1 军军长。

2007 年晋升为准将,2010 年 6 月晋升为少将,2014 年 2 月晋升为中将。

美国第 3 军军长肖恩·B.麦克法兰中将

肖恩·B.麦克法兰　1981 年毕业于美国军事学院(西点军校)并获得学士学位,被任命为装甲兵少尉军官。后来获得佐治亚理工大学航空航天工程硕士学位。

接受的教育(军事教育)还包括:美国陆军装甲兵军官基础课程班和高中级课程班,美国陆军指挥与参谋学院及其高级军事研究学院,武装部队工业学院。

曾任驻得克萨斯州布利斯堡的美国第 3 装甲骑兵团第 2 中队骑兵排长、连执行官、驻德国的美国第 12 骑兵团第 3 中队后勤官、连长和第 4 骑兵团第 1 中队作战官、执行官,驻德国的美国第 63 装甲团第 2 营营长,驻德国的美国第 1 装甲师第 1 旅战斗队旅长。还曾任美国陆军国家导弹防御项目行动官,美国第 3 装甲骑兵团副作战官,驻德国的美国第 1(机械化)步兵师副作战官,驻佐治亚州麦克弗森堡的美国第 3 集团军司令部创意组组长,美国陆军欧洲司令部司令的副官,驻伊拉克的第 7 联军联合特遣部队未来作战处处长,驻德国的美国第 5 军作战官,美国参谋长联席会议联合参谋部战略计划与政策部伊拉克处处长等职。2008 年 6 月至 2010 年 6 月,任驻得克萨斯州布利斯堡的美国北方司令部北方联合特遣部队司令。2010 年 7 月至 2011 年 11 月,任驻堪萨斯州赖利堡的美国陆军联合兵种中心负责领导发展与教育的副司令兼美国陆军指挥与参谋学院副院长。2011 年 12 月至 2013 年 5 月,任北约阿富汗国际安全援助部队司令部负责作战的副参谋长兼驻阿富汗美军司令部副司令。2013 年 5 月至 2014 年 8 月,任驻得克萨斯州布利斯堡的美国第 1 装甲师师长。

2014 年 8 月,任驻得克萨斯州胡德堡美国第 3 军军长兼胡德堡驻军司令。

2009 年 4 月晋升为准将,2011 年 12 月晋升为少将,2014 年 8 月晋升为中将。

参加过海湾战争、波黑维和行动、阿富汗战争和伊拉克战争。

美国第 18 空降军军长约瑟夫·J.安德森中将

约瑟夫·J.安德森　出生于纽约市,1981 年毕业于美国军事学院(西点军校)并获得学士学位,被任命为少尉军官。后来获得中密歇根大学管理硕士学位和美国海军军事学院国家安全战略研究硕士学位。

接受的教育(军事教育)还包括:美国陆军步兵学校步兵军官基础课程班和高级课程班、美国陆军联合兵种与勤务参谋学院、美国陆军指挥与参谋学院和美国海军军事学院。

早年在美国第 5 步兵师、第 193 步兵旅、第 187 步兵团和第 75 别动团任排长、连执行官和连长等职务。曾任驻弗吉尼亚州亚历山德里亚的美国陆军总体人事司令部任免参谋,驻夏威夷州斯科菲尔德兵营的美国第 25(轻型)步兵师第 1 旅营作战官、旅作战官,驻夏威夷州沙夫特堡的美国太平洋陆军司令部司令的副官,美国第 25(轻型)步兵师第 3 旅执行官,驻北卡罗来纳州布雷格堡的美国第 82 空降师第 505 步兵团第 2 营营长等职。

2000 年毕业于驻罗德岛州纽波特在美国海军军事学院,留任该院军事作战系教官。2002 年 7 月至 2004 年 7 月,任驻肯塔基州坎贝尔堡的美国第 101(空中突击)空降师第 2 旅旅长,率部参加伊拉克战争。2004 年 7 月至 2005 年 2 月,任美国第 101(空中突击)空降师参谋长。2005 年 2 月,任美国陆军部长的执行官。2006 年 8 月,任驻得克萨斯州胡德堡的美国第 3 军参谋长。2006 年 12 月,任伊拉克战争多国军参谋长。2008 年 6 月至 2009 年 7 月,任驻肯塔基州诺克斯堡的美国陆军募兵司令部副司令。2009 年 8 月,任伊拉克多国部队暨驻伊拉克美军司令部参谋长。2010 年 8 月至 2011 年 11 月,任美国陆军参谋部作战、战备与动员处长。2011 年 11 月至 2013 年 3 月,任驻科罗拉多州卡森堡的美国第 4(机械化)步兵师师长兼卡森堡驻军司令。

2013 年 6 月,任美国第 18 空降军军长兼布雷格堡驻军司令。在此任内,2014 年 2 月,任驻阿富汗美军司令部副司令兼北约阿富汗国际安全援助部队联合司令部司令,参与组织指挥阿富汗战争。

2006 年 8 月晋升为准将,2010 年 3 月晋升为少将,2013 年 6 月晋升为中将。

附录3　2015—2016年度美国陆军现役师师长

肖石忠

美国第1(机械化)步兵师师长保罗·E.丰克(第二)少将

保罗·E.丰克　出生于得克萨斯州胡德堡,1984年毕业于蒙大拿州立大学并获得演讲传播学士学位,接受后备军官训练团训练之后被任命为装甲兵少尉军官。后来获得中央密歇根大学管理硕士学位。

接受的教育(军事教育)还包括:美国陆军装甲兵军官基础课程班和高级课程班、美国陆军指挥与参谋学院、奥斯汀的得克萨斯大学高级理工学院高级军种学院人员班等。

历任驻得克萨斯州胡德堡的美国第8骑兵团第2营坦克排长、连执行官、营作战官,驻科罗拉多州卡森堡的美国第3装甲骑兵团第1中队作战官,驻加利福尼亚州欧文堡的美国陆军训练中心实弹射击队观察控制员,第3装甲骑兵团作战官,驻科罗拉多州彼得森空军基地的美国航天司令部演习处处长,美国第1骑兵师作战官,美国第3军参谋长(2008年4月至2009年4月),驻堪萨斯州利文沃思堡的美国陆军联合兵种中心负责训练的副司令(2009年4月至2011年6月),美国第1步兵师负责作战的副师长(2011年7月至2013年5月);担任过驻德国的美国第32装甲旅第2营连长、第67装甲旅第4营连长,驻得克萨斯州胡德堡的美国第7骑兵团第1中队中队长、美国第1骑兵师第1旅战斗队旅长。参加过海湾战争、阿富汗战争和伊拉克战争。

2013年5月,任驻堪萨斯州赖利堡的美国第1(机械化)步兵师师长。

2010年7月晋升为准将,2013年5月晋升为少将。

美国第1骑兵师师长迈克尔·A.比尔斯少将

迈克尔·A.比尔斯　曾作为士兵在美国陆军服役3年,1984年毕业于乔治·梅森大学,接受后备军官训练团训练之后被任命为装甲兵少尉军官。

接受的教育(军事教育)还包括:装甲兵军官基础课程班和高级课程班、美国陆军指挥与参谋学院、美国陆军军事学院等。

曾任驻德国的美国第1装甲师第81装甲团第2营坦克排长、连执行官、营维护官,驻堪萨斯州赖利堡的美国第1(机械化)步兵师第4骑兵团第1中队人事官、连长,美国陆军人事司令部装甲兵军官任免官,驻德国的美国第1装甲师第1骑兵团第1中队中队长,高级装甲兵/骑兵训练官,2003年伊拉克战争期间的美国第5军攻击指挥所主任,美国陆军人力资源司令部基地调整与关闭处处长。2006年6月至2009年4月,任驻得克萨斯州胡德堡的美国第3装甲骑兵团团长。2010年6月至2011年9月,任驻得克萨斯州布利斯堡的美国北方司令部北方联合特遣部队司令。2011年9月至2013年,任驻德国的美国欧洲陆军暨第7集团军司令部负责作战的副参谋长(任内曾代理美国欧洲陆军暨第7集团军司令部副司令)。2013年至2014年3月,任驻科罗拉多州卡森堡的美国第4(机械化)步兵师副师长(任内曾兼任卡森堡驻军司令)。

2014年3月,出任驻得克萨斯州胡德堡的美国第1骑兵师师长。

2011年8月晋升为准将,2014年6月晋升为少将。

参加过海湾战争和伊拉克战争。

美国第1装甲师师长斯蒂芬·M.特威蒂少将

斯蒂芬·M.特威蒂 1985年毕业于南卡罗来纳州立大学并获得学士学位,接受后备军官训练团训练而被任命为少尉军官。后来获得中密歇根大学公共管理硕士学位和国防大学国家安全战略硕士学位。

1985年8月至1989年5月,历任驻肯塔基州坎贝尔堡的美国第101(空中突击)空降师第327步兵团第1营步兵排排长、侦察排排长和营空中作战官。此后,曾任驻佐治亚州斯图尔特的美国第24步兵师师长的副官、第15步兵团第3营B连连长,海湾战争期间任该师第7步兵团第3营空中作战官。

曾任美国参谋长联席会议联合参谋部战略计划与政策部参谋,美国陆军负责作战、计划与政策的副参谋长办公室演讲撰稿人,驻德国海德堡的美国第5军作战参谋,驻德国施韦因富特的美国第26步兵团第1营执行官,美国第1步兵师第2旅作战官,北约欧洲盟军司令部最高司令的副官。

曾任美国第15步兵团第3营营长(任内率部参加伊拉克战争),驻佐治亚州斯图尔特堡的美国第3步兵师作战官(G—3)。在伊拉克自由行动期间,驻得克萨斯州布利斯堡的美国第1骑兵师第4旅战斗队(后改编为美国第1装甲师第4旅战斗队)旅长(任内率部参加伊拉克战争),美国北方司令部副司令的副官,驻科威特的美国中央陆军司令部参谋长,驻布利斯堡的美国第1装甲师负责作战的副师长,北约阿富汗国际安全援助部队负责战略传播的副参谋长(任内参加阿富汗战争),驻北卡罗来纳州布拉格堡的美国陆军部队司令部负责作战、计划与政策的副参谋长。

2014年8月,任驻得克萨斯州布利斯堡的美国第1装甲师师长。

2010年11月晋升为准将,2014年晋升为少将。

美国第2步兵师师长托马斯·S.万达尔少将

托马斯·S.万达尔　1982年毕业于美国军事学院(西点军校)并获得学士学位,被任命为野战炮兵少尉军官。

接受的教育(军事教育)还包括:美国陆军野战炮兵军官基础课程班和高级课程班、美国陆军联合兵种参谋学院、美国陆军指挥与参谋学院、美国国家军事学院等。

曾任驻俄克拉何马州西尔堡的美国第75炮兵旅第17野战炮兵团第1营连火力引导官、连执行官、营火力引导官,驻德国的美国第8(机械化)步兵师第29野战炮兵团第4营计划官、连长,驻得克萨斯州胡德堡的美国第1骑兵师旅火力引导官、第82野战炮兵团第2营作战官,美国第1骑兵师炮兵作战官和执行官,驻华盛顿州刘易斯堡的美国第2步兵师第3旅战斗队第37野战炮兵团第1营营长,美国第75野战炮兵旅旅长(任内率部参加伊拉克战争),驻德国的联合多国战备中心作战大队大队长。还担任过新罕布什尔大学军事学助理教授,驻得克萨斯州胡德堡的美国第3军副作战官,美国第1军作战训练官,美国参谋长联席会议联合参谋部作战部计划官等职。

2008年8月至2010年11月,任驻佐治亚州斯图尔特堡的美国第3(机械化)步兵师负责支援的副师长。2010年12月至2011年9月,任美国陆军野战炮兵学校校长。2011年11月至2013年6月,任美国陆军负责作战、计划与政策的副参谋长办公室作战、战备与动员处处长。

2013年6月,出任驻韩国的美国第2步兵师师长。

2009年2月晋升为准将,2012年3月晋升为少将。

参加过伊拉克战争。

美国第 3(机械化)步兵师师长约翰·M.默里少将

约翰·M.默里 1982 年毕业于俄亥俄州立大学并获得商业推广学士学位,接受后备军官训练团训练之后被任命为步兵少尉军官。

接受的教育(军事教育)还包括:美国陆军步兵军官基础课程班和高级课程班、美国陆军指挥与参谋学院、美国陆军军事学院等。

曾任驻科罗拉多州卡森堡的美国第 4(机械化)步兵师第 12 步兵团第 1 营连长,驻德国的美国第 1(机械化)步兵师第 18 步兵团第 1 营营长,驻得克萨斯州胡德堡的美国第 1 骑兵师第 3 旅战斗队旅长(任内率部参加伊拉克战争)。

还曾任美国第 3 军人事处计划科长,美国第 1 骑兵师第 5 骑兵团第 1 营执行官,驻科罗拉多州彼得森空军基地的美国航天司令部作战部科长,驻德国的美国第 1(机械化)步兵师作战官,美国第 3 军作战官,美国第 3 军参谋长(兼伊拉克多国军参谋长),美国第 1 骑兵师负责作战的副师长(任内兼巴格达多国部队师副师长,参加伊拉克战争),驻弗吉尼亚州索福克的美国联合部队司令部联合作战中心主任等职。

2011 年 7 月至 2012 年 7 月,任美国参谋长联席会议联合参谋部作战计划与联合部队发展部负责联合训练的副部长助理。2012 年 7 月至 2013 年 8 月美国陆军负责作战、计划与战略的副参谋长办公室部队管理处处长。

2013 年 8 月,出任驻佐治亚州斯图尔特堡的美国第 3(机械化)步兵师师长。

2009 年 3 月晋升为准将,2012 年 8 月晋升为少将。

美国第 4(机械化)步兵师师长保罗·J.拉卡迈拉少将

保罗·J.拉卡迈拉 1985 年毕业于美国军事学院(西点军校)并获得学士学位,被任命为步兵少尉军官。后来获得美国海军军事学院国家安全与战略研究硕士学位。

接受的教育(军事教育)还包括:美国陆军步兵军官基本课程班和高级课程班、美国陆军指挥与参谋学院和美国海军战争学院等。

曾任驻北卡罗来纳州布雷格堡的美国第 82 空降师第 504 步兵团第 3 营步兵排排长连执行官,美国第 75 别动团第 1 营支援排排长、营助理后勤官、第 2 营联络官、团联络官，驻韩国的美国第2步兵师第506步兵团第1营作战官，美国第75别动团第1营作战官、执行官、团作战官；别动训练旅第4别动训练营连长、第75别动团第2营连长、第87步兵团第1营营长、第75别动团第3营营长，驻佐治亚州本宁堡的美国第75别动团团长（2005年至2007年）等职。

2007年至2009年，任美国联合特种作战司令部作战部部长。2009年至2010年，任美国联合特种作战司令部副司令。2010年至2012年，任驻夏威夷州斯科菲尔德兵营的美国第25步兵师负责作战的副师长。2012年至2013年，任美国陆军特种作战司令部副司令。

2013年3月，任驻科罗拉多州卡森堡的美国第4（机械化）步兵师师长。

2009年8月晋升为准将，2012年8月晋升为少将。

参加过入侵巴拿马、阿富汗战争和伊拉克战争等。

美国第10山地师师长斯蒂芬·J.汤森少将

斯蒂芬·J.汤森 1982年毕业于北佐治亚学院并获得心理学学士学位，接受后备军官训练团训练之后被任命为步兵少尉军官。后来获得2个硕士学位。

接受的教育（军事教育）还包括：美国陆军步兵军官基础课程班和高级课程班、美国陆军指挥与参谋学院、美国陆军军事学院等。

曾任驻北卡罗来纳州布雷格堡的美国第82空降师第505空降步兵团第2营排长、连执行官、助理作战官，驻加利福尼亚州奥德堡的美国第7步兵师第21步兵团第4营作战官、连长，驻佐治亚州本宁堡的美国第75别动团航空作战官、助理作战官、连长、高级联络官、第3别动营作战官，驻夏威夷州斯科菲尔德兵营的美国太平洋司令部战略计划与政策部行动官、司令的特别助理，驻纽约州德拉姆堡的美国第78训练支援师第2旅作战官，驻纽约州德拉姆堡的美国第10山地师第31步兵团第4营营长、师作战官，第180联军联合特遣部队作战处处长，驻华盛顿州刘易斯堡的美国第2步兵师第3斯特赖克旅战斗队旅长（任内率部参加伊拉克战争），驻佛罗里达州坦帕的美国中央司令部司令的执行官等职。2009年6月至2011年7月，任驻肯塔基州坎贝尔堡的美国第101（空中突击）空降师负责作战的副师长（任内参加阿富汗战争）。2011年7月至2012年12月，任美国参谋长联席会议联合参谋部巴基斯坦/阿富汗协调所主任。

2012年12月，任驻纽约州德拉姆堡的美国第10山地师师长。

2009年6月晋升为准将，2012年12月晋升为少将。

参加过入侵格林纳达、入侵巴拿马、干涉海地军事行动、阿富汗战争等。

美国第 25 步兵师师长查尔斯·A.弗林少将

查尔斯·A.弗林　出生于罗得岛州米德尔顿，1986 年毕业于罗德岛大学并获得工商管理学士学位，接受后备军官训练团训练之后被任命为步兵少尉军官。后来获得美国海军军事学院战略与国家安全研究硕士学位和美国国家军事学院联合战略与作战计划硕士学位。

接受的教育（军事教育）还包括：美国陆军步兵军官基础课程班和高级课程班、美国陆军指挥与参谋学院、美国海军军事学院、美国国家军事学院等。

曾任美国第 82 空降师第 2 旅第 325（空降）步兵团第 4 营后勤官、旅后勤官、连长，美国第 75 别动团第 2 营人事官、连长、营助理作战官；美国第 25 步兵师第 27 步兵团第 1 营作战官、第 2 旅作战官；美国联合部队司令部作战部计划与作战观察训练官，美国第 82 空降师作战官、第 504 空降步兵团第 2 营营长；美国第 82 空降师第 1 旅战斗队旅长，美国参谋长联席会议联合参谋部主任的执行官，北约阿富汗国际安全援助部队司令的执行官；美国第 82 空降师负责作战的副师长（2010 年 7 月至 2011 年 8 月），美国陆军联合兵种中心司令兼任务式指挥卓越中心主任（2011 年 8 月至 11 月，代理），美国陆军部队司令部负责作战、计划与战略的副参谋长（2012 年 3 月至 2014 年 5 月）等职。

2014 年 5 月，任驻夏威夷州斯科菲尔德兵营的美国第 25 步兵师师长。

2011 年 9 月晋升为准将，2014 年 5 月晋升为少将。

美国第 82 空降师师长理查德·D.克拉克少将

理查德·D.克拉克　出生在德国，1984 年毕业于美国军事学院（西点军校）并获得学士学位，被任命为少尉军官。后来获得本笃会学院工商管理硕士学位和国家军事学院安全与战略研究硕士学位。

接受的教育（军事教育）还包括：美国陆军步兵学校基础课程班和高级课程班、美国陆军指挥与参谋学院、国家军事学院和本笃会学院。

以美国第 4 步兵师第 48 步兵团第 1 营步兵排长之职开始其职业生涯。1988 年 12 月至 1992 年 6 月，先后任美国第 101（空中突击）空降师第 502 步兵团第2营连长、第101远程监视分遣队连长。1992年6月,进入美国第75别动团服役。1993年至1994年,任别动侦察分遣队队长。1994年至1996年,任美国第75别动团第3营连长。1996年至1999年,任美国第1装甲师第6步兵团第1营作战官、执行官。1999年5月至2002年3月,任美国第173空降旅执行官。2002年3月至2004年5月,任美国第82空降师第504步兵团第3营营长。2004年至2007年,任美国第75别动团第3营营长。2007年8月至2009年8月,任美国第75别动团团长。2009年8月至2011年8月,任美国联合特种作战司令部作战部部长。2011年9月至2012年12月,任驻纽约州德拉姆堡的美国第10山地师负责作战的副师长。2013年1月至2014年8月,任驻纽约州西点的美国军事学院(西点军校)学员队司令(第74任)。2014年10月至2016年8月,任驻北卡罗来纳州布雷格堡的美国第82空降师师长。2016年8月至2017年8月,任美国参谋长联席会议联合参谋部战略计划与政策部副部长。2017年8月至2018年12月,任美国联合参谋部战略计划与政策部部长。

2011年9月晋升为准将,2014年10月晋升为少将。

参战经历主要包括"沙漠盾牌行动"和"沙漠风暴行动",马其顿"联合警卫行动",阿富汗"持久自由行动"(3次),"伊拉克自由行动"(4次),"坚定决心行动"。

美国第101(空中突击)空降师师长詹姆斯·C.麦康维尔少将

詹姆斯·C.麦康维尔　1981年毕业于美国军事学院(西点军校)并获得学士学位,被任命为步兵少尉军官。后来获得佐治亚理工大学航空航天工程硕士学位。

接受的教育(军事教育)还包括:美国陆军步兵军官基础课程班和高级课程班、美国陆军指挥与参谋学院、美国陆军军事学院、哈佛大学国家安全人员项目班等。

曾任驻加利福尼亚州奥德堡的美国第7步兵师连长,驻肯塔基州坎贝尔堡的美国第101(空中突击)空降师第17骑兵团第2营营长,驻得克萨斯州胡德堡的美国第1骑兵师第4旅旅长(任内率部参加伊拉克战争),美国第101(空中突击)空降师负责作战的副师长(2007年至2009年,任内率部参加阿富汗战争)等指挥职务。主要参谋和机关职务包括:美国第9骑兵团第5中队作战官,美国第25作战航空旅作战官,美国特种作战司令部战略计划与政策部战略计划官,美国第101(空中突击)空降师作战官,美国陆军第一副参谋长的执行官,美国陆军立法局副局长、局长(2009年12月至2011年8月)。

2011年8月,任驻肯塔基州坎贝尔堡的美国第101(空中突击)空降师师长。

2007年晋升为准将,2010年1月晋升为少将。

参加过阿富汗战争和伊拉克战争。

附录4 美国陆军人维度战略

(2015年)

[美] 美国陆军部

程　刚　王　莹　译

前言

　　战争从根本上说仍然是人类意志的较量。随着人际交流更为频繁和人类群体间距离的日渐缩小,这种较量只会不断加剧。没有人能够预测美国的利益会在何时又一次面临挑战,唯一可知的是这种挑战会从某个出人意料的方向突然出现,应对这种挑战需要快速适应性。在优势不断缩小、不确定性日益增加的将来,美国陆军必须在其最为灵活的资产,即人员上重点投入。

　　陆军作战概念描述了一个日益复杂的世界格局。人际交流随着信息的传播日渐频繁,从而引发社会中意外的突发行为,这些行为主要因历史积累的怨恨不满而产生。此外,美军自二战以来拥有的技术优势正在逐渐消失。21世纪商业的快速变革为潜在敌人提供了极大的机会,使其能够在某一特定军事能力方面获得短期军事优势。在战斗力的人维度方面进行持续投入,对于应对不确定的未来是最为可靠的保障。

　　我们目前的教育、训练和领导者培养体系对于培养未来需要的军事职业人才来说还有所欠缺。培养造就这些军事职业人才需要一项综合全面的人维度战略,该战略以"2025及以后军事力量"倡议为基础,同时着眼于个人、团队和机构。陆军过去为已知的战场环境培养领导人员,现在必须培养胜任混乱不明战场环境的领导人员。陆军以较小的兵力结构实施作战,为此还必须通过更为全面地分析个人潜力、量身定制学习计划和职业管理,从而使不同人才的表现达到最佳。这些需要更大的投入,以全面培养每名军职和文职人员的知识、技能和品质,充分发展他们的独特潜力。

　　陆军在未来冲突中能否取胜,将主要取决于我们是否能够提前使人员和机构适应未来冲突的特性。陆军在复杂世界中获胜将需要一支具有凝聚力的职业队伍,本战略阐述了建设这支职业队伍所必需的目标、方法和手段。

> 首先,我们将关心我们的人员。我们将招募和保留最优秀的人才,同时培养致力于道德规范和专家职业的领导人员。
> ——国家安全战略,2015

引言

  国家和陆军都面临着一个不断变化的安全环境。前所未有的全球连通性使得各种思想和技术都能快速传送。潜在敌人能够弥补技术差距,并在很多情况下可以获得近似匹敌的能力。这种变化导致对于陆地、空中、海洋、太空以及网络领域的争夺日益激烈。在过去的危机时期,为保持决定性的优势地位,美国主要依赖其具有强大研发能力的优势工业基地。如今,随着技术差距日益缩小和本国财政紧缩政策的实施,美国的巨大优势正在日渐消失,陆军必须寻找新的途径来确保其能够应对各种威胁,并在整个军事行动范围内保持优势地位。为使美国陆军能够成为一支占有绝对优势的地面部队,陆军必须进行改革。"陆军作战概念"和"陆军2025及以后军事力量"倡议为这一改革指明了出路。

  在不断变化的世界中,陆军必须积极寻求创新途径来充分利用其非对称实力,即陆军人员。通过在人力资本方面进行投入,陆军将能够在人维度保持决定性的优势,人维度涵盖陆军可信任的职业军事人才和团队的认知、体能和社交等方面。随着这一投入的实施,陆军能够创建一支有凝聚力的团队,该团队能够在模糊混乱的环境中提升能力并获得成功。这将确保陆军的优势地位不变,并能在面对各种不确定性时充分发挥决定性优势。在这三个领域取得绝对优势,要求陆军必须对军人和文职人员的招募、训练和教育方式都做出创新性改变。要取得认知优势,必须对教育、训练、道德规范、领导者培养、人才招募和人才管理重新进行投入。要取得体能优势,必须对人员身心健康、伤病预防和身体素质进行投入。最后,要取得社交优势,需要通过区域配置、专业评价和语言学习来充分了解不同的文化背景。对认知、体能和社交方面的共同投入,将会使所有军职和文职人员的工作效率实现最优化。如此一来,将会形成具有凝聚力的团队,其针对复杂、暴力人员问题的各种解决方案合乎伦理道德、符合战略战术要求。通过这一重新投入,陆军将使每名军职和文职人员的工作效率实现最优化,从而保持可靠的军事威慑力直至将来。

《陆军人维度战略》这一文件从广义上阐述了陆军对其最有价值的资源进行投入的长期构想。该战略的实施,将增强陆军预防冲突、塑造国际环境并取得决定性胜利的能力。

尤其是在财政预算不断缩减的时候,我们拥有的一大优势在于我们能够培养出在极为复杂的环境下冷静思考的合格领导人员,这些领导人员包括士官、军官和文职人员。

——雷蒙德·T. 奥迪尔诺
第 38 任陆军参谋长

战略环境

如今,国家面临着许多安全挑战和不断增加的战略不确定性。奥巴马总统在评价 2015 国家安全战略时总结了这些挑战,强调了未来局势的复杂性,并这样说道:"暴力极端主义和不断演变的恐怖分子威胁,使美国和我们的盟友面临遭受袭击的持续风险。对网络安全的挑战不断升级、俄罗斯的侵略、气候变化的影响加剧以及传染性疾病的暴发,都使人们对于全球安全问题的忧虑不断加深。"这些挑战共同表明了对于未来陆军的军职和文职人员提出认知、体能和社交方面的需求确有必要。

世界每个地区都有潜在敌人扰乱安全环境并挑起事端。许多潜在敌人产生于模糊不清的环境,难以与受保护人群区分开来。通常有强大的军队和大规模杀伤性武器做支撑的强国,会挑衅邻国并引发地区不稳定状况。而在弱国,贫困往往与种族和宗教紧张局势相联系,并使贫困状况和紧张状况加剧,也使冲突的可能性和严重性增加。失败国家成为暴力极端团体的庇护所,使其能够滋长蔓延并为未来发动袭击做好准备。这些安全挑战集中在一起便会造成威胁,进一步使许多地区动荡加剧,并使美国及其盟友遭受袭击的风险加大。

技术的快速演进加之城市化和全球化的程度日益加深,使个人和政府都能跨越多重领域对美国利益构成挑战。信息向全球人口的迅速传播,导致社会中出现一些意外的突发行为。在网络领域内,社交媒体和视频流媒体的扩散使许多博主、团体和传统媒介能够动员群众或对网络安全构成威胁。在更为传统的陆地、海洋、空中和太空领域,技术的快速革新使国家或非国家参与者有途径获得一些不太昂贵的技术,这也对传统的安全机构提出了挑战。这些技术上的改变可以增强潜在敌人的能力,使其能迅速将商业技术革新转变为军事优势。

城市人口和沿海人口的增长,往往是在提供基本服务比较困难的国家,使得因气候变化和传染性疾病暴发引起的大规模灾难的破坏性增加。暴雨数量的增多和强度的加大,将严重扰乱大量人口的生活,加剧难民流动,引发因争抢基本生存资源而起的冲突,并滋生出控制弱小人群的团体。传染性疾病的爆发,如西非埃博拉病毒的横行,更让人意识到病毒肆虐的危险和人道主义干预的必要性。尽管只有极少数病毒会在全球范围内传播,但病菌的有意释放,细菌抗药性的不断增强,以及出国旅游等种种因素都使疾病在全球传播的风险加大。这些自然灾害的影响,加之庞大的沿海人口数量,都可能导致陆军以前所未有的规模进行灾害应对。

在这些不确定的安全环境下,美国利益因多种参与者和一系列人为或自然灾害而显得日益脆弱。流氓国家和团体将继续威胁美国利益和传统优势,尤其是技术传播使许多可以应用于军事的产品散布更广。敌对团体可在未受控制或控制不紧的地区寻找漏洞,以便策划未来对美国本土的恐怖袭击。可能会发生的自然灾害,从全球流行的疾病到大暴雨都会考验美国保护人民以及对人民提供援助的快速应对能力。在这些情况发生时,要取得持续性的政治成果就需要动用地面力量。

全志愿陆军将仍然是全世界最训练有素和职业化程度最高的地面力量,无论是在当今还是应对新兴的威胁。

——《陆军战略规划指南 2014》

构想

到 2025 年,美国陆军要想在上述环境中取得作战胜利,就需要重点对两大核心概念进行研究和投入。

(1) 陆军必须构建一支具有凝聚力的团队,该团队由可信赖的职业军人组成,能在不明确和复杂混乱的环境中取得成功。过去,陆军军职和文职人员通过训练在已知的战术和技术能力领域表现突出。尽管这些能力仍然重要,但未来环境的不确定性日益增加,这要求陆军队伍不仅要能适应不明确和复杂混乱的形势,而且更要在这一形势下取得胜利。构建这样的团队需要适应性强的合格的职业军人,他们能力过硬、忠于职守、反应敏捷,且必须体现美国种族、文化和智力的多样性。要领导这些军人,陆军各级领导者必须广泛深入地思考冲突的性质,体会社会环境的细微差别,并与联合行动伙伴一起通力合作。他们还需要针对复杂问题及时提出具有创造性的解决方案。领导者们还必须能够充分了解战略环境,始终为采取最小规模全球监视战术行动做好准备。这些由可信赖的职业军人组成的团队,必须能够快速变革,尤其是在面对复杂性和不确定性实施任务式指挥而需要信任素养时更是如此。

(2) 陆军必须使总体力量中的每一名军职和文职人员的工作效率实现最优化。工作效率最优化并不能仅仅侧重于单个军人。军人是作为有凝聚力的团队的一部分实施作战,并由负责配发装备、实施训练和兵力运用的机构授权行动。因此实现军职和文职人员工作效率最优化,就需同时对个人、团队和机构开展工作。由于资源的缩减,不允许有更多的错误发生,因此,陆军必须提前应用学习科学和预测分析学,从而保证以最好的方式培养和使用我们的人才。

目标

本战略寻求创建一支具有凝聚力的陆军部队,这支由可信任的职业军人组成的部队能够适应复杂的局势并取得胜利。此外,这些陆军职业军人和团队必须能够有效地塑造环境,预防冲突发生,并在需要时打赢国家的战争。为达成这一目标,本战略为个人、团队和机构确立了三个综合性战略目标。

战略目标之一:到 2025 年,陆军必须具备使总体力量中每一名军职和文职人员行为表现最优化的能力。

战略目标之二:到 2025 年,陆军必须在复杂环境下实施训练,以便打造一支具有凝聚力并能在不明确和复杂混乱的形势下取得成功的团队。

战略目标之三:到 2025 年,陆军机构必须能够快速适应不断变化的形势,抓住机会,并在保持陆军职业化的同时,超前提出创新性解决方案。

本战略以陆军的"2025 年及以后军事力量"倡议为基础,该综合性战略旨在改变陆军,并将陆军作为未来联合部队投送地面力量作战能力的一种战略手段。此外,本战略还为陆军作战概念提供保障,陆军作战概念阐述了未来陆军部队在作为联合部队的一部分实施作战并与其他多国伙伴协作的同时,将如何预防冲突、塑造安全环境和打赢战争。

途径

为了实现上述构想及最终目标,战略途径针对三大战略目标将人维度工作划分为三个努力方向(图1)。这三大努力方向根据目的来组织,并从概念上将保障性目标和关键任务与其所支撑的战略目标相联系。每个努力方向之后都列出了其保障性目标并在附录A、B和C中列出了关键任务。保障性目标明确了为达成战略目标进而实现最终目标所必须取得的成果。关键任务则明确了最有可能取得预期成果的具体工作。需要注意的是,陆军人维度战略还充分结合并考虑了附录A、B和C中详述的陆军作战挑战。

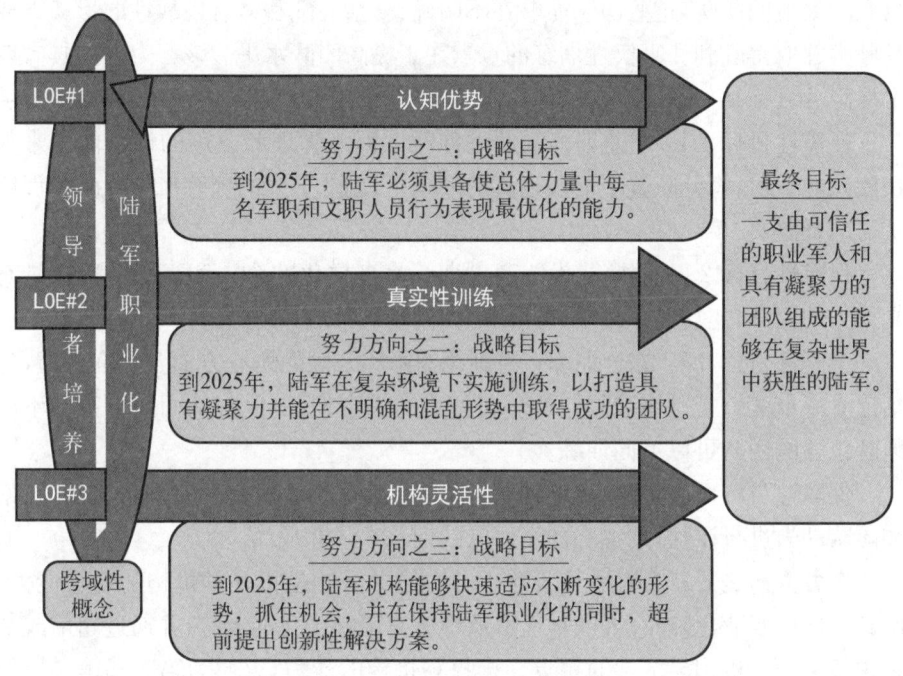

图1 陆军人维度战略的战略途径

努力方向之一:认知优势。认知优势是指实现智力、体能、情感力量的最优化,以便对某种形势或某一对手获得相对优势。认知优势的重点在于通过训练、教育和经历来提高单个人员能力。该努力方向具有五个保障性目标。

保障性目标1.1:智力最优化。制定创新性和个性化的学习计划,使陆军职业军人具备智力多样性和过人的能力,以便在复杂环境中取胜。

保障性目标1.2:社会性智力。培养可信任的陆军职业军人,使其成为高效团队的成员,能够在复杂社会环境中不断成长,适应不同文化,进行有效交流并建立人际关系。

保障性目标1.3:身心健康。通过能够提高行为表现和适应性的个性化综合训练系统,来增强军职和文职人员的健康状况和体能状况。

保障性目标1.4：决策能力。通过在复杂作战和道德环境中挑战陆军职业人员能力的单兵和集体学习计划，来提高军职和文职人员的决策能力和道德规范。

保障性目标1.5：个人行为表现研究和评估。通过研究、开发和评估的实施及应用，来不断提高陆军职业人员的认知能力、社交能力和身体素质。

努力方向之二：真实性训练。真实性训练是指培养由陆军职业军人组成的具有凝聚力的团队，这些团队能够在不明确、复杂混乱和富有挑战性的形势下成长壮大并取得胜利。真实性训练的重点在于提高团队水平。该努力方向具有四个保障性目标。

保障性目标2.1：加速训练。通过创新性训练管理和改进的训练能力来加快团队的学习，将分队置于复杂逼真的环境中，创造更多的训练机会并减少训练所需的资源。

保障性目标2.2：团队建设。通过训练将多样化的个人和组织锻造成具有凝聚力的团队，建立互相信任和共同努力的基础，以有利于任务式指挥。

保障性目标2.3：综合训练。将训练保障和开发的所有方面整合在一起，包括建立一个能够复制错综复杂的真实场景的综合训练环境，从而使分散在不同地理位置的团队可以一同训练。

保障性目标2.4：团队表现研究与评估。通过不断研究并对训练方法、技术和团队动力进行评估，来提高陆军团队的训练水平和成绩。

努力方向之三：机构的灵活性。机构的灵活性是指开发机构的各种能力，使其在保持职业化陆军的同时，能够从容应对不断变化的形势，并通过超前改革来进行引领。机构灵活性的重点在于提高机构的能力，以便为第一和第二个努力方向提供支撑。该努力方向有三个保障性目标。

保障性目标3.1：人才管理。招募、评价、培养和管理军职和文职人员，并在整个职业生涯突出强调个人能力和品质，以打造高效的团队来满足陆军的需要。

保障性目标3.2：教育。通过严格和相关的理论学习、技能培养、资格鉴定和认证，来提高教育效果和教育的灵活性，以培养能在复杂环境中取胜的陆军职业人员。

保障性目标3.3：机构表现研究和评价。通过研究、评估和适应等一系列过程来促进机构陆军的发展，从而使职业发展、教育和训练与不断变化的环境需求保持一致。

跨域性概念。有两个涵盖范围广但极为关键的概念横跨陆军人维度战略的三个努力方向，并影响到战略途径实施的方方面面。这两个概念是陆军职业化和陆军领导者培养。陆军职业化是指有效并合乎道德地使用地面部队力量，在民事当局管辖下服役并经授权保卫宪法和美国人民的权利和利益。陆军道德规范是陆军职业化的基础。陆军道德规范赋予我们同样的特质，即我们都是受信任的陆军职业人员，承担着诸如荣誉雇员、陆军专业人员和职业管理人员等与众不同的职责。第二，陆军领导者培养工作必须培养出下一代有能力、有坚定品质的领导者，他们能在不明确和复杂混乱的形势下不断成长并提升能力。陆军职业化和各级高效的领导者对于达成陆军人维度战略的最终目标而言至关重要。

概念之一：陆军职业化。增强支撑光荣服役、军事技能、岗位任职、团队精神的精神信念。

概念之二：领导者培养。通过训练、教育和提供经历渐进地培养领导者，使其能够在联合地面作战中使用任务式指挥方面获得优势。

方法

陆军人维度战略的有效实施需要一个正式有效的管理程序。这一程序由两个主要的固定机构组成：人维度指导委员会和人维度能力开发机构。

人维度指导委员会。陆军人力与后备役事务助理部长与训练与条令司令部共同处理该固定指导委员会的工作。设立该委员会的目的是：为人维度工作提供战略指导，向陆军高级领导建议人维度计划的优先顺序，确保人维度提案获得赞助和支持以便从需求转为资源配备。通过该委员会，陆军人力与后备役事务助理部长以及训练与条令司令部司令共同向陆军高级领导层提出建议的优先顺序，在现有的能力开发、规划、计划、预算和实施程序（PPBE）以及计划鉴定小组进程的框架内分配资源，并使自下而上的改革创新保持一致性和整体化。该委员会对现有已区分先后顺序的工作进行补充，例如将官训练指导委员会和陆军职业化及领导者培养论坛。

人维度能力开发机构。训练与条令司令部将在任务式指挥卓越中心内建立一个固定的能力开发机构，着重关注人维度工作的整合。该机构负责梳理现有的人维度工作，分析关键的工作，整理目前的研究成果，明确差距，制定可能的解决方案，并将解决方案付诸实施。

陆军组织机构。为了使人维度实施进程更加有效，需要陆军各相关单位的共同参与。这些组织机构包括：陆军人力与后备役事务助理部长、陆军部人事助理参谋长（G-1）、陆军部作战、计划和训练助理参谋长（G-3/5/7）、士兵项目执行办公室、训练与条令司令部、部队司令部、陆军军医局长办公室/陆军医疗司令部、负责陆军采购、后勤与技术的助理部长等。这些组织机构负责实施、管理和整合陆军人维度计划和资源。人维度指导委员会和能力开发机构将协力工作,以确保这些陆军不同单位以及任何其他军种之外各单位工作的统一性。该机构将是装备研发界类似能力开发机构的翻版。

计划和提案。陆军计划和提案是实现陆军人维度战略最终目标和构想的关键手段。尽管目前已有许多人维度计划和提案,但人维度管理程序将对它们进行排列,并侧重于从支援性目标出发提出优先顺序建议。陆军人维度战略提供了一个框架,使陆军领导层能够对现有的人维度计划和倡议明确先后顺序。更为重要的是,人维度指导委员会、能力开发机构和整个人维度管理程序,都将能够保证人维度计划和提案的效率和效果。

风险

陆军人维度战略的实施有三大主要风险。首先,工作缺乏统一性会导致以只对过去的战略环境和威胁进行优化的个人和团队去满足未来的挑战。这需要一个长期的适应过程,最坏的情况是必须承受战略上失败的风险,最乐观的情况则是要付出相当大的代价。换言之,陆军必须充分利用好所拥有的时间来为未来的冲突做好准备,尤其是要使在不明确和复杂混乱形势下发展成长的军人和领导者们做好准备。其次,缺乏适当管理和非器材能力开发,会导致人维度工作的资金不足,从而削弱陆军适应未来战略环境的能力。再次,对正在进行的人维度工作缺乏相互理解和共同认识,会导致人维度计划的重复和缺乏重点,从而使这些计划难以适应作战部队的需求,也无法充分利用有限的资源来保证人维度主要目标的实现。一个有效的人维度管理程序会充分考虑这三大风险,正确评估所有现有的和将来的人维度计划,并对其区分优先顺序,从而确保兼顾效率和效果。

人才是陆军的决定因素,并将一直是陆军最主要的投入方向。技术不能代替能力强、负责任的职业化军职和文职人员,他们是陆军的基础。

——《陆军人维度概念》 2014

结论

在当今不确定的战略环境下获胜,需要对未来威胁既具备技术优势也具备人才优势。培养并保持这一人才优势,需要对我们的军职和文职人员在体能、认知和社交能力等方面进行持续投入,并在训练、教育和领导者培养等方面不断改革。这一改革旨在培养能在不明确和复杂混乱形势下取得成功的领导者们,并使军职和文职人员的行为表现实现最优化。另一点需要强调的是人才管理。这些工作将会实现个人行为表现的最优化,从而打造出适应性强的陆军专业人才、领导者和有凝聚力的团队,以满足陆军参谋长的构想并与"2025年及以后陆军力量"的大框架相适应。最终,本战略寻求打造一支由可信任的职业军人以有凝聚力的团队形式组成的陆军,能够适应复杂形势并赢得胜利。

附A：认知优势

1. **概念**。认知优势努力方向所阐述的目标和任务,将使陆军人员具备智力优势、文化感知、强健的体魄和适应能力,从而能够适应不明确和复杂混乱的形势并取得成功。任务式指挥卓越中心(MCCOE)是该努力方向的牵头整合单位,负责计划和协调陆军认知优势方面的工作,从而优化陆军专业人员的智力、体能和情感力量,以达成对某种形势或某个对手的优势。认知优势努力方向包括现有的倡议和计划,主要侧重于条令、领导力和道德规范、个人教育的多样性和现代化、运动机能、抗压能力、个人评估、文化意识和对复杂作战环境的理解,其目的是保障整支陆军表现的最优化。

2. **陆军作战挑战**。认知优势努力方向支持4项陆军作战挑战(WFC)：WFC 1：开发态势感知；WFC 2：塑造安全环境；WFC 10：培养灵敏且具有适应能力的领导者；WFC 14：确保互操作性和在联合、跨机构和多国环境中作战。

3. **关键任务**

关键任务 1A：**领导力**。通过将经研究验证的技术融入未来领导者的评估、训练、教育和发展中,不断完善陆军领导力。对目标1.2、1.4、2.2、2.4和3.1提供支持。

关键任务 1B：**教育多样性**。通过智力多样性和个性化的学习计划,培养陆军未来的领导者,使他们在复杂和模糊不清的环境中取得成功。对目标1.1、1.2、1.4、2.3和3.2提供支持。

关键任务 1C：**教育现代化**。采用并不断调整创新学习计划,使陆军未来领导者们能够接受技术最先进的高等教育,帮助他们在不断发展的世界中取得胜利。对目标1.1、1.2、1.5和3.2提供支持。

关键任务 1D：**批判性思维**。在陆军中增加批判性思维方法的使用,以减少集体思维,并加深对总体力量所面临的作战环境的理解。对目标1.1、1.2、1.4和

3.2 提供支持。

关键任务 1E：**条令**。以学习者为中心和互动的形式出版陆军条令，适应人们在数字化社会中学习的方式，并确保在需要的时候推送给用户。对目标 1.1、1.4 和 3.2 提供支持。

关键任务 1F：**个人评估**。充分利用科学研究对个人的领导特质和行为提供无偏见的反馈，以便持续改进。对目标 1.5、3.1 和 3.3 提供支持。

关键任务 1G：**职业道德**。把职业化陆军道德规范融入各级教育和训练中，从而为总体力量的所有决策者们提供坚实的道德基础。对目标 1.2 和 1.4 提供支持。

关键任务 1H：**文化意识**。提高整个陆军的文化意识，从而使部队了解其他人的动机、需求、沟通方式和心态，以减轻文化冲击，为作战提供支援。对目标 1.2 和 2.2 提供支持。

关键任务 1I：**理解复杂的作战环境**。培养能够理解现代冲突复杂性的陆军专业人员，同时能够获得广泛人群的信任并与之建立关系。对目标 1.2 和 2.3 提供支持。

关键任务 1J：**运动机能**。充分利用最先进的健康、运动医学、营养和健身技术来提高整个陆军的健康水平，并优化人员的身体素质。对目标 1.3 和 1.5 提供支持。

关键任务 1K：**抗压能力**。积极向全体陆军人员传播最新的抗压技术和资源，以最大限度地提高总体力量工作效率，同时减少自杀人员的数量。对目标 1.3 和 1.5 提供支持。

附 B：真实性训练

1. **真实性训练概念**。真实性训练努力方向所阐述的目标和任务，将提高陆军团队的凝聚力和在模糊混乱的场景中运用任务式指挥的能力。如果过去的训练侧重于掌握基本任务，未来的训练将会随着各训练单位从初始训练到专家级别的进步而增加训练的复杂性和模糊性。这些工作将确保采用创新过程和技术来开发训练，从而加速学习，提高判断力、记忆力、推理能力、感知能力和批判性思维能力。此外，这些工作还将开发评估训练方法的方法，并提供高效、低成本的训练能力。合成兵种中心训练部门是该努力方向的牵头整合单位，负责计划和协调陆军实施真实性训练。

2. **陆军作战挑战**。真实性训练努力方向支持 3 项陆军作战挑战：WFC 目8：加强训练；WFC 9：提高士兵、领导者和团队的表现；WFC 10：培养灵敏且具有适应能力的领导者。

3. 关键任务

关键任务 2A：训练管理能力。提供改进和创新的训练管理能力，以加速个人和团队的教育与学习。对目标 2.1 和 2.3 提供支持。

关键任务 2B：移动训练。提供支持分布式和远程学习的移动训练能力。对目标 2.1 和 2.3 提供支持。

主要任务 2C：驻地训练。开发能复制模糊和复杂作战环境的驻地训练。对目标 2.1 和 2.2 提供支持。

关键任务 2D：关键技术研究领域。为科研团体提供技术人员和所需的能力，以支持单一的合成环境、单一世界的地形、人工智能、智能导师、大数据和随时随地研究。对目标 2.1、2.2、2.3 和 2.4 提供支持。

关键任务 2E：作战训练中心。开发改进的作战训练中心能力，提供复杂的作战环境，并建立统一行动合作团队。对目标 2.2 和 2.3 提供支持。

关键任务 2F：训练和教育开发。提供训练和教育产品，以明确优化陆军军职、文职人员和凝聚力团队的表现所需的知识、技能和能力。对目标 2.1、2.2 和 2.3 提供支持。

关键任务 2G：训练评价和评估。开发新的训练能力，降低使用的复杂性，并对系统有效性和效率提供自动化分析和评估。对目标 2.1、2.3 和 2.4 提供支持。

关键任务 2H：一体化训练环境。提供一体化训练环境（ITE），将现有的训练能力融入沉浸式训练环境体系。对目标 2.1、2.2 和 2.3 提供支持。

关键任务 2I：训练信息基础设施。开发训练信息基础设施和交付系统，从而管理供个人、单位和机构全球使用的训练与教育信息和内容。对目标 2.1、2.2 和 2.3 提供支持。

关键任务 2J：移动设备学习内容。开发移动设备的管理程序，在训练与条令司令部军事设施内建立无线基础设施，开发支持移动设备复杂训练的内容和产品。对目标 2.1、2.3 和 2.4 提供支持。

关键任务 2K：分布式在线课程。提供适应性学习策略，充分利用新技术，提供在线教育和训练，从而增强记忆力、逻辑思维和判断力，并加速学习。对目标 2.1 和 2.4 提供支持。

关键任务 2L：适应性学习策略。提供技术开发指导，采用适应性学习策略和智能导师，加快军职和文职人员的学习和教育。对目标 2.1 和 2.4 提供支持。

关键任务 2M：综合训练环境。提供一个综合的训练环境（取代一体化训练环境),将虚拟、推演和游戏随时随地融合到一个环境中。对目标2.1、2.2和2.3提供支持。

关键任务2N:**增强现实**。提供一个由增强现实支持的实兵训练环境,从而为打造有凝聚力的团队提供真实的、易于适应的复杂训练环境。对目标2.1、2.2、2.3和2.4提供支持。

关键任务2O:**训练器材系统**。开发集成联合和陆军任务式指挥系统的器材系统(实兵环境),提供联合和复杂任务的多级训练能力。对目标2.2、2.3和2.4提供支持。

关键任务2P:**学习科学和技术**。运用学习科学和技术的进步,培养陆军军职、文职人员和有凝聚力的团队,以便在模糊和混乱形势下取胜。对目标2.4提供支持。

附C:机构的灵活性

1. **概念**。机构的灵活性努力方向所阐述的目标和任务,将提升陆军快速调整其体制结构和程序以适应不断变化的形势的能力,以便抓住机遇,并超前提出创新的解决方案,同时保持陆军的职业化。合成兵种中心教育部门是该努力方向的牵头整合单位,负责计划和协调陆军内部人维度制度流程,使其变得更加灵活,并对新兴需求做出反应。该努力方向的各项工作,将有助于改进人才管理和人员表现最优化,与陆军需求相一致地招募人才,并根据他们的能力和潜力进行教育、训练、发展和分配。

2. **陆军作战挑战**。机构的灵活性努力方向支持1项陆军作战挑战——AWF 4:调整机构陆军。

3. **关键任务**

关键任务3A:**灵活的领导者**。培养灵活、适应性强和创新的陆军专业人员,他们能够在模糊和复杂的环境中解决问题。对目标3.2提供支持。

关键任务3B:**更好的学习**。根据个人需求提供创新的学习方法。对目标3.2提供支持。

关键任务3C:**生命周期**。从一开始就优化陆军专业人员的招募和职业发展路径,确保陆军的需求更好地与多样化的个人知识、技能和品质相匹配。对目标3.1提供支持。

主要任务3D:**组织和结构**。实施更为高效和有效的组织、结构和管理实践,加速机构的沟通和决策。对目标3.1、3.2和3.3提供支持。

关键任务3E:**人才管理**。通过收集和阐释军人的才能、表现和潜力数据,改变人才管理程序,更好地匹配人才和需求,从而更好地为晋升和分配决策提供信息。对目标 3.1 提供支持。

根据美国陆军部官方文件 Army Human Dimemsion Strategg 翻译

附录5 美国陆军训练策略
——在经费紧张、不确定性和复杂性加剧的过渡期训练
(2012年10月3日)
[美] 美国陆军训练与条令司令部
张　韬　程　刚译

一、目的和内容

（一）目的

陆军训练策略为训练士兵、领导者、文职官员和部队的目标、途径和手段提供构想和指南，以支援作战适应力和为实施联合地面作战保持战备。本策略按照2015—2019财年度项目目标备忘录（POM）的中期需求，着眼于执行和预算年度（2013—2014财年）的短期需求。本文件阐明了各种训练策略和所有陆军司令部、陆军军种组成司令部、直属单位、陆军参谋部下级指挥官、监督员、领导者和训练员的具体训练指南，以及其他与陆军训练计划、组织、准备、执行相关的活动。

（二）主题

在经费紧张、不确定性和复杂性加剧的过渡期训练陆军。

（三）策略环境以及对训练的影响

美国陆军继续在阿富汗作战并保持全球存在的同时，必须开始从十年来着眼于反暴乱作战（COIN）向更小、更灵活的陆军转型，以担负更宽领域的任务来支援国防目标。陆军正向突出作战适应力的区域性结盟部队转型，将成为随时随地有能力应对任何任务的灵活、快反、可裁剪式部队。

此次转型面临的策略环境日益复杂，主要由于技术使得人机交互的速度和密度增加。复杂的全球环境包括在人群中作战、分布式和网络化的敌方组织、敌对信息环境以及由敌人使用不可预测和意外的武器、战术和动机带来的不对称等。网络空间和太空正成为国家或其代理人和类似罪犯的作战区域，这些都对国家、军队以及必备的基础设施构成巨大威胁。这些威胁很可能运用网络战和

信息战来削弱陆军的任务式指挥能力,或者进行全球认知管理与影响战斗。陆军的训练策略必须对这些影响进行阐释,包括平民、全球媒体和非政府组织等。适应力至关重要,必须有能力迅速精确应对并区分致命武力的使用。为应对上述挑战:

陆军训练必须复刻复杂环境以培养领导者、士兵和部队,使其能够运用恰当的判断力、适应变化的状况,以及在作战任务之间有效转换。

陆军训练必须创造条件允许士兵和领导者掌握基本原则,并且磨炼常常相异的甚至相反的技能,比如追求高度杀伤力的同时保持判断力和领悟力。

陆军训练必须呈现复杂的困境,迫使领导者将战术行动与战役和战略目标相匹配。

由于资源的萎缩,在复杂策略环境中满足战备需求将成为挑战。意识到这一挑战,国防部明确了最重要的国家安全利益,并且将十一项各军种必须准备面对的联合部队任务进行了排序。其中大多数都需要运用地面部队和陆军独有的能力。陆军必须要以更小的部队和更少资源弹性支援更宽领域的任务,并要平衡持续的战时需求与准备未来挑战。陆军训练策略正是致力于这种挑战。

(四)为作战适应能力训练

为培养适应力训练是近期最紧迫的目标,以支援 2012 陆军战略计划指南要求的"提供现代化的、时刻准备的、可裁剪式陆战能力以满足作战指挥官各种军事行动的需求"。在过去的十年里,陆军已经根据当前作战环境调整了单兵与组织的适应力。现在要想保持和发展适应力,陆军训练必须着重强调联合地面作战的两个核心原则:一是完成决定性行动具体的任务与要求;二是在联合地面作战中有效应用任务式指挥。

1. 决定性行动

陆军训练最主要的任务之一就是使单兵和部队准备好通过决定性行动遂行作战。这里的术语"决定性行动"取代了先前的"全谱作战"。为决定性行动训练要求部队、领导者和单兵都有能力根据任务和环境需要,通过同时完成进攻、防御和稳定任务(或民事支援任务)进行持续的地面作战。正如陆军条令出版物(ADP 3-0)《联合地面作战》中所列出的,"合成兵种机动"和"广域安全"是决定性行动必需的两项核心能力。训练必须促使陆军部队在常规和混合威胁环境中都能够有效进行决定性行动。决定性行动的关键在于有效整合常规部队与特种作战部队(SOF)的能力。所有层次的训练,尤其是在旅和营级别,除了进行恢复支援全域作战技能需要的跨军种、跨机构、跨政府和多国部队训练之外,必须整合并加强常规部队与特种作战部队的协同能力。

2.任务式指挥

为作战适应性训练同样要求对有效执行任务式指挥的理解与能力。任务式指挥是指挥官用任务式命令行使权力和指示,使得在进行联合地面作战时能够按照指挥官的意图授权给灵活且自适应的领导者,发挥其训练有素的主动性(参见 ADP 6-0,任务式指挥)。任务式指挥的理念必须反复加以强调。任务式指挥的六项原则见下图。领导者必须不仅要在作战中,而且要在训练管理过程中熟练运用任务式指挥。训练中任务式指挥应着眼于授权指挥官和施训者灵活而自适应地完成其上级指挥官的意图。

任务式指挥理念

在任务式指挥活动中,指挥官应遵循六项原则:

1. 通过互信建立有凝聚力的团队
2. 创造共享的理解
3. 提供明确的指挥官意图
4. 发挥训练有素的主动性
5. 练习任务式命令
6. 接收谨慎的风险

二、陆军训练构想和策略目标

陆军训练构想:陆军训练必须在平衡现有作战任务的同时使部队准备好满足未来需求。未来要求陆军区域快反并全球介入。陆军训练将提供充足的多样化能力,在任务式指挥下通过陆军合成兵种机动和广域安全两种核心能力执行决定性行动以进行联合地面作战,从而支持陆军三个战略角色——"阻止—塑造—打赢"。

(一)陆军训练构想和策略目标

陆军训练构想旨在平衡当前持续的战时需求与为更具适应力的部队建立基础,其将有针对性地投资多功能的常驻地训练、作战训练中心和训练支援系统(TSS)能力。随着陆军由战争状态转向备战状态,我们绝不能放弃过去十年取得的战术优势。由于正处在科技发展的潮流中,经验丰富的军队正面临越来越复杂、与作战结合越来越紧密的训练的挑战,因而必须充分利用已有经验并将其再投资到训练中。为了达到这种平衡,必须突出强调以下三个策略目标。

一是坚持指挥官通过发展和实施不断进步的、有挑战性的逼真训练对部队训练和领导者培养负责。二是培养有能力、自信、灵活、自适应的军人和文职领导者,以在 21 世纪复杂而又不确定的作战环境中领导部队和组织。三是训练多功能的部队达到要求的战备水平,为全球作战司令部司令提供准备好的部队。

(二) 指挥官负责部队训练和领导者培养

指挥官对部队训练负责。在过去十年间,常驻地部署前训练依赖于自上而下的训练管理,以迅速准备并部署部队来满足陆军战斗力生成(ARFORGEN)计划。这种应急的方式在战时是必要的,但也导致了部队指挥官原本擅长的训练管理技能有所退化。指挥官必须重新负担责任以确保其部队能够完成分配的任务,将各种成熟的理论原则应用于训练,培养下级领导者并进行资源管理。

1. 恢复分布式训练管理

指挥官将作战流程——计划、准备、执行、评估——应用于部队训练和领导者培养、演习任务式指挥、明确下级的权限来决定如何训练其部队达到最终状态、还要建立下级的信任与主动性。指挥官决定部队集体训练的科目,限制科目数量突出与任务的衔接。指挥官要根据必训科目表及时指导下级部队,建立相关程序以监督与评估训练和领导者培养的有效性。各级指挥官,尤其是旅级以下的战术编队指挥官必须执行训练会议和指示,发展、利用和加强训练安排。陆军训练网为有效的部队训练管理提供了最好的实践与关键技术。

2. 实施基于条令的训练

指挥官和领导者必须重建理解条令的文化,并且用条令来建立对如何进行部队作战的一般理解。指挥官必须理解并教育其下级新颁布的联合地面作战条令。最近升级的 ADP 7-0 和相应的陆军条令参考出版物(ADRP 7-0)是指挥官更新对训练条令理解的基础性文件。其八步训练法被反复证明是有效的。陆军训练网上有具体的信息,所有指挥官在制定有效的训练方案时都应遵照这一方法。

3. 充分利用经验

如今美国陆军已有丰富的作战经验,我们必须充分利用这些经验并通过有挑战性的相关训练获得这一代领导者的思维与能量。领导者必须指导下级在吸取现代战争的经验教训的同时,认识到未来战争将面临新的挑战,因而需要创新手段。这就要求陆军训练从关注当前作战需求向通过决定性行动实施联合地面作战的更广阔需求转变的同时持续发展条令原则。指挥官还要借助专业和经验丰富的士官来训练单兵和小队。

4. 优化训练资源

面对充足而有限的资源,各级指挥官和领导者都必须做出睿智而创新的选择以发展战备。指挥官、监督员和训练员必须着力优化可用的时间并预测必要的资源,以确保在训练正确的科目满足任务需求的同时支援上级指挥官的意图。指挥官必须通过提高虚拟、推演与游戏训练能力以缓解资源限制,尤其是要在常驻地和进入实兵演练前达到更高的技能水平。高级任务指挥官必须统筹安排整个训练资源配置以缓解物资和地理限制。领导者必须抓住一切机会指导和教育下级恰当地管理有限的资源。

(三) 培养21世纪领导者

领导者培养是贯穿领导者职业生涯的持续进步的过程。包括军事和文职官员在内的陆军各级领导者的培养,是确保陆军能够适应不确定的未来的最好手段。领导者培养主要分为三大领域:机构培养、作战培养和自我培养。由于住校时间有限,大多数领导者培养是通过作战培养和自我培养进行的。因此,指挥官和领导者必须将领导者培养融合到其部队训练计划中。向更短的战斗力生成周期转变要求指挥官使职业军事教育(PME)更贴近战备需求。我们不能以未来为赌注而放弃保持适当的各级领导者培养。职业军事教育将贯穿于战斗力生成模式全过程。

1. 使领导者能力适应作战需要

领导者必须掌握建立团队、沟通意图、培养信任以及领导作战等传统能力。新兴作战环境对领导者提出更高要求,比如在分布式作战中与当地人员协调,运用任务式指挥,与联合、跨部门、跨政府和多国伙伴建立友好关系,以及在联合地面作战中计划、准备和执行合成兵种作战任务等。领导者必须接受训练来认识和管理"阻止—塑造—打赢"作战内部和之间的转换。各级军人和文职领导者必须有能力、有信心运用各种所需的技能,我们的训练系统必须创造条件以锻炼和掌握运用各种方式训练的能力。训练系统将继续强调领导者的新兴能力,例如地区文化和语言、反简易爆炸装置、人文领域、适应性的批判性思维、网络和信息战以及防止大规模杀伤性武器扩散等。

2. 建立终身学习体制

陆军正致力于训练、教育和培养领导者——军官、准尉、士官和文职官员。领导者培养是贯穿领导者职业生涯的持续进步的过程。当前的职业军事教育和文职官员教育体系(CES)主要实行基于课程的院校教育。这种不连贯的学习在当前竞争日益激烈的全球学习环境中是不够的,在当前的学习环境中信息必须持续更新、组织,为单个人员的学习提供尽可能多的机会,并迅速反映作战需要。学习者与院校之间的关系将扩展成为一种终身住校和非住校的学习体制,并提供获得既定入门级、初级、中级和战略领导力层次的机会。学习将继续在部队驻地进行，学习内容根据能力不同采取院校提供与学习者和监督者挑选相结合、强制与自主相结合的方式。

（四）训练多功能部队

陆军训练是为了给全球作战指挥官提供准备好的军队。部队在常驻地和部署地进行训练，为任务做准备并使其能力适应作战环境的变化。部队训练主要关注作战训练中的集体技能，但也包括机构训练和自我培养中的个人技能发展。单兵训练旨在掌握基本技能，而集体训练旨在将学到的单兵技能进行统一整合。部队训练强调提高部队、士兵和领导者的能力，它要求单兵和组织的相互作用以完成有助于部队训练目标和必训科目表的项目。

1. 关注常驻地训练

陆军将通过常驻地训练实施战备。常驻地训练必须越来越反应"阻止—塑造—打赢"作战方案和决定性行动固有的复杂性。机动空间、实弹射程或训练设施的限制必须通过有效运用现有的虚拟、推演和游戏能力加以克服。由于陆军正向为决定性行动训练转型，常驻地训练将从当前专门混合的训练方式转向具有全天候稳固能力的一体化训练环境（ITE）。一体化训练环境是一个有意将多个支援工具和选定的训练辅助模拟设备（TADSS）系统进行有机结合而构成的系统，同时在适当的作战环境中利用任务式指挥系统来达到指挥官的训练目标。一体化训练环境将能够支持旅级以下所有形式的单兵训练和多层次的集体训练。为作战训练中心（CTC）作准备的常驻地训练应当不仅强调进攻、防御和稳定作战的基础，还要重视在特定网络系统暂时滞后的情况下持续有效作战必需的科目。由于网络空间在真实作战方案中的地位日益凸显，在作战训练中心的作战步骤应当包括为网络作战制定进攻和防御计划。常驻地训练将为部队在作战训练中心进行终极训练做好准备，或者为执行其指派的作战任务提供必要的训练战备水平。常驻地训练是战备过程的开端，指挥官对训练管理的关注程度将直接反应在常驻地训练的质量中。

2. 通过战斗力生成模式实施战备

美国陆军将继续通过不断改进的战备模式训练部队，以持续提供作战力量为当前作战行动做好准备。必训科目表、合成兵种训练策略（CATS）、训练任务标准（STRAC）和持续改进的训练项目有助于部队理解并发展训练计划，以满足战斗力生成各个层次的要求。同时，还要适应战斗力生成模式以提供一系列多功能组织，使其能够实施决定性行动以支援现有国防目标。战斗力生成过程应统筹资源以达到预期的训练战备水平。因此，训练资源必须与高回报、多层次和能够提高部队熟练程度的集体训练相一致。

3. 区域性结盟部队

特定部队将发展区域性结盟以提高对训练条件的关注度、相关度和复杂度，还要提高合成兵种机动和广域安全等核心能力。在冲突上端复杂环境中为决定性行动而训练和与区域性盟友训练应当协调一致、互相补充，而决定性行动战备是战备要求的基准。训练必须兼顾建立伙伴能力的重要性，这将使部队作战指挥官有能力与伙伴建立友好关系，通过军事接触增进互相理解，最终帮助他们建立自卫能力。建立伙伴关系有助于利用军事姿态阻止潜在对手并在万一阻止失败时保护我方行动的能力。我们必须在他们需要之前就通过训练培养积极的关系，力争成为彼此可靠、持久和尊重的伙伴。

4. 复刻作战环境

只有通过多种艰苦、逼真的训练条件培养出的士兵和领导者才所向披靡、反应机敏、思维清晰。必须用高度逼真的训练挑战领导者和士兵。这种训练要能够提供友好、中立、敌对等多种因素，呈现分散或分布的敌军组织，复刻面临对手、敌人和媒体进行反美宣传挑战的信息环境，还要能迫使领导者在作战行动之间进行转型。一体化的实兵、虚拟、推演和游戏能力有助于在各种条件和强度下进行多样化重复，以积累经验和增强判断力。我们将继续根据地区信息健全方案数据库并迅速复刻出现实方案。这包括继续完善利用决定性行动训练环境（DATE）和训练大脑作战中心（TBOC）。决定性行动训练环境可以制造作战环境条件和假想敌组织。训练大脑作战中心旨在成为包括现实数据、信息、演习内容和演习道具在内的训练支援组件的中心资源库。

三、达到策略目标的途径

（一）训练是达到策略目标的途径

训练策略通过 ADP 7-0 中阐述的机构训练、作战训练和自我培养三个领域来达到策略目标。上述三者通过包含全部训练产物、军种和设施的训练支援系统来发挥作用。达到陆军训练策略的途径和方法将在后文阐述。

（二）机构训练

陆军的机构训练和教育体系包括初级军事训练（IMT）、职业军事教育/文职官员教育体系、功能训练、文化和外语训练，以及部队学校等。士兵和军官需要在智力上、身体上和精神上为复杂而危险的作战环境做好准备。从初级军事训练开始，就为士兵们打牢基础，使其成为掌握重要的战斗技能并培养其自信心、适应力、体能、恢复力和精神敏捷。其整个职业生涯将通过定点课程、移动训练分队（MTTs）和知识中心的分布式学习构建单兵知识和技能。

1. 整合院校资源

陆军必须用一体化陆军院校体系(OASS)整合所有院校体系的能力并充分执行陆军单兵训练计划(ARPRINT)。陆军训练与条令司令部将确保所有院校都具有一致的教育质量,并核查向大学模式转型带来的潜在效益。指挥官和领导者必须确保训练需求直接支援部队任务,单兵已准备好参加和顺利完成课程。不能进行不必要的训练或达不到训练效果而浪费稀缺的训练资源。指挥官和领导者将运用部队学校、分布式学习和自我培养等机会来发展和保持部队战备所需的下级指挥官的技能。机构训练基地必须与战斗力生成过程同步,并能适应训练和教育需求的变化。

2. 复兴领导者教育

训练、教育和经验是美国陆军领导者培养模式的三大支柱。在过去十年的战争中,更加偏重经验而疏忽了教育和训练更广阔的基础性、全局性效益。通过战斗力生成过程,指挥官必须为下级提供按时接受职业军事教育的机会,依靠部队获得的训练、教育和经验,并提供机会在不影响职业发展的前提下扩展技能。陆军将在使用士兵前为其提供职业军事教育,减少职业军事教育积压,并优化中级教育以强调职业教育作为所有军官领导者培养的关键部分的重要性。全陆军的士兵职业军事教育必须改善其教育计划,更加强调联合部队领导力。陆军军事学院将增强战略领导力以满足全球挑战。监督员将计划文职人员的职业发展。我们必须挑战并激励初级领导者。

3. 贯彻陆军学习模式(ALM)

陆军学习模式是陆军在2015年前使机构训练和教育适应支持部队作战适应性的计划。陆军学习模式通过着眼于掌握基础和最大化有限住校时间学习效果的教育策略,提高在院校面对面学习的严格性、相关性和有效性。陆军学习模式网络通过运用诸如动态虚拟环境、在线游戏和可移动学习等技术,扩展了院校的范畴。借助于各种应用、实体和虚拟相结合的环境以及终身学习体制的成效,陆军学习模式使得士兵和领导者能够在需要时获得相关学习内容,在单兵、监督员和院校之间创造出共享的学习责任。陆军学习模式将通过实兵和技术手段有机结合,为住校和非住校学习者提供有挑战性的学习内容。士兵和领导者必须成为专家式、积极主动的学习者,有能力提出高水平的问题、掌握数字技术,从而能够在学习或作战环境中发现、评估和运用在线知识。陆军学习模式运用陆军职业跟踪系统,使得士兵、文职官员以及其监督员们能够对职业学习目标进行计划和追踪。

4. 投资个人学习设施

在竞争激烈的全球学习环境中,为了比对手学习更快,美国陆军必须有能力迅速创造、升级、储存和分布学习模块,使其有需要即可用。这就要求对训练信息网络基础设施进行投资,使用信息技术、自动化训练管理系统和新型训练发展劳力技能来创造与作战相关的成熟教育方案和学习内容。

(三) 作战训练

作战训练是在指挥官部队训练计划的直接指导下进行的,包括单兵训练、领导者训练和集体训练。在联合和联军演习中,作战训练在常驻地、机动作战训练中心进行,在作战部署状态下,则在可移动中心进行。由于各机构只为领导者培养提供基础训练、教育和经验,大多数领导者培养都在部队进行。指挥官在计划、准备、执行和评估领导者培养时,必须兼顾下级领导者个人和集体训练要求,以提升部队战备水平。

1. 灌输训练管理技能

指挥官必须对所有训练要求都进行周密的分析,确定优先顺序,考虑可能风险,调配可用资源。必训科目表(METLs)、合成兵种训练策略(CATS)、训练委员会标准(STRAC)和活动列表矩阵(基本的、连续的和进步的训练活动)按要求帮助部队理解和发展训练计划,以满足战斗力生成必需的水平。和在战斗中一样,复合的风险管理和周密的行动后回顾必须形成惯例。在线训练管理资源可以在陆军训练网(http://atn.army.mil)上获得。指挥官必须确保下级领导者受到过良好训练,懂得如何训练并且能够严格执行各层次的训练管理,以保证协作与资源各尽其用并最大化训练效果。指挥官必须与训练设施相互配合,创新计划安排以最大化训练支援资源,满足现役部队和预备役部队的需求。同时在常驻地的部队更高层人员将由高级指挥官授权主动管理,以平衡整个部队的训练支援资源。高级任务指挥官利用时间管理周期——例如红色—绿色—黄色和训练—任务—支援——来在常驻地获得训练能力。在制定训练计划时,时间管理周期将帮助指挥官提供某些预见力,这种周期还将建立设施中部队支援的优先顺序。具体的训练周期将根据设施的不同有所差异,设施指挥官将发展最适合本设施和驻扎部队情况的系统。

2. 贯彻战斗力生成模式

现役部队(AC)将从 36 个月不断进步的战备模式转向 12 个月的训练/战备期(包括 3 或 6 个月的恢复期,取决于部队是否部署)加 12 个月的可用期。这种加速的战斗力生成过程促使了对详细训练策略和现役部队目标点生成的反思。预备役部队(RC)将继续采取 60 个月的战斗力增长战备期。指挥官应该按照陆军条例(AR)525 - 29 中的阐述,用适当的现役/预备役部队训练目标点作为计划训练的标杆。目标点和预期训练水平将帮助陆军有效利用部队训练资源,帮助指挥官对训练科目合理排序。至于旅战斗队（BCTs），在战斗力生成的训练/战备末期进行的机动作战训练中心轮训将作为现役部队旅战斗队和选定的预备役部队旅战斗队进入战斗力生成可用年度的最终训练项目。陆军国民警卫队旅战斗队也将参加机动作战训练中心的战斗员演习和在作战训练中心轮训之前的可输出作战训练能力（XCTC）训练。特定功能/多功能旅也将参加机动作战训练中心演习，它们往往作为受训部队嵌入到军/师战斗员演习中。动员前训练与动员后训练密不可分，因此战斗力生成规定的水平需要动员后训练。美国陆军部队司令部（FORSCOM）将通过作战训练中心计划负责以满足战备目标。美国驻欧洲陆军负责在联合多国战备中心的部队安排。美国陆军部队司令部通过第一军和其他资源，将同预备役部队一样提供训练支援，并协助检验这些部队。当陆军改进部队实现区域联盟的方法，为作战指挥官提供他们履行职责需要的工具时，陆军的训练策略也将必要地进行发展。指挥官必须发展训练计划以满足特定的战备和任务需要。

3. 重振常驻地训练（HST）

常驻地训练必须由反暴乱作战训练向为决定性行动和联合地面作战训练转型。转变战斗力生成过程促使常驻地训练项目的数量和频率增加，进而提供训练支援倍增器。常驻地训练将由混合训练方法向一体化训练环境转变，以最大化利用稀缺的资源，同时增加作战真实感并培养指挥官的灵活性以根据层次、任务、经验水平的不同衡量训练项目。由于美国陆军开始需要常驻地的部队在训练-战备年度最终训练项目之后保持战备水平，部队指挥官必须在战斗力生成周期的可用年度计划并实施训练以保持战备。

（1）混合训练

常驻地训练将最大化同时使用实兵、虚拟、推演和游戏（LVCG）倍增器的机会，以不稳固、不一致的方式，基于组织和功能合成兵种训练策略以支持集体训练项目。指挥官将整合实兵训练与适当的推演、虚拟和游戏能力，提高常驻地训练的复杂性与相关性，达到单通过实兵训练难以获得的多层次一体化水平。混合项目将包括同时使用至少两种环境。网络战条件主要将整合到推演环境中。指挥官还将充分利用联合、跨机构、跨政府和多国部队训练机会。

（2）一体化训练环境（ITE）

经过该训练策略阶段，陆军部队将看到一体化训练环境的阶段性成果，将改善指挥官的能力，使其更容易将实兵、虚拟、推演和游戏能力一体化成为无缝网络，使得部队达到在常驻地未曾获得的训练真实性水平。常驻地的某些训练真实性该进将源于对决定性行动训练环境（DATE）和训练大脑作战中心

(TBOC)的更好利用。决定性行动训练环境和训练大脑作战中心将有助于制定更加复杂和与作战相关的训练方案,共享通用的基础条件。陆军对实兵、虚拟、推演——一体化架构(LVC-IA)和相关训练辅助模拟设备的投资将有助于形成一体化训练环境。实兵、虚拟、推演——一体化架构与任务式指挥系统相互连接,以实现一体化任务式指挥和机动训练。在未来几年里,将有更多的训练辅助模拟设备计划与一体化训练环境进行整合。一体化训练环境将为陆军提供完整、持久(全天候可用)、一贯的真正一体化的方案,培养低成本高水平的训练能力。实兵、虚拟、推演——一体化架构将于2013财年第一季度首先在胡德堡军事基地挑选现役部队设施开始实行,然后大概每个季度增加一处实行地。通过一体化训练环境,部队将按照通用方案结合所有的环境,以达到更高的训练水平。在完成纯实兵训练过程后,一体化训练环境还将使指挥官在常驻地训练环境中能够在不易复刻或复刻风险太大的方案和条件下集中训练领导者。为了发挥最佳效果,一体化训练环境要求能在常驻地复刻作战环境。由陆军训练信息系统和发送点学习系统构成的标准训练信息基础设施(TII)是一体化训练环境的补充。训练信息基础设施支持完整的计划—准备—执行—评估过程。

4. 提高作战训练中心(CTC)经验

作战训练中心提供接近实战的、真实的、基于条令的、联合和合成兵种训练。作战训练中心担负着生成部队战备和检验现役领导者培养的双重角色。部署部队训练的环境将复刻其即将部署到的作战环境,非部署部队和区域联盟部队将在决定性行动训练环境中训练。

(1) 任务式指挥训练计划(MCTP)

任务式指挥训练计划是陆军利用推演模拟系统进行任务式指挥训练的主要作战训练中心。军、师司令部将利用任务式指挥训练计划主导的战斗员演习作为其主要训练项目,其目标是退出作为联合特遣部队能力司令部的战斗员演习。此外,在战斗力生成模式的第一年(训练/战备年),功能和多功能旅将嵌入任务式指挥训练计划主导的军、师战斗员演习中,并将此演习作为其最终训练项目(CTE)。任务式指挥训练计划主导的战斗员演习将是多层次的,以最大限度地提高任务式指挥训练,培养关键的联合、跨机构、跨政府和多国部队支援能力,同时降低成本。当参与作战司令部演习时,陆军军种组成司令部也将受到任务式指挥训练计划的支持。在实践中,当准备各自战斗员演习时,军、师、陆军军种组成司令部将作为更高级别的司令部(HICON)参与其他的战斗员演习。

(2) 机动作战训练中心(MCTC)

机动作战训练中心为旅战斗队(BCTs)提供有挑战性的、逼真的实兵训练经验。机动作战训练中心轮训在临近训练/战备年的年末进行,并作为旅战斗队进入到战斗力生成模式中可用年的最终训练项目。所有现役部队旅战斗队指挥官都应在其指挥任期内参加一次机动作战训练中心轮训。现役部队旅战斗队应在机动作战训练中心达到 T1 水平,随后转向战斗力生成模式中的可用年。预备役部队旅战斗队将达到 T2 水平,随后转向预备役部队 60 个月的战斗力生成模式中的可用年。如有可能,功能与多功能旅的下属营将被整合到机动作战训练中心轮训。师司令部通常将作为旅战斗队更高级别的司令部参与机动作战训练中心轮训,不仅要为旅战斗队提供 C2,而且按自身能力实施行军中任务式指挥(MCOTM)。

5. 提供部署地训练能力

美国陆军将继续根据作战需要部署部队,既为了打赢,也为了塑造。在部署时,指挥官必须持续在任务中评估现有战备水平,并能认识到现有敌人的能力、战术、技术和程序,并根据需要调整训练。在这些环境中,持续更新部队标准作战程序(SOPs)和发展已有经验以调整我们的训练战略是至关重要的。采取创新、高效、管用的方法推广和实施持续的部署地训练,可以确保在保护部署地部队的同时提高任务成功率,还能防止未来任务所需的关键技能退化。

6. 合并网络作战

必须使部队准备好在包括竞争和衰弱在内的广域条件下进行网络作战。网络作战是任务式指挥的关键倍增器,是所有陆军作战必不可少的组成部分。网络作战必须与电子战、电磁作战、信息战和太空战协调一致,为指挥官提供所需的效果。必须训练参谋来整合网络作战。指挥官和部队必须充分认清自身网络的弱点,懂得并有能力最好地保护他们。陆军部队必须确保保护协议和应对措施随时到位,每个单兵都必须确保其训练与时俱进、毫不懈怠。每名士兵和指挥官都必须接受训练,以在竞争和衰弱的网络空间进行作战。

(四) 自我培养

自我培养训练支持有计划的、有目的的学习,加强和扩展单个人员知识基础、自我认知和情景认知的深度和广度。它既适于用军人又适用于文职人员,主要分为以下三类:(1)有组织的自我培养,包括具体课程入门所要求的强制学习模块;(2)有指导的自我培养,包括推荐但可选的学习以提高专业能力;(3)个人的自我培养是个人发起的学习以满足个人目标,比如取得大学教育或高级学位。

1. 促进终身学习

陆军是一个学习型组织,承担着培养军人与文职人员的职责,因而要充分认识到他们的潜力。每名监督员都有责任培养下级,鼓励其自我培养,指导其职业发展并促进其终身学习。陆军职业跟踪系统和其他在线工具是为了帮助监督员与其下级协调讨论职业发展计划。监督员必须为下级自愿和规定的学习提供机会。

2. 实施有组织的自我培养

士官教育系统(NCOES)成功地显示出有组织的自我培养的价值,它在断断续续的院校经历之间扩展了学习项目,并有助于建立终身学习文化。完成了士官教育系统有组织的自我培养第一阶段(SSD1)的士兵可优先进入更高一级的"勇士领导者课程"学习。有组织的自我培养将逐渐形成惯例,成为填补学校课程知识差距的桥梁。

(五) 训练支援

陆军训练支援系统支持训练的所有三个领域——作战训练、机构训练和自我培养。决定性行动战备要求改进常驻地训练支援系统倍增器,以扩展训练机会同时保存资源。现有的训练支援能力都存在于训练支援系统内。训练支援系统是为所有三个领域提供产品、服务和设施的综合系统。其产品主要是在实兵、虚拟、推演和游戏环境中的单兵训练辅助模拟设备。其服务主要指管理与作战参谋,和提供所有层次但主要是设施层次的资源。训练支援系统服务还包括通过全球支援系统保持训练辅助模拟设备。训练支援系统设施提供射击场地、训练场地和其他实兵训练能力,比如城市战训练设施、任务训练综合设施、训练支援中心和模拟系统设施等。高级任务指挥官必须确保整合和统筹训练支援系统,以满足来训部队指挥官的训练要求。

1. 适应性训练支援

通过2012年5月至12月召开的陆军训练峰会Ⅲ,参会人员全面回顾了训练支援能力,并界定和认可了所要求的能力。指挥官应在发展训练计划时,考虑未来训练支援系统能力。区域模拟中心将按需分配推演模拟系统,将常驻地任务式指挥训练与其他所有地域部队相连接。在区域集体训练能力(RCTC)架构中的设施将允许现役部队/预备役部队进入训练辅助模拟设备、射击场地、机动地域和任务训练综合设施(MTC)。训练支援系统将发展支援训练信息系统和网络以存储、检索和发送训练数据。训练支援系统将发展强大的环境以培养网络技能并将网络效能纳入演习中。

随着陆军由反暴乱训练向为决定性行动和联合地面作战训练转型,训练支援系统必须适应指挥官的需求。部队结构和驻地的变化,包括对亚太作战环境的日益关注,都使得对训练支援的要求发生了变化。对战斗力生成过程的修改也将改变训练项目的数量与频率,这都需要训练支援系统相应改变。

为适应上述改变和达到指挥官的训练目标,训练支援系统必须由当前混合训练环境向一体化训练环境(ITE)转变。一体化训练环境是采用持续和一贯的方式结合或连接训练辅助模拟设备并作用于任务式指挥系统,以在作战环境中达到指挥官训练目标的能力。一体化训练环境将有能力支援所有训练领域中的单兵和多层次集体训练。实兵、虚拟、推演一体化架构(LVC-IA)系统使一体化训练环境成为可能。

2. 完善训练支援系统

指挥官在发展其训练策略时必须考虑其他训练支援系统能力。完善的能力将包括按需分配的集体训练网络,可将其他所有地域和设施的部队训练相互连接。训练计划必须通过设施中和设施间的作战网络将任务式指挥与实兵、虚拟、推演、游戏倍增器相结合。要达到上述训练信息系统和网络必须发展、存储、检索和发送训练数据。这要求发展和应用可用于士兵、文职人员、部队和机构的 TII 产品和信息架构与标准。同时,能力开发者、物资开发者和资源管理者必须建立可以在作战网络中作战、复刻复杂作战环境的训练辅助模拟设备,以便指挥官执行训练策略。完善训练支援系统还将关注网络训练需求。我们必须发展通用教育平台/门户以提供强大的环境来培养和提高网络技能。这应包括用于将网络效能纳入演习的虚拟射击场和训练场地。太空知识训练也将纳入机构训练领域,并在整个作战训练领域得以加强。

3. 训练支援系统目标

训练支援系统将从三方面目标支持陆军训练策略:服务目标、产品目标和设施目标。

训练支援系统的服务目标是:(1)重置训练支援系统的人力模式并根据改进的模式重置资源训练支援系统人力模式;(2)根据国防战略和陆军战斗计划,重新分配资源训练支援系统运行资金以反映美国本土和海外设施的训练负担。

训练支援系统的产品目标是:(1)在选定的常驻地建立实兵、虚拟、推演一体化架构以支援作战训练;(2)取代在国家训练中心(2015 财年)、联合战备训练中心(2017 财年)的作战训练中心仪器系统(IS),并计划于 2019 财年取代联合多国战备中心仪器系统。(3)安排训练支援系统能力和根据陆军训练策略Ⅲ产生的能力;按照驻地决议和陆军战斗计划指南,重新给区域集体训练能力设施分配训练辅助模拟设备;(4)分别按照陆军司令部副参谋长(作训、需求、概念)和副参谋长(战略规划项目)的计划,改善训练辅助模拟设备系统和非系统一体化,以反应武器系统的所有训练要求,确保非系统训练辅助模拟设备系统与战场武器系统保持一致;(5)为新训练支援系统培养要求以着眼于陆军训练策略Ⅲ确认的差距;(6)使仪器/训练辅助模拟设备系统的其他部分现代化,以支持作战训练中心;(7)发展和一体化高要求的训练管理、训练发展和训练交付系统,使投资获得最大回报;(8)着眼于交付基础设施的分布式学习点,以支持自我培养领域和提供作战训练和机构训练领域的回顾。

训练支援系统的设施目标是确认在区域集体训练能力设施中的训练支援系统设施差距,并安排训练支援系统设施利用设施投资策略(FIS)方法填补上述差距。

上述目标的资源将在2015—2019财年度项目目标备忘录中确定,或者更快,如果有可能。

四、连接目标、途径和方法

(一)实现策略目标的方法

陆军训练策略并非(作训、需求、概念)是提供资源的文件,而是叙述与策略目标相关的途径,已完成陆军训练构想。现有过程和决议讨论将确认达到这三个策略目标的具体方法。陆军训练策略将有表达经认可的方法的附录(即将发布)加以补充,以说明要求的生效过程和帮助陆军参谋部建立于策略目标相关的优先顺序。陆军训练策略将必要地强调资源现状,并将迫使各级指挥官创造性地工作以缓和可能限制策略目标完成的资源短缺。

(二)管理

陆军将管理各项努力,通过陆军条例350-1规定的现有训练将官指导委员会(TGOSC)机制,以达到陆军训练策略设计的策略目标。训练将官指导委员会的目标是提供管理过程以确认和解决问题、决定优先顺序、做出决策支持陆军训练和领导者培养,以为陆军参谋长提供同步的和一体化策略建议。训练将官指导委员会建议完善训练政策和策略,以及为作战司令部司令提供训练有素且做好准备的士兵、领导者、陆军文职人员和部队所需的能力。训练将官指导委员会确保陆军训练通过作战训练、机构训练和自我培养领域能够保持士兵、领导者、陆军文职人员和部队必要的战备水平。训练将官指导委员会将通过美国陆军负责作战计划与政策的副参谋长办公室、训练局为相应陆军领导机构提出决策建议。训练将官指导委员会的所有建议都将考虑政策含义、未被采用后的影响、总体资源需求,以及与其他陆军训练和领导者培养活动之间的关系。此外,对于陆军领导者培养策略和陆军领导者培养论坛,训练将官指导委员会管理过程和训练与条令司令部管理过程之间有重复与类似的努力。其部分管理过程将使这些努力同步。

展望

陆军训练策略是在我们陆军关键的转型点发展的。即使当我们继续使士兵、领导者和部队为作战任务做好准备支援国家的最持久战争时,陆军也必须作战适应力训练打牢基础。2012年陆军战略计划指南明确了为"作战适应力训练"是陆军近期的最紧迫行动,是"必要资源集中的事业"。陆军训练策略提供了深思熟虑的计划以连接策略目标、途径和方法,使得陆军可以在资源减少的情况下成功转型。

在我们阔步前进的时候,我们执行训练策略的方法无疑必须关注这三个策略目标。实现陆军训练构想的关键在于各级的有效领导。我们必须确保指挥官和领导者理解条令并能够将训练管理技能应用于多年来特别关注具体威胁和作战焦点的部队。领导者必须接受必要的训练和职业军事教育,为其合乎标准且准备应对更大作战挑战的职业武器做好准备。部队训练策略必须界定为使部队由单一关注可预见的部署向准备反对一系列作战挑战的决定性行动转型。指挥官和领导者必须有办法和技术来最大化有限的训练时间,达到更高的水平,并以有挑战性的、与作战相关的训练激励年轻领导者。我们知道必须通过一体化实兵、虚拟、推演和游戏技术来进行投资,并改善陆军训练信息系统以提高常驻地训练的复杂性。

本陆军训练策略提供了策略方向。指挥官必须成为训练科目专家,用本训练策略和条令原则来指导和发展训练策略与下级部队训练计划。他们的训练计划必须培养作战适应力。训练和领导者培养必须培养各层次的创造力。因此,陆军领导者——军官、准尉、士官和陆军文职人员在内——必须认识到没有预先设定的解决问题的方法。训练和教育方法将不断进步,训练策略将适应新的条件。但在未部署时,训练仍将是首要任务。

> 部队训练和领导者培养是陆军的血脉。
>
> (ADP 7-0)

根据美国陆军训练与条令司令部官方文件 Army Training Strategy 翻译。

附录6　美国陆军领导者培养战略

(2013年)

[美] 美国陆军部

张　韬　程　刚 译

前言

随着"持久自由"行动中的作战行动已经结束,陆军从伊拉克和阿富汗的作战行动中获得了难得的经验教训,但是陆军必须重新调整陆军领导者培养的重点,以应对未来的安全挑战。陆军领导者培养战略为此制定了全面的实施方案。

虽然今天陆军部队是历史上拥有最丰富的作战经验的部队,但是在落实陆军领导者培养战略的过程中,陆军的进步和发展不能仅仅依靠作战经验。在培养陆军下一代领导者时,陆军必须通过拓展训练、教育和经历,使培养的领导者能够适应不断变化的战略环境。最佳的培养方式取决于这样的原则:培养出具有奉献精神的合格的领导者。

对于国家而言,陆军培养领导者的能力早已是一种竞争优势。陆军坚信,现在所采取的措施将进一步增强领导者的技能,同时也将提高人才的管理水平和强化道德行为。领导是陆军的一切的基础,这就是为什么即使是在财政紧缩的时期也将继续在人员方面加大投入。可以肯定,这种投入必将确保陆军时刻准备着响应国家的召唤。

陆军部长	陆军参谋长	陆军军士长
约翰·M.麦克休	雷蒙德·T.奥迪尔诺上将	雷蒙德·F.钱德勒(第三)

一、引言与环境

(一) 引言

美国陆军为国家培养领导者。陆军在培养领导者方面具有的竞争优势,既不会被技术所取代,也不会被先进的武器和平台所替代。如果陆军没有很好地培养领导者，就不可能建设高质量的部队和合理地谋划战役，也就不可能在战区实施有效的作战行动。随着陆军完成阿富汗的作战行动，重新调整部队以应对越来越多的全球性挑战，陆军必须保持并增强在领导者培养方面建立起来的优势。

领导者培养对于陆军，尤其对于保持战备的陆军而言是极其重要的。当前，由于陆军不得不将重点放在作战上，因此陆军的建设处于不平衡的状态。陆军领导者培养战略将有助于陆军重新调整领导者培养中的三项至关重要的组成部分：训练、教育和经历。该战略对领导者培养的目标、方法和手段提出构想和指导，使培养的各级领导者能够在实施任务式指挥的同时，计划、准备、实施和评估联合地面作战，以应对21世纪的各种挑战。领导者必须了解战略环境，具有批判性和创造性的思维，谋划解决方案，阐述和传达关键信息，以达成共识和团结协作。

领导者培养是一个周密的、持续的和渐进的过程，其根基是陆军的价值观。该过程将陆军现役军人和文职人员培养成为具有奉献精神和高尚人格的合格的职业领导者。领导者培养是职业生涯长期的训练、教育和经历的综合的过程，它要求向被培养者提供机会参与教育机构的训练、接受作战的考验和进行自我修养，并得到同事的帮助和发展道路上各种关系的支持。所有这一切发生在陆军根据宪法捍卫的社会里，并受到社会的影响。陆军领导者培养战略必须是全方位的，从美国陆军军官学校、后备军官训练团和候补军官学校的军官任命前的训练开始，一直持续到晋升高级军官。对于士兵而言，一个类似的过程将得到加强，从入伍训练到进入军士长学院接受教育。同样，领导者培养在陆军部文职人员计划中也占有突出的地位。

人才管理为领导者培养起着辅助的作用。人才管理记录军官、军士和文职人员的才能，即他们展现的技能、知识、行为和潜能。陆军希望根据才能培养和使用全面发展的领导者，其才能不但来源于作战经验，而且来自不断拓展的任职岗位、高等国民教育和职业军事教育，以及个人的兴趣。陆军将调整晋升时间表，以便领导者有机会获得更多的经历和提高领导者的个人领导才能。陆军只有培养更好的人员，才能更好地建设陆军。与此同时，陆军正在重新设计评定系统，其中包括修订军官效能报告，以更加准确地评估人员的才能。陆军还在实施全方位的评估，不但包括上级的评价，而且还包括同级和下属的意见。这种评估体制有助于领导者发扬优点，克服缺点。

陆军依靠自身的力量培养领导者。与私营部门的大型组织不同，陆军现役部队不可能从外部雇佣、选择和任命中高级领导者。为一个单位培养一名现役的高级领导者需要20多年的时间。陆军最优秀的文职人员得到聘用或任命到陆军的文职岗位上。对于现役陆军而言,陆军文职人员的发展的挑战是对人才的招募、不间断地培养和管理。陆军所有单位都必须始终做好这方面的工作,不断为陆军的未来培养现役和文职领导者。

领导者培养和人才管理都必须遵循一定的原则。陆军领导者必须在"成为什么,知道什么,做什么"方面树立好的榜样。他们必须具有并体现这些特质:适应性、灵敏性、灵活性、快速反应和迅速恢复能力。掌握这些原则是一种职责,陆军领导者依据这些原则在联合、跨机构、政府间和多国部队的环境中有效地实施作战行动。

(二) 战略环境

美国和陆军未来将面对更加复杂、更加不确定的环境。越来越多的全球和地区参与者将通过非对称手段和技术的进步对美国构成威胁。国家战略和当前的全球评估对战略环境的这种不确定性进行了深入的研究。

针对不断变化的战略环境,《维持美国全球领导地位:21世纪国防优先事项》为联合部队明确如下10项主要任务,以保护美国的国家利益:

一是反对恐怖主义和应对非常规战争;

二是制止并粉碎侵略;

三是在反介入或区域拒止的挑战下实施兵力投送;

四是应对大规模杀伤性武器;

五是在网络空间和太空实施有效的作战;

六是保持安全、可靠和有效的核威慑;

七是保卫国土安全和对民事机构提供支援;

八是保持起稳定作用的存在;

九是实施稳定和反暴乱作战行动;

十是实施人道主义援助、赈灾等行动。

同样,《联合作战顶层概念:2020联合部队》提出,未来联合部队将面对越来越复杂、不确定、激烈竞争、快速变化和更加透明的作战环境,其特点是国家间的安全挑战。国家情报委员会发布《2030全球趋势》报告,提出了相同的挑战,并强调各种新的威胁。冲突可能面对其他国家或者越来越强大的非国家参与者,两者都拥有先进的武器。顶层概念提出全球一体化作战的概念,以阐述源自未来安全环境的作战挑战。全球部署的联合部队各组成部分能够实现相互之间的联合,并与任务伙伴协同行动,以在各领域、各级、地理分界线和编制的从属关系上顺利地协调各种能力。与当前的联合部队相比,这些网络将在时间上和空间上,根据不同的安排,以更大的流动性和灵活性建立、变化、分解和重新建立。

《陆军顶层概念》认为,陆军将继续在复杂和不确定的环境中作战。对财富、资源、政权、主权和合法性的争夺将在竞争更加激烈、但相互间联系更加紧密的世界上,在快速发展和适应能力更强的对手之间引发各种各样的冲突。

作战环境存在于两大趋势之中:一是财政紧缩时期;二是陆军的转变,即从重视战时需求的陆军部队生成为中心的模式,向支持陆军部队正常化部署以支援地区作战司令部的模式转变。在重要的转变时期,陆军领导者必须清醒地意识到,问题不会有预定的解决方案,所以各级必须采取创新的方式进行领导者培养的工作。

(三) 战略环境的影响

今天培养的领导者将应对明天的安全挑战。部队的效能取决于领导者的表现,他们需要在一些领域具有关键的思维技能。领导者必须能够理解安全环境和国家综合国力各手段的作用,在面对突然性和不确定性时实施有效的领导,预测和确定各种变化并指挥做出相应的转变,通过信任、授权和理解围绕意图作战。

《陆军战略计划指导》认为,领导者培养是确保总体陆军能够适应不确定未来的最佳途径。陆军培养的领导者必须能够在作战环境中实施决定性行动。领导者培养必须具有通用性,即领导者必须熟悉在各种态势下应对各种威胁,并精通与各种国家、联盟和本土伙伴的协同作战。

陆军必须从全方位培养领导者,使其能够在包括高度复杂和危险的任何态势下,根据即使是不充分的情报也能做出合理的决策。领导者同样必须能够培养士兵,使他们具有适应性、职业精神以及训练有素,以遂行任何任务。

一是丰富领导者的经历(近期)。更加贴近实战环境,应对决定性行动中的各种挑战。领导者培养必须超越反暴乱的重点,使士兵和文职人员做好准备,以独立地更加动态的环境中作战,尤其是在陆军地区部队部署的编成内独立作战。

二是拓展机会(近期)。领导者通过各种经历拓宽思维定式,以适应各种挑战性的环境。拓展经历可以培养思维技能和针对困难态势制定创新的解决方案的能力。拓展经历需要领导者在陆军战术、战役和战略各级的各种任职,在联合、跨机构、政府间和多国部队环境的各种任职,以及军队外的各种任职。

三是强化21世纪陆军的职业精神(近期)。陆军培养的领导者无论是在作战部署中还是在训练环境中,都必须体现高尚的人格、胜任岗位、奉献精神和适应能力。陆军必须营造信任的氛围,即尊敬和保护士兵、文职人员及其家属。信任是道德的基石,是陆军职业的基础。

四是培养精通网络空间的领导者和加强网络职业队伍建设(近中期)。陆军在为决定性行动培养具有战略头脑的领导者的同时,必须清醒地认识到技术的飞速发展。领导者必须明白,随着技术的发展和潜在对手不断增强破坏美军网络或关键设施的能力,作战环境的竞争将更加激烈、更加困难。当前,陆军需要在发展网络技术的同时,创建更加专业的队伍。想要取得成功,必须建设一支技术娴熟的专业队伍,以满足政府和私营企业的各种需求。

二、战略构想

(一)构想

陆军领导者胜任岗位和具有奉献精神,具备各种技能和特质,以应对21世纪的各种挑战。

(二)任务

积极开展领导者培养工作,向他们提供训练、教育和各种经历,使其能够在21世纪安全环境中实施任务式指挥并取得联合地面作战的胜利,领导陆军事业取得进步。

(三)结构

领导者培养是机构陆军(教育或训练机构)、作战部队(组织或单位)和个人之间共同承担的职责。

三、目标、方法和手段

(一)目标

领导者培养是一个训练、教育和经历的综合过程,它培养领导者在联合地面作战中实施任务式指挥并取得胜利。陆军培养的职业领导者,无论是实施联合地面作战还是履行陆军生成部队的职责,都能够贯彻任务式指挥的思想。他们具有很高的情感智商,能够与外部的联合、跨机构、政府间和多国部队伙伴,以及内部的机构和利益攸关方建立互信。陆军竭力培养领导者不但胜任当前的岗位,而且要为后续的职责做好准备。为此,高级领导者必须站在全局和统一的高度,将陆军视为一项整体的事业,允许下属离开当前的单位,利用各种机会得到进一步的发展。

领导者需求模式阐述对陆军领导者的各种期望。该模式建立陆军普遍重视的共同特征,要求开展相应的领导者培养活动和人事实践。它涵盖对各级领导者的核心需求和期望。特征是领导者内在的理想特点,即陆军要求领导者成为什么和知道什么。能力是陆军期望领导者具有和运用的熟练的和能学会的各种行为,即陆军要求领导者做什么。这些特征最终建立起领导者和被领导者之间的信任,这种信任奠定任务式指挥的基础。

(二) 方法

作为陆军领导者培养战略的核心内容,各级领导者都必须理解各自承担的持续培养其他领导者的职责。陆军高级领导者为陆军培养领导者确定各种条件。同时,各级领导者在各自的单位创造各种条件,通过教学、训练和提供必要的经历,使所属的领导者得到最大限度的发展。此外,领导者要帮助个人意识到,个人的整个职业生涯的学习责任对于个人发展是至关重要的。

陆军的现役军人和文职人员通过训练、教育和经历,经过陆军领导者培养模式中的机构陆军、作战部队和自我修养等三个方面的历练成长为领导者。

陆军通过协调和综合运用各种政策和计划,不断落实和改进领导者培养的过程。陆军战斗训练中心和学校等主要资源为领导者培养体系做出重要的贡献。例如,重建的"勇士"项目将更加紧密地把卓越中心的职业军事教育与战斗训练中心良好传统结合起来。陆军训练中心依托基地训练,不但为领导者培养提供大量的机会,而且为打赢战争准备好部队。这种方式提供的环境可以向陆军职业注入重要的特征,使陆军现役军人和文职人员做好在不断变化的环境中作战的准备。这种体系不断培养领导者,管理各级人才,有助于培养具有适应性的领导者,他们能够运用和领导各地区快速反应、根据任务编组的地面部队,确保未来拥有强大的地面作战力量。

从入伍训练到陆军军事学院和陆军文职人员高级行政人才管理计划,陆军不断改进职业军事教育和文职人员教育系统。陆军正在认真研究军官任命前的各种渠道,以确保未来的领导者具备适当的技能并融入部队,其中包括重新重视具有科学、技术、工程和数学的背景。结合过去12年的经验教训,同时为了满足未来的需要,陆军已经更新了军官和军士培养规划中的各项教育计划。陆军正在积极拓展学术、跨机构和多国部队领域的任职机会,培养领导者适应复杂、不确定的作战环境。陆军首先明确必须具备的领导者技能,然后通过亲身体验、学术研究和发展计划培养领导者,发展和管理领导者应具备的各种才能。陆军已经执行或制定许多计划,如除了继续与指挥与参谋学院合作外,将与第四等级军事教育协作的院校数量增加了一倍,将第一等级军事教育之后的协作院校从3个增加到9个,修改了旅营指挥预备课程的教学计划,每年将博士学位战略计划从3个增加到11个,为美国陆军军事学院的每个合作院校派遣中将和上将顾问,增加与最亲密盟国的人员交流。

陆军培养的领导者胜任岗位,具有适应性、创新性、灵活性和高尚的品德,能够领导具有先进技术的部队和单位。在这种培养结构中,陆军培养领导者的各种领导能力与各级系统和组织相匹配。陆军在适当的时间和地点为陆军培养适当的领导者的同时,适当地分配人才和为个人的发展提供更多的机会,以便个人获得进一步的晋升和选择。人才管理的部分内容是使不同的人拥有不同的发展时间表。例如,在一个试点计划中,个人可以获得休假,但不会对职业生涯造成不利的影响。这样做的理由是,实际上个人仍然可以为陆军服役20年或更长的时间。尽管仍有许多工作有待完成,但是旨在改进人才管理的一项试点计划已经实施,它就是"绿页"计划。它是一种在线论坛,个人可以更加全面的描述当前人事档案中不必记录的技能和特点。该论坛将使领导者和士兵进一步贴近部队,而部队将得益于他们所具备的各种技能。

成功的领导者应该知道,不断培养下级的领导者是陆军长期健康发展的关键。所属领导者可以指引部队和单位应对明天的挑战。如果今天的领导者不能通过个人的榜样、咨询和指导很好地培养所属领导者,那么今天的领导者将不可能完成明天的任务。高级领导者必须让所属领导者担负起领导者培养的责任,并对全心全意做好这方面工作的领导者予以奖励。

(三) 手段

领导者培养的手段包括决心、时间和投入。成功的领导者培养的主要手段是决心和时间。陆军领导者培养计划是陆军执行、管理和协调各领导者培养项目的总体计划。在计划、规划、预算和执行过程中,各计划评估组对领导者培养项目进行分析并排序。

陆军高级领导者必须高度重视各级的领导者培养工作,从初级的军士到高级军官以及相应级别的文职人员的培养。与领导者培养的决心紧密相关的手段是时间,即整个单位实施领导者培养计划所需的时间。最后,如果领导者培养战略得到足够的重视和充分的资源支撑,其中包括所有领导者必须具有合理的财政投入意识,领导者培养战略就会产生最佳的效果。领导者培养战略应当视情况确定近期的资源投入重点。未来数年国防规划的投入将对2035—2039财年及其以后产生影响。未来旅营领导者将在那个时期的第二年进入部队,2024年未来的陆军军士长和参谋长也可能在其中。

陆军领导者培养战略的重点是战略实施的近期需求,包括2013—2014财年和2015—2019财年规划目标管理的中期需求。根据战略制定执行计划,陆军司令部、陆军军种组成司令部、直属单位、陆军部司令部机关,以及其他参与计划、规划、准备和实施陆军领导者培养战略的其他机构对培养工作提出具体的指导。

四、原则和各项工作

（一）原则

陆军必须遵循七项领导者培养原则，对政策和行动进行指导，以培养具有必要素质和持久特点的领导者。从入伍到退役，这些指导原则始终保持不变，以使领导者培养的过程具有精心设计、不间断和渐进性等特点。如下七项原则将推动陆军领导者培养战略的协同和实施：

一是献身陆军职业、终身学习和发展；

二是协调陆军在领导者培养的训练、教育和经历方面的职责；

三是管理军队和文职人才，以有利于机构和个人；

四是为了培养适合更高层次的领导者，选择和培养那些具有积极的领导者品质和精通领导者核心能力的陆军领导者；

五是培养适应性和创新性的领导者，秋熟复杂的作战环境和各种作战行动；

六是在领导者培养中牢固树立任务式指挥的各项原则；

七是重视领导者的各种经历和发展机遇。

（二）各项工作

在执行陆军领导者培养战略中，有三项大的工作：训练、教育和经历。各项工作需要在作战、机构和自我修养三个方面实施一些特定的辅助工作。这些辅助工作不是包罗万象的。更多的陆军全局性的工作应该在未来的陆军领导者培养论坛上提出。

机构方面通常包括除作战部队外的陆军所有单位和机构，具体包括陆军参谋机构和辅助机构、陆军各中心和院校，它们向陆军士兵和文职人员提供入伍训练、后续职能训练和职业教育。这方面的培养包括高级国民教育、企业训练和协作，以加强领导者的教育。通过技术手段，个人可以联系教员、同学、领导和顾问，以保持整个职业生涯的不间断地学习。机构传授知识，适时培养领导品质和能力，以在当前和未来承担更加重要的职责。

作战方面是领导者培养的主要方面，它包括作战部队的所有训练和教育。在作战部分，初级领导者掌握技术能力，中级领导者进一步提高部队和单位的领导能力，高级领导者逐步培养制定和执行国家和地缘政治战略的能力。在为计划、准备、实施和评估联合地面作战而进行的所有训练或执行中，所有的训练、教育和自我修养的活动是领导者培养在作战方面至关重要的内容。其他重要的内容还包括行动后的检查、指导、讨论、分享和顾问。

自我修养方面包括有计划和有目标的学习，它旨在加强和拓展知识基础和自我意识的深度和宽度。自我修养填补作战和机构方面的学习空白,为持续的学习和成长创造有利的条件。自我修养有三种:一是结构性自我修养,即为达成特定的学习目标和要求而必须进行的学习模块;二是导向性自我修养,即为增强职业能力而进行的推荐的、有选择地学习;三是个人的自我修养,即为实现个人的训练、教育和经历目标的自学。

依据健全的学习原则,组织实施系统的、渐进的、不间断的训练,以增强个人、单位和组织执行特定任务或运用特定技能的能力。训练的目的是提高领导者在训练和作战条件下的行动能力。单兵课目训练可以增强个人能力和信心,以更好地在集体训练和作战中遂行这些课目。

教育是传授知识的过程,旨在培养陆军职业军人未来完成任务所需的各种能力和特质。教育对培养陆军现役和文职领导者的能力起到重要的作用,其重点是掌握未来在训练和经历中实践、拓展和提高的基本理论知识。机构、作战和自我修养方面都可以进行教育活动。作为领导者培养的组成部分,教育培养领导者三个方面的特质:人格、举止和智力。教育强调培养领导者的智力和道德,以增强判断能力和推理能力,养成良好的思维习惯:灵敏性、适应性、同情心、智力上的好奇心和创造性。陆军的教育主要是职业军事教育或文职人员教育系统,但也可能包括在地方院校的学习。职业军事教育和文职人员教育系统对于整个职业生涯是渐进的和有序的,以确保陆军现役和文职人员在成功地经历各个阶段的同时,继续为更高层次的服役提高自己的能力和特质。

经历是持续经受的个人和职业事件。它开始于个人进入陆军之前,并持续到离开陆军之后。经历包括战争和平时的经历、个人和职业的经历、私人和公共的经历、领导和被领导的经历,以及训练和教育的经历。职业生涯的学习体现在所有的经历上,从这些经历汲取经验教训,再将这些经验教训运用到未来的经历当中。陆军运用任职、培养和拓展的各种机会和外部的影响,为领导者提供必要的经历机遇,以具备全面的潜能。

五、结束语

在落实陆军领导者培养战略中,领导者必须在本单位全面贯彻执行该战略,确保本单位深刻理解领导者培养的重要性,并为实施领导者培养的各项工作提供足够的有计划的时间。随着过去12年对人员异常需求的逐步降低,相关各方必须改变过去的局限和模式,创新执行该战略的方法。

陆军认真分析过去的模式,评估这些模式对培养领导者应对未来战略和战役挑战的关系。各级强有力的领导是实现陆军领导者培养构想及其目标的关键。各级领导者要担负起培养领导者的直接责任,正确领会和支持陆军有计划、不间断、渐进的领导者培养的宏伟蓝图。

"我们必须从必要的经历的宽度和深度上培养领导者,以满足未来的需要。"
——陆军参谋长雷蒙德·T.奥迪尔诺上将 2012 年 10 月在美国陆军协会艾森豪威尔午餐会上的讲话

附录7　美国陆军构想：在复杂世界中的战略优势

（2015年）

[美]美国陆军部

张　韬　程　刚　译

2025年及以后的美国陆军，将有效运用杀伤性和非杀伤性手段打败任何对手，以预防、塑造和打赢战争并实现国家利益。这支陆军将充分利用跨文化和跨地区的专家在人群中实施行动，提升地区安全，并具备与其他军种、美国政府机构、盟国和伙伴国的互操作能力。充分利用总体力量的这支陆军，将由一支均衡、多能、规模可调整的混合远征部队组成，能够快速部署到全球任何地方，并在所有军事行动范围内实施持续作战。由灵活且富有创新性的机构、军人和文职人员组成的2025年及以后的美国陆军，能够为国家的战略优势提供可靠的专业人才，这些专业人才加固了陆军与其为之服务的民众之间的持久纽带。

一、2015年的陆军

今天的美国陆军是一支处在转型当中，同时又承担作战与战备任务的部队。过去大约十五年的时间里，美国陆军持续部署支援伊拉克和阿富汗战争，随着陆军的转型，陆军将从该地区撤出，逐步恢复实力。陆军要为受伤的士兵和退伍老兵提供帮助，重新训练士兵，调整装备。与此同时，美国陆军一直在执行各种作战和培训任务。支持中东和中亚地区的作战活动，协助其他美国政府机构在西非加大人道主义援助，与欧洲盟国开展联合军演以应对俄罗斯的挑衅，帮助遍布全球的伙伴国训练专业高效的军队，保卫核心网络平台不受攻击，通过救灾支持国内政治高层，并在太平洋地区推进国家目标的实现。最后，美国陆军也是一支时刻准备着的部队，要培养能在复杂环境中作战的领导人，训练部队和士兵应对突发状况和潜在威胁，时刻做好准备，响应国家领导人的号召，解除不可预测的危机。

美国陆军的历史可以追溯到大约240年前；在这240年间，无论是战时还是和平时期，由现役部队、国民警卫队、后备役三部分组成的美国陆军，长期致力于保卫国土安全，帮助盟国，并在需要时，为国家而战。陆军的士兵，以及坚定支持陆军的文职人员，肩负着神圣的使命，毫不畏缩的保卫美国的同胞和民主价值观，赢得了"可信赖的专业人才"的称号。美国陆军代表着国家的力量，是全世界最强大的地面部队。美国陆军的部队在全球范围内驻扎部署，通过威慑潜在对手，帮助盟国和伙伴国以预防发生冲突，塑造战略，战役以及战术环境，确保美国在冲突发生之前抢占先机，并快速果断的在冲突中获胜。

陆军正处在一个转折点。刚刚经历了十四年的战争，面临严峻的财政预算压力，面对日益复杂的安全环境，必须明确国家未来需要什么样的陆军。纯粹复制之前的战例已经不能满足未来任务的需求；无论是冷战期间势不可挡的装甲编队，还是近期战斗经历中的反叛乱部队都无法胜任未来战争的要求。相反，必须利用自身长期的成功经验，适应能力和强有力的领导，以谋求改变与发展。

未来的挑战和复杂性要求陆军具备多方面的能力，以在复杂多样的全球性任务中取得战略性成果。未来将有越来越多的作战活动要在人群中展开，还要更有效的巩固和整合政府、军方以及联盟伙伴的作用。本着专业精神，陆军的领导与部队将继续推进转型，将陆军建成一支更灵活，专业，富有创新性，互操作能力强，具备远征能力，规模可扩展的多能均衡型力量。这支力量将为国家和部队领导人在应对未来危机时提供不同的战略选择。

2025年及以后的陆军构想将明确陆军使命及其在各军种中的独特地位，描绘在未来战略环境中可能充当催化剂的各别变化，对主要特征进行清晰地阐述，而这些特征将充分利用当前的能力，强化陆军在美国国际安全框架内所提供的战略优势。

二、陆军的独特作用

为了实现预防、塑造、打赢的长期使命，美国陆军因自身的独特贡献在国防部内部保持着相对优势。虽然在执行许多特定任务时，要依靠海军陆战队队员、海员、和飞行员，但是国家依然依赖陆军提供下列独特能力，而这些能力支撑着陆军整个的防御体系

1. 巩固战略成果。陆军是国家占领和控制目标区域，并巩固成果的手段。虽然其他军种能够对敌人实施毁灭性打击，陆军却是唯一一个能全方位实现国家意志，果断击败地面对手的军种。这是因为陆军能够在多个战区部署并维持大规模地面部队，迫使强硬对手投降或放弃攻击目标，威慑潜在对手，增强盟国与伙伴国的信心。

2. 整合行动。陆军为作战司令部提供基础能力，包括有权力授权下级单位的主要司令部。陆军还是一支对军方、跨机构、跨国行动进行整合的主要力量。陆军指挥官与参谋人员通过专业整合国家总体力量，影响并巩固战略成果。而这要归功于陆军在各大洲的军事存在，其无可比拟的战术机动性、广泛的专业技能，以及在战术、战役及战略层面实行分散负责、指导和控制。

3. 实现持续作战。就陆军在各军种中的独特作用而言，实现持续作战是其核心能力。从土木工程，到港口开放，再到内陆后勤支援，美国陆军持续展现了其支撑国内外军事行动的基础能力。陆军为整个战区和地区行动提供后勤支援，并有能力在作战行动中为其他军种，美国政府机构及盟国部队提供多方支援。虽然在预防、塑造和赢得潜在冲突方面，国防部各部门都起着关键作用，但是陆军的持续作战能力也至关重要，给美军获胜争取了充足的时间。

4. 在人群中作战。陆军还拥有最强大的人群中持续作战能力，该能力足以影响长期目标的实现。因为敌人总是试图控制人群聚集的地区，因此，战争最终是要与敌人进行地面较量。作为实施非杀伤性地面打击的主要军种，包括受训与当地政府和人民合作的宪兵、工程、民事和医疗军官，陆军最适合在当地执行长期作战任务并与当地居民建立长期合作关系。这种合作关系将构建一种高效、透明且彼此信任的独特持久的亲密关系。这种效果是通过短期部署，间歇性军事演习和近海训练所无法实现的。

经过多年的实践与不断的改进，美国陆军已成为全世界实力最强、适应性最强的地面部队。未来安全环境的不确定性不会改变陆军的使命，也不会改变我们在国防部所发挥的独特作用。但是一些特定的发展趋势却会改变我们有效满足未来国家需求的方式。

三、混乱与复杂的世界

未来十年，美国很可能会面对一个动荡、无法预测的、更加复杂的国际安全环境。这是由几个主要的新趋势造成的。这些趋势包括非国家行为体的出现、混合威胁的增多、部分国家对现行国际秩序的挑战以及城市化进程的加快。

由于非国家行为体的力量与影响不断加大，现行的民族国家的国际秩序面临越来越多的挑战。随着人们上网途径的增加，个体显现出与其国家身份不同的种族、宗教和家族身份认同。这种不一样的身份认同刺激了非国家行为体和一些在传统国家内部甚至超越传统国家而运作的组织的发展。技术的广泛传播也使得非国家行为体和个人能够掌握与国家相近的能力，进一步威胁传统国家政权。再加上治理不当和愈发激烈的资源竞争，非国家行为体的出现将会弱化政府结构,削弱强国、颠覆弱国。这些国家将成为恐怖组织和犯罪组织的避风港,潜在疫病的滋生地,进而威胁全球和地区稳定,包括我们现行的基于规则的国际体系。

随着传统国家权威的崩塌和混合威胁的出现,国家或非国家行为体在综合运用常规、非常规、恐怖和犯罪手段的过程中越来越强调战争中的人文因素。国家行为体将更多的利用代理人部队、犯罪组织、精心筹划的国内动乱和非政府黑客网络平台,配合传统作战能力,制造动荡,限制对手发展,并实施有效的反制措施。包括恐怖组织在内的非国家行为体则将不断获取先进军事装备,以征服领地,对抗与其实力越来越接近的小规模军事力量。混合威胁将会充分利用社交网络和各类媒体最大程度的进行宣传,以削弱抵抗,招募新成员。这些威胁利用美国与盟国之间的分歧,利用理论和技术,限制美国与盟国的应对能力。提出了新的挑战。

在大战略层面,包括复兴的俄罗斯和日渐强硬的中国在内的地区强国,将继续通过侵犯其弱小邻国的领土和主权完整,挑战国际惯例和美国及其盟国的利益。但是,全球化的影响将改变地区强国追求其战略目标的方式。随着与国际体系越来越密切的联系,这些地区强国将不会轻易公然实施军事打击,以避免带来毁灭性的政治与经济后果。与之相反,一些富于攻击性的国家将利用一切国家手段,包括外交、情报、军事和经济手段,以实现其国家目标,同时限制美国的政策选择,削弱国际社会的协同应对能力。这些复杂行动涉及战争的各个领域,即便是存在核威慑的情况下,依然加大了形势误判,并进一步爆发国家间常规战争的可能性。

到 2030 年,世界人口的百分之六十将生活在城市。而城市化进程主要发生在发展中国家,包括一些弱小国家和一些日益衰落的国家。很多情况下,这些城市化都发生在不受控的城市延伸地带。大规模规划不足的城市化,给那些治理不力的国家带来了极大的挑战,成为恐怖主义、犯罪活动和其他威胁制造混乱、挑战法律与秩序的避风港。对手将大量管理不力的城区用作作战基地,并大量利用难民,削弱了美国的技术优势,使美军在未来冲突中更有可能在这些地区展开行动。

在中国和印度这样人口众多的国家,不断壮大的中产阶级和大规模城市化给本已匮乏的资源带来了更大的压力。他们对能源,食品,和水日益增加的需求更有可能导致国内外冲突。此外,气候变化和严峻的天气模式将加剧资源争夺,使发展中国家面临更大的困境。这些趋势要求美军对人道主义危机,地区性人口迁移和流行性疾病做出更快反应。

美国对国家、非国家行为体和人群之间业已形成的可预测的线性关系已经习以为常，但是未来十年的这些趋势将会打破这种关系。这种国际秩序的崩塌，使原本可预测的结果变得难以捉摸，使国际体系更加复杂，可能会带来更加危险的非线性后果。

安全环境的复杂性与不可预测性将给美军的作战方式带来极大挑战，要求陆军快速应对危机，并迅速在不同军事行动间转换。城市环境沦为冲突地区的趋势，要求我们提升非杀伤性武器的部署能力和在人群中的作战能力。此外，先进武器技术的扩散要求在迅速变化的形势下有效地应用技术以取得军事上的绝对优势。总之，未来作战环境的变化要求我们具备可以应对所有类型军事行动的特殊技能与能力，这对备战某一特定类型任务的军队足以胜任所有军事行动范围内其他任务的既定观念提出了挑战。

四、2025年及以后的陆军：适应复杂世界的特征

未来的复杂性和不确定性，要求2025年及以后的美国陆军必须依然是世界最好的地面部队，一支具备持久远征能力的灵活的地面部队，一支整合美国和盟友力量保卫美国及其利益的部队。为了实现这一目标，2015年的陆军必须继续发展以满足未来安全环境的需求。

为了实现2025年及以后的陆军，未来的部队将围绕能够取得成功的8个关键的特征来组建，而不论指定的任务或面临的威胁。与最近发布的陆军作战概念中阐述的陆军作战原则不同，这些特征重点强调战备陆军部队必不可少的特征。这些特征是从陆军肩负的长期使命及其在各军种中的独特作用总结而来；而它们所带来的转型将使陆军在可预期的未来复杂世界中更有效的作战。

1. 灵活

2025年及以后的陆军首要的必须是一支灵活的组织，能够应对未预见的事件，并在整个军事行动范围内无缝转换。灵活始于士兵和领导者们在越来越难以预测的环境中重新定位和进行适应的能力。尽管陆军领导者们一直在应付快速改变的环境，但未来的改变速度和不确定性将对创新性、适应性的士兵和领导者们产生更大的需求，正是他们在困境中锻炼成长。

就士兵而言，提高灵活性要从改变我们的人员招募、培养、管理和培训方式开始。我们需要一个覆盖全陆军的招募和延长服役战略，还要致力于制定能够更好地培养和管理士兵和军队文职人员的人事政策，以优化个人表现，更好地满足我们的人员要求，保证军队的健康与福利。这包括与其他军种，美国政府机构，和与职业发展相关的私营部门加强交流。提高灵活性还要求在军事职业发

展和正规教育方面加大投资,包括陆军内部培养和与民间学术机构及私营企业合作培养。我们必须将更先进的技术用于部队和单兵训练,使士兵能够更逼真的体验未来将面对的复杂挑战。

就机构而言,通过减少行政管理及监督人员,消除对作战司令部的不必要的要求,简化当前机构程序大力支持创新与现代化,可以提高非作战司令部和机构的灵活性,使我们可以对士兵的需求做出更快反应。陆军还必须对作战指挥官的指令做出更快反应,为士兵、分队和组织提供更多学习特殊技能的机会,设置训练方案以适应所有战区不断变化的要求。

2. 专业

对其全球使命至关重要领域的专门知识是2025年陆军灵活性的必要补充。未来的挑战要求陆军成为一个技艺精湛的组织,对各种军事、地区和民间话题有深入的理解。要取得成功,我们就必须培养并有效利用士兵、文职人员和承包商员工所具备的独特能力。

对士兵而言,更多的专门知识要求他们加强执行任务、使用战斗技能和应用技术工具的能力。我们还必须提高和加强初级指挥官的军事判断能力以使他们有能力做出符合战术战略背景的艰难实时的决定。要与当地政府和人民达成双方都满意的结果,必须加强人际动态,组织心理学和谈判方面的训练。这也要求对士兵在语言、文化、拓展社会经验方面加大投入。

对机构而言,提升专门知识要求提高对政治—军事事务的掌控力,优化战术和作战司令部的机构战略。此外,我们还必须发挥陆军在地区驻扎部队部署上取得的成功经验,建立并拓展整个部队而不是单个士兵的专业知识,这些部队对地区、语言、国家和文化有着深入的了解。最后,我们还必须更好地利用陆军国民警卫队和后备役中那些来自民间的技能及其部队稳定性来增加整个部队的跨文化、军民关系以及地区的专业知识。

3. 创新

2025年的陆军还必须富有创新性,能够迅速确认并解决复杂问题,探索总结经验法则并适时调整,以实现目标。适应需要创新思维,包括发展新观念,并对现有能力进行运用和优化。

在解决技术与物资问题方面,加强创新应该推动新工具和新技术的发展,使陆军先于竞争对手和敌手获得能力。这就要求我们加强预测部队未来需求的能力,并加大研发投入。通过谨慎判断来决定是要推动一个项目还是将其延期至技术真正成熟,这对我们评估如何在技术解决方案和其他8个主要特征方面投资进行资源分配来说至关重要。此外,因为不对称技术将增加陆军花费,我们还必须降低成本,寻求新途径以应对技术挑战。最后,我们将适当利用商业创新,包括那些可以替代严格军事方案的创新,使我们能够有效利用私营部门所掌握的能力。

就理论、训练和机构而言,非对称颠覆性工具已经影响到美国常规武器装备的价值,而不断创新将会解决此类工具的使用问题。这些因素削弱了我们战胜对手的能力。必要的创新要求进一步分散权利,使司令部、分队和初级指挥员能够不惧传统,敢于实践新理念。各级士兵都要有创新思维的自由,解决问题,创造机会。最后,创新和灵活性一样,也要求在陆军体制内简化过程和体系,使我们步调一致,实践新理念,进而更好地完成使命,发挥独特作用。

4. 互操作能力

作为美国其他力量、盟国以及跨国组织行动的基础,2025年的美国陆军必须具备互操作性,能够为全政府跨国联合陆基作战提供支援。而对国家实力所有相关要素进行协调的能力是我们必须具备的能力之一。必须加强与相关部门和机构的联合训练,以使陆军更有效地进行部署作战。互操作性还要求技术兼容。我们必须开发建设一个技术库,便于其他军种、美国政府机构及盟友轻松使用。

5. 远征

2025年的美国陆军还必须具备远征能力,从美国大陆向外快速部署并持续作战,直至实现战略目标。这要求士兵和指挥官必须同时具备基础作战技能和包括信心、能力以及批判性思维在内的远征思维,从而在严峻复杂的环境中应对突发状况。近期的部署过多依赖大的前方作战基地,陆军对此必须做出调整,提高快速部署能力,在任何环境下满足作战指挥员的需求。这就要求调整作战编队以支持持续远征部署,并具备成建制的后勤支援能力,在各级别实现自足。此外,我们必须调整作战体系,包括借助机动性更强,后勤需求更少的平台,以更好的支援远征作战。

支援陆军远征能力,有必要加强国家准入和战区军事存在。因此,在加强美国大陆军事存在的同时,还必须保持一支预置军事装备的轮换力量,以快速应对国外危机。这些部署及其相关行动,将塑造区域战区,加强互操作性,缩短危机应对时间。必须利用地区驻扎部队的成功经验进一步强化这种能力。最后,要强化能力以实现美地面部队的全球快速部署,美国陆军必须建立包括应对反介入/区域拒止等突发状况在内的战术与程序。

6. 可扩展

2025年及以后的美国陆军还必须具备可扩展性,能够迅速调整部队规模及能力，对部队进行整合分散以更快更高效的应对作战需求。陆军一直以来都是按任务编组，而这种次优化安排，随着不断减小的陆军规模及其误差容许量，将无法满足未来需求。我们必须加强旅以下部队的模块化管理，更好地利用规模适当的部队，满足需求。强化扩展性，还要求将更多的权力下放给初级指挥官，为他们提供更多的指导，并在适当时机，安排高级官员指挥规模较小的分队。对与盟国和伙伴国政府协同作战的部队来说，这一点尤其重要。作战司令部必须拥有权力与资源，在一名指挥官统一指挥下，按任务快速编队或整合部队，迅速建立应急小组应对瞬息万变的局势。最后，因为扩展性还涉及合并多方因素，特种部队和常规部队以及其他跨军种的能力，我们必须为国防部制定并推行相关理论，以为此类指挥关系建立标准作战程序。

7. 多能

要在复杂世界成功完成作战任务，2025年及以后的美国陆军必须是一支多能的部队，具备在所有军事行动中有效作战的一系列能力。灵活性是指在行动中不断适应形势变化并在不同任务间迅速转换的能力，而多能性则与之相反。多能性意味着本身具备多种建制能力，可以解决各种潜在威胁，满足国家与军队领导赋予的任务需求。随着混合威胁对创造性解决方案的需求，这一点变得更加重要，因为备战特定任务的通用部队无法满足创造性需求。相反，陆军需要具备一系列特定技能和独特能力，以有效应对未来对手可能形成的多种威胁。就多能性而言，不能忽略或轻视任何一种战争类型，并且大多数任务都是密切联系的，理解这一点至关重要。未来能否取胜直接取决于我们制定独特理论、训练和物资解决方案，应对各种军事行动的能力。陆军在提出物资解决方案时，要确保新技术涵盖可能遇到的所有战争类型，不夸大或者轻视某一种特定任务，并避免那些无法有效满足未来所有需求的能力。最后，对于备战特定任务的部队，我们必须考虑提高其专业化。

8. 均衡

均衡是2025年及以后美国陆军的基本原则。均衡，在一定程度上，就是要确保资源和能力在全域部队合理分配，而全域部队则包括陆军现役部队、国民警卫队和后备役。2025年要打造一支力量均衡的全域部队，需要制定一项战略，该战略要有效利用并不断优化现役部队全日训练和国民警卫队及后备役常备技能及其独特的部队稳定性。要不断优化战备过程和评估手段，确保所有士兵、指挥员和部队为其既定任务做好准备，包括兼顾时间、通知和需求的快速有序部署。

均衡又指为打造2025年及以后的陆军而平衡所有八项特征的能力。在这些特征中,很多都相互联系,并有可能对陆军提出独立且看似相互冲突的要求。为实现2025年及以后的美国陆军构想,这些要求必须均衡发展,当发生冲突时,高级领导要首先对其风险和平衡手段进行慎重讨论。

总体而言,这些特征为2025年及以后陆军的形态和作用提出了明确的构想,为确定未来战略目标提出了具体框架。

2025年及以后的美国陆军,将有效运用杀伤性和非杀伤性手段打败任何对手,以预防、塑造和打赢战争并实现国家得益。这支陆军将充分利用跨文化和跨地区的专家在人群中实施行动,提升地区安全,并具备与其他军种、美国政府机构、盟国和伙伴国的互操作能力。充分利用总体力量的这支陆军,将由一支均衡、多能、规模可调整的混合远征部队组成,能够快速部署到全球任何地方,并在所有军事行动范围内实施持续作战。由灵活且富有创新性的机构、军人和文职人员组成的2025年及以后的美国陆军,能够为国家的战略优势提供可靠的专业人才,这些专业人才加固了陆军与其为之服务的民众之间的持久纽带。

五、在辉煌过去之上建立全新的未来

要实现这一未来构想并不容易。在相互竞争的需求之间确定优先级对所有资源有限的组织而言都是一项挑战。变化就有风险,对我们而言,风险则更大,因为一旦现有陆军部队发出需求信号,就必须马上做出应对,没有回旋的余地。在调整和转型的过程中,安全环境不会一成不变;在保持打赢高强度冲突的同时,要有一部分力量开始聚焦备战所有军事行动范畴内的其他任务。在部队重新定位以解决各种新兴威胁的状况下,当前预算紧缩可能影响危机应对速度,这一点至关重要。越来越多的专门知识及随之而来的专业化也可能意味着同一军事专业领域的士兵和指挥员将接受不同的培训任务;人事和人力资源指导必须不断跟进,确保前景广阔的事业不受到负面影响。在2015至2025年陆军转型过程中,陆军所做的每一个选择都伴随着一定的风险;但是,保持现状,拒绝改变的风险则更大。在向共同未来转变的道路上,必须思路清晰,准备充分。改变充满艰辛,但是值得陆军为之努力。

在前进的过程中,还必须牢记自身的优势所在,要清楚什么不能丢。美国陆军是一支高度专业化,具有高尚情操的优秀部队,这一点我们必须保持下去。未来将继续维护共同的价值观和道德标准,并将其置于重要的位置。将珍视来之不易的美国人民的信任;将在整个陆军建立专业环境,鼓励并尊重所有士兵和文职人员的个人尊严,让他们在陆军这个伟大集体中发挥个人的最大潜能。随着在转型过程中整合八项主要特征,美国陆军通过每日实践职业价值、展示风格、能力和使命的职业陆军标志,牢记陆军力量的基石。

在独立宣言签署之前,有一支美国陆军。2015年的陆军是一支令人骄傲的部队——这支部队是建立在几代伟大战士的艰难抉择和不懈努力之上的——但是,如果止步不前,美国陆军就不可能成为自己该有的样子。为了实现国家赋予陆军的长期使命,陆军必须随着周围世界的变化而不断适应发展。陆军的工作从此刻开始;陆军必须改变,而这要求全域部队的全力以赴。只有团结一致,才有可能成功。

重新部署陆军的战略规划过程包括两部分内容,这份文件只涉及其中的第一个方面。陆军将进一步明确战略目标,并在陆军构想的方方面面体现在陆军战略规划中。陆军构想将成为未来几年制定陆军年度预算,调整陆军理论、组织、训练、物资、后勤、人员、设备和政策的指导原则。只要全力以赴,就能成功转型,足以应对未来安全挑战,并在复杂世界中保持美国的战略优势。通过实现该构想,可以确保美国将在未来240年甚至更长时间需要陆军的存在。

约翰·M.麦克休 雷蒙德·奥迪尔诺
美国陆军部长 上将,美国陆军
美国陆军参谋长

根据美国陆军部官方文件 Army Leadership Development Strategy 翻译

(文中有关中国的分析判断,多为揣测、虚妄之辞,均按原文译出,请读者注意批判参考。——译者注)

附录8　美国陆军火力职能概念

[美]美国陆军训练与条令司令部
张　韬　程　刚　译

前言

美国陆军是主要的地面作战力量，其编制、训练和装备是为了实施快速、持续的地面作战。今天的对手已经研究了美国联合部队常用的作战方式，已经做出相应的调整，开始发展必要的能力，以在地面、海上、空中、太空和网络，以及电磁频谱、信息环境和人工感知等领域同美国展开竞争。未来要打败拥有先进能力的敌人，要求地面部队必须在一体化联合部队的编成内作战，以在多域同时、依次实施作战行动。多域作战中，陆军部队要打赢所有领域的竞争，在多域建立短暂的优势，以使联合部队获得行动自由，夺取、保持和利用作战的主动权。

陆军训练与条令司令部手册TP525-2-1《美国陆军火力职能概念》详细阐述了TP525-3-1《美国陆军作战概念：在复杂世界中打赢战争》的思想：一是火力与机动的互补关系是多域作战的基础；二是火力的首要职能是确保行动自由，同时机动部队在迫使敌人集中时暴露其高价值目标；三是陆基火力能够实现全域力量投送，使陆军部队打赢近距离作战，确保联合部队的机动自由。

《美国陆军火力职能概念》针对未来协调、协同和投射火力，阐述了四条火力原则，并提出了四个新的火力概念。这些原则和概念，确保跨域火力（协调和协同相互支持的杀伤性与非杀伤性火力的全域运用）、电磁频谱、信息环境和人工感知给敌人造成多重困境，以形成绝对优势并保证己方的机动自由。

《美国陆军火力职能概念》是未来发展火力能力的依据，它有助于陆军领导者认清未来的武装冲突，通过陆军学习活动了解未来，分析和明确未来的能力短板和发展机遇，执行过渡时期的解决方案，以提高当前和未来部队的战斗力。

小赫伯特·R.麦克马斯特
中将，美国陆军
陆军能力集成中心主任

序

　　未来陆军将在武装冲突中可能面临多重、复杂、综合的威胁。为阻止冲突并打赢战争,未来陆军部队必须保持针对全域、所有对手的绝对优势。尽管当前财政紧缩和环境具有不确定性,陆军仍然要保持绝对优势。系统需求,以及条令、编制、训练、装备、领导和培养、人员、设施和政策等方面的方案必须在资源减少的情况下满足更多的需求。陆军未来建设需要制定周全、创新和非常规的解决方案。

　　陆军训练与条令司令部手册 TP525-3-4 阐明陆军火力建设必须满足未来作战、联合作战、陆军作战和多国联合作战的需要,重点是火力如何支援合成部队的机动作战。该手册按照主要领导者的战略指导阐述未来火力的概念,然后再根据概念确定能力需求。根据条令、编制、训练、装备、领导和培养、人员、设施和政策等方面的变化,这些能力需求是未来能力建设的依据。

　　《美国陆军火力职能概念》针对未来火力能力需求,提出了四条重要的火力原则:精确、灵敏、有效、多能。精确是指火力的精确作战,打击指定目标产生预定的效果,增强对火力部队能力的信心。灵敏是指火力部署迅速,并对目标达成适当的毁伤效果。有效是指火力在广泛的作战领域具有适当的数量、射程和杀伤性。最后,多能是指火力的任务编组便于对各种情况和条件做出反应。火力部队及其指挥官遂行两大任务:火力支援和防空反导任务。

　　该职能概念还提出了四个新的火力概念:充分利用联合、跨机构和多国火力能力;多能火力融合;增强侦察与射击之间的连接;跨域火力拓展。这四个火力概念支持通过目标处理进行火力协调、协同和投射的任务,其观点与陆军训练与条令司令部手册 TP 525-3-1《美国陆军作战概念:在复杂世界中打赢战争》提出的核心能力是一致的。

　　充分利用联合、跨机构和多国火力能力。鉴于对手威胁能力的不断提高,再加上美国各军种资源的减少,特别需要陆军加强与联合、跨机构和多国伙伴的协同。火力部队及其指挥官在协同中起着关键的作用。加强协同,可以成倍增强系统能力,减少冗余和重叠,增强与关键伙伴的关系,最大限度地给对手造成多重困境并产生协同的效果。火力部队了解作战伙伴的能力和协同的困难,需要优化目标处理,以在全域取得机动自由。

　　多能火力融合。这是指不断加强防空炮兵和野战炮兵通用的编制、系统、技能、训练和教育的联合。未来作战环境的一些特点,要求逐步推动地地和地空部队的融合；多任务侦察与射击在技术上是可行的；远征作战特别强调配备少而精的人员和装备去执行任务；压缩训练和减少维护资源，要求切实可行地优化机构运行。

增强侦察与射击之间的连接。两者的连接必须是常态，而不是临时的或特别的。为了有效运用火力打击遮蔽的、加固的、不易观察的或机动的目标时，火力部队的侦察能力必须包括使用联合、跨机构和多国探测手段。保障侦察与射击之间连接的网络必须得到防护，以确保快速、可靠。探测手段的管理必须通过目标处理进行协调，必须在各级实现指挥官的目标和探测与搜集计划的协同。同时，空间探测手段也必须协助各级决定、探测、射击和评估流程的目标处理。这种完整的侦察与射击系统必须探测、攻击和摧毁敌方的火箭弹、火炮、迫击炮、战区弹道导弹、巡航导弹、无人机系统、固定翼和旋翼飞机以及地面目标地。它必须使用统一的指挥控制系统，充分利用联合、跨机构和多国探测网络共享的建制探测手段和线路，以使与之相连的多功能武器系统和弹药能够在任何地形上进行地空、地地和岸舰攻击。

跨域火力拓展。火力部队必须及时打击全域目标。当前，火力主要集中打击地面和空中目标。在未来作战环境中，火力需要有效运用于海上、空间、网络和电磁领域。火力系统投射火力时，目标处理必须支持全域目标识别与区分、解决矛盾冲突、空域控制和火力控制。

该职能概念的最终目的是发展完备的火力能力，以确保指挥官的全域机动自由。全域火力运用需要使用单一的陆军信息网络支持的通用探测和射击手段。火力系统，以及联合、跨机构和多国伙伴通过目标处理和一体化的防空反导计划，可以达成无缝连接的效果。火力部队可以快速部署，可以遂行各种任务，能够在各种军事行动中作战。

布赖恩·J.麦基尔南
少将，美国陆军
陆军火力卓越中心主任

美国陆军部 　　　　　　　　　　　　　TRADOC Pamphlet 525‐3‐4
美国陆军训练与条令司令部
弗吉尼亚州尤斯蒂斯堡 23651‐1047
2017 年 1 月 25 日

军事行动
2020—2040 年美国陆军火力职能构想

凯文·W.曼格姆
中将，美国陆军
副司令兼参谋长
理查德·A.戴维斯
高级行政官员
G6 副参谋长

修订。该手册对美国陆军训练与条令司令部 2010 年 10 月 13 日颁布的手册 TP525‐3‐4 进行较大的修订，因此下面的摘要不可能详尽涵盖所有修订的地方。

摘要。陆军训练与条令司令部手册 TP525‐3‐4 阐述陆军 2020—2040 年需要的各种能力，以便能够运用火力能力。该职能概念将指导部队建设和现代化。其途径是建立一个通用框架，在该框架内发展各种必要的特定的能力，以便在未来不确定、竞争激烈和动态的作战环境下的联合与合成兵种作战行动中充分运用火力。

适用范围。该职能概念适用于陆军部所有关于条令、编制、训练、装备、领导与教育、人员、设施和政策的制定与建设等活动。该职能概念指导未来部队建设，并提供后续的支持方案和联合能力一体化与发展系统的程序。同时，它还支持陆军训练与条令司令部条例 TR71‐20 中的陆军能力发展程序，并成为未来部队在条令、编制、训练、装备、领导与教育、人员、设施和政策等方面制定从属构想的理论指导。

提议和补充权限。该手册由陆军训练与条令司令部陆军能力集成中心主任提议制定。他根据相应的法律法规有权批准不使用或停止使用该手册。在未事先得到陆军训练与条令司令部陆军能力集成中心主任（弗吉尼亚州 23604‐5763 尤斯蒂斯堡杰弗逊大街 950）的同意的情况下，不得对该手册进行补充。

建议与修改。用户可通过陆军知识在线（https：//armysuggestions.army.mil）或向陆军训练与条令司令部陆军能力集成中心主任（弗吉尼亚州23604-5763尤斯蒂斯堡杰弗逊大街950）发送陆军部1045号表格的方式，提出建议和修改意见。

获取途径。登录陆军训练与条令司令部主页（http://www.tradoc.army.mil/tpubs/），可下载该手册。

修订的主要方面

陆军训练与条令司令部手册TP525-3-4《2020—2040年美国陆军火力职能概念》修订版本于2017年1月25日发布，主要做出如下修订：

一是时间跨度为2020—2040年；

二是阐述美国陆军训练与条令司令部手册TP525-3-0和525-3-1的主要思想，重点论述联合与合成兵种作战必需的陆军火力能力（第三章）；

三是修订核心原则（第三章第一、二段）；

四是提出火力原则（第三章第三段）；

五是提出新的火力概念（第三章第六段）；

六是更新火力能力需求（附录二）；

七是明确只依赖其他陆军作战职能、联合、跨机构和多国伙伴的火力作战职能（附录二第二段）；

八是提供科学与技术附录（附录三）；

九是提供风险与降低风险措施附录（附录四）。

第1章 概述

1.1 目的

美国陆军训练与条令司令部手册TP525-3-4《美国陆军火力职能概念》阐述未来火力指挥官、部队和平台如何在联合、跨机构和多国行动的编成内作战，以支持联合与合成兵种作战、国家军事战略和国家利益。该构想的理论框架指导陆军火力能力建设。它详细阐述了手册TP525-3-0《美国陆军顶层概念》和手册TP525-3-1《美国陆军作战概念：在复杂世界中打赢战争》的思想并与其保持一致，此外还提出了火力特定的核心能力和运用原则，以指导未来陆军部队遂行远征机动和联合与合成兵种作战。

1.2 参考文献

有关必要的和相关的参考文献，见附 A。

1.3 缩略语与术语解释

术语表解释本手册使用的缩略语和专用术语。

1.4 与陆军顶层概念的关系

陆军顶层概念将作战适应性作为其核心思想。它是制定从属概念的依据，后者阐述未来陆军的作战方式和明确针对未来威胁保证战斗力必要的能力。《陆军火力职能概念》根据陆军顶层概念的主要原则制定，并阐述火力部队发挥相应的作用。

1.5 与陆军作战概念的关系

《陆军作战概念》的一个核心思想是联合与合成兵种作战。《陆军火力职能概念》阐述远征火力部队及其指挥官如何遵守《陆军作战概念》制定的原则和核心能力，以在全域实施联合与合成兵种作战和从陆上实施力量投送。

第 2 章 作战背景

2.1 概述

陆军能力需求必须考虑各种军事行动中遭遇的多重、复杂和综合的威胁。未来火力能力必须继续用于阻止对手，并在必要时通过对敌摧毁、压制或抑制，确保己方的机动自由。火力部队必须能够遂行远征作战，准备应对全球各种威胁。潜在的威胁包括常规和非常规部队，非正规民兵和准军事部队，恐怖组织和犯罪集团。训练、教育、能力、方案和条令的发展必须贴近实战，以协调和运用火力支援联合与合成兵种作战。

未来作战环境中，适应性很强的敌人能够创新并混合运用常规部队和非正规部队。敌人开始技术投入，企图获得显著优势，以削弱美国的绝对优势。敌人的武器系统包括精确制导火箭弹、火炮、迫击炮、飞机、卫星、电子战和巡航导弹,这些威胁挑战美国在空海领域的传统优势。威胁可能来自民族国家,也可能来自跨国恐怖分子等非国家行为体。适应性对于战胜对手至关重要。

2.2 未来作战环境

未来作战环境的特点是更加复杂,更加模糊,国家间经济依赖性更强。未来火力部队的作战环境还受到财政紧缩的影响。由于国内外经济紧缩的形势,美军及其多国伙伴只能获得有限的资源。

全球地缘政治形势变得更加复杂,不确定性加深。多数情况下,战场环境中不但有国家和非国家行为体,而且还有非战斗平民,这加剧了从外交到目标识别的所有事情的复杂性。国家和非国家行为体将使用传统和非对称手段,以威胁美国及其多国伙伴。

由于全球城市化的不断发展,陆军不得不在复杂的城市地形上作战。这种趋势要求条令、编制、训练、装备、领导和教育、人员、设施和政策做出相应的调整。城市地形作战的火力支援变得更加困难,因为目标附近存在非战斗人员,难以进行目标的识别和测定,遵守严格的交战规则。

在过去的半个世纪里,美军在空中、海上和空间领域具有几乎完全的行动自由。但是近年来,拥有先进技术的对手已经发展常规和非对称能力,能够挑战美国的优势。未来这种势头仍将持续。到2020—2030年,资金充足的对手可能会在关键能力方面与美国相当。因此,有关空中、海上和空间领域的行动自由的前提可能不复存在。

此外,网络领域现在已经变得异常重要。全球经济和美军极其依赖的全球信息网络非常容易遭到攻击,因此成为国家和非国家行为体打击的低成本、高价值目标。

2.3 威胁

精明、适应性强的对手将利用无人机系统、巡航导弹等空中平台开发区域防御系统。无人机因成本与能力比的不断降低而得到快速发展。随着先进的电子战和常规弹药的发展,装备高级传感器的远程无人机系统将进一步增多。这就要求火力部队必须能够快速定位并打击大量的敌方空中目标。当然,美军也在大力发展无人机系统,这就造成了空域拥堵、难以进行己方防护和目标识别等相关问题。固定翼和旋翼无人机、弹道导弹和巡航导弹仍将在世界范围内扩散,同时其总体的技术性能也在不断提高。其先进的对抗手段、不易被发现和远程攻击能力，对当前和未来的火力部队的侦察系统和武器弹药提出挑战。

和美国实力相当或接近相当的对手，将借助高超音速弹药、集中间瞄火力、快速反应的反火力，企图取得火力能力的绝对优势。对手能力的不断增强，使得己方火力支援部队必须在远距离上作战，因此己方火力支援行动无法实施或失去先机。无论是进攻还是防御，对手都将运用先进的电子战技术，企图阻止或破坏己方的卫星定位导航定时服务。

未来火力部队面对的对手通过研究过去的实战制定战略。最有可能预测到的主要战略是反介入和区域拒止，其目的是阻止美国及其多国伙伴使用广阔的地理区域和地区部队生成资源。该战略有两个要点：一是使用弹道导弹、巡航导弹、濒海舰船和无人机系统实施复杂的体系攻击；二是使用反火力和先发制人的火力实施拒止或破坏行动。可能采取的其他新的战略包括对美军和全球信息网络实施计算机网络攻击，阻止使用全球定位卫星和其他空基系统。全球化已经加速大规模杀伤性武器的扩散，再加上投射平台能力的提高，增大了大规模杀伤性武器的威胁。

第3章 军事问题及其解决方案

3.1 军事问题

火力部队如何处理目标、协调和投射火力，以在未来作战环境中支援联合兵种行动和陆军机动？

3.2 核心思想

为支援未来作战环境中联合兵种的作战行动，火力必须做到精确、灵敏、有效和多能。未来火力部队必须拓展跨域火力，集中多功能能力，增强侦察与射击之间的连接，充分发挥联合、跨机构和多国火力能力，以确保在关键的地点和时间上创造某个领域的优势。

3.3 火力原则

火力原则是战斗力建设和运用的指导。指挥官根据原则确定如何在时间、空间和目标上实施协调一致的行动，以达成战役目标。能力开发者根据原则对方案、需求和采购决定进行指导。未来陆军在谋划、阐述、指导、指挥和评估作战行动时，必须充分考虑主动、同时、纵深、适应性、持续、杀伤性、机动性和创新性。

《美国陆军火力职能概念》通过四条特定的火力原则阐述未来火力能力：精确、灵敏、有效和多能。火力原则从总体上明确未来火力部队在《陆军作战概念》的核心思想中应具备的地位。与《陆军作战概念》的原则一起，火力原则为指挥官、能力开发者和工作合作伙伴提供理论指导，以发展和运用未来火力能力。这些原则指导火力能力建设，并与陆军条令出版物 ADP3-09《火力》的六条火力原则保持一致。

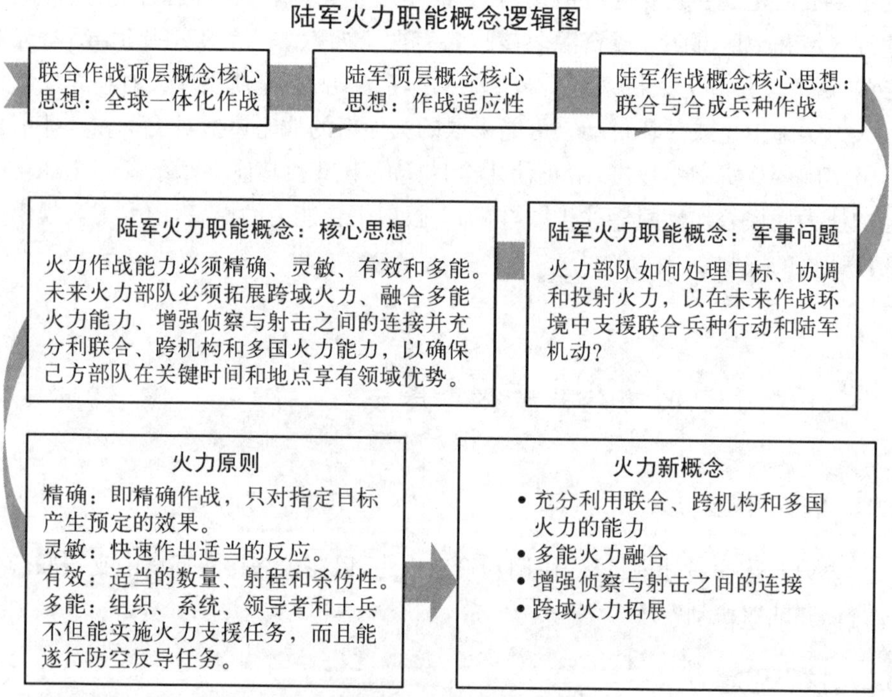

陆军火力职能概念逻辑图

联合作战顶层概念核心思想：全球一体化作战

陆军顶层概念核心思想：作战适应性

陆军作战概念核心思想：联合与合成兵种作战

陆军火力职能概念：核心思想
火力作战能力必须精确、灵敏、有效和多能。未来火力部队必须拓展跨域火力、融合多能火力能力、增强侦察与射击之间的连接并充分利联合、跨机构和多国火力能力，以确保己方部队在关键时间和地点享有领域优势。

陆军火力职能概念：军事问题
火力部队如何处理目标、协调和投射火力，以在未来作战环境中支援联合兵种行动和陆军机动？

火力原则
精确：即精确作战，只对指定目标产生预定的效果。
灵敏：快速作出适当的反应。
有效：适当的数量、射程和杀伤性。
多能：组织、系统、领导者和士兵不但能实施火力支援任务，而且能遂行防空反导任务。

火力新概念
- 充分利用联合、跨机构和多国火力的能力
- 多能火力融合
- 增强侦察与射击之间的连接
- 跨域火力拓展

图 3-1 美国陆军火力职能构想逻辑图

（1）精确。精确是指精确作战，只对指定目标产生预定的效果。陆军必须精确投射火力。精确火力是指在制定计划和目标处理、目标定位、平台能力、弹药、计算程序、判断和执行中运用精确标准。无论建制或非建制射击手段，精确火力包括精确的面积火力和集中火力。必要时，面积火力和集中火力打击精确定位的目标，以最少的弹药产生最大的效果。地空火力首先正确分类、区分和识别空中目标，然后使用适当数量和种类的拦截弹药攻击预定的目标。更高精度的火力可以保护己方部队、非战斗人员和基础设施，这属于己方感知管理的内

容。精确赋予指挥官在各种形势下运用火力更大的灵活性。精确可以节约弹药，减轻后勤负担。火力部队及其指挥官在所有工作中应首先考虑精确原则。

（2）灵敏。灵敏是指快速做出适当的反应。火力部队特别重视对战场情况快速做出反应的能力。从本质上讲，火力任务，尤其是反导和反火力的时效性要求特别高，快速反应才能取得效果。灵敏在冲突的其他阶段是至关重要的。火力部队必须在战略上和战术上都具备灵活性，能够快速实施远程部署和机动，以满足任务需求。接收火力呼唤后，火力部队必须在首次打击中对目标产生预定的效果。这些目标包括加固、遮蔽、不易观察或运动目标。

（3）有效。有效是指适当的数量、射程和杀伤性。未来火力部队必须进行适当的装备、训练和编制，拥有适当的能力，以使己方部队实施机动作战和战胜任何对手。未来火力拥有足够的射程、精度和数量，以抵销对手的能力，并在全域战场全纵深战胜对手。火力能力的杀伤程度可调节，可及时对任何目标产生适当的效果。杀伤性包括使用多功能弹药，以侦察和打击对手的武器系统，同时进行实时的监视和毁伤评估。

（4）多能。火力部队及其指挥官不但要实施火力支援任务，而且要遂行防空反导任务。未来火力部队必须支援各种作战行动，必须使用比潜在对手更少的资源在更大的地理区域上支援作战行动。多能使指挥官拥有足够的规模和持久力，以有效的资源对联合与合成兵种作战提供支援。未来火力部队指挥官可精确调配部队和武器系统，根据作战任务和作战环境正确调配任务指挥、侦察、射击和弹药。陆军信息网络支持远征、分散和半自主作战行动。在各种情况下和遂行各种任务时，未来火力部队指挥官都要实施火力支援和防空反导任务，以支援联合与合成兵种作战。

3.4 未来火力作战

火力部队能够为指挥官取得预定效果并为己方部队提供防护。指挥官将所掌握的火力能力作为一个完整的系统加以运用，并通过目标处理和一体化的防空反导计划与其他部队进行协调。其中包括对联合、跨机构和多国火力进行综合、协同和协调。火力部队支援联合与合成兵种作战，以夺取、保持和发扬主动。火力部队的优先任务是保证陆军机动。

火力部队通过在时间和空间的多域投射火力，为联合与合成兵种作战提供支援。火力部队通过战略远程机动和到达出人意外的位置，达成作战的突然性。火力部队具有足够的射程、机动性、防护和杀伤性，以在出人意外的位置上实施打击，同时防止敌人的火力和侦察。在反介入和区域拒止的条件下，未来火力部队必须进行分散配置、欺骗和加固,以规避敌人的攻击,欺骗敌人,达成突然性。

凭借综合的探测网络和快速可靠的侦察与射击连接,火力部队具备各种能力。通过探测网络,火力网络随时获取目标诸元;通过自动决策或人工决策,快速选择适当的火力单元;对某个领域或全域投射火力。火力单元不再局限于传统的烟囱式或所有权结构。火力单元无须知道是谁提供了信息,即无须了解目标信息源,只需要对目标造成预定的效果。

火力部队通过目标处理,协助协调网络电磁活动和空地作战行动。未来陆军部队运用电子攻击和网络作战,对目标产生预定效果。火力计划者必须精通电子攻击和网络电磁活动,以协调和协助指挥官根据目标制定相应的电子攻击和网络电磁攻击效果。

3.5 支持陆军核心职能的火力

核心职能是陆军的长处,战略优势,是对联合部队发挥的重要作用。《陆军作战概念》详细阐述陆军核心职能,《陆军火力职能概念》则阐述针对这些核心职能火力应发挥的作用。

一是塑造安全环境。直接通过物理毁伤和抵销对手的能力,火力部队的能力有助于对敌实施威慑。前方配置火力部队可以将对手贸然行动的预期代价提高到难以接受的程度,威慑对手,迫使对手放弃行动。除此之外,火力部队及其指挥官与其他协同作战部队发展习惯性的关系和共同训练,增强文化意识和多国部队的协同性。

二是塑造战场。塑造战场包括为建立和保持必要条件所采取的各种行动,其目的是保证联合部队的行动自由。火力部队在塑造战场中的作用是,针对空中和导弹攻击为部队生成资源提供防护,通过目标处理和远程火力支援,协调和实施早期纵深的火力打击。战略纵深行动为未来成功的合成兵种机动创造条件。

三是投送国家力量。陆军通过保持可靠、显著和远征的地面作战能力,投送国家力量。火力部队为强大战斗力的远征地面部队提供支援,以阻止对手的侵略,使指挥官能够取得并保持绝对优势。地面部队由现役部队和后备役部队组成。后备役部队为陆军现役部队提供或增强所有的重要能力。

四是合成兵种部队空、地、海、天和网络空间等领域的机动。火力部队对全域目标产生杀伤性和非杀伤性效果,以确保联合与合成兵种作战的机动自由。通过压制敌人的作战能力,破坏敌人的作战行动,杀伤或消耗敌人,以及为己方关键资源提供防护,火力可以为成功的合成兵种机动创造条件。高效的指挥、无缝的协同和强大的态势感知，使得各级指挥官都对火力部队充满信心，从而尽可能向最低一级部队派出攻击协调组。

五是广域安全。火力部队通过远程炮兵和防空反导支援广域安全行动，以巩固战果，保持主动，保护关键资源，确保机动自由。通过目标处理协同运用其他部队的能力，需要融合其他部队提供的探测信息，使分散配置的己方部队在广阔地域看得清、打得准。为支援广域安全，火力部队可根据任务调整编组，使用多任务侦察装备，投射各种弹药取得不同程度的杀伤效果。

六是网络电磁活动通过目标处理协调电子战和网络攻击效果。网络电磁活动包括三个关键要素：单个专业人才或专业人才队伍；一个系统；适当的协议、权限、协定和政策。火力计划者必须精通网络电磁活动，以协同和协助指挥官和网络电磁活动人员针对预定目标确定相应的网络攻击或电子战效果。和传统的火力一样，网络电磁活动必须精确运用和以同样的方式进行控制。这就要求对传统的火力控制措施进行调整或创新措施，以适应网络电磁活动不断出现的新的能力。

七是特种作战。火力部队与特种作战部队的协同，增强特种作战部队实施战略侦察、直接行动和特种作战的能力。精确的目标定位、协调的空地和地地火力、增强的协同性，极大地提高了特种作战部队和火力部队的协同效果。火力计划者充分利用特种作战部队侦察手段提供的情报支援，对高价值目标和时效性高的目标进行目标处理和定位。

3.6　运动和机动的火力支援

陆军训练与条令司令部手册 TP525-3-6《美国陆军运动与机动职能概念》阐述未来陆军如何机动作战的构想。重点阐明战术部队（旅战斗队及其以下部队）如何在竞争激烈、瞬息万变的环境中进行作战。对此提出的解决方案包括四个方面：跨域机动、半自主作战、任务式指挥以及不间断的侦察与警戒行动。《陆军火力职能概念》支持上述四个方面。

一是跨域机动。跨域火力拓展必然有助于跨域机动。全域能力拓展，对于未来战场成功机动是至关重要的。火力必须通过跨域能力为跨域机动提供支援。在与机动作战计划的协调下，跨域火力能保证己方部队的行动自由，并在关键的时间和地点创造某个领域的优势。

二是半自主作战。未来部队尤其是旅战斗队在近自主作战方式下持续作战7天，这对火力支援提出挑战。火力在时空协同以产生集中效果时是最有效的。由于旅战斗队本身不具备的集中与协调能力，因此半自主作战增加了集中与协调的困难。为了支援半自主作战，必须运用灵敏、多能的火力，以及完善的侦察与射击网络和增强的维持与防护能力。

三是任务式指挥。《陆军运动与机动职能概念》建立在能够发挥各级部队的全部潜能的任务式指挥的理念之上，因为网络可能不能正常使用或无法使用。为了保证未来作战环境中不利条件下的任务式指挥，火力必须具有全面和灵敏的特点。侦察网络必须完善，侦察范围广泛。侦察与射击之间必须保持不间断的连接，即使中断也能立即恢复。火力部队指挥官必须轻松自如地遂行任务，以支援各种部队、各种任务和各种不利的环境。不利条件不一定是指采取传统的人工手段，而是指未来火力部队必须保持冗余和弹性，这是日常训练的内容。

四是不间断的侦察与警戒行动。《陆军运动与机动职能概念》要求上级协调旅战斗队分配之外地域的警戒，其中包括被绕过之敌的地域。对警戒行动提供支援时，火力部队必须协调联合、跨机构和多国部队，配属或任务编组的警戒人员，以及后方部队，以实施必要的防空反导和火力支援。

3.7 新的火力概念

《陆军火力职能概念》提出四个新的火力概念：充分利用联合、跨机构和多国火力能力，多能火力融合，增强侦察与射击之间的连接，跨域火力拓展。这四个概念支持火力部队通过目标处理和一体化防空反导计划进行火力协调、协同和投射的任务，以支援未来作战环境中联合与合成兵种作战和陆军机动。

1. 充分利用联合、跨机构和多国火力能力的概念

为满足未来的需要，火力部队必须与联合、跨机构和多国伙伴密切协同。协同工作具有挑战性，它要求具备战术和技术专业知识、良好的人际关系和长期的全球参与经历。未来火力部队应具有互操作性，能够与联合、跨机构和多国伙伴进行无缝连接。在某些情况下，与多国部队的协同，要求调整对外发布信息的规则、研讨会、试验和演习。该概念包括如下要点：

一是陆军必须充分参与联合目标处理，派出必要的指挥官和人员，提供目标处理成果，以协调火力。目标处理是指根据作战需求和能力，对目标进行选择和排序，并制定相应打击行动的过程。目标处理协调运用现有的打击手段以产生预定的效果，同时降低风险和最大限度地利用现有资源。严格执行的目标处理过程是至关重要的环节，它有助于同时展开行动，协调运用战斗力各要素，以战胜对手。通过目标处理，指挥官能够达到行动的纵深，协调作战行动，以保持主动和令敌失去平衡。陆军必须充分参与联合目标处理，派出训练有素的合格的指挥官和人员，提供目标处理成果，以协调火力。陆军必须发展机构和部队训

练，以满足联合和陆军训练和考核的需要。不断完善的目标处理过程可以增强协同作战伙伴的能力，为指挥官提供各种火力能力，产生预定效果，支援联合与合成兵种作战。

二是陆军防空部队必须在战区地域防空计划中有效协调陆军陆基防空力量。这包括制定全面协同的联合与多国侦察管理计划，根据战区指挥官的目的明确应保护的资源，在地域防空计划中协调多国陆基防空力量，并运用联合协调的火力控制，以最大限度地发挥现有防空系统的效能。

三是火力部队及其指挥官必须在多国联合与合成兵种部队的编成内定期受训，以养成标准作业程序和习惯性的关系。这种关系必须有利于有效地制定计划、协同、协调和投射火力。有效利用地区性部署部队之间发展起来的这种关系，有助于增强与潜在作战伙伴之间的协调与协同。训练中取得的进步和多国关系的增强，有利于改进目标识别、解决矛盾冲突和空域管理程序，制定标准化条令，确保实现全域火力一体化。

四是地面部队依赖联合和多国空中力量，尤其是依靠近距离空中支援和空中遮断，以取得行动自由和达到预定效果。陆军火力部队、陆军航空兵、联合和多国航空兵力量之间的空地协调，对于未来成功实施联合与合成兵种作战是至关重要的。未来，联合与合成兵种部队的训练、作战和制定的战术、技术和作业程序都将着眼于联合、多国和陆军航空兵的无缝协同。空域控制措施、联合数据网络，以及战术、技术和作业程序，必须精确跟踪己方部队和中立部队，加快火力许可程序，并减少误伤。联合空域控制措施、联合一体化火力控制和联合战斗识别程序，有助于优化使用飞机、先进的拦截弹药和远程精确武器。

2. 多能火力融合

多能火力融合，是指对防空炮兵和野战炮兵通用的编制、系统、技能、训练和教育进行逐步的融合。为此，陆军必须满足如下要求：

一是火力部队及其指挥官将构建由复杂世界中不断成长的可信赖的专业人才组成的具有凝聚力的部队。生成部队和作战部队将建设勇敢、灵敏和适应性的部队。建设的指导方针是以人为中心的三个努力方向：培养灵敏和适应性的指挥官，实施实战化训练，以及进行灵活的机构设置。火力部队及其指挥官必须了解陆军和作战伙伴的能力，精通火力系统的运用。指挥官必须重视加强心理上的灵敏性和扎实的理论基础，以便有能力执行关键任务和快速学会新的任务。生成部队必须培养指挥官和士兵掌握牢固的技术和理论基础，同时避免过度限制创新思维或灵活性。

二是任务编组火力部队。未来火力部队进行任务编组，能够根据可调节的效果快速协调和投射火力。火力计划者将能力要素编入火力部队，以完成特定任务的编组。能力要素包括侦察、射击、弹药、信息系统、任务式指挥和人员。指挥官采用这种方式，可以制定辅助的火力编组以满足任务需求，在最大限度地支援特定任务的同时，尽量减少装备和人员需求。指挥官对所掌握的力量进行任务编组，并建立指挥和支援关系。

三是跨域火力编组。为了实现半自主作战旅战斗队等新的概念，旅以上火力编组必须在所有战争层次上，在所有作战领域中（地面、海上、空中、太空和网络）协调和运用火力。这要求适当编组杀伤性火力（地地、地空和岸舰火力），非杀伤性火力（电子战、进攻与防御网络战和定向能武器），以及在统一指挥下的火力协调（联合和多国火力）。这些部队根据任务需求同时具备建制的和任务编组的各种能力。

四是多任务侦察、射击和弹药。火力部队的多能性源自多任务武器系统。多任务武器系统在部署和作战中提供更大的灵活性的同时，减少采购需求、训练与人员需求以及后勤需求。多域打击目标的弹药，既增强武器平台的作战效能，又提高作战的灵活性。多任务武器平台还便于任务编组。陆军在发展多任务武器系统时，应着重考虑如下问题：成本和供应不足；单个系统集中多种能力虽然有许多优势，但更容易遭到攻击和数量不足等问题。未来火力部队围绕要素而不是系统进行编组。因此，火力军事职业专业必须由当前的基于系统的模式向功能模式转变。未来火力军事职业专业将围绕职能设置，比如侦察、射击、任务式指挥或信息系统。此外，技术进步也使得火力能力的融合成为可能。火力培训机构通过减少训练资源需求和优化教学大纲，整合火力训练计划和训练设施。这有利于制定未来通用的火力军事职业专业，既可以减少机构教育和训练资源的需求，也可以实现未来多能火力编组。

五是联合作战司令部一级的火力协调。联合作战司令部指挥官可指定指挥组协调战区的作战力量。指挥组负责协调联合、跨机构和多国火力部队，并担任指挥官的火力支援协调组。其任务是根据指挥官的作战目标，计划、协调和运用火力。其中包括向战区指挥官提出关于火力能力与不足的意见，进行战区的目标处理和制定一体化防空反导计划，向下级提供目标处理的指导，协助战区指挥官拟制重要目标和资源清单。

3. 增强侦察与射击之间的连接

火力系统依靠侦察与射击之间可靠、快速和灵活的连接，以提供全域目标信息。为有效打击遮蔽、加固、不易观察或运动目标，火力部队的侦察力量必须拓展和涵盖联合、跨机构和多国侦察手段。支持侦察与射击连接的网络必须得到防护,确保网络运行可靠、快速。侦察力量管理必须通过目标处理进行协调,并根据各级指挥官的作战目的协调侦察力量管理与搜集计划。

一是联合、跨机构和多国网络一体化增强侦察,战斗识别、分类、区分和定位,以及战斗毁伤评估。新的探测技术增强了电子和信号识别,将目标的电子或无线电频率特征作为直接识别的手段。新型探测手段必须通过作战计划进行协调,以为目标处理提供信息和增强态势感知能力。尽可能向最低一级部队提供目标精确定位手段,以确保被支援部队快速、有效地运用火力。目标打击评估可自动发送给决策者,有利于快速做出再次打击的决定。

二是基于网络火力。通过未来陆军信息网络,火力部队能够快速、精确打击敌人,打击火力部队建制武器和侦察手段之外的目标,在指挥官预定的时间和地点摧毁目标。基于网络火力充分利用全部现有手段对目标进行快速的定位、跟踪、分类、区分和识别,迅速使用全域火力打击目标并产生杀伤性和非杀伤性效果。网络支持"任何侦察手段,最佳的射击平台"的理念,增强与联合、跨机构和多国伙伴的协同作战。所有火力部队的侦察手段和射击平台都融入网络之中。网络中所有要素都支持任务编组和即插即用。借助网络、火力信息系统和战斗管理辅助手段,可以尽可能向最低一级部队下放权限,并协助指挥官运用建制和非建制火力手段。借助网络,可以自动进行效果评估,更新通用作战图以增强态势感知。通过保护冗余能力、灵活的网络管理和稳定、分层的网络传送,未来网络可以减少中断。

三是通用作战图是网络化作战的重要因素。火力信息系统将在通用作战图中融入联合、跨机构和多国伙伴的侦察手段的数据。单一完整的作战图要涵盖侦察手段及其相关术语和连通体系,是一项非常困难的工作。借助通用作战图,联合、陆军、跨机构和多国部队可以按需要实时或近实时了解己方部队、已知敌军部队和战场的其他相关信息。这能够增强态势感知,支持及时准确的决策,以及作战力量的协调与协同。

4. 跨域火力拓展

跨域火力,是指运用全域的杀伤性和非杀伤性火力以支援多域作战行动。多域作战需要全域力量投送,联合、跨域和多国力量协同,以及跨域火力与机动的协同。为支援多域作战,未来火力部队必须在全部五个领域(地面、海上、空中、太空和网络)和电磁频谱协调和运用火力,以在某个领域建立优势并保持联合部队的机动自由。这要求增强当前的能力,发展新的能力,还要增强各级的协同和目标处理。

一是地面火力能够增大射程,提高精度,增强快速反应能力。地面火力使用增程火箭弹和身管火炮,可以更少的武器系统支援更大地域的作战。远程精确打击系统塑造战场,形成战役战略威慑,成为战役战略指挥官另一种打击选择。打击战役战略目标的精确火力塑造战场,为合成兵种机动创造条件。增程火力系统在大规模杀伤性武器运用之前攻击它,可以降低其影响和攻击的风险。远程精确火力赋予机动部队更大的灵活性,并确保机动自由和支援广域安全行动。各级和全域反火力破坏或摧毁敌军火力系统,保证机动自由,为己方部队和关键资源提供防护。基于网络火力可以在侦察与射击之间发送数字目标位置信息,缩短反应时间,减少误差,增强面积、近精确和精确打击效果。

二是空中火力增大射程,增强与联合、跨机构和多国伙伴的协同。融合的探测信息增强决策、态势感知和空中目标打击。联合一体化火力控制允许采用先进的打击技术,增大打击距离,加快决策速度。空地协调组确保各级的空地协调。这种协调有利于战术级及时运用火力,因为战术级不受庞大的拱形指挥体系的限制。为了保证这种协调能力,未来要对编制做出变化,并建立和使用火力协调分队、防空空域管理组、旅航空兵协调组,以及陆军其他分队,如根据任务要求的网络电磁活动和信息战分队等。

三是海上火力部队使用传统的舰炮火力可以支援陆上火力计划,保护全球海上航路和己方海上力量,以保持机动自由。岸舰火力保护海军基地等海岸和沿海力量抵御水面和水下的攻击,增强海军对沿海地域的控制。火力部队增强海军舰载火力,使海军指挥官更加灵活地选择弹药组合,允许舰船停留在原战位更长时间,不必重新装载武器弹药。从装载到上岸,火力部队支援两栖作战,确保两栖作战部队的机动自由。岸基火力保护本土免遭来自海上的进攻,并限制敌军的机动自由。

四是空中火力通过空间力量加强、卫星通信、卫星定位导航定时服务、情报、监视、侦察、导弹预警和环境监测,增强火力协调和运用。基于空间的目标处理得到加强,它充分利用各种侦察手段,进行精确的目标处理。火力部队为进攻和防御空间控制提供杀伤性与非杀伤性火力,以阻止敌军进入上空,保护美国及时伙伴的空基侦察手段。

五是网络火力部队在各级制定作战方案中协调和协同火力,并根据目标处理指示进行调整。各级火力计划者协调和评估网络攻击能力,并以网络攻击的形式提供攻击效果的选择。网络和火力计划者就预定的目标和打击效果选择适当的网络攻击能力,向指挥官提出建议。火力部队投射可调节效果(杀伤性或非杀伤性)弹药,以攻击敌军的网络,压制其通信,或破坏其局部电子结构。

第 4 章　结束语

《陆军火力职能概念》提出四条火力原则和四个新的火力概念。火力原则是建设火力能力以解决概念中的军事问题和挑战的出发点。四个新的关键的火力概念包括：充分利用联合、跨机构和多国火力能力，多能火力融合，增强侦察与射击之间的连接，跨域火力拓展。概念是未来在条令、编制、训练、装备、领导和培养、人员、设施和政策等方面的能力建设的依据，以克服陆军作战的各种难题，通过《陆军作战概念》中阐述的目标处理和制定一体化防空反导计划，协调、协同和运用火力。概念为协调和协同武器系统、侦察手段、任务式指挥和适当编组以支援联合与合成兵种作战，提供理论框架。

2020—2040 火力部队的目标是建设灵活、远征和可持续的火力部队。未来火力部队按任务编组，其指挥官可以使用通用任务指挥网络和程序，灵活协调和运用多职能、多任务武器系统。

《陆军火力职能概念》及其理论探讨是当前正在进行的研究项目。概念需要不断修订，以适应作战环境和战略指导的变化。未来火力部队支援联合与合成兵种作战，确保机动自由，保护关键资源，保卫国家。

附 A　参考文献

第一部分　必要的参考文献

所有章节：陆军条例、陆军部手册、陆军野战条令、陆军条令出版物、陆军条令参考出版物和陆军部表格可在陆军出版局主页 http://www.usapa.army.mil 获取；训练与条令司令部出版物和表格可在其出版物主页 http://www.tradoc.army.mil 获取；联合出版物可在联合电子图书馆网页 http://www.dtic.mil/doctrine 获取。

联合作战顶层概念：联合部队 2020

训练与条令司令部手册 TP 525-3-0《美国陆军顶层概念》

训练与条令司令部手册 TP 525-3-1《美国陆军作战概念：在复杂世界中打赢战争》

训练与条令司令部条例 TR71-20-3《美国陆军训练与条令司令部概念发展指南》

第二部分　相关的参考文献

陆军条令出版物 ADP 1《美国陆军》

陆军条令参考出版物 ADRP 3-0《联合地面作战》

陆军条令出版物 ADP 3-09《火力》

陆军条令参考出版物 ADRP 3-09《联合地面作战中的火力》

空海一体战办公室(2012),《空海一体战:军种协作以解决反介入与区域拒止挑战》(http://www.defense.gov/pubs/ASB-ConceptImplementation-Summary-May-2013.pdf)

Boothe, L.(2012),"战争之王不再",《军事评论》(http://usacac.army.mil/CAC2/MilitaryReview/Archives/English/MilitaryReview_20130630_art013.pdf)

Cone, R. W.(2013),"未来陆军:准备和战备",《军事评论》(http://usacac.army.mil/CAC2/MilitaryReview/Archives/English/MilitaryReview_20130831_art004.pd)

陆军部(2013),《陆军领导者培养战略》(http://usacac.army.mil/cac2/CAL/repository/ALDS5June%202013Record.pdf)

陆军部(2012),《陆军战略规划指南》(http://usarmy.vo.llnwd.net/e2/rv5_downloads/info/references/army_strategic_planning_guidance.pdf)

陆军部(2013),《战略地面力量白皮书》(http://www.tradoc.army.mil/FrontPageContent/Docs/Strategic%20Landpower%20White%20Paper.pdf)

国防部(2013),《联合信息环境》(http://www.disa.mil/About/Our-Work/JIE)

国防部(2014),《四年防务评估报告 2014》(http://www.defense.gov/pubs/2014_Quadrennial_Defense_Review.pdf)

国防部(2012),《维持美国全球领导:21世纪国防优先事项》(http://www.defense.gov/news/Defense_Strategic_Guidance.pdf)

国防部(2011),《美国国家军事战略》(http://www.defense.gov/pubs/)

Donnelly, W. M.(2007),《陆军在战争中转型:模块化部队设计 1991—2005》,华盛顿特区军事历史中心(http://www.history.army.mil/html/books/transforming_an_army/CMH_70-108-1.pdf)

Eastman, M. R.(2012),《美国地面力量和 2030 年中东》,战略研究所(http://strategicstudiesinstitute.army.mil/pubs/parameters/Articles/2012autumn/Eastman.pdf)

野战条令 FM3-60《确定目标程序》
联合出版物 JP3-27《本土防卫》
联合出版物 JP3-28《对民事当局的防务支援》
联合出版物 JP3-60《联合确定目标》

Lindsey，E.（2014.10），《超越海岸炮兵跨域拒止和陆军》，战略与预算评估中心（http://csbaonline.org/publications/2014/10/beyond-coast-artillery-cross-domain-denial-and-the-army/）

Odierno，R. T.（2014），《美国陆军态势》，陆军部（http://www.army.mil/info/institution/posturestatement/）

兰德公司（2008），《军事装备通用性》，（http://www.rand.org/content/dam/rand/pubs/monographs/2008/RAND_MG719.pdf）

Scharre，P.（2014.10），《战场上的机器人 II：即将到来的蜂群》，新美国安全中心（http://www.cnas.org/the-coming-swarm）

附 B 能力需求

B-1 火力能力需求

火力能力需求是根据本手册中的概念和提议的解决方案生成的。这些能力密切相关，潜在的条令、编制、训练、装备、领导和培养、人员、设施和政策（DOTMLPF-P）解决方案可以同时实现多个能力需求。能力需求基于陆军顶层概念和陆军作战概念的宽泛思想、倡议部门的分析工作、从过去十年冲突中吸取的经验教训以及这一职能概念。每一项能力需求之后都标有引用出处，可用以在本概念文件中找到详述信息。

火力部队需要具备下述能力，用以培养、准备和装备所有层级的陆军领导者、士兵、文职人员和组织，以便运用火力基本原则来帮助预防冲突、塑造战略环境并赢得国家的战争。

（1）未来的火力部队需要具备与每个梯队内被支援部队相应的机动性、生存性和防护性的能力，以便在整个军事行动范围内实施作战（3-4.b）。

（2）未来的火力部队需要具备在整个军事行动范围内，与每个梯队中陆军、联合、跨机构和多国伙伴一起协作确定目标的能力，以便整合、协调和同步作战能力从而实现指挥官的作战目标(3-7.b.(1))。

(3) 未来的火力部队需要具备在整个军事行动范围内,补偿物理和作战环境对火力系统、弹药和效果产生影响的能力,以便在严峻、纷争、密集的城市或退化环境中运用火力(3-7.e)。

(4) 未来的火力部队需要具备在整个军事行动范围内,利用具有足够的探测距离、精度和速度的非建制和持久性360度建制传感器,发现所有领域内目标的能力,以便运用跨域火力(3-7.d.(1),3-7.e)。

(5) 未来的火力部队需要具备在整个军事行动范围内,对每个梯队所有领域内目标进行分类、区分和识别的能力,以便定下打击决心、运用交战规则、防止误伤和减少附带毁伤(3-7.d.(1))。

(6) 未来火力部队需要具备在整个军事行动范围内,快速获得打击所有领域目标授权的能力,以便运用跨域火力(3-7.d.(1),3-7.e.)。

(7) 未来的火力部队需要具备在整个军事行动范围内,在每个梯队内保持持续不断的传感器与发射器链路的能力,以便投射快速反应的火力(3-7.e.)。

(8) 未来的火力部队需要具备在整个军事行动范围内,以足够的射程、速度、数量、杀伤力和准确度,投射360度火力打击所有领域内运动、移动和静止目标的能力,以便对所有目标类型达成预期效果(3-7.e.)。

(9) 未来的火力部队需要具备在整个军事行动范围内,评估对所有领域内目标打击效果的能力,以便于做出重新打击的决策、节省弹药并将目标状况告知指挥官(3-7.d.(1),3-7.e.)。

(10) 未来的火力部队需要具备快速、准确的任务式指挥能力,使火力部队能够在整个军事行动范围内在所有层级中协同计划、准备、实施、评估和集成联合、陆军、跨机构和多国能力,以便运用跨域火力(3-7.b.(2),3-7.d.(3))。

B-2 火力依属关系

未来的作战环境需要一支由合成兵种单位、联合军种伙伴、跨机构组织和多国伙伴组成的合成兵种作战团队。火力单位和系统对联合、陆军、跨机构和多国的组织和武器系统具有独特的依属关系。

陆军组成部分。陆军作战职能特有的依属关系讨论如下:

(1) 运动与机动。机动和火力密不可分且相互补充。火力在战场上的主要作用是确保机动自由,所有火力单位的首要任务必须是支援机动。火力和机动部队必须共同合作,以有效计划和实施火力支援任务,造成杀伤和非杀伤性效果,从而保卫部队免受空中袭击和监视。机动部队必须在必要时为火力部队提供安全保障,并且必须协助火力单元移动至有利位置。

(2) 任务式指挥

技术和战术火力控制、确定目标和射击指挥依赖于任务式指挥信息系统,以便为火力清除空域并传送信息,从而保障探测、跟踪和定位目标。火力部队依靠空间力量进行早期预警,提供定位、导航与授时(PNT)数据、目标定位数据和实施网络作战。

网络空间。火力武器系统对陆军信息网络具有独特的服务质量和服务速度要求。来袭导弹、火箭弹和炮弹的飞行速度,需要准确和实时的火控信息来瞄准和摧毁这些目标。火力武器系统使用的网络和信息系统,必须在远距离上具有可靠性,拥有直观的界面,并可与各梯队的所有可用系统互操作。任务式指挥系统提供一个单一的陆军信息网络,包括一个可调整的通用作战图,对于整合、协调和投射火力至关重要。火力系统必须与所有梯队的其他陆军系统无缝集成并交换任务关键数据。

电子战平台需要配备足够多的传感器来保障其使用。使用己方电子攻击平台的高优先级需求,使得开发电磁频谱作战能力成为必要。敌方的电子攻击能力驱动着对保护陆军部队和系统需求。

(3) 情报。情报和火力领导者、士兵和部队必须保持密切的关系。指挥官必须能够可靠地了解对手或敌方的部署情况,以便确定目标。指挥官通过战场情报准备、实施情报收集计划以及国家资源的后方支持来获得这一情报信息。情报的领导者、士兵和组织,通过确保信息收集计划支持最终的目标定位计划向火力组织提供支援。为目标定位提供的情报支援包括目标生成、目标探测和作战评估。目标生成包括核实、确认和图像分析,这些对成功确定准确的目标位置、武器装备选择和附带毁伤评估至关重要。情报和火力系统必须能够互操作,并且可以瞬间无缝地交换可命中目标数据(传感器到发射器)。在可能的情况下,陆军必须与联合、跨机构和多国伙伴快速地共享有关情报数据,以使其能够充分运用自己的火力系统。

(4) 机动支援。火力和机动支援具有共生关系,可以在五个不同的兵种间增强和支援彼此的建制作战能力,从而为联合、陆军和己方部队提供支援。这种共生关系和整体的依属性通过共享信息得以发展,包括制定计划、目标识别、大规模杀伤性武器(目标和效果)分析、地理空间数据、机动性、反机动性、火力(杀伤和非杀伤)以及防护(包括加固和隐藏关键火力装备和阵地免受遭监视和攻击)等信息。

(5) 维持。火力对维持的依赖性与所有其他作战职能相类似,包括运输、补给、卫生、人事、法律和牧师。然而,在高强度的作战场景中,火力部队在很大程度上依赖于维持资源来大量提供第Ⅴ类补给品。火力部队的第Ⅴ类补给品具有独特性：其重量和体积都很大，高度专业化，价格昂贵且通常易损坏，所有这些都对维持资源提出了额外的需求。另外，使用率不高的射击弹药也可能必须从仓库或其他战区转运很长距离才能保障火力作战。

（6）特种作战。特种作战与火力的依属性重点在于与特种部队的合作。特种部队为确定目标，特别是战略侦察提供重要的监视信息，从而能够实现对纵深的打击和评估以及其他高优先任务。

联合组成部分。火力部队与联合部队和合成部队相互依存。联合部队需要反应灵敏的陆军火力支援、空中和导弹防御能力。所有梯队都会确定目标资料，并在预有准备和不断变化的情况下对目标生成和力量运用提供帮助。例如传感器、情报收集力量、近距离空中支援和空中拦截力量以及战区内空运力量等。快速的网络信息交换以确定目标和批准火力，是支撑这些互补和相互依赖的作战能力有效运用的基础。该信息交换将有助于做出明智的打击决策。火力取决于及时的战略指示和预警，从而能够定下全球导弹防御决策以及从美国向战区进行火力部署。

跨机构组成部分。火力部队在国土防卫方面具有独特的依属性。防空炮兵武器系统需要来自跨机构组织的特殊交战规则和信息，以便在本土采取行动和作战。战略导弹防御依赖于联合、跨机构和多国传感器的整合，以提供更好的探测、跟踪、拦截和命中评估。诸如国家首都区域防务等任务则需要与联邦和民间机构进行信息交换和整合。

多国组成部分。火力部队对多国伙伴的依赖性包括：使用其国家武器系统和弹药，武器系统阵地和防御计划及安排，通信和任务式指挥，协调和提供作战区域以配置和使用火力部队。火力部队将同步并充分利用多国传感器来确定目标位置。相反，许多潜在的多国伙伴没有足够的火力能力，火力部队必须准备向他们提供支援，以预防冲突并塑造作战环境。有关数据共享的开明政策可确保美国与多国伙伴部队之间的互用性，从而使这些工作得以实现。

附 C 科学与技术

C-1 简介

未来的火力领导者、士兵和组织，将继续提供持续、一体化、全天候且无所不在的火力，以支援联合和合成兵种作战。这种支援体现在技术与创新的领导者、技能熟练的士兵和训练有素的团队的结合上。科学和技术方面的努力将开发和整合先进技术，以提高精确度、杀伤力和射程，并减少后勤需求，从而维持高节奏作战行动。火力士兵、领导者和系统必须精确、灵活、可调整且快速反应，以保持对敌的优势。

C-2 技术重点领域和首要原则

技术重点领域和首要原则加速了新技术在火力部队的运用，以保持陆军超越敌军的能力。陆军需要远征技术驱动的能力，这些能力使陆军能够随时在整个军事行动范围内向形势严峻的地点，通常是在持久的反介入和区域拒止环境内，迅速部署可扩展的力量投送部队。

从火力的角度来看，以下内容是指导未来火力能力发展的关键的技术重点领域和首要原则。

（1）移动有防护的精确火力。新兴技术可提供防护性、生存性和部署性更高的可扩展精确火力，以及准确定位、识别和达成预期效果的能力。

（2）杀伤性和影响。新兴技术将提供超强的能力，能够产生杀伤和非杀伤性效果，实现精确和识别能力，提供远程精确制导，并显著增加射程、有效性、射速和弹药库深度。

（3）后勤优化。技术可提高燃油效率，有效提升动力生成、储存和分配能力，从而增强武器、平台和士兵携带系统的能力，增加作战行动和弹药消耗的可负担性。平台的通用性提高了维护、后勤和训练效率。

（4）陆军航空兵。陆军航空的进步增加了机动性，并影响了下一代武器系统的设计（如可运输性、重量和其他方面）。

（5）信息至决策。技术将为未来的领导者提供先进的决策辅助和分析工具，并在联合和合成兵种作战中提高互操作性。

（6）人员效率优化。增强的训练（混合的实兵、虚拟和推演学习环境）将提升士兵的表现。

（7）医疗科学。对医疗科学的持续投资将提高士兵的承受力、身心康复和生活质量。

（8）自主系统。机器人和自主系统将提升部队的作战能力、态势感知、机动性和速度。

C-3 2025部队可能利用的新技术

反无人机系统（C-UAS）。陆军正与工业部门合作评估反无人机解决方案的未来技术举措。反无人机是通过能力需求分析过程确定的高优先级事项。候选的技术包括激光、致命性火炮和导弹解决方案,高功率微波武器和其他定向能源解决方案。

远程精确火力。陆军需要攻击被防空系统保护的敌方高价值目标,包括无线电制导干扰和操控系统、定向能源系统和非致命反制措施。

火力传感器。火力传感器发挥目标定位、空中监视和反火力作用,为指挥官提供灵活性。火为传感器需要电子保护,以便在敌军发展电子攻击能力确保火力系统能够达成一体化并投射火力。候选的技术包括下一代火力系统和当前系统的升级版。

新一代炮兵弹药。火力部队将迅速对静止目标和移动目标投射火力,并根据情况的需要产生杀伤和非杀伤性的效果。这就要求弹药能够在飞行中不断确定目标和重新瞄准目标,具有智能弹载传感器套件,并能长时间在目标上空巡飞。未来的弹药必须同时支持精度和数量,能够通过最低限度的重新配置调整从高度限定的区域到整个宽广范围内的效果。未来的弹药还必须经济实惠且可以广泛使用,以抵消敌军在数量和可用性方面的优势。

C-4 2025—2040 年的火力科技需求

根据 2025 年机动部队构想,火力领导层确定了未来火力传感器、发射器、信息系统和任务式指挥的框架。最终目标是提供持续、一体化、全天候且无所不在的火力,以支援国土防卫、联合和合成兵种作战。关键赋能因素包括通用性、远征性、网络一体化和优化的力量结构。通用性是使用、重用和调整硬件和软件组件及接口,以提高运行效率、后勤和训练。远征是将可部署性和机动性相结合,以部分前沿部署部队支援联合和合成兵种作战。网络一体化是通过数据共享最大限度地提升火力覆盖范围。最后,为了优化力量结构,火力部队在最大限度地减少所需力量结构的同时,最大限度地提升火力作战能力。

新一代传感器:雷达、高空传感器、超视距和超地平线传感器。火力部队将在中期采用五种雷达,而火力战略则设想进一步整合防空炮兵和野战炮兵雷达,以提升作战灵活性、效率和远征能力。这包括在地面或空中进行操作,并在陆地、空中、海上、太空和网络空间领域实施作战。陆军设想未来的传感器,将融合来自所有联合、国家、多国和商业传感器从太空直至地下的数据。陆军的目标是实现实时融合,并针对一系列野战炮兵应用软件采用 1 类坐标进行目标定位数据优化,针对空中与导弹防御应用软件优化火控精度数据。可能的技术途径包括持续的高空传感器、雷达技术、卫星目标定位和监视技术、传感器融合技术、机载雷达和传感器以及先进的战斗识别技术。

基于精确传感器的士兵和平台。精确的目标定位和测量是使用精确火力系统的关键要素，这是因为火力系统只会与目标定位数据一样精确。未来的火力部队士兵将使用一系列传感器，包括车载的、便携的、系留无人系统、自主无人系统、有人和无人编队、超地平线传感器等，进行目标探测、定位和服务。陆军的构想是实现实时融合，并针对一系列火力应用软件进行目标定位数据优化。可能的技术途径包括精确的方位角技术、精确的仰角测量技术、先进的光学技术、定位、导航与授时技术以及非全球定位系统技术。

下一代发射平台。中期投资战略倾向于强化现有平台以支援联合和合成兵种作战。从长远来看，陆军预见了多功能平台、通用导弹和火箭弹在整个火力支援和空中与导弹防御应用中发展。陆军将充分利用和支持新兴的先进技术，如定向能、电动能量武器和超高速射弹，以达成可扩展的效果。陆军将充分利用机器人技术来支持有人和无人平台，从而减少兵力结构并提高远征能力。可能的技术途径包括高超音速武器、精度增加的远程机动弹药、超高速射弹和增程火炮技术等。

下一代任务式指挥。陆军设想了一种能够使部队在各个领域实时计划、准备和实施火力的信息系统。未来的陆军信息网络必须提供分散式网络结构、自动化战斗管理辅助工具，能够融合传感器数据，进行目标定位辅助并确保射击控制服务质量。在中期内，火力将合并火力支援和空中与导弹防御中的任务式指挥。从长远来看，火力有望通过数据共享和网络一体化来提供覆盖范围和能力，以充分利用网络上源自所有火力力量的可用信息，从而极大增强态势感知、战斗识别和所有情况下的目标定位能力。远期目标是最终实现一个单一的火力任务式指挥系统。可能的技术途径包括但不限于以下方面：传感器融合技术、自动化决策辅助、空域管理工具、一体化架构和网络通信安全。

C-5 结论

利用本概念作为火力最终目标的指引，将构想出一支无所不在的能够在整个军事行动范围内进行作战的火力部队。这支部队将获得经融合且近乎完美的坐标数据，可操作多任务平台，且使用通用弹药和多任务传感器，从而实现及时且精确的火力。

附 D 风险与降低风险措施

D-1 简介

随着陆军贯彻执行本作战概念中的各种想法,并在 2025 年及以后力量的框架下发展未来部队,联合部队和火力编队的风险存在于四个方面:资源和战备状态,扩大的责任区域,联合、跨机构和多国合成兵种团队无法整合,政策。陆军必须与联合部队和文职领导者们合作,不断评估这些风险并采取行动减轻风险。

D-2 风险领域

1. 能力不足

火力部队可能没有足够规模的现成系统和弹药。该风险领域的基础是火力弹药的成本公式。敌对国家普遍试图从数量上压倒高科技的美国和盟军力量,因而拥有的廉价系统数量激增。开发低成本的火力能力来对抗未来的敌军能力至关重要。如果没有足够的火力编队资源,而仅依赖海外前沿部署的火力部队,则美国本土、己方部队和多国伙伴会有遭受攻击和失败的风险。火力上的缓解措施包括在增加射程和低成本拦截器方面的科技投资。此外,未来的火力系统可能缺乏足够的杀伤性、集火范围和面积效应,从而导致火力部队被敌军的火力能力超出。

人员和装备的削减以及火力部队的部署率,使得部队战备承受压力。为了降低风险,陆军必须保持高度的战备状态,同时投资于未来部队的火力现代化工作。陆军必须保留足够的机构火力编制以便扩充部队。通过与联合、跨机构和多国伙伴的共同设计改进互用性,通过改善所有领域的协同配合,并实现联合与合成兵种机动的全部潜力等额外的方法来缓解这一风险。火力部队必须在现有的合成兵种编队内保持战斗力,并提高其预备役力量的战备。

空中支援,尤其是近距离空中支援和空中遮断的减少,使地面部队面临更大的风险。过去二十年来减少火力作战能力的前提,是空军近距离空中支援和空中遮断能够提供支援地面作战所需的火力。火力作战能力不足以满足目前的需求,且不能承受更多的削减。陆军战斗航空兵也面临着兵力削减,这限制了他们提供支援的能力,无法满足因火力和近距离空中支援平台的减少而产生的需求。

2. 投射火力以支援更大的作战区域

对手继续发展更远射程的防区外作战能力。制导系统技术和部件小型化的进步使对手能够从多个途径和领域发动攻击。陆军将通过在增加的射程范围内提高精度来缓解这些威胁。火力武器在增程内的覆盖范围需要网络和信息系统的服务质量改进。

由于己方部队和火力打击目标，尤其是地对空目标和大气层外目标移动的速度，火力力量对数据质量和及时性的要求极高。陆军的网络必须保障这些要求，以投射综合、协调、及时和有效的火力。这种能力能增强早期预警，改进对接敌部队的支援，并提供纵深打击能力。

3. 协调和整合

敌方部队可能攻击对联合和陆军合成兵种作战至关重要的系统。这些颇具破坏性的攻击扰乱了陆军部队的能力，以致无法形成和集中合成兵种能力。为了减轻这种风险，陆军开发出了适应性强且加固的系统，这些系统在受到攻击时只会适度地降低功能，而不会发生灾难性的损毁。联合部队、陆军、跨机构和多国部队开发了通信和协调的冗余手段，然后在定位、导航和授时功能降低的条件下进行实际的联合训练。陆军部队对预期的反制措施进行防范，并寻求技术和非技术相结合的解决方案，以便为各系统和节点建立足够的冗余和可靠性。信息共享限制使协调和整合面临风险。

4. 政策

火力新概念面临着关于美国政府政策的两大主要障碍：与多国伙伴共享数据和基于武器射程限制的条约。数据共享的限制可能会破坏合作伙伴能力的发展和对外军售。限制某些武器系统射程的条约与新出现的作战环境趋势背道而驰，造成显著的能力差距。对手正在制定反介入区域拒止策略，使美国的能力由于政策原因而过时。陆军领导者、国防部和其他政府机构需要寻求政策改变，以反映作战环境的变化。

术语表

第一部分　缩略语

ACC（Army Capstone Concept）　陆军顶层概念

ADP（Army doctrine publication）　陆军条令出版物

ADRP（Army doctrine reference publication）　陆军条令参考出版物

AFC‑F(The U.S. Army Functional Concept for Fires) 陆军火力职能概念

AFC‑MM(The U.S. Army Functional Concept for Movement and Maneuver) 陆军运动与机动职能概念

AMD(air and missile defense) 防空与导弹防御

AOC(Army Operating Concept) 陆军作战概念

BCT(brigade combat team) 旅战斗队

CAS(close air support) 近距离空中支援

CEMA(cyber electromagnetic activities) 网络电磁行动

COP(common operating picture) 通用作战图

C‑UAS(counter unmanned aerial systems) 无人机

DA(Department of the Army) 陆军部

DOD(Department of Defense) 国防部

DOTMLPF‑P(doctrine, organizations, training, materiel, leadership and education, personnel, facilities, and policy) 条令、组织、训练、装备、领导与教育、人员、设施和政策

EA(electronic attack) 电子攻击

EW(electronic warfare) 电子战

IAMD(integrated air and missile defense) 一体化防空与导弹防御

JP(joint publication) 联合出版物

MOS(military occupational specialties) 军职专家

PNT(position, navigation, timing) 定位、导航与授时

ROMO(range of military operations) 军事行动范围

SOF(special operations forces) 特种作战部队

TP(TRADOC Pamphlet) 训练与条令司令部手册

TRADOC(Training and Doctrine Command) 训练与条令司令部

UAS(unmanned aircraft system) 无人机系统

U.S.(United States) 美国

WMD(weapons of mass destruction) 大规模杀伤性武器

第二部分 术语

精度(accuracy)：测量结果、计算结果或规格符合正确值或某一标准的程度。

陆军特种作战(Army special operations)：需要采取独特的运用方式、战术

技术、装备和训练的作战行动,通常在敌对的、被拒止的或政治敏感的环境中进行,并具有以下一种或多种特征:时间要求高、秘密、可见性低、与当地力量一起或通过当地力量实施、需要区域专业知识和技能、具有高度风险。

网络电磁行动(cyber electromagnetic activities):用以在网络空间和电磁频谱方面夺取、保持和充分利用对敌优势的各种行动,同时阻止并降低对手和敌军使用相同手段的能力,并保护己方的任务式指挥系统。

网络空间作战(cyberspace operations):在所有层级通过网络空间采取的行动,旨在生成和发挥战斗力,以实现机动和行动自由。

电子攻击(electronic attack):使用电磁能、定向能或反辐射武器攻击敌军人员、设施或设备,以便降低、压制或摧毁敌军作战能力。

火力(fires):使用武器系统对目标造成特定的杀伤或非杀伤性效果。

火力武器系统(fires weapon(s) system):一种或多种武器组合,以及独自投射火力或执行火力任务所需要的所有相关装备、物资、服务、人员以及投射和部署手段。

跨机构(interorganizational):美国政府机构组成部分,州、属地、地方和部落机构,外国政府机构,政府间、非政府和商业组织(不包括部队)。

联合与合成兵种作战(joint combined arms operations):同步、同时或顺序使用一个军种的两个或两个以上兵种或组成单位,以及联合、跨机构和多国能力,并与整个军种的领导和教育相结合,以确保统一行动,并给敌军制造多重困境,从而夺取、保持和利用主动权。

多国(multinational):两个或两个以上国家或联盟伙伴的两个或两个以上部队或机构。

准确(precision):表达或细节的正确性和准确性。

太空作战(space operations):利用太空系统能力增强指挥和控制、帮助部队机动、减少指挥官的不确定性,并改善火力支援、防空、情报收集和战斗勤务支援的作战行动。

特种战争(special warfare):由经过专门训练和教育的部队所采取的杀伤和非杀伤性行动组合,这些部队对文化和外语有着深刻的理解,熟练掌握小分队战术,并能够在各种环境中与当地作战力量一起组成战斗编队并进行战斗。

防区外(standoff):一种武器,其发射的距离足以使攻击人员躲避来自目标区域的防御性火力。

外科手术式打击(surgical strike):以精确方式实施的行动,即在敌对的、拒止的或政治敏感的环境中运用特种作战部队,以夺取、摧毁、俘获、利用、恢复或破坏指定的目标,或对威胁产生影响。

目标(target)：被视为可能予以打击或采取其他行动的实体或物体。

确定目标(targeting)：选择一个关注或进行攻击的对象。

确定使用武器的数量(weaponeering)：为了对既定目标达成具体的毁伤等级,考虑目标的易受攻击性、武器参数和效果以及投射参数等因素,而确定所需使用的特定类型杀伤或非杀伤性武器数量的过程。

第三部分　特殊术语

非杀伤性(nonlethal)：在不造成伤害、死亡或严重物理破坏的情况下对目标进行压制或使其失能(2010年6月1日陆军能力集成中心主任备忘录)。

根据美国陆军训练与条令司令部官方文件 The U.S. Army Functional Concept For Fires 翻译。